KB048265

아들아,
주식 공부
해야 한다

②

일러두기

- 『아들아, 주식 공부해야 한다』는 1, 2권으로 구성되어 있으나 순서에 상관없이 본인에게 필요한 내용을 먼저 읽을 수 있습니다. 주식 기초지식과 실적개선주에 대한 내용이 궁금하다면 1권을, 재무제표와 공시를 응용한 투자법이 궁금하다면 2권을 먼저 봐도 무방합니다.
- 이 책의 문장은 맞춤법 규정을 준수했습니다. 하지만 독자의 편의성을 위해 주식 및 관련 분야에서 익숙하게 쓰이는 용어와 표현들은 붙여쓰기를 허용했습니다.
- 이 책에 등장하는 주가, 수치, 세법. 재무적 정보 등은 출간 시점을 기준으로 했으며 이후에는 달라질 수 있습니다.

아들에게만 전하고 싶었던 부자 아빠의 평생 투자 법칙

박민수
(샌드타이거샤크) 지음

아들아, 주식 공부 해야 한다 2

제2권 재무제표 및 공시 편

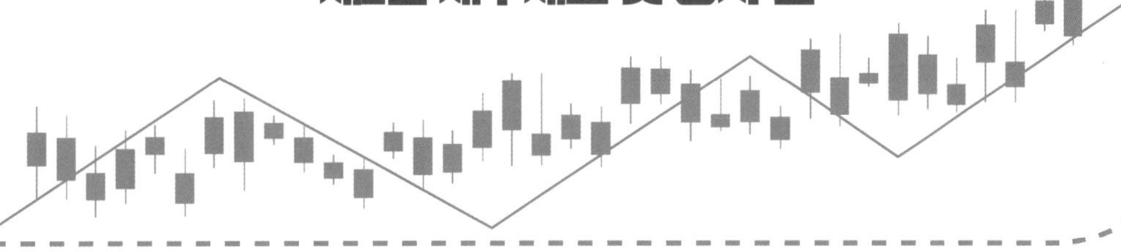

"회사의 내부를 세밀히 살펴라!"

page2

아들아, 부자의 지름길은 없지만 걱정 없이 수익 내는 길은 있단다

『주식 공부 5일 완성』이 나온 지 5년이 되어가고 있다. 『주식 공부 5일 완성』은 아들에게만 전달해 주고 싶은 마음을 담아 한 달 만에 초안을 정리해 냈다. 『주식 공부 5일 완성』이 개념서라면 이 책은 보다 심도 있는 확장판이라 할 수 있다. 초안을 완성하는 데만 오롯이 1년이 넘게 걸렸다. 내용을 촘촘히 적다 보니 책이 2권 분량이 되었다. 지난 20여 년간의 경험치를 녹여내어, 아들에게 전달하고 싶은 가치투자의 모든 것을 다 담아보고 싶었다. 글이 막힐 때마다 쌍둥이 아들을 생각하니 글이 술술 써졌다.

제1권은 실적개선주 투자라는 대원칙에서 출발한다. 여기에 배당주, 스팩, 리츠, ETF에 대한 내용도 첨가해 두었다. 모두 안전하고 꾸준하게 수익 낼 매력적인 수단들이다. 내 아들만은 잃지 않고 평생 꾸준히 수익 내는 투자를 해줬으면 한다는 마음을 담았다. 실적개선주 투자를 해야 하는 이유를 아들에게 말하듯 써 내려갔다. 이해도를 높이려 실적개선주 편에서만 100개가 넘는 사례를 들고 구체화했다. 이 책은 주식투자의 기본 개념을 체계적으로 잡고 구체적인 실천까지 할 수 있게 도와준다. 상세한 실천 방법도 다양하게 제시하고 있다.

증권사 리포트 분석표, 데일리(Daily) 투자노트, 실적개선주만을 위한 5단계 종목분석표 등이다. 특히 5단계 종목분석표는 기존 『주식 공부 5일 완성』의 10단계 종목분석표보다 심플하지만 실적개선을 좀 더 심화해 볼 수 있게 만들었다. 잃지 않는 투자를 원하는 독자라면 꼭 읽어보고 실천해 주길 바란다.

제1권이 실적투자에 대해 방점을 둔다면 제2권은 재무제표와 공시에 대한 핵심만을 요약했다. 요약본이라 하지만 그 양이 상당하다. 제1권에서도 재무제표, 공시 등 관련 내용 언급이 있다만 보다 상세한 내용을 확인하고 싶다면 제2권을 활용해 주길 바란다. 제1권에서는 실적개선에 집중하고 있어 재무제표, 공시에 대한 상세한 내용은 제2권에 설명했다. 제2권은 보다 심도 있게 공부하려는 분들에게 도움이 되고자 그 수준을 높였다.

실적개선주를 고르기 위해선 필수적으로 재무제표 기본 개념을 알아두어야 한다. 차트책이 차트에 심혈을 기울이듯 가치투자 기본서이기에 재무제표에도 강조를 뒀다. 공시는 10개 섹터(Sector)로 나눠 각 섹터별 투자전략, 공시 예시, 공시별 차트사례 등을 더했다. 특히, 공시 예시는 방대한 공시 내용 중 핵심만 간추려 설명을 더했다. 제2권도 100개가 넘는 공시별 차트사례를 담고 있다. 이 책에 나온 사례들의 핵심이 무엇인지 밑줄 그어가며 찾아보길 바란다. 이 책에서 언급한 제도나 세제는 2022년 말이 기준이다. 정부 정책이 책 발간 이후 바뀔 수도 있으니 다시 한번 제도나 세제 변경이 추가로 있는지 확인해 보길 당부한다.

『주식 공부 5일 완성』을 쓰던 당시 40대 중반이던 나이가 어느덧 50이 넘어섰다. 초등학생이던 아이들도 고등학교를 바라볼 나이가 되어가고 있다. 아빠가 아들에게 진심으로 주식투자에 대해 전해주고픈 말들만 모았다. 아직도 아들에게 할 말이 많지만 일단 이 책으로 핵심을 마무리하고자 한다.

"아들아, 절대 주식투자로 잃지 말아라."

이게 내가 아들과 독자들에게 전하고픈 강렬한 메시지다. 올해 이 책이 완성되고 나면 쌍둥이 아들과 몰디브를 가고자 한다. '몰디브에서 모히토 한잔'이란 카피 문구를 작가 데뷔부터 써왔다. 뒤늦었지만 이제야 아들과 함께 가보려 한다. 독자

여러분들도 큰 수익 내고 모히토 마시러 떠날 준비 되었는가.

이 책은 이제 여든이 다 되셔서 몸이 편찮으신 아버지, 그 아버지를 보살피고 계신 어머니와 여동생들, 그리고 내 소중한 쌍둥이 아들과 아내에게 바친다. 페이지2 담당자분들에게도 고마움을 전한다. 마지막으로 최고민수란 소중한 애칭을 만들어주신 침착맨 선생님과 침투부 여러분들에게도 깊은 감사의 말씀을 전한다.

2023년 늦은 봄에

박민수

제2권 재무제표 및 공시 편

: 회사의 내부를 세밀히 살펴라

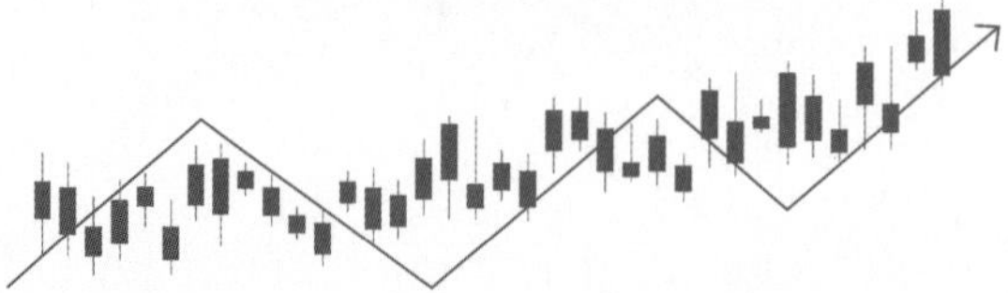

1부 재무제표

1장

아들아, 재무제표 핵심 이것만은 꼭 알아둬라

아들아,
재무상태표 핵심 이것만은 알아둬라

3장

아들아,
손익계산서 핵심 이것만은 알아둬라

4장

아들아,
현금흐름표 핵심 이것만은 알아둬라

2부 공시

5장

아들아, 공시 기초지식을 알아둬라

6장

아들아, 공시 투자전략을 세워라

7장

공시 사례와 투자전략 ① 유무상증자/감자

8장

공시 사례와 투자전략 ② 주식관련사채

9장

공시 사례와 투자전략 ③ 공모주

10장

공시 사례와 투자전략 ④ 배당

11장

공시 사례와 투자전략 ⑤ 액면분할/액면병합

12장

공시 사례와 투자전략 ⑥ 합병

13장

공시 사례와 투자전략 ⑦ 인적분할/물적분할

14장

공시 사례와 투자전략 ⑧ 자기주식(자사주)

15장

공시 사례와 투자전략 ⑨ 지분율 변동

16장

공시 사례와 투자전략 ⑩ 시장조치

1부

재무제표

»

1권과 달리 2권의 난도가 높은 편이다. 기존에 재무제표 내용을 접하지 않은 독자들에게는 어렵게 느껴질 수도 있다. 다만, 재무제표를 이해하지 못하면 실적기반 가치투자가 어렵다. 기업분석을 위해 핵심적인 내용만 압축해 놓았으니 포기하지 말고 끝까지 읽어보자.

혹여, 내용 이해가 잘 안된다면 여러 번 읽어보는 것도 방법이다. 반복해서 읽다 보면 논리적인 사고의 흐름이 이어지고, 재무제표가 쉽게 내 것이 될 수 있다. 독자분들에게 꼭 부탁드린다. 최소 3회차 이상은 이 책의 재무제표 편을 읽어주길 바란다.

1장

아들아,
재무제표 핵심
이것만은 꼭 알아둬라

01

실적투자를 위해 재무제표를 주목해야 하는 이유

실적개선주를 찾는 시작점은 재무제표다

실적개선주 투자의 핵심은 실적 확인이다. 뉴스나 공시에서 실적에 대해 언급하지만, 상세한 내역을 확인하기 위해서는 재무제표를 열어봐야 한다. **재무제표**(財務諸表, Financial Statement)**를 한자 풀이하면 재무에 관한 모든 것**(諸, 모든 제)**을 다룬 표라는 뜻이다.** 재무제표를 알면 실적투자가 촘촘해진다. 재산상태와 실적을 더욱 상세하게 뜯어볼 수 있기 때문이다. 차트투자 신봉자들이 차트분석에 매달리듯, 가치투자자라면 재무제표에 집중해야 한다. 기업가치를 들여다보는 출입구가 재무제표다. 재무제표를 이해할수록 훌륭한 분석무기를 손에 쥐게 된다. 차트를 볼 시간에 재무제표를 봐라. 평생 마음 편하게 주식투자 하고 싶은 사람들에게 내가 해줄 수 있는 최선의 조언이다. 재무제표를 볼 줄 안다면 부실기업에 투자할 가능성은 낮아진다. 가치투자의 정석인 재무제표 분석에 올인할 필요가 있다.

재무제표는 금감원 공시사이트 DART의 정기공시인 사업보고서(분기보고서, 반기보고서)에 들어 있다. DART가 어렵다면 네이버 증권을 활용해도 된다. 방대한 재무제표의 중요항목들만 압축해 놓고 있다. 그래서 이 책에서는 네이버 증권 활용법도 함께 설명한다.

재무제표 계정 이름은 알아두자

기업의 회계담당자나 회계사처럼 재무제표 작성법을 상세히 알아둘 필요는 없다. 우리는 재무제표 작성자가 아닌 리뷰자다. 재무제표를 읽을 수만 있으면 된다. 재무제표 쓰임새를 알고 각 계정의 의미를 이해하는 정도로 충분하다. 복잡한 분개과정은 몰라도 상관없다.

≫ 분개(나눌 분分, 낄 개介)는 구체적인 계정과목과 금액을 정하는 것을 말한다. 거래를 차변(왼쪽) 또는 대변(오른쪽)에 기록하는 과정이기도 하다.

굳이 어려운 회계처리 방법들을 일일이 기억할 필요도 없다. 핵심만 찾아서 가성비 높게 사용하면 된다. **첫째, 특정 계정의 금액변동이 크면 그 이유를 찾는다. 둘째, 주석(재무제표설명서)을 통해 보다 상세한 내역을 확인한다.** 가령 재무상태표 당좌자산의 금액변동이 크다면 그 이유를 주석을 통해 확인하면 된다. 그러기 위해선 재무제표 각 계정의 의미를 이해해야 한다. 매출채권, 현금성 자산 등 계정용어의 뜻을 알아야 숫자나 주석내용 해석이 가능해진다.

재무제표의 핵심만 압축해서 모았다

복잡한 재무제표를 최대한 압축해 핵심만 모아뒀다. 시험 보기 전 살펴보는 족

집게 요약집과 같다. 짧은 시간 동안 가성비 높게 재무제표 전반을 이해하기 위함이다. 특히 계정용어 의미해석에 중점을 두었다. 재무제표를 읽으며 용어 이해에 어려움이 없도록 하기 위함이다. 재무제표 분석에서 주석의 활용도는 매우 높다. 하지만 주석 양이 방대해 읽어보지 않는 경우가 많다. 이 책에선 주석 예시를 다수 들고 있다. 우리는 분개를 하는 기업실무자가 아니니다. 투자를 위해 작성된 서류를 읽어볼 뿐이다. 복잡한 분개과정은 과감히 생략했다. 아무쪼록 이 책이 재무제표 초보자들에게 입문서 역할이 되어주길 희망한다. 기초가 쌓여지기에 다른 재무제표 책들을 읽는 데도 훨씬 수월해질 걸로 믿는다.

기업대상별 회계기준

한국채택국제회계기준	일반기업회계기준	중소기업회계기준
상장회사, 상장회사의 자회사, 상장예정회사	비상장 외부감사대상 회사	외부감사대상이 아닌 중소기업

① **한국채택국제회계기준(K-IFRS):** 국제회계기준(IFRS)을 한국 실정에 맞게 수정한 기준이다. 한국거래소 상장회사, 상장회사의 자회사, 상장준비 중인 회사는 이 기준을 의무적으로 적용해야 한다.

≫ K-IFRS: Korean International Financial Reporting Standards

② **일반기업회계기준(K-GAAP):** 외부감사(외부 회계사의 감사) 대상법인 중 비상장회사, 코넥스 상장법인에 적용한다.

≫ 코넥스 상장법인은 한국채택국제회계기준이나 일반기업회계기준 모두 가능

≫ GAAP: Generally Accepted Accounting Principle(일반적으로 인정된 회계원칙)

③ **중소기업회계기준:** 외부감사 대상이 아닌 중소기업은 중소기업회계기준을 적용한다. 일반기업회계기준보다는 그 적용법이 간단하다.

DART와 네이버 증권을 통한 재무제표 보기

실제 기업의 재무제표를 통해 재무제표 읽는 법을 알아보도록 하겠다. 이 책에서는 '삼성전자'를 예시로 재무제표 읽기를 진행할 예정이다.

금감원 공시 사이트 DART 재무제표 확인법

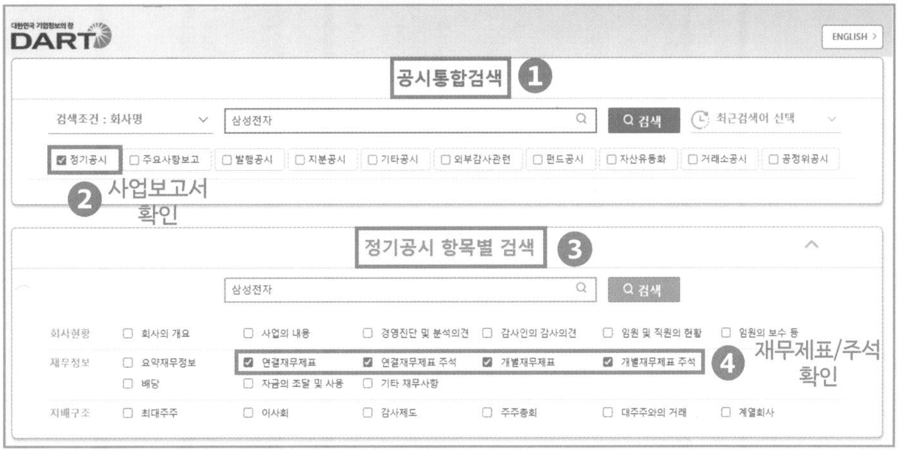

DART(dart.fss.or.kr) 메인화면의 ① 공시통합검색에서 회사명이나 종목코드를 입력한다. ② 정기공시를 체크한 뒤 검색 버튼을 누르면 사업보고서를 확인할 수 있다. 사업보고서에는 재무제표, 주석 등의 재무자료가 들어 있다. ③ 사업보고서 중 재무제표만 보다 빨리 찾아볼 수도 있다. 메인화면의 정기공시 항목별 검색에서 회사명이나 종목코드를 입력하고 ④ 연결(개별)재무제표, 연결(개별)재무제표 주석 등에 체크한 뒤 검색 버튼을 눌러 확인하면 된다.

공시통합검색 화면에서 정기공시 검색결과

조회건수 15 | 접수일자 | 회사명 | 보고서명

번호	공시대상회사	보고서명	제출인	접수일자	비고
1	유 삼성전자	사업보고서 (2022.12)	삼성전자	2023.03.07	연
2	유 삼성전자	분기보고서 (2022.09)	삼성전자	2022.11.14	
3	유 삼성전자	반기보고서 (2022.06)	삼성전자	2022.08.16	
4	유 삼성전자	분기보고서 (2022.03)	삼성전자	2022.05.16	

앞 페이지에서 DART의 ① 공시통합검색에서 ② 정기공시를 체크하고 검색하면 사업보고서 등의 정기보고서 화면을 확인할 수 있다.

DART 삼성전자 정기공시 중 사업보고서 화면

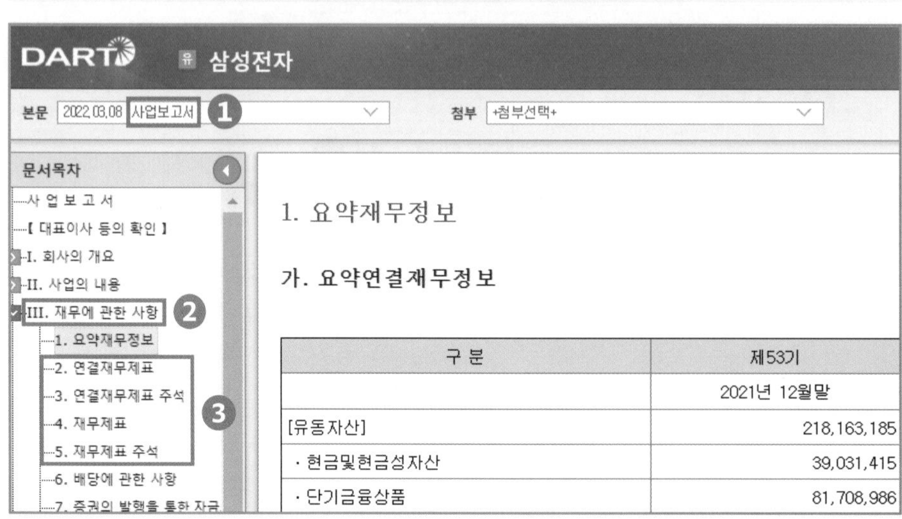

DART 메인화면의 「공시통합검색」-정기공시에서 ① 사업보고서를 클릭해 창을 열면 사업보고서 내 ② Ⅲ. 재무에 관한 사항에 ③ 재무제표와 주석이 들어 있다.

DART 삼성전자 재무제표 간편확인 화면

유 삼성전자

연결재무제표	연결재무제표 주석	개별재무제표	개별재무제표 주석

각 탭별 이동 가능

2. 연결재무제표

연결 재무상태표

제 54 기 반기말 2022.06.30 현재

제 53 기말 2021.12.31 현재

(단위 : 백만원)

	제 54 기 반기말	제 53 기말
자산		
유동자산	236,287,491	218,163,185

DART 메인화면의 「정기공시 항목별 검색」에서 요약재무정보, 연결재무제표 & 주석, 개별재무제표 & 주석을 모두 클릭해서 보면 각 탭으로 이동하면서 쉽게 내용을 확인할 수 있다.

네이버 증권 삼성전자 재무분석 화면

네이버 증권에서도 간편하게 재무제표를 확인해 볼 수 있다. 네이버 증권에서 종목명을 검색해 클릭하고 종목 화면으로 들어간다. ① 종목분석 탭의 ② 재무분석 탭에서 ③재무제표를 간편하게 확인할 수 있다.

시작하기 전 알아두면 좋은 필수 회계용어

상계 채권과 채무를 같은 액수만큼 서로 소멸

상계(서로 상相, 셀 계計)는 서로 계산한다는 뜻으로, 서로가 주고받을 돈이 있을 때 플러스(+) 마이너스(-)를 해서 남는 돈만 처리한다.

감가상각(상각) 자산가치 하락을 비용처리

감가(덜 감減, 값 가價)는 가치하락을, 상각(갚을 상償, 물리칠 각却)은 보상하여 갚아준다는 의미다. 감가상각(상각)은 내용연수(사용기간) 동안 유형(무형)자산가치 하락을 비용처리 한다. 형태가 있는 유형자산은 감가상각, 형태가 없는 무형자산은 상각으로 표현한다. 감가상각(상각)으로 인해 자산가치는 하락한다.

손상차손 물건가치 하락에 따른 손해

손상(덜 손損, 다칠 상傷)은 물건이 상하는 걸, 차손(다를 차差, 덜 손損)은 손해를 말한다. 종합하면 물건가치가 떨어져 손해남을 의미한다.

대손충당금 돌려받지 못하는 손해 추정액

대손(빌릴 대貸, 덜 손損, Bad Debt)은 빌려준 것을 덜어낸다는 의미다. 돌려받지 못하는 외상매출금, 대출금 등 손해를 말한다. 재무상태표에는 대손충당금, 손익계산서에는 비용(판매관리비)인 대손상각비로 처리한다. 충당(찰 충充, 당할 당當)은 모자란 것을 채워 넣는다, 상각(갚을 상償, 물리칠 각却)은 자산가치 하락을 비용처리 한다는 의미다.

02

재무제표의 기본 개념 핵심만 이해하자

재무제표 5가지 구성항목 핵심만 이해하자

1. 재무상태표: 재산 상태(자산, 부채, 자본)에 대한 내역표

   자산 = 부채 + 자본

2. 손익계산서: 수익과 비용(매출, 비용, 당기순이익)에 대한 내역표

   수익 - 비용 = 이익

3. 자본변동표: 자본항목에 대한 변동표

   자본금, 자본잉여금, 이익잉여금 등

4. 현금흐름표: 현금 조달과 사용에 대한 내역표

   영업활동, 투자활동, 재무활동 현금흐름

5. 주석: 재무제표 관련항목에 대한 상세한 설명서

재무제표는 ① 재무상태표 ② 손익계산서 ③ 자본변동표 ④ 현금흐름표 ⑤ 주석의 5가지로 구성된다. 재무제표는 유기적으로 연결되어 있다. 하나의 거래가 두 가지 이상의 재무제표에 기록된다. 영업활동(제품 판매, 비용 발생)을 하면 손익계산서에 기록되는데 재무상태표, 현금흐름표와 자본변동표에도 함께 기록된다. 재무상태표 등은 1년 전 동일시점과 비교해서 보여주기에 전기대비 비교가 가능하다.

≫ 재무제표를 작성하는 해당년도는 당기, 직전년도는 전기, 다음연도는 차기라고 표현한다. 재무제표 작성하는 시작 일을 기초, 마지막 일을 기말이라고 한다.

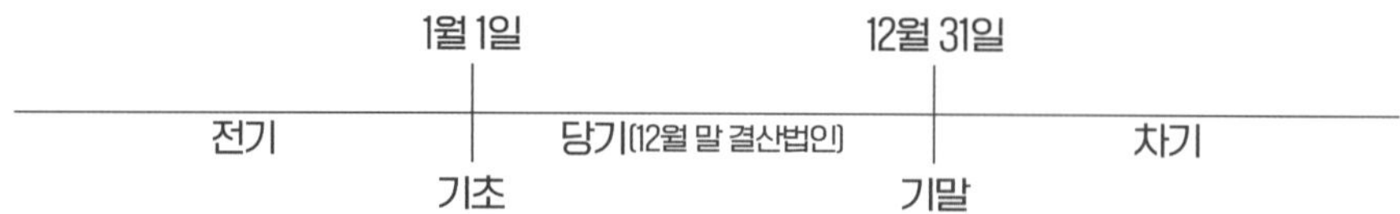

≫ 12월 말 결산법인은 1월 1일부터 12월 31일까지를 회계처리 기간으로 산정한다. 결산(결단할 결決, 셈 산算)은 일정 기간 동안 수입과 지출을 마감해 계산한다는 의미다.

① **재무상태표** 기업의 재산과 빚은 얼마인가? 즉, 기업의 재산현황을 나타낸다. 자산, 부채, 자본이 핵심 구성요소다. 자산은 남의 돈인 부채와 주주의 돈인 자본으로 이루어져 있다. 재무상태표는 '자산 = 부채 + 자본'이라는 등식을 갖는다. 부채와 자본이 늘어나면 자산도 증가한다. 재무상태표를 과거에는 대차대조표라고 불렀다. 차변(왼쪽), 대변(오른쪽) 양쪽의 균형을 맞춘다는 의미에서다. 자금투자 결과인 자산은 왼쪽인 차변, 자금조달 결과인 부채와 자본은 오른쪽인 대변이다.

(예시) 삼겹살 가게를 3억 원 주고 인수했다. 은행에서 1억 원을 빌리고 내 돈 2억 원의 자금이 들었다. '자산 3억 원 = 부채 1억 원 + 자본 2억 원'이다. 이를 재무상태표에 기록하면 아래와 같다.

(보고식: DART 표기식)

재무상태표
자산 3억 원 부채 1억 원 자본 2억 원

→

(계정식: 재무제표 회계처리 표기식)

재무상태표	
(차변) 자산 3억 원	(대변) 부채 1억 원 자본 2억 원

≫ 재무상태표는 보고식과 계정식으로 작성될 수 있다. (왼쪽) 금감원 공시사이트(DART) 보고자료는 보고식이다. 위에서 아래로 한줄로 나열된다. 반면 (오른쪽) 계정식은 좌우로 구분해 표시한다.

② 손익계산서 얼마를 팔아 얼마를 남겼는가? 즉, 매출과 그 결과물인 손익(손실 또는 이익)을 나타낸다. 재무상태표가 「당기말 현재」 재산상태, 채무관계를 보여준다면 손익계산서는 「당기간」 영업실적을 보여준다. 매출(수익)에서 각종 비용, 법인세를 제외하면 이익이 나온다. '수익 - 비용 = 이익' 등식이 성립한다. 벌어온 돈(수익)에서 쓴 돈(비용)을 빼면 이익이다. 수익과 이익은 서로 다른 용어다.

포괄손익계산서 손익계산 과정

매출액	이익 구분
- 매출원가	① **매출총손익** = 매출액 - 매출원가
- 판매관리비	② **영업손익** = 매출총손익 - 판매관리비
± 영업외손익	③ **법인세차감전순손익** = 영업손익±영업외손익
- 법인세비용	
당기순손익	④ **당기순손익** = 법인세차감전순손익-법인세비용
± 기타포괄손익	
총포괄손익	⑤ **총포괄손익** = 당기순손익±기타포괄손익

*영업비용: 매출원가 + 판매관리비(판관비)

12월 말 결산법인은 12월 말 손익계산서에 있는 당기순이익을 제로(0)로 만든다. 이후 남아있는 당기순이익을 재무상태표의 이익잉여금에 옮겨놓는다. 주주 몫인 자본에 계속 이익을 쌓아두는 게 이익잉여금이다. 당기순이익인 경우에는 플러스 이익잉여금, 당기순손실일 경우에는 마이너스 이익잉여금 처리한다.

(예시) 직장인이라면 매달 월급을 받는다. 특정시점인 12월 말 월급통장 잔고를 보는 재무제표가 재무상태표, 특정 기간 동안인 1~12월간 받아온 월급명세서 흐름을 보는 재무제표가 손익

계산서다.

연초 기초잔고(재무상태표) → 연간 수입/비용(손익계산서) → 연말 기말잔고(재무상태표)

③ 자본변동표 자본금, 자본잉여금, 이익잉여금 등 자본총계 세부 변동을 다룬다. 기초 재무상태표와 기말 재무상태표 간 자본총계 변동을 설명한다. 증자(감자), 배당, 자기주식 변동 등도 확인할 수 있다.

④ 현금흐름표 영업활동, 투자활동, 재무활동이라는 3가지 현금의 흐름을 파악할 수 있다.

⑤ 주석 숫자로 된 표에 대한 상세 해설서다. 전기 대비 큰 변동이 있는 경우나 숫자의 의미가 궁금하다 싶으면 만물박사인 주석을 찾아보면 된다. 참고로 재무제표에서 괄호 안에 숫자가 적혀 있으면 마이너스(차감)의 의미다. 예를 들어 '당기순이익(300)'이라고 표시되어 있다면 -300 즉, 당기순손실 300이란 의미다.

≫ 계상: 이 책에선 기록한다고 표현했지만 정확한 용어는 계상이다. 회계장부에 계상(셀 계計, 윗 상上)한다는 것은 계산한 값을 장부에 기록한다는 의미다.

복식부기 기록방식 핵심만 이해하자

재무상태표

차변	대변
자산	부채
	자본

손익계산서

차변	대변
비용	수익

복식부기는 차변과 대변으로 구분해 이중 기록하는 방식이다. 자산증가는 왼쪽

인 차변, 부채와 자본증가는 오른쪽인 대변에 기록한다. 비용증가는 왼쪽인 차변, 수익 증가는 오른쪽인 대변에 기록한다. 자산, 부채, 자본에 대한 복식부기를 표로 나타내면 아래와 같다.

구분	차변(왼쪽)	대변(오른쪽)
자산	**자산증가**	자산감소
부채	부채감소	**부채증가**
자본	자본감소	**자본증가**
비용/수익	**비용발생**	**수익발생**

① 재무상태표에서 자산은 왼쪽인 차변에 놓인다. 자산 증가는 차변(왼쪽)에 기록하고 자산감소는 그 반대편인 대변(오른쪽)에 기재한다. ② 반대로 부채와 자본은 재무상태표 오른쪽인 대변에 기록한다. 부채와 자본증가는 재무상태표 대변(오른쪽), 감소는 차변(왼쪽)에 기록한다. ③ 손익계산서에서 비용은 왼쪽인 차변, 수익은 오른쪽인 대변에 기록한다.

(분개 예시) 상품 100만 원을 현금으로 구입할 경우 차변은 상품이란 자산의 증가, 대변은 현금이란 자산의 감소를 표시한다.

(차변) 상품 100만 원 (대변) 현금 100만 원

(자산증가) (자산감소)

03

재무제표 간 차이점 핵심만 이해하자

재무제표 간 차이점 - 특정 시점 vs. 특정 기간

재무상태표는 특정 시점을 기준으로 작성한다. 가령 12월 말 결산법인이면 12월 31일 기준 재무상태(사업보고서의 경우)를 나타낸다. 시점이 기준이기에 재무상태표 자본 등 데이터는 계속 누적된다. 전년도에서 이월된 자료에 올해 재무상태 결과가 더해진다. 반면 **손익계산서, 자본변동표, 현금흐름표는 기간을 기준으로 한다.** 12월말 결산법인이면 1월 1일부터 12월 31일까지 1년 기간(사업보고서의 경우)의 기록이다.

≫ 12월 말 결산법인은 1월 1일부터 12월 31일까지를, 6월 말 결산법인은 7월 1일부터 익년도 6월 30일까지를 회계처리 기간으로 산정한다.

(예시) 재무상태표 vs. 손익계산서 표시 차이

① 연결재무상태표 제54기말 2022. 12. 31 현재	② 연결손익계산서 제54기 2022.01.01부터 2022.12.31까지

≫ ① 연결재무상태표는 특정 시점이 기준이다. 12월 말 결산법인의 경우 '12. 31. 현재'라고 표현되어 있다. 반면 ② 연결손익계산서는 특정 기간이 기준이다. 12월 말 결산법인의 경우 '01.01부터 12.31까지'라고 표현되어 있다.

12월 말 결산법인의 경우 결산기말인 12월 31일이 되면 손익계산서의 모든 자료를 제로(0)화 한다. 그리고 다음 해부터는 누적된 데이터 없이 새롭게 제로(0)부터 다시 시작한다. 손익계산서상의 당기순이익은 당기말 재무상태표의 이익잉여금으로 옮겨진다. 이익잉여금은 자본총계(자본) 구성요소다. 자본총계를 주주의 몫인 순자산(자본 = 자산 - 부채)으로도 표현한다. 당기순이익 증가는 순자산(자본) 증가로 이어진다. 당기순이익은 재무상태표와 자본변동표의 이익잉여금, 현금흐름표 영업활동 현금흐름에도 함께 기록된다.

재무제표 간 차이점 - 발생주의 vs. 현금주의

재무제표는 발생주의와 현금주의 방식 중 하나로 처리된다. **발생주의 적용은 재무상태표, 손익계산서, 자본변동표다.** 발생주의는 거래가 발생되는 시점에 맞춰 기록하기에 현금 유출입 시점과 차이가 난다. 외상거래도 발생주의에서는 매출 발생으로 기록된다. 행위에 중점을 두다 보니 현금이 들어오지 않아도 기록된다.

반면 현금주의는 유일하게 현금흐름표에 반영된다. 현금주의는 실제 현금 유출입이 있어야만 기록된다. 외상으로 사거나 파는 경우에는 현금이 들어오지 않는다. 현금흐름표에도 기록되지 않는다. **현금이 들어와야만 기록되기에 거짓이 없다. 손익계산서나 재무상태표의 분식회계, 매출 뻥튀기 등 유무를 확인하기 위해 현금흐름표를 같이 봐야 한다.** 발생주의 회계의 단점을 현금흐름표가 보완해 준다.

≫ 수익비용 대응의 원칙: 발생주의 회계에서 비용은 수익과 「동일시점」에 처리해야 한다는 원

칙이다. 수익이 있는 시점에 비용이 있다. 가령 판매 목적으로 구입한 상품은 구입 시점에 비용 처리 되는 게 아니다. 상품이 판매되어 수익을 창출하는 시점에서야 비용이 된다. 판매되지 않은 상태면 상품이란 「자산」으로 존재한다. 비용이 아직 발생하지 않은 것이다.

재무제표 간 차이점 - 숫자 vs. 상세내용 기술

재무제표를 숫자만 잔뜩 있는 표로 생각하지만 주석이란 해설서도 있다. **딱딱한 숫자 그 행간의 의미는 주석을 찾아보면 알게 된다.** 수학문제집의 해답지 풀이 과정과 같다. 다만 주석의 양이 방대하다 보니 다 읽어볼 엄두가 안난다. 역으로 궁금할 때만 찾아보는 거다. 마치 틀린 수학문제만 풀이과정을 보듯 말이다. 비정상적인 숫자 변동이나 궁금증을 유발하는 사항들 중심으로 압축해서 주석을 찾아보자.

공정가치

공정가치(Fair Value)란 「합리적인 판단력과 거래의사가 있는 독립된 당사자 사이의 거래에서 자산이 교환되거나 부채가 결제될 수 있는 금액」을 말한다. 쉽게 표현하자면 공정한 가격이다. **거래시장이 존재할 경우 시장가격이 공정가치가 된다.** 시장가격이 없을 경우 공정가치 측정이 어려워진다. 시장가격이 없으면 부동산처럼 유사한 자산의 최근 매매사례를 사용하거나, 실질적으로 동일한 다른 금융상품의 공정가치를 참조하거나, 현금흐름할인법(DCF, Discounted Cash Flow) 등을 쓴다.

≫ 가장 빈번하게 사용하는 방법은 현금흐름할인법(DCF)이다. DCF는 해당 자산으로부터 얻을 수 있는 미래의 현금수입을 추정한다. 그리곤 그 현금흐름을 현재가치로 할인(측정)하기 위해 적정한 할인율을 정해서 공정가치를 산출한다.

04

재무제표 관계도 핵심만 이해하자

재무제표 관계도의 핵심만 이해하자

앞서 **재무상태표, 손익계산서와 현금흐름표를 같이 보자고 했다. 발생주의로 처리한 재무상태표, 손익계산서에 대해 현금주의를 따르는 현금흐름표로 크로스 체크하자는 거다.** 재무상태표와 손익계산서상의 영업활동 등은 현금흐름표에 다 녹아 있다. 당기순이익 증가만큼 실제 현금흐름이 늘어났는지, 충분한 여유현금을 보유했는지 등을 현금흐름표로 체크해야 한다. 혹여 매출을 올려도 현금이 들어오지 않으면 거짓일 수 있어서다. 현금주의로 작성한 현금흐름은 거짓말을 하지 않는다.

재무제표 상호간 유기적 연결관계

손익계산서	재무상태표		현금흐름표
매출액	② 자산	③ 부채	③ 재무활동 현금흐름
영업비용	유동자산	유동부채	
영업이익		비유동부채	② 투자활동 현금흐름
		③ 자본	
영업외수익(비용)	비유동자산	자본금	① 영업활동 현금흐름
법인세		자본잉여금	현금잔액
① 당기순이익		① 이익잉여금	

① 손익계산서 당기순이익 변동 → 현금흐름표 영업활동 현금흐름

② 재무상태표 자산 변동 → 현금흐름표 투자활동 현금흐름

③ 재무상태표 부채와 자본 변동 → 현금흐름표 재무활동 현금흐름

① 영업활동 영업활동 현금흐름은 당기순이익의 현금화 과정을 쫓는다. 판매(매출)와 수익을 내는 과정은 손익계산서에 기록된다. 영업활동 현금흐름이 손익계산서와 맞물린다.

② 투자활동 투자활동 현금흐름은 현금을 투자한 내역이다. 투자에 따라 자산의 증감을 가져온다. 투자활동 현금흐름은 재무상태표 자산과 맞물린다.

③ 재무활동 재무활동 현금흐름은 현금의 조달 내역이다. 남의 돈인 부채와 투자자 돈인 자본으로 조달한다. 유상증자는 자본증가, 회사채는 부채증가다. 재무활동 현금흐름은 재무상태표 자본 또는 부채와 맞물린다.

재무제표를 보는 순서 핵심만 이해하자

재무제표를 쉽게 파악하는 원칙은 **첫째, 재무상태표, 손익계산서 등에서 큰 숫자부터 확인해 보는 거다.** 현금흐름표를 통해 크로스 체크도 필요하다. 중점 점검 대상은 큰 숫자들이 전년 대비 변동폭이 큰 경우다. 변동의 원인을 확인해 봐야 한다. **둘째, 해당 항목에 대한 세부적인 이유를 주석에서 파악하면 된다.**

(예시) 자산 증감사항에 대해 체크하겠다면 ① 재무상태표 자산항목을 확인한다. ② 자산과 관련해서 현금흐름표 투자활동 현금흐름의 특이사항을 체크한다. ③ 주석을 통해 더욱 상세한 내용을 확인한다.

재무제표는 ① 손익계산서 → ② 재무상태표 → ③ 현금흐름표 순으로 보는 게 일반적이다. ① 손익계산서는 당기순이익 → 영업이익 → 매출액 순으로 역으로 올라간다. 성장성이 중요하다면 매출액 먼저 봐도 무방하다. **② 재무상태표는 자본 → 자산 → 부채 순으로 본다.** 자본은 이익잉여금이 많이 쌓여 있어야 좋다. 자산은 1년 이내 현금화가 가능한 유동자산이 많고 부채는 만기가 1년 이내인 유동부채가 적어야 현금 유동성이 좋다. 무이자부채가 많을수록 이자지급 비용이 적어 좋다.

재무제표 보는 순서

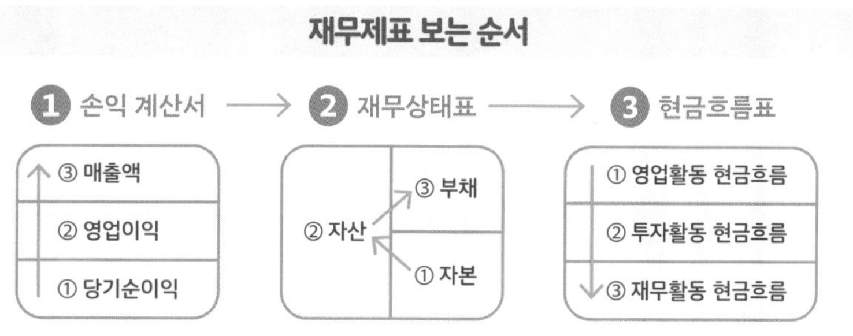

2장

아들아,
재무상태표 핵심
이것만은 알아둬라

재무상태표는 유동성에 따라 배치한다

유동성 핵심만 이해하자

유동(흐를 유流, 움직일 동動)**은 자산을 현금화할 수 있는 정도다.** 유동성이 크다는 것은 현금화가 쉽다는 의미다. 결산일(재무상태표일)시점부터 1년을 기준으로 유동성과 비유동성을 나눈다. **1년 이내에 현금화가 가능하면 유동, 1년을 넘으면 비유동이다.**

① 자산은 유동성에 따라 유동자산과 비유동자산으로 구분된다. 유동자산이 비유동자산보다 현금화가 빠르다. 1년 이내에 현금화가 가능하면 유동자산, 1년이 넘으면 비유동자산이다. 자산은 유동자산을 중점적으로 보자. **유동자산이 많아야 현금 유동성이 좋다.** ② 부채도 유동부채와 비유동부채로 나뉜다. 부채의 유동성은 만기 기간을 나타낸다. 만기가 1년 이내면 유동부채, 1년이 넘으면 비유동부채다. 유동부채가 많으면 단기간 갚아야 할 부채가 많아서 리스크가 크다. 차입금 등 이자를 내는 부채가 많은지 여부도 체크해야 한다. **부채구성 비중에서 이자를 내지 않는**

무이자부채가 많으면 좋다. ③ 자본은 자본금, 자본잉여금, 이익잉여금 등으로 구성된다. **자본항목은 이익잉여금항목을 중점적으로 보자. 이익잉여금이 많이 쌓여 있어야 건실한 기업이다.**

재무상태표는 유동성에 따라 배치된다

재무상태표는 자산과 부채를 각각 유동성에 따라 배치한다. 유동성이 큰 항목부터 배열한다. 현금화가 빠르거나 또는 만기가 짧은 자산에서 긴 순서대로 기록한다. 유동자산 다음으로 비유동자산, 유동부채 다음으로 비유동부채 순서다. 유동자산은 유동성 기준 당좌자산, 재고자산 순으로 나열된다. 비유동자산도 투자자산, 유형자산, 무형자산순이다. 형태가 없고 가치측정이 까다로운 무형자산보다 유형자산이 현금화가 쉬워서다.

재무상태표 기본체계

재무상태표 202X년 12월 31일 현재 0000 주식회사			(단위: 원)
계정과목	금액	계정과목	금액
Ⅰ. 유동자산 1. 당좌자산 2. 재고자산		**Ⅰ. 유동부채** **Ⅱ. 비유동부채** 부채합계	
Ⅱ. 비유동자산 1. 투자자산 2. 유형자산		1. 자본금 2. 자본잉여금 3. 자본조정	
3. 무형자산 4. 기타비유동자산 자산합계		4. 기타포괄손익누계액 5. 이익잉여금 자본합계	
		부채 및 자본합계	

06

자산의 개념 핵심만 이해하자

자산은 부채와 자본의 합

재무상태표는 재무상태, 즉 재산에 관한 표다. 재산(자산)은 주주의 돈인 자본과 남의 돈인 부채로 구성한다. **'자산 = 부채 + 자본'이다. '자산 = 부채 + 자본' 공식에서 봤듯 부채와 자본으로 조달한 자금이 자산의 취득과 투자에 사용된다. 부채와 자본이 늘면 자산도 불어난다.** 불어난 자산만큼 경제적 이익을 더 가져다 줄 것이다. 자본은 자본총계, 자기자본 또는 순자산(자본 = 자산 - 부채)으로도 표현한다. 즉, 자산과 순자산(자본)은 서로 다른 개념이다. 차변(왼쪽)은 자산, 대변(오른쪽)은 부채와 자본이 기록된다.

앞으로 경제적 이익을 가져다 줄 경우라면 자산으로 처리한다. ① 대표적인 게 재고자산이다. 재고자산이 향후 판매가 된다면 수익을 가져다 줄 것이다. 제품을 만드는 데 들어간 비용(제조원가)을 판매 전에는 재고자산으로 처리한다. 판매가 되고 나면 재고자산에서 비용인 매출원가(제조원가)로 바뀐다. ② **개발비도 '~비'로 끝나지만 자산으로 처리한다.** 연구단계를 끝내고 개발단계이기에 확실한 수익이 가능하다. 이런 경우 비용인 연구개발비(경상개발비)가 아닌 자산인 개발비로 처리한다.

유동자산과 비유동자산 기초 핵심만 이해하자

유동자산	당좌자산	현금및현금성자산, 단기금융상품, 매출채권 등
	재고자산	제품, 상품, 원재료, 재공품, 반제품 등
비유동자산	투자자산	투자부동산, 매도가능금융자산, 만기보유금융자산, 지분법적용투자주식, 장기금융상품, 장기대여금 등
	유형자산	토지, 건물, 기계장치, 비품, 건설중인자산 등
	무형자산	영업권, 산업재산권, 개발비, 회원권 등
	기타 비유동자산	이연법인세자산, 임차보증금, 장기매출채권, 장기미수금 등

자산은 유동성에 따라 유동자산과 비유동자산으로 구분한다. **유동자산은 1년 내에 현금화가 가능한 자산이다. 유동자산으론 당좌자산과 재고자산이 있다(유동자산 = 당좌자산 + 재고자산).**

≫ 당좌자산은 유동자산에서 재고재산을 뺀 것이다(당좌자산 = 유동자산 - 재고자산).

당좌자산이 재고자산보다 유동성이 더 크다. 당좌자산은 판매과정이 필요 없다. 재고자산은 판매가 되어야만 현금화가 가능하다. 당좌자산보단 현금화가 불편하다. **비유동자산은 현금화가 1년 넘게 걸린다. 비유동자산으로는 투자자산, 유형자산, 무형자산 등이 있다.**

$$\text{유동비율} = \frac{\text{유동자산}}{\text{유동부채}} \qquad \text{당좌비율} = \frac{\text{당좌자산(유동자산 - 재고자산)}}{\text{유동부채}}$$

유동비율은 1년 안에 현금화할 수 있는 유동자산을 1년 안에 갚아야 할 유동부채로 나눈 값이다. 일반적으로 유동비율이 150%를 넘으면 재무상태가 안정적이다라고 평가한다. 현금화가능 자산이 부채보다 1.5배 이상 많아서다. 다만, 재고자산이 크게 늘어도 유동비율은 좋아질 수 있다. 좀 더 보수적으로 보려면 당좌비율을 체크하는 게 좋다. 당좌비율은 당좌자산을 유동부채로 나눠준다. 당좌자산은 유동자산에서 재고자산을 제외한다.

네이버 증권 주요 재무지표

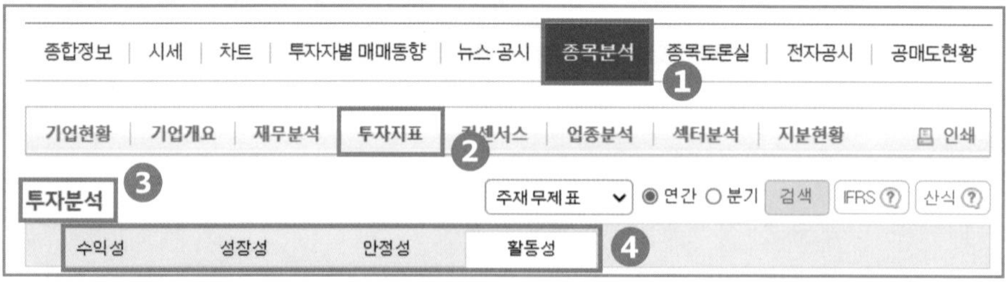

≫ 네이버 증권 삼성전자 화면에서 ① 종목분석 탭, ② 투자지표 탭의 ③ 투자분석에서 ④ 수익성, 성장성, 안정성, 활동성 지표별로 상세내용을 확인할 수 있다.

수익성	성장성	안정성	활동성
매출총이익률 영업이익률 순이익률 EBITDA마진율 ROE ROA ROIC	매출액증가율 영업이익증가율 순이익증가율 총자산증가율 유동자산증가율 유형자산증가율 자기자본증가율	부채비율 유동부채비율 비유동부채비율 순부채비율 유동비율 당좌비율 이자보상배율 금융비용부담률 자본유보율	총자산회전율 자기자본회전율 순운전자본회전율 유형자산회전율 매출채권회전율 재고자산회전율 매입채무회전율

07

내용연수와 감가상각 핵심만 이해하자

자산마다 사용연한인 내용연수가 있다

유형자산은 형태가 있는 비유동자산이다. 영업활동에 사용할 목적으로 1년을 초과해 보유하는 경우다. 토지, 건물, 기계장치, 비품, 건설 중인 자산 등이 있다. 유형자산은 무한정 쓰기 어렵다. 사용하다 보면 그 가치가 감소하고 소멸한다. 사용수명 기간을 **내용연수(Useful Life)**라 한다. 영어로 'Useful'이라는 단어를 사용하는데 쓸만하게 사용할 수 있는 기간이다. 내용연수가 지나도 사용은 가능하다. 다만 사용연수가 지나면 구식이 되거나 운용비용이 과다해서 바꿔줘야 한다. 내용연수는 유형자산별로, 회사별로 그 기간을 정해둔다. 건물이 기계장치 등에 비해 내용연수가 길다. 삼성전자의 경우 건물에 대해서 15~30년, 기계장치는 5년 등으로 정해놓고 있다. 형태가 없는 무형자산도 내용연수를 두고 있다. 내용연수에 대한 확인 역시 유형자산편(무형자산편) 주석에 있다. 찾는 시간이 걸릴 뿐 웬만한 자료는 주석에 다

있으니 궁금하다면 주석부터 열어보자.

삼성전자 주석 예시 : 유형자산 내용연수

구 분	대표추정내용연수
건물 및 구축물	15, 30 년
기계장치	5 년
기타	5 년

≫ 삼성전자의 경우 건물 및 구축물은 15, 30년, 기계장치는 5년을 추정내용연수로 하고 있다.

삼성전자 주석 예시 : 무형자산 내용연수

구 분	대표추정내용연수
개발비	2년
특허권, 상표권 및 기타무형자산	3년 ~ 25년

≫ 삼성전자의 경우 개발비는 2년, 특허권과 상표권 등은 3~25년으로 추정내용연수로 삼고 있다.

유형자산은 감가상각, 무형자산은 상각처리를 한다

재고자산은 매출발생 즉시 비용처리를 한다. 반면 유형자산은 내용연수에 따라 비용을 나눠서 반영한다. 재고자산은 유동자산, 유형자산은 비유동자산이다. 1년 이내 현금화가 가능하면 유동자산, 1년이 넘으면 비유동자산이다. 비유동자산은 구입초기 모두 한번에 비용화할 경우 실적이 왜곡될 수 있다. 사용기간 동안 나눠서 천천히 비용화해야 한다. 최초 취득시점에는 유형자산으로 자산처리를 한 다음, 내용연수 기간 동안 감가상각비 비용처리를 나눠서 한다. **감가상각(Depreciation)**의 감가(덜 감減, 값 가價)는 가치하락을, 상각(갚을 상償, 물리칠 각却)은 보상하여 갚아준다는 의미다. 감가상각은 내용연수 동안 유형자산의 가치하락을 비용처리 한다. 감가상각으로 인해 자산가치는 하락한다. 감가상각비는 손익계산서 비용항목이다. 재무상태표에는 감가상각누계액으로 기록한다.

≫ **누계(묶을 루累, 셀 계計)의 사전적 의미는 소계(小計, 전체가 아닌 어느 한 부분만을 셈한 합계)를 계속 덧붙여 합산함 또는 그런 합계를 말한다.**

재무상태표의 유형자산 금액은 감가상각이 반영된 장부금액이다. 유형자산의 경우 공장건물이면 매출원가, 본사건물이면 판매관리비에 감가상각비를 반영한다.

≫ **매출원가는 제조활동에서 발생하는 비용(제조원가), 판매관리비는 제품 판매와 회사 유지관리에 들어가는 비용이다.**

판매관리비는 당기에 비용처리되고 끝난다. 매출원가는 제품이 판매될 때 비용처리된다. 아직 팔리지 않은 재고자산에도 공장건물, 기계설비 등의 감가상각비가 제조원가로 녹아들어 있다. **유형자산 중 토지와 건설 중인 자산은 감가상각 대상이 아니다.** 토지는 영원히 감가상각이 안 되지만 건설 중인 자산은 완공되면 감가상각이 시작된다. 무형자산도 가치 감소분을 비용처리 한다. 무형자산은 물리적 형태가 없는 자산이다. 산업재산권, 개발비, 저작권 등이 있다. **무형자산은 감가상각 대신 상각(Amortization)으로 표현한다.** 즉, 유형자산은 감가상각, 무형자산은 상각이다. 감가상각(상각)으로 인해 자산의 가치는 하락한다.

≫ 손익계산서상 감가상각비는 판매관리비 부분(본사건물 감가상각비 등)만을 확인할 수 있다. 공장 등 제조설비의 감가상각비는 제조원가에 포함되어 있다. 제조원가는 손익계산서상 매출원가에 들어 있지만 감가상각비만 구분해 수치를 표시하진 않는다. 모든 감가상각 총액을 확인하려면 재무제표 주석(유형자산 항목)이나 현금흐름표(영업활동 현금흐름)에서 확인해야 한다.

삼성전자 유형자산 & 감가상각 주석 예시

7. 유형자산:

가. 당반기 및 전반기 중 유형자산의 변동 내역은 다음과 같습니다.

(단위 : 백만원)

구　분	당반기	전반기
기초장부금액	149,928,539	128,952,892
일반취득 및 자본적지출	20,754,405	24,055,907
감가상각 ❶	(18,077,845)	(14,360,825)
처분 · 폐기 · 손상	(164,773)	(287,768)
기타(*)	1,814,250	1,029,656
반기말장부금액	154,254,576	139,389,862

(*) 기타는 환율변동에 의한 증감액, 정부보조금 차감 효과 등을 포함하고 있습니다.

나. 당반기 및 전반기의 계정과목별 유형자산 상각내역은 다음과 같습니다.

(단위 : 백만원)

구　분	당반기	전반기
매출원가 ❷	16,292,066	12,672,651
판매비와관리비 등	1,785,779	1,688,174
계	18,077,845	14,360,825

≫ ① 삼성전자의 유형자산 주석에서 감가상각 내역을 확인할 수 있다. ② 유형자산 감가상각 내역이 매출원가, 판매관리비로 구분해 안내되어 있다.

감가상각(상각)은 비용으로 처리하기에 당기순이익을 감소시킨다. 손익계산서상의 당기순이익 감소는 결국 이익잉여금(재무상태표 자본)을 감소시킨다. 현금흐름표에서는 현금유출이 없는 비용은 더해준다. **감가상각비도 현금유출이 없는 비용이기에 영업활동 현금흐름에 플러스 항목이다.**

감가상각의 방법으론 정액법과 정률법 등이 있다

정액법은 매년 동일한 금액으로 상각을 하는 것이다. 정액법은 동일 금액이기에 매년 감가상각액이 동일하다. 일반적으로는 정액법을 주로 사용한다. 반면 **정률법**은 매년 동일한 비율로 상각을 한다. 동일 비율로 하기에 처음에 감가상각액이 크다. 초기에 비용처리를 많이 하고자 할 경우 정률법을 쓴다.

(예시) 2023년 3,000만 원을 주고 기계장치를 매입한 경우 5년간 정액법으로 감가상각을 한다면 2024년 2,400만 원, 2025년 1,800만 원 등으로 기계장치 자산가치는 계속 600만 원씩 줄어든다. 반면 정률법으로 45.1%씩 감가상각하면 첫해 감가상각비 1,353만 원(3,000만 원×45.1%)이 두 번째 해에는 743만 원(1,647만 원 × 45.1%)으로 줄어든다.

대규모 유형자산 투자는 감가상각비를 감안하라

대규모 공장설비 투자는 앞으로 돈을 벌어다 줄 훌륭한 자산이다. 다만 **설비투자 완공 이후 감가상각비 처리가 대폭 늘어난다. 단기적으로 감가상각비 때문에 영업이익이 줄어들 수 있다.** 대규모 설비투자를 할 경우 매출증가가 따라야 한다. 감가상각비와 이자비용(대출인 경우)을 감당해야 해서다. 감가상각에도 불구하고 폭발적인 매출이 이루어진다면 영업이익이 늘어난다. **대규모 설비투자는 감가상각과 매출증가 두 요인이 주가에 큰 영향을 미친다.** 대규모 유형자산 투자가 있었다면 재무제표 주석을 체크하자. 유형자산의 내용연수와 감가상각 정보를 파악해 둘 필요가 있다. 감가상각 기간 종료가 가까워질수록 영업이익이 큰 폭으로 늘어날 수 있다.

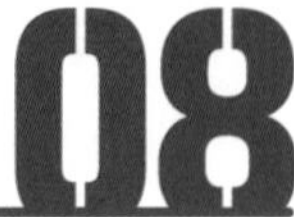

손상차손 핵심만 이해하자

자산가치 하락을 손상차손으로 기록한다

자산가치가 급격히 하락할 경우 손실로 반영하고 이를 손상차손으로 기록한다. 상세하게 보면, ① 자산의 장부가치보다 미래 회수 가능액이 적을 때, ② 물리적 손상이 발생해 가동률이 떨어질 때, ③ 설비에서 생산하는 제품의 시장지배력이 떨어질 때 손상차손으로 인식한다. **손상차손**에서 손상(덜 손損, 다칠 상傷)은 물건이 상하는 것을, 차손(다를 차差, 덜 손損)은 손해를 말한다. 종합하면 물건가치가 떨어져 손해남을 의미한다. 유형자산이면 유형자산 손상차손, 무형자산이면 무형자산 손상차손이다. 가령 웃돈을 지불한 영업권으로 생각만큼 매출이 발생하지 않으면 영업권 손상차손을 반영하는 식이다.

(예시) 영업권 손상이 1억 원 발생할 경우 재무상태표에서 영업권 장부금액을 1억 원 줄이고 손익계산서에서 1억 원을 영업권 손상차손으로 비용처리 한다.

손상차손을 구하기 위해선 ① 장부가치(회계장부 가치)**와 ② 공정가치**(시장가격) **또**

는 ③ **사용가치**(실제 사용 가능성)**를 서로 비교한다.** 장부가치보다 그 비교가치가 낮다면 그 낮은 만큼을 손해액으로 본다. 손상차손은 매출과 직접 관련이 없기에 손익계산서상 영업외비용으로 처리한다. 손익계산서상의 손상차손은 결산기말 재무상태표로 옮겨져 **손상차손누계액**에 기록된다. 손상차손 이후 회수가 가능할 경우에는 손상차손환입으로 영업외수익 처리한다. 유무형자산의 손상차손은 「영업외이익」의 차감 항목인데 비해 감가상각비(상각비)는 「영업이익」의 차감항목이다.

≫ 영업이익은 주된 영업활동과 관련된 이익, 영업외이익은 주된 영업활동 이외로부터 발생한 이익을 말한다.

≫ (손익계산서) 감가상각비, 손상차손

(재무상태표) 감가상각누계액, 손상차손누계액

감가상각비와 마찬가지로 손상차손도 현금유출이 없다. 단지 회계장부상의 손실일 뿐이다. **현금흐름표 작성 시에는 당기순이익에서 이미 차감된 손상차손을 더해줘야 한다.**

유형자산 재평가 핵심만 이해하자

유형자산은 취득한 이후 유형자산 가치변동에 대해 재평가를 한다. 방법은 원가모형과 재평가모형이 있다. ① **원가모형**은 「취득가액」에서 감가상각누계액과 손상차손누계액을 차감한 금액을 장부금액으로 표시한다. ② **재평가모형**은 「공정가치(시장가격)」를 측정한다. 재평가일 공정가치에서 감가상각누계액과 손상차손누계액을 차감하면 재평가 금액이 된다.

유형자산 재무상태표 표시

유형자산을 재무상태표에 표시할 때는 유형자산 취득원가 또는 재평가금액에서 감가상각누계액과 손상차손누계액을 차감하는 방법으로 표시한다.

(예시) 기계장비 취득원가가 1,000만 원이고, 감가상각누계액이 -200만 원, 손상차손누계액이 -100만 원이면 장부금액은 700만 원이 된다.

재무 상태표	**자산** 기계장비 700만 원 (1,000만 원 - 200만 원- 100만 원)	**부채** **자본** -300만 원 감가상각누계액 -200만 원 손상차손누계액 -100만 원
손익 계산서	**비용** 300만 원 감가상각비 200만 원 손상차손 100만 원	**수익**

유형자산처분이익(처분손실) 핵심만 이해하자

유형자산을 처분 또는 폐기할 때에는 **유형자산처분손익**이 발생한다. 장부가격과 다른 가격으로 판매할 때에 발생한다. 처분대가와 장부가액간 차액만큼이 이익(손실)이 된다. 장부금액은 취득원가(또는 재평가금액)에서 감가상각누계액과 손상차손누계액을 제외한 금액이다. 유형자산처분손익은 영업과 무관하기에 손익계산서상 영업외손익으로 처리한다.

(예시) 기계설비 등 유형자산을 장부가격보다 비싸게 파는 경우 유형자산처분이익으로 기록한다. 장부가격 10만 원인 기계설비를 현금 12만 원에 매각할 경우다. 장부가격보다 2만 원 비싸게 팔았으므로 유형자산처분이익이 2만 원 발생했다.

재무상태표	**자산** 기계장치 (10만 원) 현금 12만 원	**부채** **자본** 이익잉여금 2만 원
손익계산서	**비용**	**수익** 유형자산처분이익 2만 원

≫ 손익계산서상 유형자산처분이익은 결산기말 재무상태표의 자본항목 이익잉여금에 누적된다.

당좌자산 핵심만 이해하자

현금, 매출채권, 미수금 등은 당좌자산이다

당좌자산의 구분

구분	주요내용
① 현금및현금성자산	현금과 현금 유사자산 등
② 단기금융상품	만기 1년 내 예금 등
③ 단기매매금융자산	1년 내 매도 예정 주식, 채권 등
④ 매출채권	영업활동에 따른 외상값(받을 돈)
⑤ 미수금	영업활동과 무관한 외상값(받을 돈)
⑥ 미수수익	아직 지급일이 지나지 않은 수익
⑦ 선급금	미리 준 돈(계약금 등)
⑧ 선급비용	미리 낸 비용(보험료 등)
⑨ 단기대여금	빌려준 돈(1년 내에 받을 돈)

당좌자산(Quick Assets)은 1년 내에 현금화가 가능한 유동자산 중 하나다. 재고자산과 달리 판매과정 없이 현금화가 가능한 자산이다. 당좌자산으로는 ① 현금 및 현금성 자산 ② 단기금융상품 ③ 단기매매금융자산 ④ 매출채권 ⑤ 미수금 ⑥ 미수수익 ⑦ 선급금 ⑧ 선급비용 ⑨ 단기대여금 등이 있다. 재무상태표 내 금액구성 비중은 현금(현금성 자산)과 매출채권이 많다.

≫ 일반기업회계기준은 유동자산을 당좌자산과 재고자산으로 구분하고 있으나, 한국채택국제회계기준(K-IFRS)에서는 유동자산에 대해 별도의 자산 구분을 두고 있지 않다.

1) 현금성 자산 vs. 단기금융상품

① **현금성 자산**은 만기가 3개월 이내인 유가증권이나 금융상품이다. ② **단기금융상품**은 만기가 3개월 초과~1년 이내인 금융상품(예적금 등)이다. 만기가 1년이 넘으면 장기금융상품이다. ③ **단기매매금융자산**은 1년 이내 매도 예정인 주식이나 채권 등이다.

2) 매출채권 vs. 미수금

④ **매출채권**은 제품 판매나 용역 제공 이후 1년 내에 받을 외상값이다. 외상매출금과 받을어음으로 구분한다. 받을어음은 약속어음 등 증서로 된 경우다. 재무상태표에는 이 둘을 합산해서 매출채권이란 단일과목으로 표시한다.

외상매출의 경우

받을 외상값으론 매출채권과 함께 ⑤ **미수금(아닐 미未, 거둘 수收)**도 있다. 매출채권은 영업활동과 관련이 있다만 미수금은 영업활동과 무관하다. 가령 토지매각 대금 중 받지 못한 금액 등이 미수금이다. ⑥ **미수수익**은 아직 지급일이 지나지 않은 수익이다. 지급일에 수익금이 들어오지 않으면 미수수익은 미수금으로 변경된다.

(미수수익 예시) 회사가 10월 1일자에 1년 만기 정기예금을 가입했다면 12월 31일자에 2개월 치(10/1~12/31) 이자를 수익으로, 다음 해 10개월치 이자는 미수수익으로 잡는다.

3) 선급금 vs. 선급비용

⑦ **선급금**은 미리 준 돈이다. 선급(먼저 선先, 줄 급給)은 돈을 미리 준다는 의미다. 제품, 용역 등 상거래 관련 금액을 미리 지급한 경우다. ⑧ **선급비용**은 미리 지급한 비용이다. 보험료와 임차료 선급액 등이 그 예다. 선급금이나 선급비용 모두 자산이다. 돈을 줬지만 마음이 바뀌어 취소할 수도 있다. 제품(용역)을 받거나 비용처리 확정 전에는 내 재산인 자산으로 다룬다.

(선급비용 예시) 11월에 1년치 자동차 보험을 냈다고 치자. 11월과 12월 2개월(기간 경과분)은 올해 비용으로 처리할 수 있다. 남아 있는 10개월(남은 기간)은 선급비용으로 한다. 내년 말에는 기간 경과로 보험료를 전부 비용으로 떨구어낼 수 있다.

⑨ **단기대여금**은 결산일로부터 1년 이내에 받기로 하고 빌려준 돈이다. 1년이 넘게 빌려주는 돈은 장기대여금(비유동자산)으로 처리한다.

회수 불가능한 매출채권에 대손충당금을 미리 쌓아둔다

외상값을 떼일 가능성이 있다면 그 회수불능 채권액을 추정해 비용처리 한다. 비용처리 한 만큼 매출채권 가치도 낮춰준다. 이를 **매출채권 손상을 대손처리 한다고 한다. 손상(덜 손損, 다칠 상傷)은 물체가 깨지거나 상함을 말한다. 대손(빌릴 대貸, 덜 손損, Bad Debt)은 빌려준 것을 덜어낸다는 의미로 돌려받지 못하는 외상매출금, 대출금 등 손해를 말한다.** 재무상태표에는 대손충당금, 손익계산서에는 비용(판매관리비)인 대손상각비로 처리한다. 충당(찰 충充, 당할 당當)은 모자란 것을 채워 넣는다, 상각

(갚을 상償, 물리칠 각却)은 자산가치 하락을 비용처리 하는 경우다. **대손충당금은 회수불능채권 추정금액이다.** 평균 채권회수율 등을 감안해 대손충당금을 쌓는다. 매출채권에서 대손충당금을 뺀 수치를 최종 매출채권으로 재무상태표에 기재한다(일부 기업은 매출채권과 대손충당금을 구분해서 각각 기록하기도 한다). 대손상각비를 마이너스(-) 차감 표시하는 건 대손비용이 줄어드는 경우다.

받아야 할 돈(수취채권)으로는 매출채권뿐 아니라 미수금, 대여금도 있다. 매출채권뿐 아니라 받을 돈인 미수금, 대여금에도 대손충당금 처리를 한다.

(예시) 매출채권 200만 원 중 10만 원의 대손이 예상되는 경우

1. 회계처리 (차변)대손상각비 10만 원 (대변)대손충당금 10만 원

2. 재무상태표 유동자산

매출채권	100만 원
대손충당금	-10만 원
매출채권(순액)	90만 원

≫ 매출채권 팩토링(Factoring): 팩토링은 매출채권 담보대출이다. 금융기관 등이 매출채권을 매입하고 자금을 빌려준다. 덕분에 못 받은 외상값을 빠르게 현금화할 수 있다. ① 먼저, 팩터(은행 등 금융회사) A는 제품(상품) 판매회사 B가 받은 매출채권을 제값보다 할인해 매입한다. 제품(상품) 구매회사 C의 신용도, 매출채권 회수기간 등을 고려해 할인율이 적용된다. ② 그다음 팩터 A는 채권자로서 대금회수 등을 한다. ③ 다만 구매회사 C가 매출채권 대금을 갚지 않으면 판매회사 B도 상환책임을 져야 한다. 공적기관(신용보증기금, 중소벤처기업진흥공단 등)의 팩토링은 판매회사 B에게 상환책임을 묻지 않기도 한다.

10

재고자산 핵심만 이해하자

반제품, 재공품, 원재료도 재고자산이다

재고자산의 구분

구분	주요내용
① 제품, 상품	판매를 위해 보관 중인 자산 제품: 직접 제조한 완성품 상품: 외부에서 사온 완성품
② 재공품, 반제품	판매를 위해 생산 중인 자산 재공품: 외부판매 불가능 반제품: 외부판매 가능
③ 원재료, 소모품	생산(용역)에 사용될 원재료, 소모품
④ 미착품	소유권은 넘어왔으나 아직 미도착한 상품(수송 도중인 상품)

≫ 소모품: 한번 사용하면 닳아 없어지거나 못 쓰게 되는 사무용품, 청소용품, 포장용지 등

재고자산은 창고에 보관된 자산만을 말하지 않는다. ① 완성품인 제품과 상품 ② 제조 중인 재공품과 반제품, ③ 제조에 사용될 원재료와 소모품 ④ 배달 중인 미착품 등도 있다.

① **제품**은 직접 제조한 것, **상품**은 외부에서 사온 것이다. 제조업은 제품, 유통업은 상품이 많다. ② 반제품과 재공품은 둘 다 완성품이 아니다. 외부판매가 가능하면 **반제품**, 불가능하면 **재공품**이다. ④ **미착품**은 소유권은 넘어왔으나 아직 미도착한 상품(수송 도중인 상품)이다.

≫ ① 적송품은 위탁판매를 위해 발송한 상품이다. 수탁회사(중개인)가 판매하기 전까지는 위탁회사의 재고자산이다. ② 시용판매는 사용 후 마음에 들면 매입하는 형태다. 이때 보내는 상품이 시송품이다. 매입 결정 전까지는 판매자의 재고자산이다.

재고자산이 급증했다면 주석을 통해 그 원인을 파악해 보자. 판매증가가 원인이라면 그리 나쁜 상황은 아니다. 인플레이션이나 판매증가에 대비해 원재료를 많이 쌓아둘 경우 재고자산 비중이 올라간다.

제조원가는 판매 전 재고자산 처리한다

제조원가를 기준으로 재고자산 가치를 측정한다. 제조원가란 제품 제조비용이다. 제조원가로는 제품에 들어간 원재료, 공장직원 급여, 공장 전기료, 공장이나 기계설비의 감가상각비 등이다. 공장이나 기계설비는 형태가 있는 유형자산이다. 유형자산은 시간에 따라 가치 감소분을 감가상각비로 비용처리한다. 그리고 감가상각 비용을 제조원가에 녹여낸다. **제조원가는 판매 전에는 재고자산으로 회계처리한다. 재고자산은 1년 내 판매를 전제로 하기에 유동자산이다.**

재고자산 가치를 평가할 때 판매가격은 중요하지 않다. 제조원가만 매출원가에 들어갈 뿐 판매 시의 이익은 포함하지 않는다. 일반적으로 판매가격은 제조원가보다 높다. 이익이 더해져 있어서다. 재고자산을 제조원가(취득원가)로 평가하는 것은 「판매될 경우 실제가치보다 낮은 가격」으로 평가한다는 의미다.

≫ 재고자산은 저가법으로 평가한다. 제조원가(취득원가)와 미래 판매가치를 비교해 낮은 가격을 장부가격으로 정한다.

≫ (매출원가 vs. 제조원가) 매출원가는 매출에서 발생한 원가로 생산된 제품 중 판매된 제품에만 해당한다. 생산한 제품에 들어간 원가인 제조원가와는 조금 차이가 있다. 가령, 연필을 5자루 만들어 3자루를 팔았다고 치면, 제조원가는 1,000원(200원×5개), 매출원가는 600원(200원×3개), 재고자산은 400원(200원×2개)이다.

매출원가 = 기초재고 + 당기 제조원가 - 기말재고

≫ 기말재고가 클수록 매출원가가 작아져 당기순이익이 커지는 효과가 있다. 기말 재고자산 적정 규모를 체크해야 하는 이유다.

재고자산 가치가 떨어지게 되면 평가충당금을 설정한다. 평가충당금은 재고 판매가격이 제조원가 이하로 떨어질 것을 예상해 미리 쌓아둔 손실액이다. 재고자산의 가치를 평가충당금만큼 차감하고 기록하게 된다. 평가충당금의 상세한 내용은 주석을 통해 확인하면 된다.

(예시) 제조원가가 1만 원인데 공정가치(시장가격)가 8,000원이면 평가충당금을 2,000원 설정한다. 최종 장부금액은 평가충당금을 제외한 8,000원이 기록된다.

삼성전자 재고자산 주석 예시

5. 재고자산:

보고기간종료일 현재 재고자산의 내역은 다음과 같습니다.

(단위 : 백만원)

구 분	당반기말			전기말		
	❶ 평가전금액	❷ 평가충당금	❸ 장부금액	평가전금액	평가충당금	장부금액
제품 및 상품	18,694,756	(1,120,644)	17,574,112	13,000,200	(719,621)	12,280,579
반제품 및 재공품	16,005,040	(825,983)	15,179,057	13,967,331	(493,713)	13,473,618
원재료 및 저장품	18,865,194	(1,023,917)	17,841,277	14,864,486	(679,645)	14,184,841
미착품	1,497,795	-	1,497,795	1,445,366	-	1,445,366
계	55,062,785	(2,970,544)	52,092,241	43,277,383	(1,892,979)	41,384,404

≫ 삼성전자도 재고자산에 평가충당금을 쌓아두고 있다. ① 평가전금액에서 ② 평가충당금을 제외한 금액이 ③ 최종 장부금액으로 기록된다.

장부상 수량과 실제 재고자산이 차이가 날 경우 그 금액을 재고자산 감모손실로 처리한다. 정상적인 손실이라면 매출원가에 더하고 비정상적인 손실은 매출과 관계없으므로 영업외손실로 처리한다.

≫ 일반적으로 재고자산 증가는 악재다. 재고자산이 증가하는 이유는 경기침체에 따른 수요둔화로 제품(상품)이 팔리지 않거나, 원재료 가격상승으로 이미 확보한 원자재 재고 평가액이 증가한 경우다. 대부분은 제품(상품)이 팔리지 않는 경우로, 그 결과 공장의 가동률이 낮아지고 설비투자도 줄어든다. 고용(소득)감소, 소비위축 등 경제 악순환이 지속된다(재고증가→투자·생산·고용감소→소비위축→재고증가), 창고에 쌓여있는 재고물량이 급증하면 관리·운영비용도 크게 증가한다.

≫ 재고물량을 털어내는 과정에서 재고자산 평가손실도 증가할 수 있다. 재고자산은 저가법을 적용해 제조원가(취득원가)와 미래 판매가치를 비교해 낮은 가격을 장부가격으로 정한다. 재고자산 장부가격이 낮아졌다는 것은 그만큼 미래 판매가치가 낮아졌다는 의미다. 늘어난 재고자산 평가손실만큼 영업이익도 줄어든다.

판매가 되고 나면 재고자산을 비용처리 한다

제품이 팔리기 전에는 제조원가를 감안한 재고자산이란 자산에 처리한다. **제품이 팔리면 재고자산은 매출원가라는 비용으로 바뀐다.** 벌어들인 돈에는 들어간 비용이 있다. 수익과 비용 대응원칙이다. 수익이 발생하면 동시에 비용으로 처리한다는 의미다. 재고자산이 팔리면 매출이라는 수익이 발생하고 동시에 매출원가란 비용에 반영하는 거다. 제품(상품)이 안 팔리고 있으면 재고자산, 팔리게 되면 매출원가로 기억하자. **외상으로 판매했으면 매출채권으로 둔다. 추후 현금이 들어오면 매출채권은 사라지고 현금으로 바뀐다.** 서비스업종이나 금융업종은 제품을 만들지 않아 매출원가 개념이 없다. 매출액 대신 영업수익, 매출원가 대신 영업비용으로 표시한다.

제조원가와 판매관리비를 구별하자

판매관리비는 판매비와 관리비를 합친 말이다. 줄여서 판관비라고도 한다. 제품 판매광고(광고선전비), 마케팅 비용, 연구개발비, 물류비, 판매수수료 등이 판매비다. 본사 관리와 유지비용은 관리비다. 본사 총무와 인사부서 급여, 본사 건물 임차료, 본사의 각종 공과금과 전기료 등이 관리비에 포함된다. 소비자에게 직접 판매되는 소비재 업종(화장품 등)일수록 판매관리비 규모가 크다. **제조와 관련이 없기에 판매관리비는 제조원가가 아니다. 직원급여와 감가상각비는 제조원가와 판매관리비로 구분한다.** ① 제조와 관련이 있는 공장 감가상각비, 공장 직원급여는 제조원가 ② 제조와 관련이 없는 본사 건물 감가상각비, 본사 직원 급여는 판매관리비로 처리한다.

제조원가 : 공장 건물 감가상각비, 공장 근로자 급여

판매관리비 : 본사 건물 감가상각비, 본사 근로자 급여

≫ 근로자 급여와 감가상각비는 판매 이후 비용처리 항목인 ① 제조원가 ② 판매관리비 외에 ③ 판매 전 상태인 재고자산(재무상태표)에도 들어 있다. 재고자산이 제조원가를 포함하고 있어서다. 공장 건물 감가상각비, 공장 근로자 급여가 제조원가다.

삼성전자 급여사항 주석 예시

다. 당반기 및 전반기 중 확정급여제도 관련 비용의 계정과목별 금액은 다음과 같습니다.

(단위 : 백만원)

구 분	당반기	전반기
매출원가 ❶	273,388	254,759
판매비와관리비 등 ❷	365,632	353,275
계	639,020	608,034

≫ 삼성전자 퇴직연금(퇴직급여) 관련한 회계처리 내용이다. 매출원가와 판매관리비로 구분되어 표시되어 있다. ① 공장 직원의 퇴직연금은 매출원가 ② 본사 직원의 퇴직연금은 판매관리비에 들어 있다.

삼성전자 판매관리비 주석 예시

19. 판매비와관리비:

당반기 및 전반기 중 판매비와관리비의 내역은 다음과 같습니다.

(단위 : 백만원)

구 분	당반기		전반기	
	3개월	누적	3개월	누적
(1) 판매비와관리비:				
급여	1,884,465	3,879,818	1,647,928	3,444,562
퇴직급여	72,706	150,000	77,660	155,394
지급수수료	1,806,907	3,537,298	1,468,637	2,929,630
감가상각비	382,702	761,443	378,537	760,611
무형자산상각비	163,203	331,697	134,888	270,471
광고선전비	1,397,480	2,865,181	1,118,991	2,229,360
판매촉진비	1,536,956	3,360,354	1,241,802	2,866,329
운반비	984,085	1,841,718	710,587	1,319,349
서비스비	837,018	1,730,562	693,446	1,514,103
기타판매비와관리비	1,516,418	2,789,669	1,183,917	2,231,690
소 계	10,581,940	21,247,740	8,656,393	17,721,499
(2) 경상연구개발비:				
연구개발 총지출액	6,254,874	12,177,106	5,451,616	10,993,737
개발비 자산화	-	-	(69,100)	(170,677)
소 계	6,254,874	12,177,106	5,382,516	10,823,060
계	16,836,814	33,424,846	14,038,909	28,544,559

≫ 삼성전자의 판매관리비에는 급여, 감가상각비, 광고선전비, 판매촉진비, 경상연구개발비 등이 들어 있다.

(예시) 삼겹살 1인분 제조원가는 재료비 6,000원, 공장 종업원 월급 3,000원, 기계 감가상각비 1,000원이다. 그 제조원가 합계액 1만 원이 판매전 재고자산이다. 2만 원에 판매가 되고 나면 재고자산 1만 원은 매출원가라는 비용으로 처리된다. 광고비와 판매직원 급여 등으로 판매관리비 5,000원이 들었다.

판매 이후 손익계산서에 매출원가 1만 원, 판매관리비 5,000원, 판매이익 5,000원으로 기록된다. 외상판매라면 재무상태표 자산항목에 매출채권으로 기록된다. 나중에 현금이 들어오면 매출채권을 없애고 현금으로 바꿔놓는다.

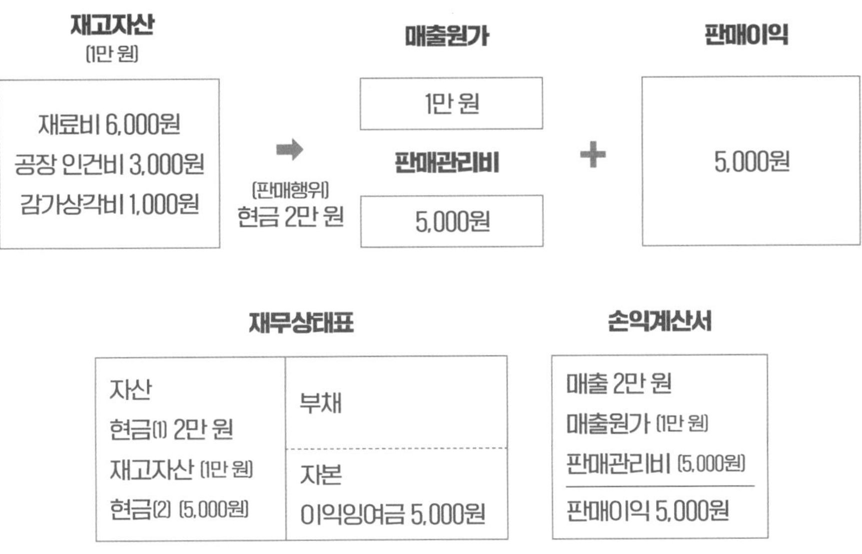

≫ 현금(1): 판매대금, 현금(2): 광고비, 판매직원 급여

11

운전자본 핵심만 이해하자

매출채권과 재고자산을 운전자본이라고 한다

매출채권과 재고자산은 적정선을 유지해야 할 골칫거리다. 이들 비중이 증가할수록 현금이 돌지 않는다. **매출채권과 재고자산의 합계액을 운전자본**(Working Capital)**이라고 한다.** 운전자본이 일정하게 유지됨이 중요하다. 판매가 줄어도 운전자본이 증가할 수 있는데 이는 좋지 않다. 매출액 증가분을 넘어서는 운전자본 급증도 좋지 않다. **운전자본에서 매입채무를 차감할 경우를 순운전자본이라 한다.** 순운전자본이 증가하면 묶이는 현금이 많아져서 좋지 않다.

운전자본 = 매출채권 + 재고자산

순운전자본 = 매출채권 + 재고자산 - 매입채무

≫ 매입채무: 영업활동을 위해 물품을 구입하고 아직 지급하지 못한 외상값

매출채권회전율과 재고자산회전율을 체크하라

매출채권회전율	재고자산회전율
매출액 / 매출채권	매출액 / 재고자산

① **매출채권회전율**은 매출액을 매출채권으로 나눠준다. ② **재고자산회전율**은 매출액을 재고자산으로 나눠준다. 분모인 매출채권이나 재고자산이 많아지면 회전율이 낮아진다. 회전율이 낮은 건 좋지 않다. 회전율이 일정하게 유지되는 것도 중요하다. 회전율과 함께 회전기간 개념도 알아두자. **회전기간**은 매출채권(재고자산)이 회수되는 데 걸리는 기간이다.

매출채권(재고자산) 회전기간 = 365 / 매출채권(재고자산)회전율

(예시) 매출액 100억 원, 매출채권(외상값) 10억 원이라면 매출채권회전율은 10회이고 회전기간은 36.5일이 걸린다.

매출액 100억 원 ÷ 매출채권 10억 원 = 매출채권회전율 10회

365 ÷ 매출채권회전율 10회 = 매출채권 회전기간 36.5일

재무상태표/자산-⑦

12

비유동자산 핵심만 이해하자 (上)

비유동자산 핵심만 이해하자

비유동자산 구분

구분	주요내용
① 투자자산	투자부동산, 매도가능금융자산, 만기보유금융자산, 지분법적용투자주식, 장기금융상품, 장기대여금 등
② 유형자산	토지, 설비자산(건물, 기계장치, 비품), 건설 중인 자산 등
③ 무형자산	영업권, 산업재산권, 개발비, 회원권 등
④ 기타 비유동자산	이연법인세자산, 임차보증금, 장기매출채권, 장기미수금 등

비유동자산은 현금화가 1년 넘게 걸리는 자산이다. ① 투자자산은 여유자금으로 투자수익을 얻기 위한 자산이다. 재테크 수익이 주된 목적으로 현금화에 1년 넘게 걸리는 경우다. 1년 이내 현금화하는 투자자산은 유동자산이다. **형태에 따라 유**

형과 무형으로 구분한다. ② 유형이면 형태가 있고, ③ 무형이면 형태가 없다. 기업 특성에 따라 유무형자산 규모가 다르다. 대규모 설치산업인 조선, 철강, 석유화학 등은 유형자산이 크다. 반면 바이오 등 R&D 연구개발 중심 기업들은 특허 등 무형자산이 많다.

(예시) 한국조선해양은 유형자산 규모가, 셀트리온은 무형자산 규모가 상대적으로 크다.

구분(2021년 말 기준)	유형자산	무형자산
한국조선해양(조선업)	9조 8,720억 원	1,335억 원
셀트리온(바이오)	9,504억 원	14,195억 원

금융자산 핵심만 이해하자

구분	취득목적 & 회계처리
① 만기보유금융자산(만기보유증권)	만기까지 보유 유효이자율법을 이용해 상각후원가 평가
② 단기매매금융자산(단기매매증권)	단기간 시세차익 공정가치를 측정해 영업외손익에 반영
③ 매도가능금융자산(매도가능증권)	1년 이상 보유, 필요 시 매각 공정가치를 측정해 기타포괄손익에 반영

① **만기보유금융자산**은 만기까지 보유해 이자수익 등을 얻는다. 금융기관 금융상품(정기예금, 정기적금 등), 수취채권, 만기보유목적 채권 등이 있다. **유효이자율법을 이용해 상각후원가로 평가**한다. 장부금액과 액면금액 차이를 상환기간에 걸쳐 유효이자율법에 따라 상각해 취득원가와 이자수익에 가감한다. ② **단기매매금융자산**은 단기시세차익이 목적인 유동자산으로 주식, 단기채권 등이 있다. 결산 시점마다 공정가치 시세변동을 **영업외손익**에 반영한다. 영업외손익은 당기순이익에 영향을 미친다. 주식을 매각할 경우에도 매각차익을 영업외손익에 반영한다. ③ **매도가능**

금융자산은 1년 넘게 보유한 후 처분 의사가 있는 주식이나 채권이다. 상장폐지 등으로 시장성이 없는 증권도 포함한다. 최초 취득가액을 장부가격으로 기록한다. 결산기말 공정가치(회수가능액)를 평가해 장부가격을 수정한다. 취득가격이나 전기장부가격 대비 차이를 임시손익인 **기타포괄손익**으로 처리한다. 기타포괄손익의 경우 당기순이익에는 영향을 주지 않지만 자본에는 영향을 준다. 손익계산서상 기타포괄손익은 재무상태표의 자본항목 기타포괄손익누계액에 옮겨 놓는다. 주식을 매각할 경우에는 단기매매금융자산과 마찬가지로 영업외손익에 반영한다.

≫ 금융자산을 ① 상각후원가측정금융자산 ② 당기손익-공정가치측정금융자산 ③ 기타포괄손익-공정가치측정금융자산으로 표현하기도 한다. ① 상각후원가측정금융자산은 만기보유금융자산이다. ② 당기손익-공정가치측정금융자산은 단기매매 목적의 금융자산이다. 공정가치로 측정해서 시세변동을 당기손익에 반영한다. ③ 기타포괄손익-공정가치측정금융자산은 1년 이상 장기투자 목적의 금융자산이다. 공정가치로 측정해서 시세변동을 기타포괄손익에 반영한다.

삼성전자 연결재무상태표 금융자산 화면(2022년 말 기준)

(단위 : 백만원)

	제 54 기	제 53 기	제 52 기
자산			
유동자산	218,470,581	218,163,185	198,215,579
현금및현금성자산	49,680,710	39,031,415	29,382,578
단기금융상품	65,102,886	81,708,986	92,441,703
단기상각후원가금융자산	414,610	3,369,034	2,757,111
단기당기손익-공정가치금융자산	29,080	40,757	71,451
비유동자산	229,953,926	208,457,973	180,020,139
기타포괄손익-공정가치금융자산	11,397,012	13,965,839	12,575,216
당기손익-공정가치금융자산	1,405,468	1,525,344	1,202,969
관계기업 및 공동기업 투자	10,893,869	8,932,251	8,076,779

≫ 삼성전자의 연결재무상태표에서 금융자산 관련 내용을 확인할 수 있다.

비유동자산 핵심만 이해하자 (中)

유형자산 핵심만 이해하자

유형자산 구분

구분	주요내용
① 토지	건물부속토지, 공장부지, 매장부지, 대지, 임야, 전답 등
② 설비자산	건물, 구축물, 기계장치, 선박, 차량운반구, 공구, 기구, 비품 등
③ 건설중인자산	건설 또는 제작 중인 미완성자산 임시처리계정

≫ 구축물은 교량, 궤도, 갱도, 정원설비, 토목설비 등이다. 공구나 기구는 수리나 측정에 사용하는 도구이며 비품은 책상, 의자, 가구 등이다.

형태가 있는 유형자산에는 토지, 건물, 설비, 공기구비품(사무용품) **등이 있다.** 영업활동을 위해 구입하는 물품이다. 건물과 부속토지가 함께 있는 경우 건물은 건물계정, 부속토지는 토지계정으로 구분한다. 토지는 유형자산이지만 사용목적에 따라 투자자산, 재고자산으로 분류되기도 한다. 건설 중인 자산은 임시계정이다. 완성이 되면 해당 유형자산 계정으로 대체된다. 토지와 건설 중인 자산은 감가상각을 하지 않는다.

≫ 임대업이 주된 사업이 아닌 기업이 임대용으로 건물을 임대해 주고 있으면 투자자산, 건설회사가 판매 목적으로 토지를 보유할 경우에는 재고자산이 된다.

무형자산 핵심만 이해하자

무형자산 구분

구분	주요내용
① 영업권	공정가치를 초과하는 프리미엄 웃돈
② 산업재산권	실용신안권, 특허권, 의장권, 상표권 등
③ 개발비	개발활동 관련 지출로 자산처리
④ 기타	광업권, 어업권, 저작권, 프랜차이즈, 소프트웨어, 회원권 등

무형자산은 형태가 없지만 영업을 위해 필요한 자산이다. 영업권, 산업재산권, 개발비, 회원권 등이 있다. ① **영업권**은 권리금과 비슷하다. 다른 기업이나 사업을 인수·합병할 때 공정가치(시장가격)보다 더 쳐서주는 웃돈(프리미엄)이다. 기대치만큼 실적이 나오지 않으면 손상차손(가치하락 손해) 처리한다. 손상차손은 손익계산서 손익에 마이너스로 반영한다. 유상으로 취득한 영업권은 무형자산이지만 회사 내 창출한 영업권은 무형자산으로 인정되지 않는다. 회사랑 분리해서 식별이 불가능해서다. 공정가치보다 저렴하게 사는 경우도 있다. 부실은행을 헐값에 인수하는 경우 등이다. 적게 지급하는 금액을 **염가매수 차익**으로 손익계산서에 이익으로 처리한다. 염가(청렴할 염廉, 값 가價)는 매우 싼 값이란 뜻이다. ② **산업재산권**에는 특허권, 의장권, 실용신안권, 상표권, 상호권 등이 있다. 의장권은 특별한 디자인, 실용신안권은 특별한 모양, 상표권은 상표, 상호권은 상호 등에 대해 보호받는 권리다.

≫ 회원권은 접대나 직원복지를 위한 골프장, 콘도 등의 회원권이다. 광업권은 광물탐사 혹은 채굴할 수 있는 권리를, 어업권은 어업을 경영할 수 있는 권리를 말한다.

기타 비유동자산 핵심만 알아두자

기타 비유동자산으로는 이연법인세자산, 보증금, 장기매출채권, 장기미수금 등이 있다. ① **이연법인세자산**은 미래에 경감될 법인세다. 이연(옮길 이移, 늘일 연延)은 시일을 뒤로 미룬다는 뜻이다. 기업회계기준과 세무당국 간 납부기준이 다르다 보니 이연법인세 이슈가 생긴다. 세무당국은 수익이 실제로 들어와야만 세금을 부과하니 부과 시기가 늦다. 발생주의인 회계기준과 달리 세무당국은 현금주의에 가깝다. **회계기준보다 법인세를 더 내게 되면 이연법인세자산으로 처리한다. 반대로 미래에 내야 할 법인세가 더 많다면 이연법인세부채다.** ② **보증금**은 전세권, 임차보증금, 영업보증금 등이 있다. 영업보증금은 거래보증금, 입찰보증금, 하자보증금 등이 있다. 입찰보증금은 공사계약 등을 보증하는 예치금이다. 하자보증금은 미래 발생할 결함에 대한 보증 예치금이다. ③ **장기매출채권**은 회수 기간이 결산일로부터 1년이 넘는 경우다. 회수가능성을 평가해 대손충당금을 설정하고 현재가치로 평가한다. 회수 기간이 결산일로부터 1년 이내가 되면 유동자산인 매출채권으로 바꿔준다. ④ **장기미수금, 장기선급비용, 장기선급금**도 있다. 장기미수금도 회수가능성을 판단해 대손충당금을 설정하고 현재가치로 평가한다. ⑤ DB형(확정급여형) 퇴직연금은 근로자가 퇴직 시 급여와 근속연수를 곱한 금액을 퇴직금으로 지급받는다. 기업들은 미리 사외적립자산이란 이름으로 매년 한 차례씩 퇴직연금을 쌓는다. 미래에 줄 퇴직금을 현재가치로 할인한 값을 확정급여채무라고 한다. **사외적립자산에서 확정급여채무를 뺀 값이 플러스면 순확정급여자산, 마이너스면 순확정급여부채다.** 퇴직금을 더 쌓았으면 자산, 덜 쌓았으면 부채란 개념이다.

14

비유동자산 핵심만 이해하자 (下)

개발비와 연구개발비를 구별하라

개발비 vs. 연구개발비 구분

① 개발비	개발단계(경제적 이익창출 입증 가능) 무형자산 처리(판매 이후 무형자산 상각처리)
② 연구개발비 (경상개발비)	연구단계(경제적 이익창출 입증 어려움) 판매관리비(일회성 비용) 처리

1) 개발비는 무형자산으로 처리한다

연구/실험에 돈이 들고 이를 기업이 비용처리하는 게 당연한 이치다. 하지만 연구/실험비용을 자산으로 처리하는 경우가 있다. **연구/실험을 통한 경제적 이익이 확실할 경우에는 자산처리가 가능하다. 자산일 경우 계정명은 개발비다. '~비'로 끝나지만 자산항목이다.** 연구개발이 거의 끝나고 수익을 낼 찰나이기에 개발비로 처리한다. 다만 객관적으로 어느 정도 타당성 증빙은 필수다.

유형자산은 감가상각, 무형자산은 상각으로 정기적인 비용처리를 한다. **무형자산인 개발비도 판매가 시작되면 일정 기간 상각처리한다.** 상각을 통해 비용처리를 수년간 나눠 서서히 하는 셈이다. 개발비가 많을수록 일회성 비용처리를 줄이니 당장의 당기순이익이 좋아 보인다. 개발이 실패할 경우 가치하락 손해를 손상차손(영업외비용) 처리한다. 무형자산의 가치가 떨어져도 손상차손 처리한다.

2) 연구개발비는 일회성 판매관리비로 처리한다

연구/실험비용을 일회성 비용으로 처리하는 경우도 있다. **확실한 이익이 불확실할 경우나 객관적인 수익의 입증이 어려울 경우 일회성 비용인 연구개발비(경상개발비)로 처리하고 끝난다.** 연구개발비는 판매관리비 또는 제조원가에 비용을 반영한다. 개발비와 연구개발비 차이는 시장성 여부에 달렸다. 연구단계에선 연구개발비(비용), 개발단계에선 개발비(자산)라고 보면 된다. 개발비처럼 일단 자산 처리한 다음 서서히 비용으로 처리할 것이냐, 아니면 연구개발비처럼 일회성 비용으로 처리할 것이냐에 따라 다르다. 개발비의 비중이 높으면 이익의 질이 떨어진다.

(예시) 제약·바이오 기업은 개발비 비중을 높이려 한다. 투자를 받으려면 조금이라도 재무제표 순이익을 좋아 보이게 해야 한다. 제약·바이오 기업에 투자하겠다면 개발비 버블 여부를 확인해야 한다.

바이오 기업별 개발비 처리 비교

구분(2021년말 기준)	개발비(자산)	연구개발비(비용)
셀트리온	1조 1,720억 원	1,257억 원
유한양행	712억 원	1,066억 원
대웅제약	829억 원	1,279억 원

≫ 셀트리온은 다른 제약·바이오 기업 대비 상대적으로 개발비 비중이 높은 편이다.

15

유동부채 핵심만 이해하자

유동부채 주요항목을 알자

부채도 유동성에 따라 유동부채와 비유동부채로 나뉜다. 부채 유동성도 1년 기준으로 판단한다. **유동부채**는 1년 내에 만기가 도래하는 경우다. **비유동부채**는 만기가 1년이 넘는다. 만기가 짧은 유동부채가 많으면 부채상환 리스크가 커진다.

① **매입채무**는 갚아야 할 물건 구입대금이다. 영업활동을 위해 물품을 구입했지만 지급하지 않은 외상값이다. 1년 내에 갚아야 할 매입채무면 유동부채다. 1년이 넘으면 장기성매입채무로 비유동부채가 된다. 반면 매출채권은 제품을 판매했지만 못 받은 외상값이다. 매입채무는 물품 구매자 입장에서 갚아야할 부채, 매출채권은 물품 매도자 입장에서 받아야 할 자산이다. ② 미지급금도 지급하지 않은 외상값이다. 매입채무가 영업활동과 관련된 외상값이라면 **미지급금**은 영업활동과 무관한 외상값이다. 만기가 1년이 넘으면 장기미지급금으로 비유동부채 처리한다. ③ **미지**

유동부채 주요항목

구분	주요내용
① 매입채무	영업용 필요물품 구입 외상값(1년 내 갚을 돈)
② 미지급금	영업활동과 무관한 외상값(1년 내 갚을 돈)
③ 미지급비용	지급해야 할 비용(전기료 등)
④ 단기차입금	1년 내 갚아야 할 빚
⑤ 선수금 선수수익	미리 받은 돈(계약금 등) 미리 받은 수익(이자수익, 임대료 등)
⑥ 예수금	부가가치세, 근로소득세 등 미리 징수한 뒤 납부
⑦ 유동성장기부채	장기부채 중 만기 1년 이내인 것
⑧ 당기법인세부채	당기에 내지 않은 법인세
⑨ 충당부채	1년 내 지출 가능성이 높아 미리 잡아두는 부채

급비용은 지급기일이 남은, 갚아야 할 비용이다. 지급기일이 경과하고도 갚지 않으면 미지급금으로 바뀐다.

≫ 받아야 할 돈인 미수금과 미수수익은 자산, 줘야 할 돈인 미지급금과 미지급비용은 부채다. 미수금은 영업활동과 무관한 받을 돈, 미수수익은 아직 지급일이 지나지 않은 수익을 말한다.

④ **차입금**은 금융기관 등에서 빌린 돈이다. 차입금은 이자가 나간다. 단기차입금은 만기가 1년 이내인 유동부채다. 장기차입금은 만기가 1년이 넘는 경우로 비유동부채다. 순차입금은 차입금에서 현금이나 예금을 제외한 금액이다. 현금부자인 기업들은 순차입금이 마이너스다. 현금이나 예금이 차입금보다 많은 경우다.

⑤ **선수금(먼저 선先, 받을 수受)**은 미리 받은 물건 대금이다. 선수금은 시간이 지나면서 점차 매출로 바뀐다. 계약금 등이 대표적인 예다. 조선, 건설 등은 계약금 규모가 크기에 선수금이 많다. 이미 내 수중에 들어왔지만 부채로 처리하는 이유는 불확실성 때문이다. 계약이행 의무가 남아 있고 계약 파기 가능성도 있다. 계약 상대에게 제품을 납품(용역 제공)하면 선수금은 지워진다. 선수금은 시간이 지나면 매출로

바뀌는 착한 부채다.

≫ 자산인 선급금은 선수금과 반대 개념이다. 선급금(先給金, 줄 급 給)은 주는 사람 입장이다. 제품(서비스) 대금을 미리 준 경우다. 돌려받을 수도 있기에 자산으로 처리한다.

선수수익은 미리 수령한 용역대가 중 기간이 경과되지 않은 대가다. 기간이 경과하면 선수수익은 수익으로 바뀐다. 만기가 1년 이내면 선수이익으로 유동부채, 1년이 넘으면 장기선수수익으로 비유동부채로 처리한다.

≫ 미리 받은 돈인 선수금, 선수수익은 부채, 미리 준 돈인 선급금, 선급비용은 자산이다.

⑥ **예수금**은 남의 돈을 회사가 받아 둔 것이다. 물건을 팔 때 받은 부가가치세 10%, 종업원들 월급에서 미리 떼어놓은 근로소득세 등이 있다.

⑦ 장기부채 중 만기가 1년 이내로 바뀌면 **유동성장기부채**로 표시한다. 장기부채 앞에 유동성이란 이름을 붙였다. ⑧ 법인세는 결산일부터 3개월 내에 세무당국에 신고납부한다. 법인세 신고납부 시에는 법인세 부담액에서 선급법인세(미리 낸 세금)를 차감하고 그 잔액을 납부한다. 잔액이 플러스이면 더 낼 세금이 남아있는 경우로 **당기법인세부채(미지급법인세)**, 반대로 마이너스이면 세금을 더 많이 냈으므로 당기법인세자산으로 처리한다.

⑨ **충당부채**는 지출 가능성이 높을 경우 미리 잡아두는 부채다. 실제 비용이 발생하면 그만큼 충당부채를 줄여간다. 충당(찰 충充, 당할 당當)은 모자란 것을 채워 넣는다는 의미다. 충당부채로는 제품보증충당부채, 손해배상손실충당부채 등이 있다. 유동성에 따라 유동부채인 충당부채와 비유동부채인 장기충당부채로 나뉜다.

삼상전자 충당부채 주석 예시

12. 충당부채:

당반기 중 충당부채의 변동 내역은 다음과 같습니다.

(단위 : 백만원)

구 분	판매보증 (가)	기술사용료 (나)	장기성과급 (다)	기타 (라),(마)	계
기초	1,978,294	1,561,809	734,283	3,405,480	7,679,866
순전입(환입)	928,400	476,237	136,561	732,316	2,273,514
사용	(829,003)	(309,700)	(252,451)	(555,725)	(1,946,879)
기타(*)	66,273	132,019	5,133	64,095	267,520
당반기말	2,143,964	1,860,365	623,526	3,646,166	8,274,021

(*) 기타는 환율변동에 의한 증감액 등을 포함하고 있습니다.

≫ 삼성전자 충당부채 주석 사항이다. 판매보증, 기술사용료, 장기성과급 등에 대해 미리 부채로 잡아두고 있다.

부채는 확정부채와 추정부채(미확정)로도 구분한다. 추정부채는 충당부채와 우발부채가 있다. 충당부채는 과거 기록을 통해 신뢰성 있게 추정가능한 경우다. **우발부채**는 소송, 분쟁, 규제기관 조사 등이 진행중인 사항으로 아직 지급의무가 확정되지 않은 부채다.

어감이 비슷한 자산과 부채 항목 비교

자산	부채
매출채권(판매 결과 받을 외상값) 미수금(영업 무관 받을 외상값) 미수수익(지급일이 지나지 않은 수익) 선급금(미리 준 돈) 선급비용(미리 낸 비용)	매입채무(구입 결과 줘야 할 외상값) 미지급금(영업 무관 줘야 할 외상값) 미지급비용(지급일이 남아 있는 줄 돈) 선수금(미리 받은 돈) 선수수익(미리 받은 수익)

비유동부채 핵심만 이해하자

비유동부채 주요항목을 알자

비유동부채 주요항목

구분	주요내용
① 사채	회사채 형태 차입금
② 장기차입금	만기 1년이 넘는 차입금
③ 장기성매입채무	만기 1년이 넘는 매입채무
④ 장기미지급금	만기 1년이 넘는 미지급금
⑤ 퇴직급여충당부채	퇴직금 대비 충당부채
⑥ 장기제품보증충당부채	제품보증 대비 충당부채
⑦ 이연법인세부채	더 내야 하는 법인세(회계와 세법 차이)
⑧ 순확정급여부채	사외적립자산에 더 쌓아야 하는 퇴직금

① **사채**는 회사가 발행하는 채권인 회사채다. 회사채는 일종의 빚으로 부채증가 요인이다. 반면 유상증자는 자본증가를 가져온다. 주식관련 사채도 있는데 발행 당시에는 채권이지만 주식으로 바꿀 수 있는 권리가 있다. 주식으로 바뀌면 부채는 줄어들고 자본이 늘어난다. 이 경우 액면가는 자본금, 액면가 초과금액은 주식발행 초과금으로 자본잉여금에 쌓인다. ②~④ **차입금, 매입채무, 미지급금**의 경우 만기가 1년이 넘으면 계정명에 '장기(성)~'를 붙여 비유동부채로 분류한다. 이들 계정도 만기가 1년이 안 되게 남게 되면 유동부채로 바뀐다. ⑤~⑥ 충당부채는 지출 가능성이 높을 경우 미리 잡아두는 부채다. **장기충당부채**로는 퇴직급여충당부채, 장기제품보증충당부채 등이 있다.

⑦ **이연법인세부채**는 미래에 더 내야 하는 법인세다. 법인세에 대한 회계처리 원칙과 세무당국 부과기준이 서로 다르다 보니 발생하는 부채다. 발생주의(회계기준)와 현금주의(세무당국) 차이가 특징이다. 추정법인세(손익계산서) 대비 세무서 부과세금이 적다면 납부할 세금이 남아있게 된다.

(예시) 세무당국에 낼 세법상 법인세가 1,000만 원인데 회계상 법인세가 1,200만 원이라면 올해 세금을 200만 원 적게 낸다. 내년에 내야 할 200만 원이 부채 성격의 이연법인세부채로 기록된다. 반대로 먼저 더 낸 법인세가 있다면 이연법인세자산이 된다.

⑧ DB형(확정급여형) 퇴직연금의 경우 기업들은 매년 한 차례씩 사외적립자산을 쌓는다. 사외적립자산에서 미래에 줄 퇴직금인 확정급여채무를 뺀 값이 마이너스면 **순확정급여부채**다. 더 쌓아야 할 사외적립자산이 있는 거다.

현금자산을 많이 보유한 자산주 주가추이

제1권의 케이스 스터디 번호와 연결됩니다.

≫ 프린터 등 사무용 복합기 업체인 신도리코의 시가총액이 3,306억 원(2022.11.4.)인데 비해 현금및현금성 자산은 882억 원, 단기금융상품은 6,821억 원이나 된다(2022년 6월 말 기준). 시가총액보다 보유 현금성 자산 규모만 2배가 넘는다. 금리인상발 주식시장 하락에도 불구하고 자산주로서 안정적인 주가 움직임을 보였다.

신도리코 부채비율 8.6%, 당좌비율 1,244%(2022년 6월 말 기준)

투자전략 | 현금성 자산을 많이 보유한 기업들을 자산주라고 칭한다. 자산주는 금리상승 시기에 주목을 받는다. 이자 낼 부채가 많은 기업들은 금리인상에 따른 이자부담 증가로 힘들다. 영업이익으로 이자를 내기에도 벅차다. 반면 현금성 자산이 많으면 보유 현금의 기대수익률이 오른다. 가령 시중금리가 연 4%에서 5%로 1% 오르면 현금성 자산을 1조 원 보유한 기업의 경우 이자수익만 연간 100억 원가량 늘어나게 된다. 금리상승이 실적개선으로 이어지는 셈이다.

17

이자보상배율 핵심만 이해하자

이자를 내지 않는 무이자부채가 많을수록 좋다

부채비율은 부채와 자본을 비교(부채비율 = 부채 / 자본)한다. 부채비율이 높은 경우는 분자인 부채가 높거나 분모인 자본이 적은 경우다. 부채비율이 높은 경우는 부채의 질을 확인해야 한다.

(예시) 대규모 수주사업을 하는 조선, 건설 업종은 계약금을 미리 받는다. 미리 받는 돈을 선수금이라 하고 이는 부채로 인식한다. 선수금은 별도의 이자를 내지 않는다. 비록 부채비율은 올랐지만 이자를 내지 않으니 좋다. 또한 앞으로 없어질 부채다. 향후 제품을 인도하면 선수금이 부채에서 사라지고 부채비율은 낮아질 수 있다.

무이자부채 구분

구분	주요내용
매입채무	영업 필요물품 구입 외상값(1년 내 갚을 돈)
미지급금	영업활동과 무관한 외상값(1년 내 갚을 돈)
미지급비용	지급해야 할 비용 (전기료 등)
선수금	미리 받은 돈 (계약금 등)

무이자부채로는 매입채무, 미지급금, 미지급비용, 선수금 등이 있다. 착한 부채인 무이자부채 비중을 확인하자. 무이자부채는 부채라도 이자를 내지 않는다. 현금이 나가지 않으니 현금흐름도 좋아진다. 참고로 무차입경영을 하는 기업도 매입채무나 선수금 등 무이자부채로 인해 부채가 있을 수 있다.

이자보상배율 핵심만 알아두자

이자보상배율 = 영업이익 ÷ 이자비용

이자를 내는 부채가 많을 경우 이자비용이 만만치 않다. **이자보상배율**은 영업이익으로 이자비용의 지급 가능성을 판단한다. 이자보상배율은 높을수록 좋다. 이자보상배율이 1배 미만이면 영업이익으로는 이자를 못 낸다. 일반적으로 3년 연속 이자보상배율이 1배 미만이면 잠재적인 한계기업으로 분류된다. 부채비율이 높다면 무이자부채, 이자보상배율 등을 함께 점검해 보자.

네이버 증권에서 이자보상배율 찾는 법

항목	2017/12 (IFRS연결)	2018/12 (IFRS연결)	2019/12 (IFRS연결)	2020/12 (IFRS연결)	2021/12 (IFRS연결)	전년대비 (YoY)
부채비율	40.68	36.97	34.12	37.07	39.92	2.85
이자보상배율	81.85	87.29	40.46	61.74	119.65	57.91
영업이익	536,450.4	588,866.7	277,685.1	359,938.8	516,338.6	
영업외이자비용	6,554.0	6,746.2	6,863.6	5,830.1	4,315.4	

≫ 네이버 증권에서 종목명(위 예시에서는 삼성전자)을 검색해 클릭하고 종목 화면으로 들어간다. ① 종목분석 탭의 ② 투자지표 탭을 클릭한다. ③ 안정성 탭에서 ④ 이자보상배율을 확인할 수 있다.

롯데쇼핑 이자보상배율 추이

구분	2018년	2019년	2020년	2021년	2022년
이자보상배율(배)	2.55	0.87	0.71	0.43	0.77
영업이익(억 원)	5,970	4,279	3,460	2,076	3,862
영업외이자비용(억 원)	2,339	4,912	4,865	4,835	4,997
당기순이익(억 원)	-4,650	-8,164	-6,865	-2,729	-3,186
부채비율(%)	111	188	196	183	187

≫ 백화점, 할인점, 전자제품 전문점을 운영하는 롯데쇼핑은 2019년부터 4년 연속 이자보상배율이 1배 이하다. 영업이익이 꾸준히 나고 있지만 영업외이자비용이 영업이익을 넘어선다. 영업이익에도 불구하고 이자비용이 차지하는 비중이 높아 당기순손실을 기록하고 있다.

18 자본총계 핵심만 이해하자

자본총계의 주요항목에 대해 알아두자

자본총계 주요항목

구분	주요내용
① 자본금	보통주자본금, 우선주자본금
② 자본잉여금	주식발행초과금, 감자차익, 자기주식처분이익
③ 자본조정	자기주식, 자기주식처분손실, 감자차손 주식할인발행차금, 출자전환채무, 주식매수선택권
④ 기타포괄 손익누계액	매도가능금융자산 평가손익, 해외사업환산손익 파생상품평가손익, 재평가잉여금
⑤ 이익잉여금	법정적립금, 임의적립금, 미처분이익잉여금

≫ 이익인 감자차익, 자기주식처분이익은 잉여금항목인 자본잉여금이다. 반면 손실인 감자차손, 자기주식처분손실은 임시계정인 자본조정항목이다.

자본총계는 자본금, 자본잉여금, 자본조정, 기타포괄손익누계액, 이익잉여금으로 구성되어 있다. 회사마다 자본조정이나 기타포괄손익누계액 계정들을 모아서 **기**

타자본요소 또는 **기타불입자본** 등으로 통합해 표시하기도 한다. **자본은 ① 자본총계 ② 순자산 ③ 자기자본으로도 불린다.** ① 자본총계는 납입자본(자본금, 자본잉여금, 자본조정), 기타포괄손익누계액, 이익잉여금 등을 포괄하는 개념이다. 자본총계를 줄여서 자본으로도 부른다. 자본이 자본금을 포함한 보다 큰 개념이다. ② 순자산은 자산에서 부채를 뺀(자본 = 자산 - 부채) 의미다. ③ 자본은 주주의 몫으로 자기자본으로도 쓰인다. 부채는 남의 돈인데 비해 자본은 자기 돈으로도 불린다.

자본잠식은 마이너스 이익잉여금이 지속될 경우 발생한다

당기순손실이 과해 마이너스 이익잉여금이 되면 결손금으로 재무상태표에 처리된다. 결손금은 자본감소의 원인이다. 보통의 기업이라면 자본총계가 자본금보다 커야 한다(자본총계 〉 자본금). 하지만 결손금이 커지면 자본총계가 자본금보다 작아질 수 있다(자본총계 〈 자본금). 이런 경우가 **자본잠식**이다. 잠식(누에 잠蠶, 먹을 식食)은 누에가 뽕잎을 먹듯 침략하여 먹어들어간다는 뜻이다. 자본잠식은 **부분 자본잠식**과 **완전 자본잠식**으로 나뉜다. 완전 자본잠식은 자본총계가 마이너스가 되는 경우다.

① 부분 자본잠식(자본총계 플러스): 자본총계(+5만 원) = 자본금(10만 원) + 이월결손금(-5만 원)

≫ 이월(옮길 이移, 넘을 월越)은 옮기어 넘긴다는 뜻이다. 이월결손금은 전 사업연도로부터 넘어온 결손금이란 의미다.

② 완전 자본잠식(자본총계 마이너스): 자본총계(-5만 원) = 자본금(10만 원) + 이월결손금(-15만 원)

자본잠식률은 '(자본금 - 자본총계) / 자본금'으로 구한다.

(예시) '(자본금 10만 원 - 자본총계 5만 원) / 자본금 10만 원'을 계산하면 자본잠식률은 50%다.

19

자본금, 자본잉여금, 자본조정 핵심만 이해하자

자본금과 자본잉여금 주요내용에 대해 알아두자

1) 자본금

주식수와 액면가의 곱셈(주식수 × 액면가)이다. 유상증자 시 발행가액이 액면가를 넘을 경우 액면가는 자본금, 액면가 초과금은 주식발행초과금으로 나뉜다. 무상증자는 액면가로 발행하므로 주식발행초과금이 없다.

(예시) A기업이 유상증자를 주당 1만 원에 10주를 발행한다 치자. 액면가는 주당 1,000원이다.

- 자본금 1만 원: 액면가 1,000원 × 10주

- 주식발행초과금 9만 원: 액면가 초과 9,000원 × 10주

2) 자본잉여금

주식발행초과금, 감자차익, 자기주식처분이익 등이 있다. 자본잉여금은 무상증

자 재원으로 활용할 수 있다. ① 주식발행초과금은 유상증자 시 발행가액이 액면가보다 초과된 금액을 말한다. 액면가보다 미달 발행할 경우에는 주식할인발행차금이라 한다. 차금(다를 차差, 쇠 금金)은 차액이라고도 하는데, 어떤 액수에서 덜어내고 남은 돈을 말한다. ② 유상감자의 경우에는 액면가보다 지급액이 적으면 감자차익, 많으면 감자차손이다. 차익(다를 차差, 더할 익益)은 이익을, 차손(다를 차差, 덜 손損)은 손해를 말한다.

≫ 증자(더할 증增, 재물 자資)는 자본금 증가, 감자(덜 감減, 재물 자資)는 자본금 감소를 말한다. 유상(있을 유有, 갚을 상償)은 보상이 있는 경우, 무상(없을 무無, 갚을 상償)은 보상이 없는 경우다.

유무상증자 vs. 감자 비교

유상증자	투자자에게 투자금을 받고 자본금 증가	무상증자	투자자에게 투자금을 받지 않고, 회사돈으로 자본금 증가
무상감자	투자자에게 보상 없이 자본금 감소	유상감자	투자자에게 보상하고 자본금 감소
투자자에게 악재		투자자에게 호재	

(유상감자 예시) 액면가 500원 주식 1주를 유상감자한다. 주주에게 주당 600원을 지급하면 현금은 600원 유출이다. 액면가 500원은 자본금 감소다. 액면가보다 더 지급한 100원은 감자차손이다. 반대로 주당 300원을 지급하면 200원을 액면가보다 덜 지급했고 감자차익이 발생하게 된다. 이럴 경우 이미 발생한 100원 감자차손을 차감한 다음 나머지 잔액 100원을 감자차익으로 기록한다.

③ 무상감자를 할 경우 보상 없이 자본금을 줄인다. 감자차익이란 자본잉여금이 발생한다.

(무상감자 예시) 자본금이 300억 원인 A기업의 이월결손금이 200억 원이다. A기업이 10 : 1 무상감자를 한다. 300억 원이던 자본금이 무상감자 후 1/10인 30억 원으로 줄어든다. 주주에게 보상 없이 감자했기에 270억 원의 감자차익이 발생한다. 자본금이 270억 원 줄었으나 자본잉여금(감자차익)이 그만큼 늘어나 자본총계는 동일해진다. 감자차익(270억 원)으로 인해 결손금(200억 원)으로 생긴 자본잠식을 탈피할 수 있다.

(무상감자 전) 자본금 300억 원

(무상감자 후) 자본금 30억 원, 자본잉여금(감자차익) 270억 원

구분	자본총계 구성	자본잠식 여부
무상감자 전	자본금 300억 원 결손금 (200억 원)	자본총계 100억 원 < 자본금 300억 원 → 부분 자본잠식 * 자본총계 100억 원 = 자본금 300억 원 + 결손금 (200억 원)
무상감자 후	자본금 30억 원 자본잉여금 270억 원 결손금 (200억 원)	자본총계 100억 원 > 자본금 30억 원 → 자본잠식 탈피 * 자본총계 100억 원 = 자본금 30억 원 + 자본잉여금 270억 원 + 결손금 (200억 원)

④ 자기주식을 취득원가보다 비싸게 팔면 **자기주식처분이익**, 손해보고 팔면 자기주식처분손실이다. 취득원가와 처분액간 차액이 이익이나 손실금액이다. 손실일 경우에는 기존 자기주식처분이익과 상계처리한 뒤 잔액만 자기주식처분손실로 기록한다.

≫ 상계(서로 상相, 셀 계計): 서로 계산한다는 뜻으로 서로가 주고받을 돈이 있을 때 계산해 남는 돈만 처리한다.

자본조정은 자본항목이 미확정인 상태다

자본조정은 자본총계 어느 항목에 넣어야 할지 미확정인 상태다. 납입자본 중 자본금과 자본잉여금을 제외한 임시적인 자본항목이다. 자본차감항목도 자본조정에 들어간다. 자본조정항목으로는 ① 자기주식 ② 자기주식처분손실 ③ 감자차손 ④ 주식할인발행차금 ⑤ 출자전환채무 ⑥ 주식매수선택권 등이 있다.

① **자기주식**은 회사 주식을 회사 자신이 매입하고 소각(주식 없애기)하지 않은 상태다. 소각 또는 처분 전까지는 임시계정인 자본조정에 포함된다. 자기주식은 애초에 주식을 발행하지 않은 것과 마찬가지 상황이다. 자본에서 자기주식 매수금액만

큼 빼주는 회계처리를 한다. 자본의 차감항목이다. ② **자기주식처분손실**은 자기주식을 취득원가보다 싸게 파는 경우 자기주식처분이익과 상계하고 부족한 차액이다.

자본조정 구조

구분	주요내용
① 자기주식	자기회사 주식을 매입(소각 전 상태) 자본환급 효과로 자본차감 항목
② 자기주식처분손실	취득원가 대비 저가에 매도할 경우 손실액
③ 감자차손	유상감자 시 액면가 보다 더해 보상할 경우 손실액
④ 주식할인발행차금	액면가보다 미달하게 주식을 발행할 경우 액면가와 차이
⑤ 출자전환채무	채무에 대한 출자전환 미이행인 경우
⑥ 주식매수선택권	스톡옵션, 회사 임직원 주식매입 권리

③ **감자차손**은 유상감자 시 액면금액보다 더 많이 보상하는 경우 감자차익과 상계하고 부족한 차액을 말한다. ④ **주식할인발행차금**은 액면금액보다 미달되게 주식을 발행할 경우 액면금액과의 차이 금액이다. ⑤ **출자전환채무**는 채무에 대한 출자전환에 합의했지만 아직 미이행한 경우다. ⑥ **주식매수선택권**은 스톡옵션이다. 회사 임직원이 정해진 가격에 주식을 매입하거나 일정 차액을 지급받을 수 있도록 한 권리다.

자본잉여금과 자본조정 항목 비교

자본잉여금	자본조정
자기주식처분이익 감자차익 주식발행초과금	자기주식 취득 자기주식처분손실 감자차손 주식할인발행차금

20 이익잉여금 핵심만 이해하자

결산기말 당기순이익은 이익잉여금으로 이동한다

손익계산서에서는 매출에서 각종 비용과 법인세를 차례로 제외하다 보면 마지막에 당기순이익만 남게 된다. 손익계산서는 결산기말 모든 자료를 리셋해서 제로(0)로 만든다. 대신, 남아 있는 당기순이익을 재무상태표로 옮긴다. 자본총계 구성항목인 **이익잉여금**에 매년 당기순이익이 차곡차곡 쌓인다. 이익이 쌓이면 이익잉여금, 손해로 인해 마이너스 이익잉여금이면 **결손금**이라 한다. 결손금의 사전적 의미는 일정 기간 동안 수입보다 지출이 많아서 생긴 손실금액이다.

(손익계산서) 당기순손익 → (재무상태표) 이익잉여금(결손금)

당기순이익은 주주의 돈(자본)으로 영업을 해서 낳은 부산물이다. 이 수익을 주주의 몫인 자본항목 이익잉여금에 누적시키는 것이다. 실적개선으로 당기순이익이 늘어날수록 누적되는 이익잉여금이 증가한다. 재무상태표의 차변(왼쪽)과 대변(오른쪽)은 일치해야 한다. 대변인 자본이 늘었다는 건 차변인 자산도 늘어나는 것을 의미한다. 이익잉여금이 증가할수록 그에 따른 자산항목에 현금, 유형자산 등 다양한 자산이 증가할 수 있게 된다. 이익잉여금은 꼭 현금으로만 가지고 있지는 않는다.

연초(기초잔고): 재무상태표 이익잉여금

연중변동: 손익계산서 당기순이익 - 배당지급 - 자기주식 매입

연말(기말잔고): 재무상태표 이익잉여금 + 결산기말 손익계산서 당기순이익 누적

기처분이익잉여금과 미처분이익잉여금으로 나뉜다

이익잉여금은 기처분이익잉여금과 미처분이익잉여금으로 구분한다.

1) 기처분이익잉여금 계정항목에 맞게 잉여금을 회계처리 완료한 경우다. ① 법정적립금 ② 임의적립금이 있다. ① **법정적립금**은 법령에 따른 강제 적립금이다. 법정적립금으로는 이익준비금이 있다. **이익준비금**은 현금배당의 1/10 이상을 자본금의 1/2이 될 때까지 쌓아야 한다. 1/2 이상이 되면 추가로 적립할 필요는 없다. **자본잉여금**도 법정적립금이다. 법정적립금은 쓰는 용도가 정해져 있다. 자본금으로 바꾸거나 부족한 결손금을 메우는 것만 가능하다. 예외적으로 자본잉여금과 이익준비금 합계가 자본금의 150%를 초과하면 초과액을 주주총회 결의로 배당 또는 처분할 수 있다. 자본잉여금으로 배당을 할 때에는 배당소득세를 과세하지 않는다. ② 임의적립금은 정관이나 주주총회 결정에 따라 임의적립하는 경우다. 주주총회 결의로 임의처분도 가능하다.

2) 미처분이익잉여금(미처분결손금) 아직 처분이 미확정인 상태다. 배당이나 기처분적립금으로 처분되지 않은 유보된 잉여금(결손금)이다. 미래 투자여력, 배당지급, 자기주식 매입 가능액을 가늠하는 지표다.

이익잉여금에 대한 상세한 내용은 주석(이익잉여금 내역, 이익잉여금처분계산서)으로 확인 가능하다.

삼성전자 이익잉여금 내역 주석 예시

16. 연결이익잉여금:

가. 보고기간종료일 현재 연결이익잉여금의 내역은 다음과 같습니다.

(단위 : 백만원)

구 분	당반기말	전기말
임의적립금 등	192,095,157	170,814,107
연결미처분이익잉여금	118,121,628	122,250,656
계	310,216,785	293,064,763

≫ 삼성전자의 이익잉여금 주석 내역이다. 임의적립금, 연결미처분이익잉여금 등 관련 사항이 기재되어 있다.

3) 이익잉여금처분계산서 배당내역 등 미처분이익잉여금 처리내역을 확인할 수 있다. 이익잉여금처분계산서는 별도의 작성이 필요한 경우에만 주석으로 기재토록 하고 있다. 이익잉여금은 설비투자, 배당지급, 자기주식 매입 등의 재원으로 활용이 가능하다. 배당에 대한 세부적인 내용은 **자본변동표**에서도 확인할 수 있다. 자본변동표는 한 회계 기간 동안 자본의 변화 내역을 보여주는 재무제표다. 자본변동표는 기초잔액에서 당기 변동사항을 가감한 후 기말잔액을 보여주는 형태로 작성된다.

21

기타포괄손익누계액 핵심만 이해하자

기타포괄손익누계액 구조

구분	주요내용
① 매도가능금융자산 평가손익	매도가능금융자산 장부금액과 공정가치(시장가격)간 차이
② 파생상품 평가손익	위험회피 목적 파생상품 투자 시 평가손익
③ 해외사업 환산손익	결산기말 해외사업 원화환산손익
④ 재평가잉여금	재평가모형 평가 시 재평가 차익

총포괄손익(포괄손익계산서) = 당기순손익 ± 기타포괄손익

실현손익인 당기순손익과 달리 기타포괄손익은 유보된 미실현손익이다. 포괄손익계산서에 당기순손익과 별도로 기타포괄손익으로 표시된다. 기타포괄손익은 확정된 수익인 당기순손익에는 영향을 주지 않는다. 포괄손익계산서상 기타포괄손익은 자본 계정에는 반영이 된다. 결산기말 재무상태표 기타포괄손익누계액으로 옮

겨 자본 증가를 가져온다. 기타포괄이익이면 자본증가, 기타포괄손실이면 자본감소다. 기타포괄손익으로는 ① 매도가능금융자산 평가손익 ② 파생상품 평가손익 ③ 해외사업 환산손익 ④ 재평가잉여금 등이 있다.

① **매도가능금융자산 평가손익**은 장부금액보다 공정가치(시장가격)가 높을 경우 그 차액이다. 매 결산일마다 매도가능금융자산을 공정가치로 평가해 평가이익 또는 평가손실로 반영한다. 토지나 건물 등 유형자산의 재평가이익도 기타포괄손익에 반영한다.

(예시) A사는 B사 지분 10%를 매도가능금융자산으로 보유하고 있다. A사 장부에 기록된 B사 주식가액은 10억 원이었다. 결산시점에 B사 주식가액을 평가했더니 15억 원이 되었다. 차액 5억 원은 당기순이익에는 반영되지 않고 포괄손익계산서 기타포괄손익에 반영된다. 결산기말에는 재무상태표 자본항목의 기타포괄손익누계액에 옮겨 기록된다.

<table>
<tr><td rowspan="2">재무상태표</td><td rowspan="2">자산
투자주식 15억 원
(10억 원 + 5억 원)</td><td>부채</td></tr>
<tr><td>자본
기타포괄손익누계액 5억 원</td></tr>
<tr><td>손익계산서</td><td>비용</td><td>수익
기타포괄손익 5억 원</td></tr>
</table>

② **파생상품 평가손익**은 위험회피 목적으로 파생상품 투자 시의 평가손익이다. 현금흐름에 대한 위험회피 목적으로 파생상품을 매입한 경우 파생상품 처분시점까지 손익을 유보한다. 일단 기타포괄손익누계액에 기록해 두었다가 손익 인식시점에 당기순손익으로 대체한다. ③ 결산기말 해외사업도 원화로 환산해 재무제표에 반영한다. 원화로 환산할 경우 발생하는 환산손익을 **해외사업 환산손익**이라 표시한다. 해외사업 환산손익 적용대상은 영업·재무활동이 본점과 독립적으로 운영되는 해외지점(사업소), 해외소재 지분법 적용대상 회사다.

④ 유무형자산은 공정가치로 재평가할 수 있도록 규정하고 있다. 유무형자산 공정가치 평가내역은 주석에서 확인할 수 있다. **재평가잉여금**은 유형자산을 재평가

삼성전자 주석 공정가치 측정 예시

마. 공정가치 측정

(1) 보고기간종료일 현재 금융상품의 장부금액과 공정가치는 다음과 같습니다.

(단위 : 백만원)

구 분	당반기말		전기말	
	장부금액	공정가치	장부금액	공정가치
금융자산:				
현금및현금성자산	39,583,141	(*1)	39,031,415	(*1)
단기금융상품	84,428,822	(*1)	81,708,986	(*1)
단기상각후원가금융자산	1,253,196	(*1)	3,369,034	(*1)
단기당기손익-공정가치금융자산	55,505	55,505	40,757	40,757
매출채권	44,026,232	(*1)	40,713,415	(*1)
기타포괄손익-공정가치금융자산	11,610,592	11,610,592	13,965,839	13,965,839
당기손익-공정가치금융자산	1,382,193	1,382,193	1,525,344	1,525,344
기타(*2)	10,362,657	412,881	9,040,189	328,216
계	192,702,338		189,394,979	

(*1) 장부금액이 공정가치의 합리적인 근사치이므로 공정가치 공시대상에서 제외하였습니다.

≫ 삼성전자의 금융자산 공정가치 관련 주석 내용이다. 장부금액과 공정가치 측정금액을 확인할 수 있다.

모형으로 평가할 경우 발생하는 재평가차익이다. 장부금액과 재평가금액 간 차이가 재평가차익이다. 재평가차익은 이후 발생하는 재평가손실 등과 상계처리되거나 당해 자산 처분 시 이익잉여금으로 대체된다.

3장

아들아,
손익계산서 핵심
이것만은 알아둬라

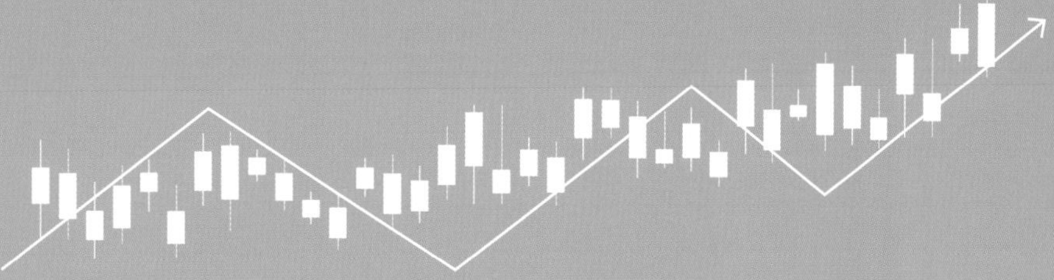

손익계산서-① **22**

손익계산서 기본구조 핵심만 이해하자 (上)

손익계산서는 당기순손익을 얻는 과정이다

회계기준상 수익과 이익은 다른 개념이다. 수익은 벌어들인 돈인 매출액을 의미한다. 이익은 수익에서 각종 비용을 제외하고 남은 돈이다. 손익계산서는 수익(매출액)에서 비용(각종 비용과 세금)을 차감해 이익(당기순이익)을 얻는 과정이다. 즉, **수익-비용=이익이란 산식을 풀어나간다.**

매출액	이익 구분
- 매출원가	① **매출총손익** = 매출액 - 매출원가
- 판매관리비	② **영업손익** = 매출총손익 - 판매관리비
± 영업외손익	③ **법인세차감전순손익** = 영업손익 ± 영업외손익
- 법인세비용	
당기순손익	④ **당기순손익** = 법인세차감전순손익 - 법인세비용
± 기타포괄손익	
총포괄손익	⑤ **총포괄손익** = 당기순손익 ± 기타포괄손익

≫ 영업비용: 매출원가 + 판매관리비(판관비)

≫ 당기순손익(연결재무제표): 지배주주 지분 + 비지배 지분

활동 단계별 손익계산서 처리

손익계산서 항목	활동
매출액	Ⓐ 제조(영업)활동
- 매출원가	
① 매출총이익	
- 판매비와 관리비	Ⓑ 판매·관리활동
② 영업이익	
- 영업외손익 (투자손익,금융손익,기타손익)	Ⓒ 재무·기타활동
③ 세전손익(법인세차감전순손익)	
- 법인세비용	
④ 당기순이익	

≫ 매출액, 매출원가는 Ⓐ 제조(영업)활동 결과다. 판매비와 관리비 항목은 Ⓑ 판매·관리활동 결과이며, 영업외손익과 법인세비용은 Ⓒ 재무·기타활동 결과다.

당기순이익 처리과정 예시(단위: 원)

손익계산서	
매출액	100
매출원가	30
매출총이익	70
판관비	30
영업이익	40
영업외손익	(10)
법인세비용	10
당기순이익	20

	과정 1	과정 2	과정 3
매출액 100	매출원가 30	매출원가 30	매출원가 30
	매출 총이익 70	판관비 30	판관비 30
		영업이익 40	기타손익 20
			당기순이익 20

(과정 1) 삼겹살 제조원가로 30원이 들어간다. 제조원가(매출원가)를 제외한 판매마진(매출총이익)은 70원이다.

(과정 2) 광고비, 배달비 등 판매에 들어가는 비용인 판매관리비(판관비)를 매출총이익에서 제외해 준다. 매출원가와 판매관리비를 합치면 영업비용이 된다. 매출액에서 영업비용을 제외하니 영업이익 40원이 남는다.

(과정 3) 세금과 영업외손실 등 기타손익을 영업이익에서 제외하면 당기순이익 20원이 남는다.

매출총손익 핵심만 이해하자

매출총손익 = 매출액 - 매출원가

① 매출액에서 매출원가를 제외하면 **매출총손익**이다. 매출액은 제품(상품)을 판매한 금액이다. **매출원가**는 제조원가라고도 말한다. 제조원가는 제품을 만드는데 들어간 모든 지출비용이다. 매출원가는 판매된 제품에서만 발생하는 비용이다. 결국 매출총손익은 판매금액(매출액)에서 매출원가를 제외한 판매마진이다.

(예시) TV를 판매한 돈은 매출액, TV를 만드는데 들어간 돈은 매출원가, TV를 팔아 남는 판매마진은 매출총이익이다.

삼성전자 부문별&지역별 매출액 주석 예시

(1) 당분기(3개월)

❶ 부문별 매출액 등

(단위 : 백만원)

구 분	DX 부문	DS 부문	SDC	Harman	계(*)
매출액	44,455,371	28,497,568	7,710,680	2,982,834	77,203,607
감가상각비	610,308	7,051,507	1,284,450	80,322	9,068,814
무형자산상각비	403,013	204,895	59,793	50,151	772,552
영업이익	3,021,697	9,981,053	1,057,643	101,642	14,097,045

(*) 기타는 별도로 표시하지 않았습니다.

❷ 지역별 매출액 등

구 분	국내	미주	유럽	아시아 및 아프리카	중국	연결실체 내 내부거래조정	계
매출액	11,262,111	32,479,799	11,100,501	12,010,024	10,351,172	-	77,203,607
비유동자산(*)	130,507,765	11,857,401	5,873,791	9,396,020	17,570,719	(854,194)	174,351,502

(*) 금융상품, 이연법인세자산, 관계기업 및 공동기업 투자 등이 제외된 금액입니다.

≫ 삼성전자 주석에는 ① 부문별 ② 지역별 매출액 등을 구분해서 기재하고 있다.

영업손익 핵심만 이해하자

영업손익 = 매출총손익 - 판매관리비

매출액 - 매출원가 - 판매관리비

매출액 - 영업비용

≫ 영업비용 : 매출원가 + 판매관리비

② 매출총손익에서 판매관리비를 제외하면 **영업손익**이 나온다. 매출원가와 판매관리비를 합쳐 **영업비용**이라 한다. 영업손익은 매출액에서 영업비용을 제외한 손익으로도 말할 수 있다. 매출액, 매출원가, 판매관리비는 영업의 결과 나오는 산출물이다. 제품(상품)이 없는 서비스업, 금융업 등은 매출액 대신 영업수익으로, 매출원가는 영업비용으로 기재한다. 영업손익이 플러스면 영업이익, 마이너스면 영업손실이다.

(예시) 개나리문구는 필통 1개를 만들어 보관 중이다. 재고자산 장부가치는 1만 원이다. 필통을 2만 원을 받고 팔았다. 전단지 광고비로 2,000원, 영업직원 급여로 3,000원을 지급했다.

① 영업수익 2만 원 = 매출액 2만 원

② 매출총이익 1만 원 = 매출액 2만 원 - 매출원가 1만 원

③ 영업비용 1만 5,000원 = 매출원가 1만 원 + 판매관리비 5,000원(광고비 2,000원 + 급여 3,000원)

④ 영업이익 5,000원 = 영업수익 2만 원 - 영업비용 1만 5,000원

재고자산 1만 원 필통 보관 중 (재고자산 구성) 재료비 5,000원 공장직원 급여 3,000원 공장 감가상각비 2,000원	2만 원에 판매 → (판매관리비 5,000원) 전단지 광고비 2,000원 영업직원 급여 3,000원	매출원가 1만 원 재고자산 필통 소멸

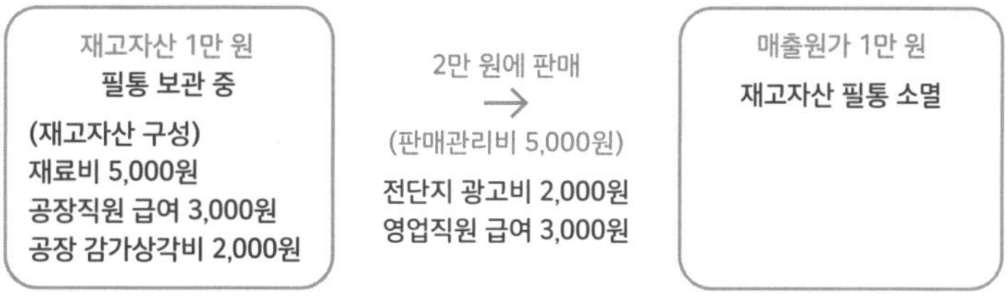

≫ 판매행위 결과 재고자산이 매출원가로 바뀐다(수익비용 대응의 원칙).

매출액 2만 원 - 매출원가 1만 원 - 판매관리비 5,000원 = 영업이익 5,000원

영업이익률 = 영업이익 ÷ 매출액

영업이익률은 영업이익을 매출액으로 나눈 값이다. 영업이익률이 높을수록 본업을 잘하는 경우다. 높은 진입장벽, 경쟁우위를 갖는다. 이를 경제적 해자가 있다고도 표현한다.

매출원가와 판매관리비는 영업비용이다

매출원가와 판매관리비는 그 성격에 따라 구분한다. **제조행위면 매출원가, 판촉활동과 본사관리 업무면 판매관리비다. 매출원가**는 제품을 만드는데 들어간 모든 지출 비용이다. 제조업에서 매출원가는 제조원가라고도 한다. 매출원가는 재료비, 제조경비, 공장 노동자 인건비, 감가상각비 등으로 구성된다. 특히 공장이나 기계설비 등의 감가상각비가 포함된다는 점이 특징이다. 매출원가 세부내역은 영업기밀이라 상세하게 공개하지는 않는다. 다만 재무제표 주석에서 비용의 성격별 분류 등으로 유추해 볼 수는 있다.

매출원가 흐름: 원재료, 인건비, 경비 등 → 재공품 → (판매 전) 재고자산(제품)
→ (판매 後) 매출원가

판매관리비는 매출원가에 속하지 않는 모든 영업비용이다. 판매비와 관리비를 합친 말이다. 마케팅 비용 등은 판매비, 회사를 유지 관리할 비용은 관리비다. 줄여서 판관비라고도 쓴다. 판매관리비는 광고선전비, 판매보증비용(성능이상 고장에 대한 보증), 본사 직원 급여, 본사 건물 임차료나 전기료, 본사 건물 감가상각비 등이다. R&D를 위한 연구개발비도 판매관리비 비용이다. 제조업에서는 서비스업보다 매출원가가 중요하다. 매출원가가 만들어진 제품의 경쟁력을 나타내기 때문이다. 제조업 중심기업은 제조원가 개념인 매출원가 비중이 높다. 반면 화장품 등 B2C 기업은 유통과 홍보가 중요하기에 판매관리비 비중이 더 높다.

삼성전자 비용의 성격별 분류 주석 예시

18. 비용의 성격별 분류:

당반기 및 전반기 중 비용의 성격별 분류 내역은 다음과 같습니다.

(단위 : 백만원)

구 분	당반기		전반기	
	3 개 월	누 적	3 개 월	누 적
제품 및 재공품 등의 변동	(4,439,969)	(6,998,972)	20,649	1,760,501
원재료 등의 사용액 및 상품 매입액 등	28,865,165	56,931,407	19,633,598	42,218,021
급여	7,528,038	15,260,987	6,598,439	13,301,170
퇴직급여	341,528	692,424	336,872	676,056
감가상각비	9,068,814	18,077,845	7,213,089	14,360,825
무형자산상각비	772,552	1,543,029	776,313	1,471,855
복리후생비	1,738,929	3,140,865	1,355,793	2,558,370
유틸리티비	1,383,458	2,782,026	1,142,455	2,342,866
외주용역비	1,652,475	3,135,008	1,376,724	2,783,173
광고선전비	1,397,480	2,865,181	1,118,991	2,229,360
판매촉진비	1,536,956	3,360,354	1,241,802	2,866,329
기타비용	13,261,136	25,976,497	10,290,115	20,541,949
계(*)	63,106,562	126,766,651	51,104,840	107,110,475

(*) 연결손익계산서 상 매출원가와 판매비와관리비를 합한 금액입니다.

≫ 삼성전자 주석의 「비용의 성격별 분류」를 통해 매출원가의 세부내역을 유추해 볼 수 있다.

23

손익계산서 기본구조 핵심만 이해하자 (下)

영업외손익은 부수업무에서 발생하는 손익이다

영업외손익은 본업이 아닌 부수업무에서 발생하는 손익이다. 영업외손익은 영업외수익과 영업외비용을 가감한다. 영업외수익은 이자수익, 유형자산 처분이익, 외환차익 등이 있다. 영업외비용으로는 이자비용, 유형자산 처분손실, 외환차손 등이 있다. 회사의 경영활동은 영업활동, 투자활동, 재무활동으로 나뉜다. 영업활동에서 발생한 손익은 영업손익이다. 투자활동과 재무활동에서 발생한 손익이 영업외손익이다. 영업외손익은 투자손익, 금융손익, 기타손익 등으로도 구분할 수 있다. 통상적으로 영업외손익은 일회성 손익이나, 이자비용은 지속적으로 발생하는 비용일 수 있다.

영업외손익 주요내용

구분	주요내용
1) 투자손익	지분법 손익, 관계기업투자주식 처분손익, 관계기업투자주식 손상차손 등
2) 금융손익	이자수익(비용), 외환차손익, 외환환산손익 등
3) 기타손익	유형자산처분손익, 임대료수익, 기부금 등

1) 투자손익 ① 지분법 손익(지분법적용 투자손익) ② 관계기업 투자주식 처분손익 ③ 관계기업 투자주식 손상차손 등이 있다. **① 지분법 손익(지분법적용 투자손익)**은 관계기업의 당기순손익을 지분율만큼 반영한다. 관계기업은 투자회사가 지분(주식소유 비중)을 20% 이상~50% 이하 보유하는 곳이다. 지분율이 50%를 초과할 경우 연결재무제표를 작성한다. **② 관계기업투자주식 처분손익**은 관계기업 주식을 처분하는 과정에서 발생하는 손익이다. **③ 관계기업투자주식 손상차손**은 관계기업 주식이 장부금액가치보다 하락한 경우다. 손상차손은 유무형자산 회수가능액이 장부금액에 미달할 경우 그 차액을 말한다.

2) 금융손익 비금융회사가 금융을 통해 얻는 부수적인 손익이다. 반면 금융회사의 금융손익은 주된 사업이므로 영업손익이 된다. 금융손익으로는 ① 이자수익(비용) ② 외환차손익 ③ 외환환산손익 등이 있다.

≫ 외환차손익(외환차익, 외환차손)이나 외환환산손익(외환환산이익, 외환환산손실)은 영업외손익이다. 보유 중인 외화자산(부채)를 원화로 인식하는 과정에서 발생한 손익이다. ① 비상장사에 적용하고 있는 일반기업회계기준(K-GAAP)에서는 「외환차손익」은 실제 외화자산을 회수하거나 외화부채를 변제하는 경우로 실현손익이다. 「외환환산손익」은 외화매출채권(외화매입채무) 상태에서의 미실현 평가손익이다. 즉, 외환차손익은 원화로 환전할 경우, 외환환산손익은 환전하지 않고 외화로 가지고 있을 경우 손익이다. ② 반면 상장사 등에 적용하고 있는 한국채택국제회계기준(K-IFRS)에서는 구체적인 계정 이름을 구분하지 않고 있다.

3) 기타손익 본업과 무관한 손익이다. ① 유형자산처분손익 ② 임대료 수익 ③ 기부금 등이 있다. 기계설비 같은 유형자산을 장부가치보다 비싸게(싸게) 팔아 차익

(손실)을 얻은 경우 유형자산 처분손익이라 한다.

(예시) 이자비용 1만 원을 현금 지급할 경우 자산에서 현금 1만 원이 감소한다. 비용항목인 이자비용 1만 원이 증가한다. 이익이 줄어들어든 결과 자본총계의 이익잉여금을 감소시킨다.

재무상태표	자산 현금 (1만 원)	부채
		자본 이익잉여금 (1만 원)
손익계산서	비용 이자비용 1만 원	수익

법인세차감전순손익 핵심만 이해하자

법인세차감전순손익 = 영업손익 ± 영업외손익

영업손익에 영업외손익을 가감하면 **법인세차감전순손익**이 나온다. 세전손익으로도 부른다. 영업외손익은 영업과 무관한 손익이다. 영업외수익과 영업외비용으로 나뉜다.

영업손익까지는 지속적으로 발생하는 손익이다. 반면 **영업외손익**부터는 일시적인 손익일 수 있다. 지속적인 손익인 영업이익이 보다 중요하다. 영업이익이 꾸준하게 발생해야 좋은 기업이다. 이왕이면 매출액 증가와 함께 영업이익이 늘어날수록 좋다. 성장성이 높은 기업일 경우 매출액과 영업이익 증가를 함께 체크해 보자.

당기순손익 핵심만 이해하자

당기순손익 = 법인세차감전순손익 - 법인세비용

법인세차감전순손익에서 법인세를 차감하면 **당기순손익**이 나온다. 당기순손익이 플러스면 당기순이익, 마이너스면 당기순손실이다. 당기순손익을 영업손익, 영업외손익과 비교할 필요가 있다. 영업외손익으로 당기순이익이 크게 증가했다면 일회성 손익일 수 있다. 영업외손익 중 지분법 이익(지분법적용 투자수익)이 크다면 현금유입이 없는 수익이기에 현금흐름이 좋지 않을 수도 있다. 당기순손익과 현금흐름을 같이 체크해 봐야 한다.

에코프로비엠 당기순이익 처리과정 예시(2022년 말 기준, 단위: 백억 원)

손익계산서	
매출액	536
매출원가	484
① 매출총이익	52
판관비	14
② 영업이익	38
영업외손익	(6)
법인세비용	5
③ 당기순이익	27

매출액 536	매출원가 484	매출원가 484	매출원가 484
	① 매출 총이익 52	판관비 14	판관비 14
		② 영업이익 38	기타손익 11
			③ 당기순이익 27

≫ ① 에코프로비엠의 매출액 536백억 원에서 매출원가 484백억 원을 빼면 매출총이익이 52백억 원이 나온다. ② 판매관리비 14백억 원을 빼면 영업이익이 38백억 원이다. ③ 이중 영업외손익과 법인세비용 11백 억원을 빼고 나니 당기순이익 27백억 원이 나온다.

포괄손익계산서는 기타포괄손익을 포함한다

총포괄손익 = 당기순손익 ± 기타포괄손익

당기순손익에다 임시손익인 기타포괄손익을 더하면 **총포괄손익**이 나온다. **실현손익은 당기순손익, 미실현손익은 기타포괄손익이다.** 당기순손익까지를 손익계산서라 하고, 총포괄손익까지 더하면 **포괄손익계산서**라 한다. 이름에 '포괄'이 붙어 있으면 포괄손익계산서다. 거래소 상장사는 포괄손익계산서를 작성한다.

기타포괄손익은 미실현손익이면서 일시적인 손익이다. 확정되지 않은 손익이기에 임시보관소인 기타포괄손익에 기록한다. 당기순손익에는 포함되지 않기에 당기순손익에 영향을 주지 않는다. 손익계산서의 기타포괄손익은 재무상태표상의 기타포괄손익누계액에 기록된다. 기타포괄손익으로는 ① 매도가능금융자산 평가손익 ② 파생상품평가손익 ③ 해외사업환산손익 ④ 재평가잉여금 등이 있다.

고정비 vs. 변동비 핵심만 이해하자

감가상각비, 인건비는 고정비적 성격이다. 매출에 상관없이 고정적으로 발생하는 비용이 고정비다. 고정비 비중이 큰 기업의 경우 매출증가에도 고정비 증가가 더디다. 덕분에 영업이익이 대폭 늘어날 수 있다. 반대로 매출액이 줄어들면 고정비 비중이 커져 영업이익이 감소한다. 매출액 성장 없이 판매관리비를 줄여서 영업이익을 유지하는 것도 좋진 않다. 반면 **원재료, 매출원가 등은 변동비적 성격이다.** 변동비는 매출에 연동해 비용이 증감한다. 매출액이 증가하면 변동비도 늘어나게 된다.

24

지분율에 따른 재무제표 처리 핵심만 이해하자 (上)

지분율에 따른 회계처리 구분

지분율	회계처리 방식
50% 초과	지배기업과 종속기업 연결재무제표 작성
20% 이상 ~ 50% 이하	관계기업 또는 공동기업 지분법손익(영업외손익) 처리
20% 미만	매도가능금융자산(매도가능증권) 기타포괄손익 반영

지배기업과 종속기업을 연결하라

지분 50% 초과 : 연결재무제표

- 지배기업과 종속기업의 재무제표를 하나로 묶어 지배기업의 연결재무제표를 작성

- 자본과 당기순이익만 지배주주/비지배주주로 구분해 표시

재무제표는 연결재무제표와 별도(개별)재무제표로 나뉜다. 다른 기업과 함께 기록하면 연결재무제표다. **연결재무제표 적용 대상은 다른회사 지분을 50% 초과해 보유하는 경우다. 이 경우를 다른 기업을 '지배'한다고 표현한다. 그 경우 다른 기업을 지배하는 지배기업과 지배당하는 종속기업으로 구분된다.** 지분이 50%가 안 되더라도 실질적인 지배자 역할이면 지배기업으로 인정된다. 연결재무제표 작성 주체는 지배기업이다. 반면 기업 하나만 기록하면 **별도(개별)재무제표다.** 연결재무제표는 재무제표 앞에 「연결~」이라고 표시되어 있다. 앞에 '연결'이 없으면 별도(개별)재무제표다.

≫ 연결재무제표 대상인 지배기업(종속기업이 있는)만의 재무제표를 별도재무제표, 연결의무가 없는(종속기업이 없는) 기업의 재무제표를 개별재무제표라고 한다.

지배기업의 연결재무제표는 지배기업과 종속기업을 한 몸처럼 연결해 묶는다. 재무상태표의 자산, 부채, 자본과 손익계산서의 수익, 비용, 이익을 하나로 묶어 작성한다. 다만 **재무상태표의 자본과 손익계산서의 당기순이익만은 지배주주(지배기업의 소유주)와 비지배주주로 구분해 표시한다.** 비지배주주는 지배주주와 무관한 여타의 주주를 말한다. 가령, A회사가 B회사 지분을 60% 보유할 경우 60%는 지배주주, 40%는 비지배주주의 몫이다.

A기업 연결재무상태표

자산	부채	
	자본	자본총계(지배)
		자본총계(비지배)

A기업 연결손익계산서

매출액	
영업이익	
당기순이익	당기순이익(지배)
	당기순이익(비지배)

지배주주 지분 vs. 비지배 지분 구분 예시

삼성전자 005930 코스피 2022.11.11 기준(장마감) 실시간 기업개요

종합정보 | 시세 | 차트 | 투자자별 매매동향 | 뉴스·공시 | 종목분석 ① | 토론실 | 전자공시 | 공매도현황

기업현황 ② | 기업개요 | 재무분석 | 투자지표 | 컨센서스 | 업종분석 | 섹터분석 | 지분현황 | 인쇄

Financial Summary ③ 주재무제표 검색 IFRS 산식 * 단위 : 억원, %, 배, 주 * 분기: 순액기준

전체 | 연간 | 분기

주요재무정보	연간				분기			
	2019/12 (IFRS연결)	2020/12 (IFRS연결)	2021/12 (IFRS연결)	2022/12(E) (IFRS연결)	2021/12 (IFRS연결)	2022/03 (IFRS연결)	2022/06 (IFRS연결)	2022/09(E) (IFRS연결)
매출액	2,304,009	2,368,070	2,796,048	3,095,753	765,655	777,815	772,036	784,422
영업이익	277,685	359,939	516,339	476,380	138,667	141,214	140,970	119,226
영업이익(발표기준)	277,685	359,939	516,339		138,667	141,214	140,970	
세전계속사업이익 ④	304,322	363,451	533,518	500,380	143,629	150,698	144,608	124,305
당기순이익	217,389	264,078	399,074	379,730	108,379	113,246	110,988	90,775
당기순이익(지배)	215,051	260,908	392,438	373,746	106,431	111,291	109,545	90,512
당기순이익(비지배)	2,338	3,170	6,637		1,948	1,955	1,443	
자산총계	3,525,645	3,782,357	4,266,212	4,637,450	4,266,212	4,393,270	4,480,406	
부채총계 ⑤	896,841	1,022,877	1,217,212	1,262,249	1,217,212	1,240,360	1,201,340	
자본총계	2,628,804	2,759,480	3,048,999	3,375,201	3,048,999	3,152,909	3,279,067	
자본총계(지배)	2,549,155	2,676,703	2,962,377	3,282,570	2,962,377	3,063,919	3,188,306	
자본총계(비지배)	79,649	82,777	86,622		86,622	88,990	90,761	

≫ 네이버 증권에서 종목명(위 예시에서는 삼성전자)을 검색해 클릭하고 종목화면으로 들어간다. ① 종목분석 탭의 ② 기업현황 탭을 클릭하면 ③ Financial Summary를 확인할 수 있다. 연결재무제표이기에 ④~⑤ 당기순이익과 자본총계는 지배주주와 비지배주주를 구분하고 있다.

매출에 대한 버블계산을 막기 위해 지배회사와 종속회사 둘 간의 내부거래는 제외한다. **종속기업 주식의 공정가치**(주가) **변동이 지배회사의 연결재무제표에 영향을 주지 않는다.**

연결재무제표 자본: 투자자본 상계처리

≫ 연결재무제표 자본의 경우

지배주주 : 지배기업 소유주지분

비지배주주 : 비지배지분

연결재무제표를 만들기 위해서는 ① 지배기업의 자산 중 종속기업 투자주식과 ② 종속기업의 순자산(자본)을 같이 제거한다. 이를 투자자본 상계(서로 제거)라고 한다. 즉, 지배기업의 투자계정과 종속기업의 자본계정상 동일한 금액을 서로 지운다.

≫ 가령 A기업이 B기업 지분을 60% 보유할 경우 A기업이 지배기업, B기업이 종속기업이다. 종속기업인 B기업의 순자산(자본)이 50억 원 이라면 이 중 60%인 30억 원만 지배주주(지배기업 소유주)인 A기업의 몫이다. 나머지 40%인 20억 원은 A기업이 아닌 주주(비지배주주)의 몫이다.

투자자본 상계처리 후 연결재무상태표 예시

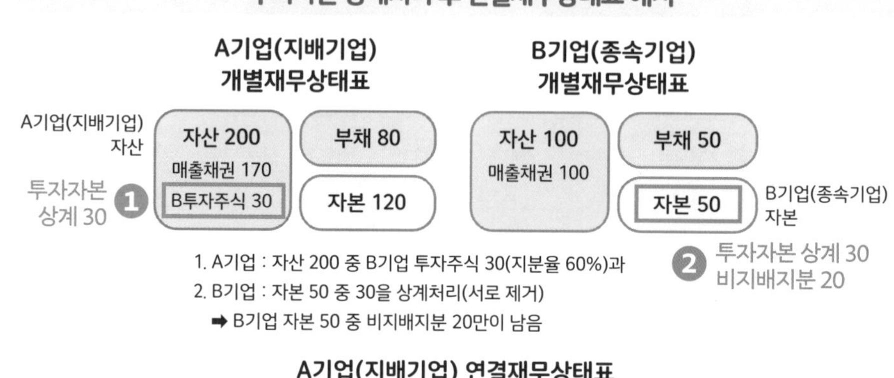

A기업(지배기업) 연결재무상태표

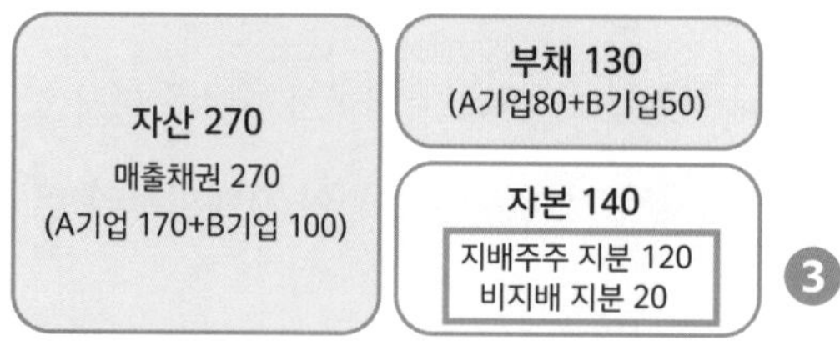

A기업과 B기업의 자산, 부채, 자본을 서로 합쳐서 A기업(지배기업)의 연결재무제표 작성

3. 자본 140 = 지배주주 지분 120 + 비지배 지분 20

지배주주 지분 120 : A기업 자본

비지배 지분 20 : 투자자본 상계처리 후 B기업 자본

≫ ① 지배기업인 A기업의 자산 200억 원 중 B기업 투자주식 30억 원(지분율 60% 해당분)과 ② 종

속기업인 B기업의 순자산(자본) 50억 원 중 30억 원을 투자자본 상계처리(서로 제거) 한다. 상계처리 결과 종속기업인 B기업 순자산은 20억 원만이 남는데, 이는 비지배주주의 몫이다. ③ 연결재무상태표 자본에 지배주주 지분 120억 원, 비지배 지분 20억 원을 기록한다.

연결재무제표 당기순이익

≫ 연결재무제표 당기순이익의 경우

지배주주: 지배기업의 소유주에게 귀속되는 당기순이익(손실)

비지배주주: 비지배 지분에 귀속되는 당기순이익(손실)

종속기업의 당기순이익을 보유 지분율 비중만큼 지배기업 연결재무제표의 당기순이익(지배주주 순이익)에 반영한다.

지배주주 순이익 = 지배기업 순이익 + 종속기업 지분가치만큼 순이익

(예시) A기업이 B기업 지분을 60% 보유했다 치자. A기업 당기순이익은 200억 원이다. B기업 당기순이익이 100억 원일 경우 지배주주 몫은 60억 원(60%)이다. A기업의 당기순이익 중 지배주주 지분은 260억 원(200억 원 + 60억 원)이 된다.

지배주주 지분(260억 원)		**비지배 지분**(40억 원)
지배기업 순이익 **A기업 200억 원**	종속기업 지배주주 지분가치 순이익 **B기업 100억 원의 60%(60억 원)**	종속기업 비지배주주 지분가치 순이익 **B기업 100억 원의 40%(40억 원)**

PER은 시가총액을 당기순이익으로 나눈다. **연결재무제표를 적용할 경우 지배주주 지분만을 반영해 PER을 계산해야 한다.** 비지배주주 몫은 해당 지배회사가 보유한 게 아니기 때문이다.

PER(연결재무제표) = 시가총액 ÷ 당기순이익 중 지배주주 지분

네이버 증권 삼성전자 당기순이익 화면

종합정보 | 시세 | 차트 | 투자자별 매매동향 | 뉴스·공시 | 종목분석 ❶ | 종목토론실 | 전자공시 | 공매도현황

기업현황 ❷ 업개요 | 재무분석 | 투자지표 | 컨센서스 | 업종분석 | 섹터분석 | 지분현황 | 인쇄

Financial Summary ❸ 주재무제표 검색 IFRS ? 산식 ? * 단위 : 억원, %, 배, 주 * 분기: 순액기준

전체 | 연간 | 분기

주요재무정보	연간				분기			
	2020/12 (IFRS연결)	2021/12 (IFRS연결)	2022/12 (IFRS연결)	2023/12(E) (IFRS연결)	2022/06 (IFRS연결)	2022/09 (IFRS연결)	2022/12 (IFRS연결)	2023/03(E) (IFRS연결)
당기순이익	264,078	399,074	556,541	132,531	110,988	93,892	238,414	18,468
❹ 당기순이익(지배)	260,908	392,438	547,300	129,609	109,545	91,439	235,025	15,761
당기순이익(비지배)	3,170	6,637	9,241		1,443	2,453	3,389	

≫ 네이버 증권 삼성전자 화면에서 ① 종목분석 탭, ② 기업현황 탭의 ③ Financial Summary 화면에서 ④ 당기순이익(지배)를 확인하면 된다. 현재 시가총액도 네이버 증권 삼성전자 화면에서 쉽게 확인할 수 있다.

삼성전자의 시가총액 376조 936억 원(2023. 3. 24. 기준)과 2022년 말 당기순이익(지배) 54조 7,300억 원을 비교하면 PER을 계산할 수 있다.

PER 6.87배 = 시가총액 376조 936억 원 ÷ 54조 7,300억 원

(단위: 십억 원, 원, %, 배)

재무정보	2021	2022E	2023E	2024E
매출액	1,486	5,357	8,924	11,082
영업이익	115	382	595	808
EBITDA	158	400	724	1,005
❶ 지배주주순이익	101	242	359	477
EPS	1,084	2,477	3,676	4,883
순차입금	447	841	2,014	3,061
❷ PER	114.2	37.2	31.0	23.4
PBR	5.1	6.5	6.4	5.1
EV/EBITDA	72.1	24.6	18.2	14.1
배당수익률	0.2	0.2	0.2	0.2
ROE	20.3	24.9	23.0	24.4

출처: 한화투자증권(2023.2.7. 기준)

옆의 수치는 에코프로비엠에 대한 한화투자증권 리포트 실적예측치다. ① 지배주주 순이익 예측치가 나와있다. 현재 시가총액과 미래 지배주주 순이익을 비교하면 미래 PER 계산이 가능하다. ② 리포트 발표일 당시 시가총액 기준으로 향후 PER도 계산해서 보여주고 있다. 에코프로비엠은 실적이 개선됨에 따라 미래 PER은 점점 낮아지고 있다.

25

지분율에 따른 재무제표 처리 핵심만 이해하자 (下)

관계기업이나 공동기업은 지분법으로 처리한다

지분 20~50%: 관계기업/공동기업 지분법 손익

- 관계기업/공동기업 당기순이익을 보유지분만큼 투자회사의 영업외손익에 반영
- 관계기업/공동기업이 보유한 매도가능금융자산의 주가상승을 보유지분만큼 투자회사의 기타포괄손익에 반영

보유지분이 20% 이상 50% 이하면 투자회사의 관계기업이 된다. 투자회사가 지배하진 못하고 관계만 있는 사이다. 보유지분이 20%가 안 되더라도 재무, 영업 등에 유의적 영향력이 있다면 관계기업이 된다. 이때 투자회사가 보유한 주식을 **관계기업 투자주식**(지분법적용 투자주식)이라 표현한다. **50%씩 2명이 기업을 보유하면 투자회사의 공동기업이 된다.** 관계기업이나 공동기업은 지배/종속 관계가 아니므

로 연결재무제표 적용 대상이 아니다.

관계기업이나 공동기업은 지분법을 적용한다. 지분법은 관계회사의 경영실적을 지분율만큼 투자회사의 영업외손익에 반영한다. 관계회사의 순자산이 변동될 경우 그 변동액을 투자회사 재무제표에 반영한다는 의미이기도 하다. 순자산은 「자산 - 부채」로 자본을 의미한다. 순자산이 변동하는 경우는 첫째, 관계회사의 당기순손익 변동이다. 둘째, 관계회사의 기타포괄손익 변동이다. 당기순손익은 자본(순자산)의 이익잉여금, 기타포괄손익은 자본(순자산)의 기타포괄손익누계액으로 결산기말 이동한다.

① (당기순손익 변동) **보유한 지분 비중만큼만 관계기업이나 공동기업의 당기순손익을 투자회사의 영업외손익에 반영한다.** 이를 **지분법손익(지분법적용 투자손익)**으로 표현한다. 매출 등 영업활동과 관련이 없기에 영업외손익으로 처리한다. 연결재무제표처럼 모든 계정항목에 반영하지 못하고 영업외손익에만 반영한다.

② (기타포괄손익 변동) **관계기업(공동기업)이 보유한 매도가능금융자산의 주가상승은 관계기업(공동기업)의 기타포괄손익에 반영된다.** 기타포괄손익 때문에 관계기업(공동기업) 순자산(자본)에 변동이 생겼다. 기타포괄손익은 재무상태표 자본 항목의 기타포괄손익누계액 변동을 가져온다. 관계기업(공동기업)의 기타포괄손익 변동을 보유한 지분 비중만큼만 투자회사의 기타포괄손익에 반영한다.

③ **관계기업(공동기업) 주식의 주가상승은 지분법 회계처리와는 무관하다.** 지분법은 관계기업(공동기업)의 순자산 변동을 반영하는 것이지, 관계기업(공동기업) 주식의 주가상승을 반영하는 게 아니다. 반면, 관계기업(공동기업)의 지분가치가 떨어지면 손상차손 처리한다. 손상차손은 물건 가치가 떨어져 손해인 경우를 의미한다. 지분법 처리를 할 경우에도 두 회사 간 내부거래는 제거한다. **④ 투자회사가 관계기업으로부터 받은 배당금도 수익으로 기록하지 않는다.** 관계기업이 현금배당을 하는 경우 배당금액만큼 지분법 투자주식(자산)의 장부가격을 차감해야 한다.

(예시) A기업이 B기업 지분 30%를 60억 원에 취득했다. ① B기업이 올해 100억 원의 당기순이

익을 냈다. ② B기업이 보유한 매도가능금융자산 주식가치가 50억 원 올랐다. 그다음 해 B기업이 20억 원을 현금배당했다. 그 결과 A기업은 B기업으로부터 6억 원(20억 원 × 30%)의 현금배당을 받았다.

① 지분법손익(영업외손익): 30억 원(당기순이익 100억 원 × 지분율 30%)

② 매도가능금융자산 평가이익(기타포괄손익): 15억 원(주식 시세차익 50억 원 × 지분율 30%)

③ 배당처리: 6억 원만큼 관계기업 투자주식(자산)에서 차감

(재무상태표 자산) A기업의 관계기업 투자주식 99억 원

≫ 60억 원(처음 취득금액) + 30억 원(지분법손익) + 15억 원(매도가능금융자산 평가이익) - 6억 원(배당 처리) = 99억 원

삼성전자 지분법 주석 예시

(1) 당반기

(단위 : 백만원)

기 업 명	기초평가액	지분법평가		기타증감액(*)	반기말평가액
		❶ 지분법손익	❷ 지분법자본변동		
삼성전기㈜	1,556,386	143,913	24,503	(37,156)	1,687,646
삼성에스디에스㈜	1,652,155	100,037	26,499	(41,933)	1,736,758
삼성바이오로직스㈜	1,577,664	93,678	(1,888)	981,164	2,650,618
삼성SDI㈜	2,529,650	91,076	20,729	(13,462)	2,627,993
㈜제일기획	621,292	30,141	7,828	(28,747)	630,514
삼성코닝어드밴스드글라스(유)	135,580	3,277	-	-	138,857
기타	859,524	29,584	(54,700)	76,144	910,552
계	8,932,251	491,706	22,971	936,010	10,382,938

(*) 기타증감액은 취득, 처분, 배당, 손상 및 계정재분류 등으로 구성되어 있습니다.

≫ 지분법은 관계회사의 포괄손익계산서 증감을 투자회사의 포괄손익계산에도 반영한다. 관계회사의 자본증감도 투자회사의 자본증감에 반영한다. ① 관계회사 당기순이익은 지분비율만큼 투자회사의 「지분법손익(지분법적용 투자손익)」에 반영된다. ② 관계회사가 보유한 매도가능금융자산의 주가가 오르면 평가차익이 발생하고 평가차익은 「지분법 자본변동(기타포괄손익누계액)」에 반영된다.

(예시) A기업이 B기업을 종속기업 또는 관계기업으로 보유할 경우 손익계산서 처리

A기업은 매출액 100억 원, 영업이익 20억 원, 당기순이익 10억 원이고, B기업은 매출액 10억 원, 영업이익 2억 원, 당기순이익 1억 원이다. A기업은 B기업 지분을 49% 보유 중이다.

구분	종속기업일 경우 (연결재무제표)	관계기업일 경우 (지분법손익)
매출액	110억 원 (100억 원+10억 원)	100억 원
영업이익	22억 원 (20억 원+2억 원)	20억 원
당기순이익	11억 원 (10억 원+1억 원) - 지배주주 지분① 10억 4,900만 원 - 비지배 지분 5,100만 원	10억 4,900만 원②

* 10억 원 + (1억 원 × 보유지분 49%) = 10억 4,900만 원
① 연결재무제표 지배주주 지분(종속기업의 경우)이나 ② 지분법손익(관계기업의 경우) 모두 당기순이익 금액은 10억 4,900만 원으로 동일하다.

종속기업이나 관계기업 등으로 어떤 기업들이 있는지 궁금할 경우에는 재무제표 주석을 찾아보면 된다. 네이버 증권에도 이를 동일하게 언급하고 있으니 찾아보면 된다.

네이버 증권을 통한 연결대상회사 확인 예시

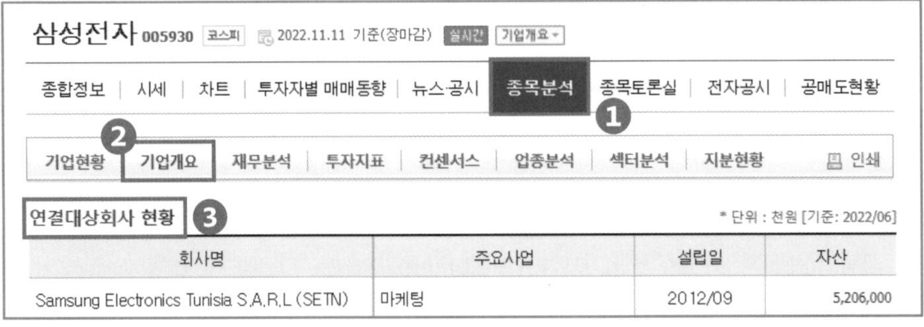

≫ 네이버 증권의 삼성전자 종목 화면으로 들어간다. ① 종목분석 탭의 ② 기업개요 탭에서 ③ 연결대상회사 현황 등을 확인할 수 있다.

(예시) 관계기업 당기순이익을 보유 지분율만큼 영업외손익에 반영

새로닉스는 2차전지 양극재 회사인 엘앤에프 지분 14.4%를 보유한 최대주주다. 지분율이 20%가 안되나 유의적 영향력이 있어, 엘앤에프를 관계기업으로 처리한다. 2022년 새로닉스의 영업이익은 5억 원, 당기순이익은 917억 원이었다. 관계기업인 엘앤에프의 당기순이익을 지분법 적용한 결과 새로닉스의 영업외수익이 증가했기 때문이다. 엘앤에프의 당기순이익이 증가할수록 새로닉스의 당기순이익도 증가한다.

별도재무제표 작성: 원가법 vs. 지분법

별도재무제표를 작성할 경우 종속기업(지분 50% 초과)이나 관계기업 투자주식(지분 20% 이상~50% 이하)에 대해서는 ① 지분법 또는 ② 원가법을 적용한다(K-IFRS기준). ① **지분법**은 관계회사의 경영실적을 지분율만큼 투자회사의 영업외손익에 반영한다. ② **원가법**은 지분 취득원가를 매년 동일하게 반영한다. 원가법으로 처리할 경우 지분법 손익계정이 따로 없게 된다. 원가법을 적용할 경우 별도재무제표가 의미가 더 있다. 연결재무제표에서 볼 수 없는 투자회사(지배회사)만의 고유한 재무상태나 영업결과를 확인할 수 있어서다.

(예시) 투자회사 A가 관계회사인 B사 지분 20%를 50억 원에 최초 취득한 경우, 매년 장부가격을 50억 원으로 반영하는 것이 원가법이다.

③ 별도재무제표에서 매도가능금융자산(지분 20% 미만)은 연결재무제표와 동일한 방식으로 처리한다. 매도가능금융자산은 1년 넘게 보유한 후 처분 의사가 있는 주식이나 채권이다. 최초 취득가액을 장부가액으로 기록한 뒤, 매 결산기말 공정가치(회수가능액)를 평가해 장부가격을 수정한다. 취득가격이나 전기 장부가격 대비 차이를 임시손익인 기타포괄손익으로 처리한다.

④ 개별재무제표는 종속기업이 없는 경우 작성한다. 개별재무제표에서는 관계기업을 지분법 회계로만 처리한다.

4장

아들아,
현금흐름표
핵심은 알아둬라

26

현금흐름표의 핵심만 이해하자

현금흐름표의 핵심만 이해하자

현금흐름표는 현금주의에 따라 현금흐름을 나열한다. 재무상태표와 손익계산서는 발생주의에 따라 작성한다. 발생주의가 행위에 초점을 맞춘다면 **현금주의**는 현금 유출입에 집중한다. 현금이 들어와야만 반영되기에 현금주의에선 조작이 어렵다. 현금흐름표는 ① 영업활동 현금흐름 ② 투자활동 현금흐름 ③ 재무활동 현금흐름의 세 가지로 구성된다. ① 영업활동은 손익계산서에서 ②~③ 투자활동과 재무활동은 재무상태표에서 주로 찾을 수 있다.

① 손익계산서 당기순이익 변동 (영업행위) → 영업활동 현금흐름

② 재무상태표 자산 변동 (자산취득/처분) → 투자활동 현금흐름

③ 재무상태표 부채와 자본 변동 (자금조달) → 재무활동 현금흐름

① **영업활동 현금흐름**은 영업행위 결과인 당기순이익에 중점을 둔다. ② **투자활동 현금흐름**은 자산취득과 처분에 중점을 둔다. 금융자산, 유형자산 등을 사고 팔았는지를 본다. ③ **재무활동 현금흐름**은 자금조달과 관련이 있다. 부채와 자본변동에 중점을 둔다. 부채, 유상증자, 배당, 자기주식 등을 본다.

(예시) ① 은퇴 후 월세를 받기 위해 3억 원에 상가를 마련했다. ② 이중 1억 원은 은행대출이다. ③ 상가 월세가 1년에 1,000만 원씩 들어온다. 이 경우 현금흐름표를 작성해 보면 다음과 같다.

① 상가 구입은 투자활동 현금흐름이다. 자산구입으로 현금이 나가므로 투자활동 현금흐름은 현금유출 -3억 원이다. ② 은행대출 1억 원은 자금조달이므로 재무활동 현금흐름이다. 재무활동 결과 현금유입 +1억 원이다. ③ 월세수익은 영업행위의 결과다. 영업활동 현금흐름으로 현금유입 +1,000만 원이다.

현금흐름표의 장점을 핵심만 이해하자

현금흐름표는 재무상태표와 손익계산서상의 현금 움직임(유출입)을 나타낸다. **손익계산서상 허위매출도 현금흐름표로 잡아낼 수 있다.** 매출액이 크게 늘어도 매출채권(외상값)으로만 이루어진 경우는 현금흐름이 나쁠 수 있다. 영업흑자라도 현금흐름이 나쁘면 흑자도산 할 수 있다. 손익계산서 손익과 함께 현금흐름표상 실제 현금흐름을 확인해야 하는 이유다.

현금흐름표 플러스 vs. 마이너스 표시 핵심만 이해하자

현금흐름표에서는 기초현금에서 당기 현금의 증감을 더하면 기말현금이 나온다. 현금흐름은 흑자, 적자 대신 **+(플러스)와 -(마이너스)**로 표현한다. 현금이 들어오면 현금유입으로 +(플러스), 현금이 나가면 현금유출로 -(마이너스)다. 자산취득은 현금이 나가므로 현금유출(-), 자산처분은 현금이 들어오므로 현금유입(+)이다. 부채 증가는 현금유입(+)이다. 즉, 자산인 재고자산, 매출채권 증가는 현금유출(-), 부채인 선수금, 매입채무 증가는 현금유입(+)이다. 숫자가 괄호안에 있으면 현금유출(마이너스)을 의미한다. 가령 (100원)은 -100원을 의미한다.

A기업의 현금흐름표 예시

구분	금액
영업활동으로 인한 현금흐름	200억 원
투자활동으로 인한 현금흐름	(100억 원)
재무활동으로 인한 현금흐름	(50억 원)
현금 및 현금성 자산의 환율변동 효과	5억 원
현금 및 현금성 자산의 증가(감소)	55억 원 (A)
기초 현금 및 현금성 자산	300억 원 (B)
기말 현금 및 현금성 자산	355억 원 (C)

≫ 기말 현금자산(C) = 기초 현금자산(B) ± 당기 현금자산 증감(A)

당기의 영업활동 200억 원, 투자활동 -100억 원, 재무활동 -50억 원을 합산하면 +50억 원이 나온다. 환율변동 효과 +5억 원을 추가 고려한 (A) 당기의 현금 및 현금성 자산 증가액이 +55억 원이다. (B) 기초 +300억 원에 당기증가분 +55억 원을 더하면 (C) 기말 현금 및 현금성 자산은 355억 원이 된다.

이상적인 현금흐름표 핵심만 이해하자

이상적인 현금흐름의 모습

구분		사유
영업활동 현금흐름	+	영업이익 증가 (현금유입)
투자활동 현금흐름	–	영업을 위한 투자 증가 (현금유출)
재무활동 현금흐름	–	부채상환, 배당금 지급, 자기주식 매입 (현금유출)

이상적인 현금흐름은 영업활동 +(플러스), 투자활동 –(마이너스), 재무활동 –(마이너스)일 때다. ① 영업이익 증가로 영업활동 현금흐름은 플러스 ② 영업을 위한 투자 증가로 투자활동 현금흐름은 마이너스 ③ 늘어난 현금으로 부채상환, 배당금 지급, 자기주식 매입 등을 하니 재무활동 현금흐름이 마이너스인 경우다. 종합하면 영업활동에서 들어온 수익으로 투자를 하고 부채상환이나 배당금 지급 등에 쓰는 경우가 이상적이다. 성장산업의 경우 대규모 자금조달이 필요하다. 그럴 경우 재무활동 현금흐름이 +(플러스)가 되기도 한다.

≫ 영업활동 현금흐름이 마이너스인 경우는 ① 영업손실이 심하거나 ② 매출채권 현금회수가 안 되는 경우다.

세 가지 현금흐름 핵심만 이해하자

영업활동 현금흐름 - 비현금성 손익 가감

현금흐름표는 실제 현금 유입과 유출에 충실한 작성법이다. 발생주의인 손익계산서를 현금주의인 현금흐름표로 변환하려면 조정을 거친다. **영업활동 현금흐름은 ① 포괄손익계산서상의 당기순손익에서 ② 비현금성 손익과 ③ 유동자산과 유동부채 증감액을 가감해 구한다.**

비현금성 수익과 비현금성 비용 처리

비현금성 수익 **마이너스(-)**	- 현금유입이 없는 수익이므로 마이너스 차감 - 각종 자산평가 이익 - 지분법 이익, 외화환산 이익, 주식평가 이익 등
비현금성 비용 **플러스(+)**	- 현금유출이 없는 비용이므로 플러스 더함 - 감가상각비, 상각비, 손상차손, 대손상각비, 외화환산손실, 재고자산 평가손실, 퇴직연금 등

≫ 자산평가 이익: 사업연도말 토지나 건물 등 각종 자산을 공정가치(시장가격)로 평가할 경우 장부가격 대비 평가차익을 말한다. 가령 샤크회사가 장부가격 50억 원인 토지가치를 평가하니 80억 원이 되었다면, 샤크회사는 30억 원의 평가이익을 얻는다. 자산재평가이익은 당기순이익에 반영하지 않고 기타포괄손익에 반영한다.

1) 비현금성 손익 가감

비현금성 손익은 현금 유출입이 없는 손익이다. 현금 유출이 없는 비현금성 비용은 더해주고, 현금 유입이 없는 비현금성 수익은 빼준다. 포괄손익계산서 계산 시 비현금성 수익은 더하고 비용은 뺐다. 현금흐름표에선 그 반대로 빼준 건 더하고 더한 건 빼준다. 비현금성 손익을 가감하는 것을 **'조정'**으로 표현한다. 각종 자산의 평가이익은 회사에 현금이 유입되지 않는다. 현금흐름표에선 마이너스 항목이다. 감가상각비, 손상차손 등은 현금이 나가지 않는 비현금성 비용이다. 현금흐름표에선 플러스 항목이다. 현금유출이 없는 감가상각비, 손상차손 등이 클 경우 이익의 질이 나쁘지 않다.

2) 비현금성 손익: 감가상각비

감가상각분만큼 자산이 감소한다. 비용이 증가해 당기순이익이 줄어든다. 허나, 감가상각을 비용처리 한들 현금이 회사 밖으로 나가지 않는다. 감가상각비도 현금유출에 영향을 주지 않는다. 설비투자를 많이 하면 감가상각비 때문에 당기순이익은 줄어들지만 실제 현금이 감소하지는 않는다.

3) 비현금성 손익: 이자비용, 법인세

발생주의인 손익계산서는 실제 현금지급과 비용처리가 다를 수 있다. 일단 현금유출 없이 비용처리된 **이자비용**과 **법인세**는 더해준다. 그다음 실지급한 이자비용과 법인세를 빼준다. 손익계산서상 법인세는 올해 순이익에 부과된 세금이지만 실제 납부하는 법인세는 전년도 순이익 기준이다.

삼성전자 영업활동 현금흐름 조정내역 주석 예시

(1) 조정 내역

(단위 : 백만원)

구 분	당반기	전반기
법인세비용	7,107,165	5,856,904
금융수익 ❶ 법인세, 이자비용	(3,033,105)	(1,341,113)
금융비용	2,516,133	1,040,969
퇴직급여	692,424	676,056
감가상각비	18,077,845	14,360,825
무형자산상각비 ❷ 감가상각비	1,543,029	1,471,855
대손상각비(환입)	24,421	2,568
배당금수익	(330,909)	(77,069)
지분법이익	(491,706)	(335,006)
유형자산처분이익	(114,200)	(206,021)
유형자산처분손실	24,107	50,469
재고자산평가손실(환입) 등	1,934,530	591,381
기타	108,064	(159,302)
계	28,057,798	21,932,516

≫ 삼성전자의 영업활동 현금흐름 주석을 보면 ① 법인세, 이자비용과 ② 감가상각비 등에 대한 조정내역을 확인할 수 있다.

영업활동 현금흐름 - 유동자산과 유동부채 증감액 가감

현금유입이 없는 **유동자산**은 매출채권, 재고자산 등이 있다. 유동자산의 증가는 현금흐름에 마이너스 작용을 한다. 매출채권이나 재고자산이 증가할수록 유동자산에 묶인 현금이 늘어난다. 현금회수가 안되는 경우로 이익의 질이 좋지 않다. 매출채권은 현금유입이 없는 외상매출이다. 손익계산서에선 수익으로 더했으나 현금흐름표에선 이를 빼준다. 현금유출이 없는 **유동부채**로는 매입채무, 선수금 등이 있다. 유동부채의 증가는 현금흐름에 플러스 작용을 한다. 유동부채가 증가할수록 회사 밖으로 유출되지 않은 현금이 많아진다.

삼성전자 영업활동 현금흐름 자산부채변동 주석 예시

(2) 영업활동으로 인한 자산부채의 변동

(단위 : 백만원)

구 분	당반기	전반기
매출채권의 감소(증가)	383,614	(3,806,471)
미수금의 감소(증가)	(656,444)	(55,161)
장단기선급비용의 감소(증가)	(323,801)	(202,122)
재고자산의 감소(증가)	(10,473,730)	(1,594,374)
매입채무의 증가(감소)	(3,479,374)	299,667
장단기미지급금의 증가(감소)	(2,076,950)	15,150
선수금의 증가(감소)	13,502	(113,667)
예수금의 증가(감소)	(563,671)	(90,346)
미지급비용의 증가(감소)	(1,705,600)	(1,643,233)
장단기충당부채의 증가(감소)	326,635	231,002
퇴직금의 지급	(295,378)	(232,658)
기타	(576,003)	(714,900)
계	(19,427,200)	(7,907,113)

≫ 삼성전자의 영업활동 현금흐름 주석을 보면 유동자산과 유동부채 증감액에 대해 가감처리 했음을 알 수 있다.

투자활동 현금흐름은 마이너스인 경우가 좋다

투자활동 현금흐름은 영업에 필요한 투자활동과 관련되어 있다. 영업활동에 필요한 자산구입(처분), 금융상품(주식 등) 투자(처분) 등이다. 다른 회사에 돈을 빌려주는 행위(대여금)나 빌려준 돈을 받는 것도 투자활동이다.

투자활동에 따른 자산 취득은 현금유출(-), 자산 처분은 현금유입(+)이다. 현금 유입은 일시적으로 현금이 들어오기에 좋을 수 있다만 자산매각 등으로 미래에 벌어들일 영업이익이 줄어들 수 있다. 영업활동 현금흐름이 커지기 위해선 공장건설 등 지속적인 투자가 병행되어야 한다. 영업활동 현금흐름이 좋은 기업은 투자활동도 열심이다. 투자활동 현금흐름은 마이너스(-)일 경우가 좋다. 지속적인 재투자로 인해 영업활동 현금흐름도 커지니 좋다. 반대로 지속적인 재투자가 어렵다면 영업활동 현금흐름은 감소할 수 있다.

재무활동 현금흐름도 마이너스일 경우가 좋다

재무활동 현금흐름은 자금 조달과 관련되어 있다. 대출, 회사채 발행, 유상증자 등은 영업활동과 투자활동에 필요하다. 이들은 현금이 들어오니 플러스 현금흐름이다. 반대로 대출상환, 배당금 지급, 자기주식 매입 등은 현금이 나가니 마이너스 현금흐름이다. 재무활동 현금흐름은 마이너스(-)인 경우가 좋다. 현금을 대출상환, 배당금 지급 등 좋은 데 쓰기 때문이다.

≫ 비상장사가 적용하고 있는 일반기업회계기준(K-GAAP)에서는 배당금 지급은 재무활동 현금흐름에 기재한다. 이자 수취, 이자 지급, 배당금 수취는 영업활동 현금흐름에 기재한다. 반면 상장사 등이 적용하고 있는 한국채택국제회계기준(K-IFRS)에서는 영업활동, 투자활동, 재무활동 중 어느 곳이든 가능하다.

28 손익계산서와 현금흐름표를 같이 보라

손익계산서와 영업활동 현금흐름을 함께 보라

손익계산서 장부상 영업이익이 늘어도 실제 현금흐름표상의 현금은 늘지 않을 수 있다. 영업이익과 영업활동 현금흐름 간 차이가 큰 기업들은 허위매출, 분식회계(회계조작), 유동성 부족위험 가능성이 높다. **실제 현금 유출입이 발생해야 기록되기에 영업활동 현금흐름은 사실상 조작이 불가능하다. 손익계산서의 영업이익과 함께 현금흐름표의 영업활동 현금흐름을 같이 봐야 하는 이유다.** 영업이익이 흑자전환한 경우 영업활동 현금흐름이 실제 플러스로 전환했는지도 체크해 봐야 한다.

수익 - 비용 = 이익 (손익계산서)

영업활동 현금흐름 = 영업활동 현금유입 - 영업활동 현금유출 (현금흐름표)

영업활동 현금흐름 > 당기순이익

일반적으로 영업활동 현금흐름이 당기순이익보다 크다. 영업활동 현금흐름에선 손익계산서에서 차감한 감가상각비 등을 더해주기 때문이다. 감가상각비 등 현금 지출이 없는 비현금성 비용은 영업활동 현금흐름에서 플러스 요소다. 영업활동 현금흐름이 당기순이익보다 큰 경우 이익의 질이 좋다고 할 수 있다.

영업활동 현금흐름 크기가 매우 크다면 현금흐름에 더해지는 비현금성 비용 항목을 체크해 볼 필요가 있다. 대규모 투자로 인해 감가상각비가 큰 경우인지 확인해 보자. 당기순이익이 적자여도 감가상각비 등에 의해 영업활동 현금흐름은 플러스일 수 있다. 감가상각비 때문이라면 그 규모와 감가상각 기간을 확인해 보자. 감가상각 기간이 지나면 당기순이익은 급증할 수 있다.

영업활동 현금흐름 < 당기순이익

당기순이익이 영업활동 현금흐름보다 더 큰 경우는 비정상적이다. 그 이유를 확인해 봐야 한다. 3가지 주된 이유가 있다. **① 대표적인 것이 외상값 회수가 안되는 경우다.** 외상매출로 당기순이익은 늘었지만 매출채권이 회수되지 않으니 현금흐름이 좋지 않고 이익의 질이 나쁜 경우다. 매출채권이 증가하면 영업이익은 늘지만 실제 현금은 유입되지 않는다. 특히 경기침체기에는 연체가 잇따르면서 매출채권의 현금회수가 어려워질 수 있다. **② 재고자산 증가도 그 이유다. 일반적으로 재고자산이 늘어나면 영업이익은 증가한다.** (기말)재고자산이 늘어나면 매출원가가 줄어들어서다. 매출원가 계산식은 「기초재고자산+당기제조원가-기말재고자산」이다. **반면, 재고자산의 평가액증감은 영업활동 현금흐름과는 무관하다.** 재고자산이 증가하는 이유는 경기침체에 따른 수요둔화, 원재료가격 상승으로 이미 매입한 원자재의 재고 평가액이 늘어난 경우다.

≫ ① 국내 최대 식품기업인 CJ제일제당의 2022년 1분기 영업이익이 전년동기 대비 13% 증가한 4,356억 원(3,805억 원→4,356억 원)이었다. 반면 영업활동 현금흐름은 전년 동기 1,802억 원에서 -5,370억 원으로 급감했다. 원재료 가격상승, 수요둔화에 따른 판매 부진 등의 여파로 영업활동 과정에서 유입된 현금보다 빠져나간 현금이 더 많았다. ② CJ제일제당은 설탕, 밀가루 등 원재료 가격상승 여파로 2022년 1분기 재고자산이 전년 동기 대비 7,803억 원 증가했다.

③ 각종 자산평가이익은 현금유입이 없는 이익이다. 영업활동 현금흐름을 줄어들게 하는 마이너스(-) 요소다. 다만 자산증가이므로 이익의 질이 나쁜 건 아니다.

잉여현금흐름은 많을수록 좋다

잉여현금흐름(Free Cash Flow, FCF)은 남는 돈이다. 영업활동 현금흐름에서 영업에 필요한 투자비용을 제외한 돈이다. 굳이 잉여현금흐름을 계산할 필요가 없다. 네이버 증권 화면에 다 나와 있다. 포털에서는 **영업활동 현금흐름에서 설비투자비용(CAPEX)을 제외한 돈으로 해석하고 있다.** CAPEX(Capital Expenditures) 영어적 의미는 자본지출이다. 유무형자산 취득 등 설비투자를 위한 지출이다. 한마디로 FCF는 영업이익으로 설비투자하고 남는 현금이다. 남는 돈이 많으면 채무상환뿐만 아니라 배당지급이나 자기주식 매입 등 주주 친화적 행동을 할 여력이 생긴다.

잉여현금흐름 = 영업활동 현금흐름 - 영업에 필요한 투자비용(CAPEX)

① 영업활동 현금흐름이 좋아질 경우나 ② 설비투자 등에 돈을 쓰지 않을 경우 잉여현금흐름이 커진다. ③ 반면 유형(무형)자산에 대한 대규모 투자가 많을 경우 일시적으로 잉여현금흐름이 나빠질 수 있다. ④ 투자로 인해 감가상각비도 늘어난다.

다만 감가상각에도 불구하고 투자이후 수익이 크게 증가한다면 잉여현금흐름이 좋아질 수 있다.

≫ 삼성전자는 3개년간 잉여현금흐름(FCF)에 따라 배당금 총액이 달라진다. 2015~2017년 FCF의 30~50%였던 배당금 총액을 2016년부터 FCF의 50%로 하고 있다. 2021년 3월에도 향후 3년간 잉여현금흐름(FCF)의 50%를 주주환원 하겠다고 밝혔다. 3개년간 FCF의 50% 주주환원 정책을 유지하되, 의미 있는 잔여재원이 있을 경우 조기 환원한다는 방침이다. 지난 2018~2020년에도 3년간 발생한 총 FCF(79조 원) 중 정규배당으로 29조 원을 환원했다. 그리고 잔여재원 11조 원을 일회성 특별배당(2020년 기말배당에 포함)으로 추가 환원했다. 참고로 애플은 제품 생산을 외주로 돌려 CAPEX 규모가 적다 보니 현금운용 폭이 넓다. 애플은 배당보다 자기주식 매입에 적극적이다. 2022년 기준 주주환원 총액 중 자기주식 매입 비중은 81%, 배당은 13% 수준이다.

네이버 증권에서 현금흐름, CAPEX, FCF 확인법

종합정보 | 시세 | 차트 | 투자자별 매매동향 | 뉴스·공시 | 종목분석 ❶ | 종목토론실 | 전자공시 | 공매도현황

❷ 기업현황 | 기업개요 | 재무분석 | 투자지표 | 컨센서스 | 업종분석 | 섹터분석 | 지분현황 | 인쇄

Financial Summary ❸ 주재무제표 검색 IFRS 산식 *단위 : 억원, %, 배, 주 *분기: 순액기준

전체 | 연간 | 분기

주요재무정보	연간				분기			
	2019/12 (IFRS연결)	2020/12 (IFRS연결)	2021/12 (IFRS연결)	2022/12(E) (IFRS연결)	2021/12 (IFRS연결)	2022/03 (IFRS연결)	2022/06 (IFRS연결)	2022/09(E) (IFRS연결)
영업활동현금흐름	453,829	652,870	651,054	741,978	206,345	104,531	141,361	
투자활동현금흐름	-399,482	-536,286	-330,478	-503,413	-103,513	-6,365	-192,928	
재무활동현금흐름	-94,845	-83,278	-239,910	-97,267	-38,003	-4,953	-59,623	
CAPEX ❹	253,678	375,920	471,221	465,727	123,726	87,068	114,509	
FCF	200,152	276,950	179,833	266,602	82,618	17,462	26,851	

≫ 네이버 증권에서 종목명(위 예시에서는 삼성전자)을 검색해 클릭하고 종목 화면으로 들어간다. ① 종목분석 탭의 ② 기업현황 탭을 클릭하면 ③ Financial Summary에서 ④ 현금흐름, CAPEX, FCF 등을 확인할 수 있다.

자본변동표

(연결)자본변동표는 자본총계의 구성요소인 자본금, 자본잉여금, 이익잉여금, 기타자본항목 등의 변화를 보여준다. 자본변동표는 재무상태표 자본과 연결되어 있다. **자본변동표는 기초 재무상태표와 기말 재무상태표간의 자본변동을 설명한다.(기초자본 + 자본변동액 = 기말자본)** 자본변동표에서는 이익잉여금 변화추이를 통해 실적개선 여부, 배당지급 정도, 남아있는 이익잉여금 규모 등을 파악할 수 있다.

기초 이익잉여금 + 당기순이익 - 배당지급 = 기말 이익잉여금

≫ 기초 이익잉여금은 전년도말 기준 이익잉여금이다.

주석

주석은 ① 일반사항, ② 재무상태표 항목, ③ 손익계산서 항목, ④ 현금흐름표 항목, ⑤ 개별사항 등으로 구성된다.

구분	삼성전자 연결재무제표 주석의 주요항목
일반사항	1.일반적 사항*, 2.중요한 회계처리방침, 3.중요한 회계추정 및 가정
재무상태표 항목	4.범주별 금융상품, 5.금융자산의 양도, 6.공정가치금융자산, 7.매출채권 및 미수금, 8.재고자산, 9.관계기업 및 공동기업 투자, 10.유형자산, 11.무형자산, 12.차입금, 13.사채, 14.순확정급여부채(자산), 15.충당부채, 16.우발부채와 약정사항, 17.계약부채, 18.자본금, 19.연결이익잉여금, 20.기타자본항목
손익계산서 항목	21.비용의 성격별 분류, 22.판매비와 관리비, 23.기타수익 및 기타비용, 24.금융수익 및 금융비용, 25.법인세비용, 26.주당이익
현금흐름표 항목	27.현금흐름표
개별사항	28.재무위험관리, 29.부문별 보고, 30.특수관계자와의 거래, 31.비지배지분

* 1.일반적 사항: 연결회사 개요, 종속기업 현황, 주요 연결대상 종속기업의 재무정보, 연결대상범위의 변동

2부

공시

»

주마가편(走馬加鞭, 달리는 말에 채찍질 한다)이란 사자성어처럼 실적개선주도 관심을 받아야 주가가 더욱 상승흐름을 보인다. 그 관심을 일으키는 요소가 공시다. 공시는 회사의 내부정보를 투자자에게 알려주는 중요 알림이다. 실적발표도 공시항목 중 하나다. 공시내용도 실적개선 관점에서 바라봐야 한다. 실적개선과 관련이 적으면 공시발표 이후 주가상승은 단기 이벤트다. 반면, 실적개선과 관련이 높다면 장기간 우상향하는 핵심 투자대상이 된다. 관건은 공시를 제때 발견하고 잘 해석해야 한다는 거다.

이 책에서는 주요 공시사항을 10개 섹터(Sector)로 나눠 각 섹터별 공시 기초개요, 투자전략, 공시 예시, 공시별 차트사례 등을 더해 설명하고 있다. 방대한 공시내용 중 핵심만 간추려 설명을 한다. 100개가 넘는 공시별 차트사례를 담아 그 구체성도 더했다. 이 책에 나온 내용들의 핵심이 무엇인지 형광펜을 칠해가며 공부해 보길 바란다. 재무제표 편에서 부탁했듯 최소 3회차 이상은 공시 편을 읽어주길 바란다. 읽어보면 볼수록 공시에 관한 모든 것이 내 것이 될 수 있다.

5장

아들아,
공시 기초지식을
알아둬라

29

공시의 기초지식을 연마하자

공시는 DART와 KIND에서 확인할 수 있다

기업공시(공평할 공公, 알릴 시示)는 회사의 내부정보를 투자자에게 알리는 행위다. 내부정보는 주주나 채권자가 알아야 할 정보들을 담고 있다. 사업내용, 재무상황, 영업실적 등이 그 예다. 내부정보를 투명하게 관리하도록 상당수의 공시는 의무사항이다. 의무사항을 충실히 이행하지 않으면 불성실공시법인(공시의무를 이행하지 않는 법인)으로 지정된다. 벌점, 벌금을 물기도 하고, 벌점이 과하면 상장폐지 대상이 되기도 한다.

공시 사이트로는 ① 금감원 DART(dart.fss.or.kr) ② 한국거래소 KIND(kind.krx.co.kr)가 있다. ① 금감원 DART는 실적, 증자(감자), 액면분할(병합), 기업분할(합병), 자기주식 매입, 공개매수 등이 중심이다. ② 한국거래소 KIND는 주식시장 시장조치 위주다. 투자경고종목, 공매도과열종목, 불성실공시법인 지정 등이 그 예다. DART에서도 KIND 공시를, KIND 공시에서도 DART 공시를 확인할 수 있다. 다만 거래소의 상세한 시장조치 공시는 KIND에서만 확인이 가능하다.

간편하게 네이버 증권을 활용하라

네이버 증권 공시 화면

NAVER 증권 종목명·지수명 입력 통합검색

증권 홈 국내증시 해외증시 시장지표 리서치 뉴스 MY

삼성전자 005930 코스피 2023.03.17 기준(장마감) 실시간 기업개요

61,300
전일대비 ▲1,400 +2.34%

전일 59,900 고가 61,300 (상한가 77,800) 거래량 13,807,741
시가 60,800 저가 60,600 (하한가 42,000) 거래대금 842,915 백만

종합정보 | 시세 | 차트 | 투자자별 매매동향 | 뉴스공시 ❶ | 종목분석 | 종목토론실 | 전자공시 | 공매도현황

공시정보 ❷

제목	정보제공	날짜
삼성전자(주) 신탁업자의 의결권 행사 및 불행사	KOSCOM	2023.03.17
삼성전자(주) 정기주주총회결과	KOSCOM	2023.03.15

≫ ① 네이버 증권의 삼성전자 종목 화면의 뉴스·공시 탭에서 ② 공시정보를 확인하면 된다.

간편하게 공시내용을 확인하려면 네이버 증권에 들어가면 된다. 지분공시 등 빈번한 공시를 제외하곤 중요한 공시는 전부 들어 있다. DART, KIND 등을 번갈아 확인하는 일이 번거롭다면 간편히 네이버 증권을 이용하자. 금감원과 거래소 공시를 함께 나열하고 있다.

거래소 공시의 종류

거래소 공시로는 ① 정기공시 ② 수시공시 ③ 공정공시 ④ 자율공시 등이 있다. ① 정기공시는 기업의 영업성과나 재무상태를 정기적으로 알려주는 형태다. 사업보고서, 반기보고서, 분기보고서가 대표적이다. 사업보고서는 연간, 반기보고서는 6개월, 분기보고서는 3개월 단위 실적발표다. 사업보고서는 사업연도 경과 후 90일, 반기나 분기보고서는 분기나 반기 후 45일 내 제출 의무가 있다. 12월 말 결산법인의 사업보고서 제출 마감기한인 매년 3월 말 즈음 상장폐지 대상기업이 폭증한다. 사업보고서(감사보고서)를 제출하지 못하는 기업이 늘어서다. ② 수시공시는 주요 경영사항이 발생할 경우 지체 없이 알려야 하는 내용이다. 수시공시 사항에는 유무상증자 결정, 주식관련사채 발행 결정, 자기주식 취득(처분, 소각), 합병 결정, 기업분할, 주식분할(병합), 배당, 주주총회소집결의 등이 있다. ③ 공정공시는 미래 실적 등 미공시 정보를 특정인(증권사 등)에게만 알려줄 경우 미리 모두에게 공개하는 의무다. ④ 자율공시는 의무 공시사항은 아니다. 상장사의 자율적 판단에 따라 주요 정보를 공시한다. 주로 실적개선 등 자랑거리의 홍보효과를 노리는 공시 등이 많다. ⑤ 조회공시는 거래소가 상장사에게 답변을 요구하는 공시다. 주된 이유는 풍문(떠도는 소문), 현저한 가격(거래량) 변동이 생길 경우 등이다.

≫ 풍문 등은 조회공시 시점이 오전이면 당일 오후, 오후면 다음날 오전까지 답변해야 한다. 부도, 영업정지, 파산, 회생절차 개시 등 중요사항이면 다음날까지 답변해야 한다. 시황 관련 공시 요구도 다음날까지 답변해야 한다.

30

악재 공시 리뷰에 더욱 집중하라

호재보다 중요한 악재

투자에 앞서 기업정보를 확인하려면 공시확인은 필수다. 기업의 건강상태를 확실히 확인해 둬야 한다. 공시분석의 핵심은 악재를 세밀하게 분석하는 데 있다. 혹여 모를 리스크를 최소화하기 위함이다. 호재 찾기가 30%라면 악재 찾기에는 70% 노력을 기울여야 한다. 공시확인은 ① 호재 발굴 ② 악재 세밀히 들여다보기 순서다. 분석할 종목을 정하기 전까지는 호재 공시 위주로 탐색한다. 공시, 뉴스 등을 리뷰하면서 실적개선인 기업, 고배당주 기업 등 매력적인 이슈가 있는 기업을 고른다. 막상 종목분석에 들어가면 악재가 있는지 심층적으로 들여다 본다. 위험한 악재 요인이 없어야 호재 공시가보다 매력을 발한다.

악재 요소 검토사항

악재 요소 구분	악재 내용	악재 이유
① 주식수 증감	유상증자	투자자에게 주식 판매 → 주식수 증가 주식수 증가로 시가총액 증가
	주식관련사채 발행	주식변환 가능한 회사채 → 주식수 증가
	무상감자	투자자에게 보상 없이 주식수 감소
② 실적악화	실적악화	운영비용 부족에 유상증자 등 추진
	수주계약 파기	실적 기대치 축소로 기업가치 하락
③ 주가버블	투자경고종목지정(예고)	빚투자(신용융자 등) 금지로 거래량 축소
	공매도과열종목지정(예고)	주식 매도세 증가 시그널
④ 주가정점 매도	자기주식 매도	자기주식, 최대주주, 회사 임직원 등 회사 내부자 매도는 주가정점 시그널
	최대주주 매도	
	회사 임직원 매도	
⑤ 불성실한 회사	불성실공시법인 지정	공시를 믿을 수 없는 회사란 불량 이미지
	관리종목 지정	상장폐지 전 단계로 관리종목 지정
	내부 횡령 등	횡령 규모에 따라 회사존속 어려움

공시항목을 위험 측면에서 구분하면 6개로 나뉠 수 있다. ① (주식수 증가) 주식수가 늘어날수록 주가는 내려간다. 시가총액은 주식수와 주가의 곱셈인데 주식수가 늘어나니 주가를 낮춰야 한다. ② (실적악화) 실적이 악화될수록 PER, ROE 등 가치투자 기준이 악화된다. ③ (주가버블) 주가급등에 따른 거래소 시장조치는 급등정점이란 시그널을 준다. 거래량 감소를 불러오는 신용융자(주식매수자금 대출) 제한 등 조치도 취해지니 투자심리가 악화된다. ④ (주가정점 매도) 주가급등 정점에 내부자(최대주주, 회사임원, 자기주식 등) 매도 등도 고점 시그널을 준다. ⑤ (불성실한 회사) 불성실한 회사는 투자자의 신뢰를 잃는다. 기업경영이 어렵다는 인식까지 더해지면 주가상승이 어렵다.

31

금감원 공시 사이트 DART와 친해져라

DART 메인 화면을 통해 기본구조를 이해하자

DART 메인페이지 화면

DART 메인 화면은 ① 공시통합검색 ② 정기공시 항목별 검색 ③ 오늘의 공시 등으로 구성되어 있다. ① 주로 「공시통합검색」 화면에서 필요한 공시를 확인해 볼 수 있다. 대부분의 공시체크는 이 기능을 활용한다. 회사명과 공시유형을 동시에 선택하면 개별회사의 특정 공시유형만 보여준다. 회사명을 입력하지 않고 특정 공시유형만 선택하면 해당 공시를 한 모든 회사들의 공시가 최신순으로 나열된다.

(예시) 삼성전자 + 정기공시를 선택하면 삼성전자가 제출한 정기공시만을, 회사명 없이 정기공시만을 선택하면 정기공시한 모든 회사를 최신순으로 나열해 준다.

② 정기공시는 기업의 실적을 정기적으로 보고하는 것이다. 연간은 사업보고서, 6개월은 반기보고서, 3개월은 분기보고서 등으로 보고한다. 이 정기공시 내용을 빠르게 검색하려면 「정기공시 항목별 검색」을 활용하면 된다. ③ 오늘의 공시는 발표되는 공시가 30초 단위로 업데이트된다.

구분	세부항목
① 공시통합검색	정기공시, 주요사항보고, 발행공시, 지분공시, 기타공시 등
② 정기공시 항목별 검색	회사현황(회사개요, 사업내용 등), 재무정보(재무제표, 주석 등), 지배구조

DART 공시통합검색을 활용해 보자

DART 메인 화면 「공시통합검색」에서 종목명을 검색하면 다음과 같은 상세 화면으로 넘어간다. 아래의 예시에선 삼성전자를 입력한 화면이다. 제출인명, 기간, 공시유형, 보고서명별로 확인해 볼 수 있다. 기본적으로 검색기간은 1년으로 되어 있는데 기간을 늘려서 확인해 볼 수도 있다.

이 책에서 다룰 공시 확인하는 법은 삼성전자와 에코프로비엠을 주 예시로 들어 진행하겠다.

DART 공시통합검색 화면

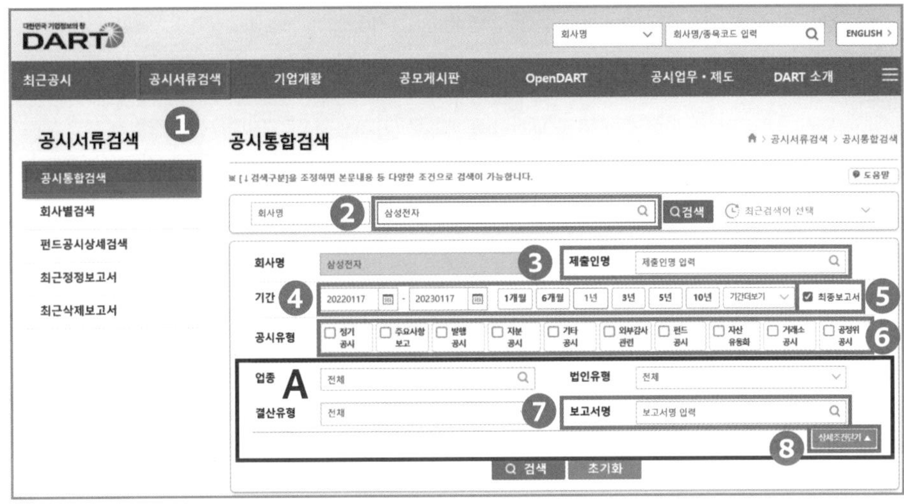

① DART의 「공시서류검색」 탭의 「공시통합검색」을 클릭하면 위와 같은 화면이 나온다. 「공시통합검색」 화면에서 종목별로 상세한 체크가 가능하다. ② 기업명 앞에 (유), (코), (넥), (기) 표시가 있다. (유)는 유가증권시장인 코스피 상장사, (코)는 코스닥 상장사, (넥)은 코넥스 상장사, (기)는 기타 기업(비상장사)을 의미한다. ③ 제출인별로도 자료를 확인할 수 있다. 국민연금이 제출한 자료만을 확인하고 싶다면 국민연금공단을 입력하면 된다. ④ 제출기간은 기본적으로 1년으로 되어 있다. 기간을 별도 설정해서 확인이 가능하다. ⑤ 기본적으로 최종보고서가 체크되어 있는데, 체크하지 않으면 최종보고서 이전 보고서들이 모두 나열된다. 최종보고서 이전 수정한 공시는 「기재정정」이란 제목으로 기재된다. 주주배정 유상증자의 경우 발행가액 확정을 위해서 몇 차례 수정공시가 된다. 그럴 때마다 「기재정정」을 제목 앞에 달고 공시가 수차례 이루어진다. 주주배정 방식은 ① 최초 공시 당시 발행예상가액을 공시한 이후, ② 1차 발행가액, ③ 2차 발행가액을 계산(공시)한 뒤 ④ 최종 발행가액을 확정(공시)하는 복잡한 단계를 거친다.

에코프로비엠 투자설명서 기재정정 공시제목 화면

7	코 에코프로비엠	[기재정정]투자설명서	에코프로비엠	2022.04.21	정
8	코 에코프로비엠	투자설명서	에코프로비엠	2022.04.21	정

≫ 2022년 4월 1일 투자설명서 최초 공시 이후 7차례 「기재정정」 투자설명서 공시를 추가로 했다.

⑥ 공시유형별로도 선택할 수 있다. 정기공시, 주요사항보고, 발행공시, 지분공시, 기타공시, 거래소공시 등이 주로 확인하는 공시목록이다. 공시유형을 별도로 설정하지 않으면 삼성전자가 낸 모든 공시가 최신순으로 나열된다.

DART 공시유형 화면

공시유형	☐ 정기 공시	☐ 주요사항 보고	☐ 발행 공시	☐ 지분 공시	☐ 기타 공시	☐ 외부감사 관련	☐ 펀드 공시	☐ 자산 유동화	☐ 거래소 공시	☐ 공정위 공시

≫ 정기공시, 주요사항보고, 발행공시, 지분공시, 기타공시, 거래소공시 등을 확인할 수 있다.

공시의 유형

정기공시	사업보고서, 반기보고서, 분기보고서 등	지분공시	주식등의대량보유상황보고서, 임원·주요주주특정증권등소유상황보고서
주요사항보고	주요사항보고서 등	기타공시	자기주식취득/처분보고 등
발행공시	증권신고서, 소액공모 등	거래소공시	거래소 주요공시 등

≫ 자기주식취득(처분)결정, 자기주식취득신탁계약체결은 「주요사항보고」 항목에서, 자기주식취득결과보고서는 「기타공시」에서 확인할 수 있다.

⑦ 공시 보고서를 콕 찍어 검색할 수도 있다. 보고서명에 원하는 보고서 이름을 입력하면 된다. 가령 배당이라고 입력하면 배당공시만 확인해 볼 수 있다. ⑧ 상세조건열기 버튼을 클릭해야 A섹터(147쪽 상단 이미지 파란색 네모화면) 화면이 보이고, 보고서명별로 검색이 가능하다.

32

DART 공시유형별 내용을 확인해 보자

정기공시: 회사의 실적발표 공시(3개월/6개월/1년 단위)

① 사업보고서 ② 반기보고서 ③ 분기보고서
④ 소액공모법인결산서류

정기공시는 회사의 실적발표다. 결산기간 종료 뒤 발표되는 사업보고서는 1년, 반기보고서는 6개월, 분기보고서는 3개월 단위다. 12월 말 결산법인은 3월(분기), 6월(반기), 9월(분기), 12월(사업보고서) 기준 4번의 보고서가 나온다. 분기 2회, 반기와 사업보고서 각 1회다. 분기와 반기보고서는 각 분기(반기) 후 45일 내, 사업보고서는 결산일 후 90일 내 보고서 제출의무가 있다.

번호	공시대상회사	보고서명	제출인	접수일자
1	코 에코프로비엠	반기보고서 (2022.06)	에코프로비엠	2022.08.16
2	코 에코프로비엠	분기보고서 (2022.03)	에코프로비엠	2022.05.16
3	코 에코프로비엠	[첨부정정]사업보고서 (2021.12)	에코프로비엠	2022.03.23
4	코 에코프로비엠	분기보고서 (2021.09)	에코프로비엠	2021.11.15

≫「정기공시」를 통해 기업의 사업보고서, 반기보고서, 분기보고서 등을 검토할 수 있다.

주요사항보고: 유무상증자(감자), 분할합병, 액면병합(분할) 등

① 주요사항보고서

주요사항보고는 경영상 중요한 사항 등을 알리는 공시다. 실적발표를 제외한 대부분의 중요한 사항은 주요사항보고서에 담겨 있다. 중요사항은 유무상증자(감자), 합병(분할합병), 영업양수도, 포괄적 주식교환, 기업분할, 액면병합(분할), 주식관련사채 발행, 자기주식 취득(처분)결정, 영업정지 등이다. 주요사항보고서 뒤에 괄호로 부제목을 단다. 가령 유상증자라면 주요사항보고서(유상증자 결정) 등의 방식으로 공시한다.

번호	공시대상회사	보고서명	제출인	접수일자
1	코 에코프로비엠	주요사항보고서(자기주식처분결정)	에코프로비엠	2022.10.21
2	코 에코프로비엠	[기재정정]주요사항보고서(자기주식취득결정)	에코프로비엠	2022.10.12
3	코 에코프로비엠	주요사항보고서(자기주식취득결정)	에코프로비엠	2022.09.27
4	코 에코프로비엠	[기재정정]주요사항보고서(유무상증자결정)	에코프로비엠	2022.06.14

≫「주요사항보고서」를 통해 자기주식취득(처분)결정, 유무상증자결정 등에 대한 확인을 할 수 있다.

발행공시 : 증권신고서, 투자설명서 등

① 증권신고서(지분증권, 채무증권, 파생결합증권, 합병 등 기타)
② 소액공모(지분증권, 채무증권, 파생결합증권, 합병 등 기타)

발행공시에선 증권신고서, 투자설명서, 증권발행실적보고서 등을 확인할 수 있다. 회사가 증권(주식, 채권 등)을 투자자에게 판매할 때 금감원에 증권신고서를 제출해야 한다. 유상증자나 공모주 청약 등에 앞서 증권신고서를 확인하고 싶다면 발행공시를 보면 된다. 증권신고서는 금감원에 제출해서 승인받는 서류다. 10억 원 이상 주식 공모(유상증자, 공모주 청약)를 할 경우 증권신고서를 제출해야 한다. 증권신고서가 통과되면 투자자 대상 투자권유 자료인 투자설명서를 작성해 비치(교부)한다.

번호	공시대상회사	보고서명	제출인	접수일자
1	코 에코프로비엠	증권발행실적보고서	에코프로비엠	2022.06.24
2	코 에코프로비엠	[기재정정]투자설명서	에코프로비엠	2022.06.14
3	코 에코프로비엠	[발행조건확정]증권신고서(지분증권)	에코프로비엠	2022.06.14

≫「발행공시」를 통해 증권신고서, 투자설명서, 증권발행실적보고서 등을 확인할 수 있다.

지분공시 : 5%룰 지분공시, 임원/주요주주 지분공시 등

① 주식등의대량보유상황보고서 ② 임원·주요주주특정증권등소유상황보고서
③ 공개매수 ④ 의결권대리행사 권유

지분공시로는 지분율 변화를 알 수 있다. 5% 이상 주주의 지분율 변화는 주식등의대량보유상황보고서, 임원이나 주요 주주(10% 이상 주주 등)은 임원·주요주주특정증권등소유상황보고서를 통해 지분 변화를 확인할 수 있다. 공개매수는 주식시장

밖에서 공개적으로 주식을 매수하는 행위다. 보통은 경영권 지배 목적으로 공개매수를 한다.

번호	공시대상회사	보고서명	제출인	접수일자
1	코 에코프로비엠	주식등의대량보유상황보고서(일반)	에코프로	2022.11.07
2	코 에코프로비엠	임원ㆍ주요주주특정증권등소유상황보고서	[illegible]	2022.10.28

≫ 「지분공시」를 통해 주식등의대량보유상황보고서, 임원·주요주주특정증권등소유상황보고서 등을 확인할 수 있다.

기타공시 : 자기주식 취득/처분, 신탁계약체결/해지 등

① 자기주식 취득/처분 ② 신탁계약체결/해지
③ 합병등종료보고서 ④ 주식매수선택권부여관한신고 ⑤ 사외이사에관한신고
⑥ 주주총회소집보고서

기타공시에는 자기주식 취득/처분, (자기주식)신탁계약체결/해지 등 자기주식 관련 결과 보고사항과 주주총회 소집보고서 등이 있다. 정관변경이나 합병, 영업양수도 등으로 주주총회 개최가 필요한 경우 주주총회 소집보고서 공시가 필요하다.

번호	공시대상회사	보고서명	제출인	접수일자
1	코 에코프로비엠	자기주식취득결과보고서	에코프로비엠	2022.11.03
5	코 에코프로비엠	사외이사의선임ㆍ해임또는중도퇴임에관한신고	에코프로비엠	2022.03.29
6	코 에코프로비엠	[기재정정]주주총회소집공고	에코프로비엠	2022.03.28

≫ 「기타공시」를 통해 자기주식 취득결과보고서, 주주총회소집공고 등을 확인할 수 있다.

자기주식 취득이나 처분결정은 「주요사항보고」에 들어있다. 반면, 취득이나 처

분 결과보고서는 「기타공시」 부분에 들어있다.

자기주식 관련 공시구분

주요사항보고	기타공시
주요사항보고서(자기주식취득결정) 주요사항보고서(자기주식취득신탁계약체결결정) 주요사항보고서(자기주식처분결정)	자기주식취득결과보고서 자기주식처분결과보고서

그 밖에도 '거래소 공시' 화면이 있다. 거래소에서 공시되는 일부 공시들을 확인할 수 있다. 다만 상세한 시장조치 사항은 거래소 공시 사이트 KIND에서 확인할 수 있다. 감사보고서의 경우 DART의 거래소 공시 화면에서 확인할 수 있다. 감사보고서는 DART의 「정기공시」 사항인 사업보고서 등에도 첨부되어 있다. 일반적으로 감사보고서가 사업보고서보다 먼저 공시되고 있다. 사업보고서보다 감사보고서를 먼저 보고 싶다면 DART의 거래소 공시 화면에서 확인하면 된다.

≫ 감사보고서는 거래소 공시 사이트 KIND에서도 확인이 가능하다. 참고로 DART의 「외부감사관련」 항목에서도 감사보고서를 확인할 수 있지만 2019년 이전 제출한 자료들 위주다.

거래소 공시 사이트 KIND 공시 화면

≫ 거래소 공시 사이트 KIND에서 종목명을 검색하면 시장조치(불성실공시법인 지정, 매매정지, 투자경고종목 지정, 공매도과열종목 지정 등) 공시 등을 확인할 수 있다.

33

사업보고서를 확인하는 습관을 들이자

DART에서 사업보고서를 확인해 보자

DART 사업보고서 확인 화면

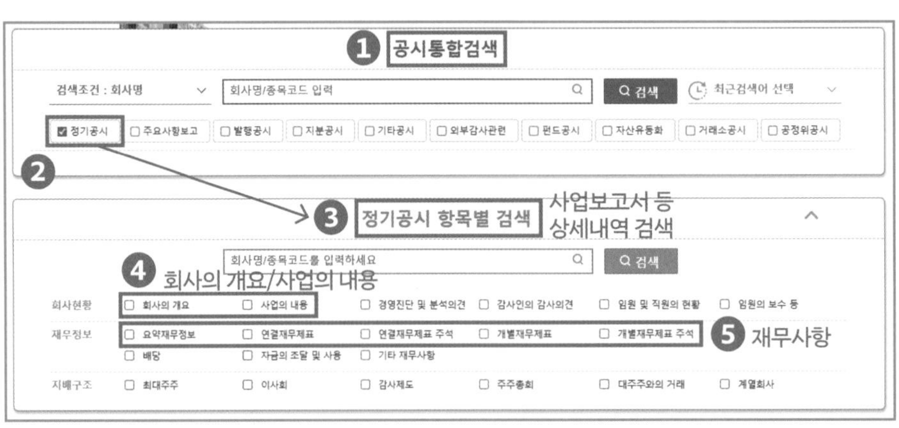

앞서 언급했듯 DART에서는 사업보고서를 쉽게 확인할 수 있다. ①~② 「공시통

합검색」에서 정기공시를 클릭해 사업보고서를 확인해도 되고, ③「정기공시 항목별 검색」에서 상세내역별로도 빠른 확인이 가능하다. 가령 ④ 사업보고서 내용 중 회사의 개요, 사업의 내용과 ⑤ 재무사항 등을 간편하게 확인할 수 있다.「정기공시 항목별 검색」 항목들은 사업보고서 세부 목차와 일치한다.

DART「정기공시 항목별 검색」 화면

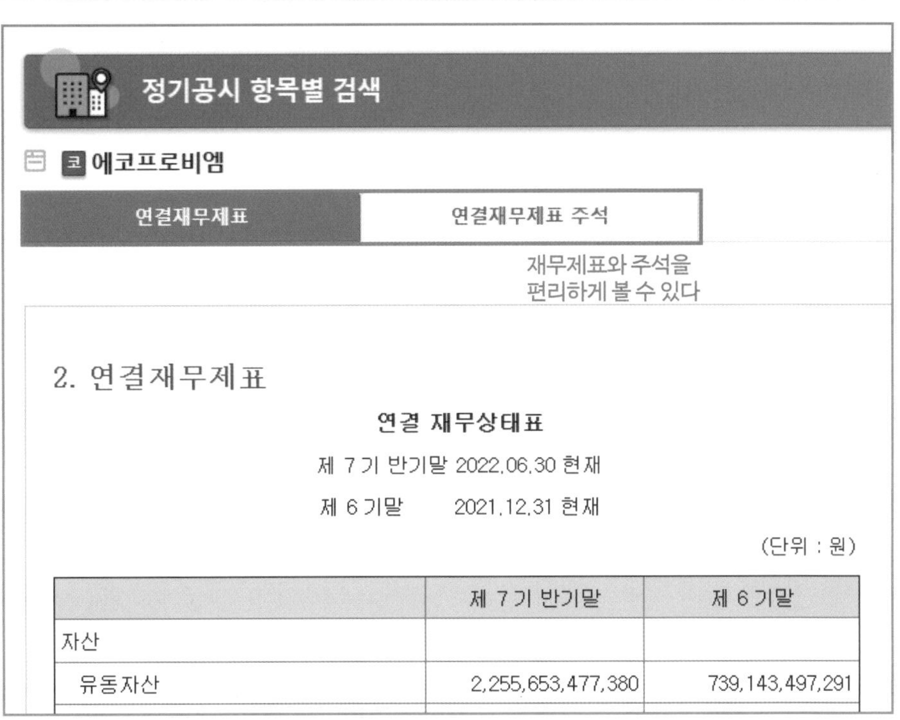

	제 7 기 반기말	제 6 기말
자산		
유동자산	2,255,653,477,380	739,143,497,291

③「정기공시 항목별 검색」이 보다 편리한 이유는 여러 항목들을 이동하면서 확인할 수 있다는 점이다. 재무제표와 주석을 함께 클릭해 놓고 보면 재무제표 수치를 확인하다가 필요한 주석을 바로 열어 확인해 볼 수 있다. ①「공시통합검색」을 통해 사업보고서를 열어서 재무제표와 주석을 확인하는 것보다 절차적으로 수고로움이 덜하다.

DART 사업보고서 화면

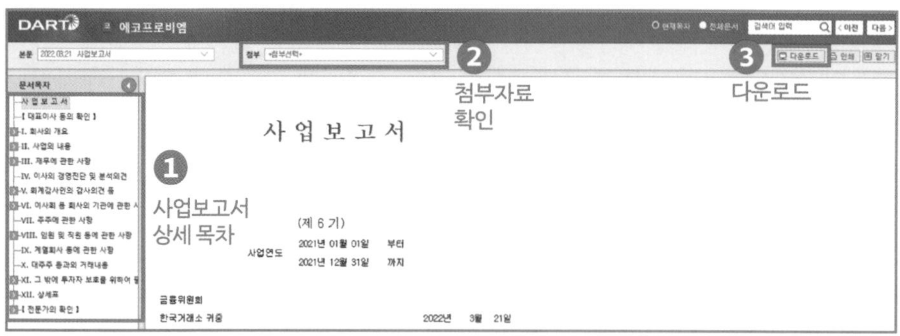

DART 에코프로비엠「정기공시」중 사업보고서 화면이다. ① 왼편을 보면 사업보고서의 상세 목차를 확인할 수 있다. 원하는 목차를 클릭하면 해당 내용으로 이동이 가능하다. ② 사업보고서 첨부자료도 확인이 가능하다. 첨부자료로는 회계사의 감사보고서, 영업보고서(주주총회 설명자료), 정관 등이 있다. 감사보고서와 사업보고서에 들어 있는 재무제표는 동일하다. 사업보고서보다 감사보고서가 먼저 공시된다. 연간자료인 사업보고서에는 감사보고서가 첨부되지만 분기에는 분기검토보고서, 반기에는 반기검토보고서가 첨부된다. ③ 사업보고서는 PDF나 엑셀파일로도 다운로드 받을 수 있다.

사업보고서에서 사업의 내용과 재무제표 핵심만 찾아보자

정기공시는 연간 실적보고인 사업보고서, 6개월 보고인 반기보고서, 3개월 보고인 분기보고서가 있다. 회사의 주요사업과 실적의 결과인 재무제표 등을 확인할 수 있다. 사업보고서는 총 12섹터로 구성되어 있다. 내용이 많기에 핵심만 압축해서 볼 필요가 있다. 가장 중요하게 봐야 할 부분은「Ⅱ. 사업의 내용」과「Ⅲ. 재무에 관한 사항」이다.

사업보고서 목차와 구성사항

구분	세부 구성사항 등
Ⅰ. 회사의 개요	회사개요, 연혁, 자본금 변동, 주식총수, 정관 등
Ⅱ. 사업의 내용	사업개요, 주요제품(서비스), 원재료/생산설비, 매출(수주)상황, 위험관리/파생거래, 주요계약/연구개발활동
Ⅲ. 재무에 관한 사항	요약재무정보, (연결)재무제표, 주석, 배당, 증권발행
Ⅳ. 이사의 경영진단 및 분석의견	경영진의 회사분석의견
Ⅴ. 회계감사인의 감사의견 등	외부감사 사항, 내부통제 사항
Ⅵ. 이사회 등 회사의 기관에 관한 사항	이사회 사항, 감사제도 사항, 주주총회 등 사항
Ⅶ. 주주에 관한 사항	최대주주와 특수관계인, 5% 이상주주, 소액주주 현황 등
Ⅷ. 임원 및 직원 등에 관한 사항	임원/직원 현황, 임원 보수 등
Ⅸ. 계열회사 등에 관한 사항	계열회사간 출자현황 등
Ⅹ. 대주주 등과의 거래내용	대주주 등과 신용공여, 영업양수도, 영업거래 등
Ⅺ. 그 밖에 투자자 보호를 위해 필요한 사항	공시내용 진행(변경)사항, 우발부채, 제재, 작성기준일 이후 발생한 주요사항 등
Ⅻ. 상세표	연결대상 종속회사, 계열회사, 타법인 출자, 연구개발실적
전문가의 확인	전문가의 확인, 전문가와의 이해관계

Ⅱ. 사업의 내용: 사업개요, 주요제품(서비스), 원재료/생산설비, 매출(수주)상황, 위험관리/파생거래, 주요계약/연구개발활동

여기서 주요제품, 전반적인 매출현황 등을 알 수 있다. 특히, 주요 제품별 매출비중(금액)을 확인할 수 있다.

사업보고서 매출 및 수주현황 화면

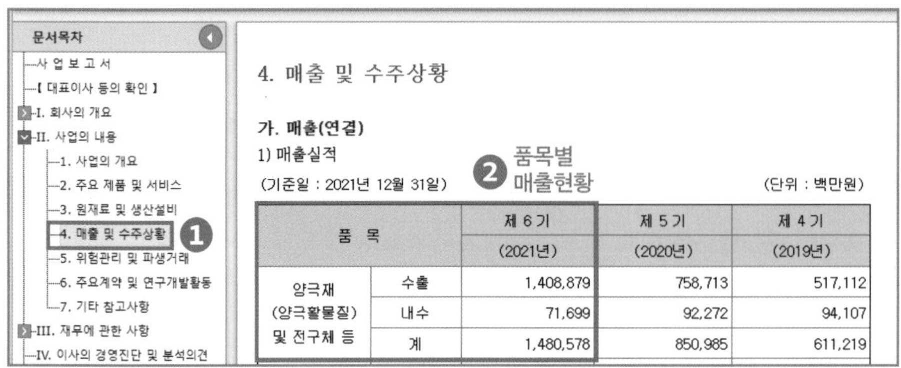

문서목차
- 사 업 보 고 서
- 【 대표이사 등의 확인 】
- I. 회사의 개요
- II. 사업의 내용
  - 1. 사업의 개요
  - 2. 주요 제품 및 서비스
  - 3. 원재료 및 생산설비
  - 4. 매출 및 수주상황 ❶
  - 5. 위험관리 및 파생거래
  - 6. 주요계약 및 연구개발활동
  - 7. 기타 참고사항
- III. 재무에 관한 사항
- IV. 이사의 경영진단 및 분석의견

4. 매출 및 수주상황

가. 매출(연결)

1) 매출실적

(기준일 : 2021년 12월 31일) ❷ 품목별 매출현황 (단위 : 백만원)

품 목		제 6 기 (2021년)	제 5 기 (2020년)	제 4 기 (2019년)
양극재 (양극활물질) 및 전구체 등	수출	1,408,879	758,713	517,112
	내수	71,699	92,272	94,107
	계	1,480,578	850,985	611,219

≫ 에코프로비엠의 사업보고서 중 「사업의 내용」 일부다. 사업보고서에서 ① II. 사업의 내용 - 4. 매출 및 수주상황을 확인하면 ② 품목별 매출현황을 확인할 수 있다. 「주요제품별 매출비중」은 재무제표 주석의 영업부문별 재무현황 등에서도 확인이 가능하다.

III. 재무에 관한 사항: 요약재무정보, (연결)재무제표, 주석, 배당, 증권발행

기업의 가계부인 재무제표와 주석 등을 확인할 수 있다. 앞서 배운 재무제표와 주석의 주요항목들을 상세히 점검해 볼 수 있다. 재무제표 등 기초지식을 공부하는 이유가 여기에 있다.

사업보고서 연결재무제표 화면

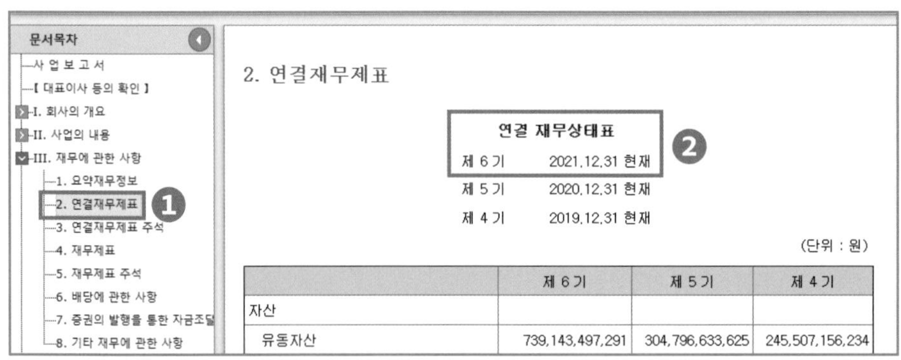

문서목차
- 사 업 보 고 서
- 【 대표이사 등의 확인 】
- I. 회사의 개요
- II. 사업의 내용
- III. 재무에 관한 사항
  - 1. 요약재무정보
  - 2. 연결재무제표 ❶
  - 3. 연결재무제표 주석
  - 4. 재무제표
  - 5. 재무제표 주석
  - 6. 배당에 관한 사항
  - 7. 증권의 발행을 통한 자금조달
  - 8. 기타 재무에 관한 사항

2. 연결재무제표

연결 재무상태표 ❷

제 6 기 2021.12.31 현재

제 5 기 2020.12.31 현재

제 4 기 2019.12.31 현재

(단위 : 원)

	제 6 기	제 5 기	제 4 기
자산			
유동자산	739,143,497,291	304,796,633,625	245,507,156,234

≫ 에코프로비엠의 사업보고서에서 ① III. 재무에 관한 사항 - 2. 연결재무제표를 확인하면 ② 연결재무상태표 등 재무제표를 확인할 수 있다.

시간적 여유가 된다면 「Ⅳ. 이사의 경영진단 및 분석의견」을 읽어봐도 좋다. 사업부문별 실적 원인분석, 향후 사업전망 등을 회사측 입장에서 작성한 내용이다.

감사보고서 강조사항으로 계속기업 존속 여부를 확인하라

감사보고서에는 감사의견, 핵심 감사사항, 강조사항 등이 기재된다. 감사의견은 적정, 한정, 부적정, 의견거절 중 하나를 기재한다. 적정 이외의 의견은 문제가 있다. 부실기업이라면 강조사항을 주목해야 한다. 「계속기업 가정에 관한 중요한 불확실성」이 기재되는 경우가 많아서다. 동 내용이 기재된 기업은 상장폐지될 가능성이 높다.

DART 감사보고서 계속기업 불확실성 언급 화면

DART 코 참존글로벌

본문 +본문선택+ 첨부 2022.04.05 감사보고서 ①

문서목차
감 사 보 고 서
독립된 감사인의 감사보고서 ②
(첨부)재 무 제 표
주석
내부회계관리제도 감사 또는 검토의
외부감사 실시내용

계속기업 관련 중요한 불확실성
재무제표에 대한 주석 38 및 39에 주의를 기울여야 할 필요가 있습니다. 재무제표에 대한 주석 38 및 39는 회사가 2020년 12월 31일로 종료되는 보고기간에 60,847백만원의 자본 잠식상태에서 당기 중 회생채무의 출자전환 및 유상증자를 통해 자본잠식상태는 해소하였으나 당기말 현재 누적 결손금은 105,378백만원이고, 당기 회사의 영업실적이 매출액 3,499백만원, 영업손실 408백만원을 나타냈음을 설명하고 있습니다. 또한, 회사는 코스닥시장위원회의 상장폐지 결정에 대해 2021년 11월 15일 이의신청서, 경영개선계획서를 제출하였으나, 전환사채 인수대금 회수, 신규사업 합병 및 유상증자 등 경영개선계획이 지연되고 있습니다. ③ 이러한 사건이나 상황은 주석 38 및 39에서 설명하고 있는 다른 사항들과 더불어 계속기업으로서의 존속능력에 유의적 의문을 제기할 만한 중요한 불확실성이 존재함을 나타냅니다. 우리의 의견은 이 사항으로부터 영향을 받지 아니합니다.

거래소에서 상장폐지가 결정된 참존글로벌의 감사보고서 화면이다. ① 사업보고서 첨부자료 중 감사보고서를 클릭하고 ② 독립된 감사인의 감사보고서 화면 중 ③ 계속기업 관련 중요한 불확실성 화면을 읽어보면 된다. 적자가 누적된 기업의 경우 계속기업으로서 존속능력에 의문이 있다는 문구가 많다.

6장

아들아,
공시 투자전략을
세워라

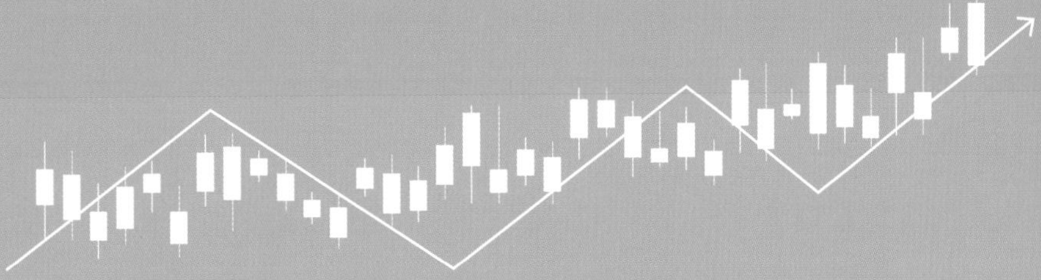

34

공시는 타이밍이다

공시 알람시계를 맞춰라

주식시장에서 정보는 돈이다. 호재든 악재든 정보를 빨리 얻는 자가 부자가 된다. 보유종목이나 관심종목 공시는 꼭 챙겨봐야 한다. 공시를 놓치면 최적의 매매 타이밍을 잃는다. 새로운 공시/뉴스 발생 여부를 확인해 보자. 네이버 증권에서 해당종목 공시화면을 한 번씩 들어가보면 된다. 공시제목을 리뷰하는 것만으로도 충분하다.

실시간 공시를 빨리 알 수 있는 방법들을 만들어 보자. 네이버나 증권사가 제공하는 MTS 푸시 알림 서비스를 이용해 보자. 관심종목으로 등록해 두고 공시 알람을 설정하면 끝이다. 공시가 발표되자마자 푸시 알림으로 바로 알려준다. 알람 받을 종목을 엄선해서 리스트를 만들어 두자. 알람 대상은 평소 관심두는 종목 20~30개 정도면 된다. 주기적으로 관심 종목군을 업데이트해 두면 좋다.

네이버 앱에서 알림 추가, 관심종목 화면

≫ 네이버 앱에서 삼성전자 종목명을 치고 들어가면 우측 상단에 종모양과 별모양이 있다. 종모양은 알림추가, 별모양은 관심종목 관리다. 종모양을 클릭하면 해당 종목의 가격변동, 공시, 리서치 알림 등의 정보를 받아볼 수 있다.

장마감 이후 공시를 주목하라

장마감 이후에도 공시는 나온다. 거래소에 공시를 보내면 내부심사 시간에 의해 장마감 이후 나오는 경우도 많다. 장마감 이후 공시는 악재 공시가 유독 많은데 상장사 입장에서 시장의 비난을 피하기 위함도 있다. 호재든 악재든 다음날 주가 변동폭이 클 것 같으면 시간외매매를 활용할 필요가 있다. 장이 끝나면 매매수요가 많지 않다 보니 좋은 투자기회가 될 수 있다. 다음날 시초가에 매매하면 가격변동폭이 더 클 수 있다. 빠른 정보 취득이 투자수익 확대(혹은 손실 축소) 기회를 만들어준다.

배당과 실적발표 시즌 공시를 놓치지 마라

가치투자의 기본은 배당과 실적에 집중하는 것이다. 돈을 많이 버는 회사가 실적개선, 고배당, 주가상승으로 이어진다. 1년 중 12월부터 3월까지 호재성 실적발표와 배당 관련 뉴스가 많다. 이 시즌엔 '배당' 또는 '실적(당기순이익)' 등의 키워드로 뉴스 검색에 집중할 필요가 있다. 절대 잃지 않는 투자원칙은 고배당주와 실적개선주에 집중하는 것이다. 실적발표는 3개월 단위로 한다. 사업보고서, 분기보고서, 반기보고서 등 발표시점 즈음 실적개선 이슈가 부각된다. 배당도 분기배당, 중간배당도 늘어나고 있다. 3개월 단위로 배당과 실적 키워드에 주목할 필요가 있다.

≫ 매일 네이버에서 '실적' 또는 '실적개선' 키워드를 검색하는 습관을 들이는 것도 좋다. 좋은 실적개선 종목 뉴스를 발견할 기회가 된다. 실적개선에 도움이 되는 공시나 뉴스를 발표하면 주가는 꾸준히 우상향한다. 실적이 받쳐주니 주가가 빠져도 다시 오른다. 반면 실적과 무관한 일회성 공시는 공시발표에 급등하지만 뉴스가 잊혀지면 주가는 도로 원위치된다. 실적과 무관한 공시에 괜히 뒤늦게 매수하면 뒷북 투자가 될 수도 있다. 주가고점에 매수했으니 남는 건 주가하락에 따른 손해뿐이다.

공시와 친숙해져야 빠르게 투자할 수 있다

공시를 빠르게 리뷰하는 게 투자성패의 열쇠다. 공시 형식에 친숙해질 필요가 있다. 공시 유형별로 정해진 양식이 있기에 그 형식과 친숙해지면 핵심만 바로 체크할 수 있다. 방법은 공시를 자주 접해보는 거다. 많이 보다 보면 핵심만을 보는 기술이 늘어날 수 있다. 실력이 늘수록 많은 공시를 짧은 시간에 리뷰할 수 있어 좋다. 이 책에선 공시 예시들을 핵심만 굵은 글자로 표시해 두고 있다. 찬찬히 반복해 읽어보면서 핵심을 눈에 익히도록 하자. 주식 고수가 되는 길은 꾸준하게 열심히 노력하는 것 외에 없다. 일확천금이 내 것이 될 것 같지만 그 길은 호락호락하지 않다. 주식투자도 성실히 노력하는 자만이 승리할 수 있음을 기억하자.

장마감 이후 공시(뉴스)발표에 시간외 상한가(하한가)

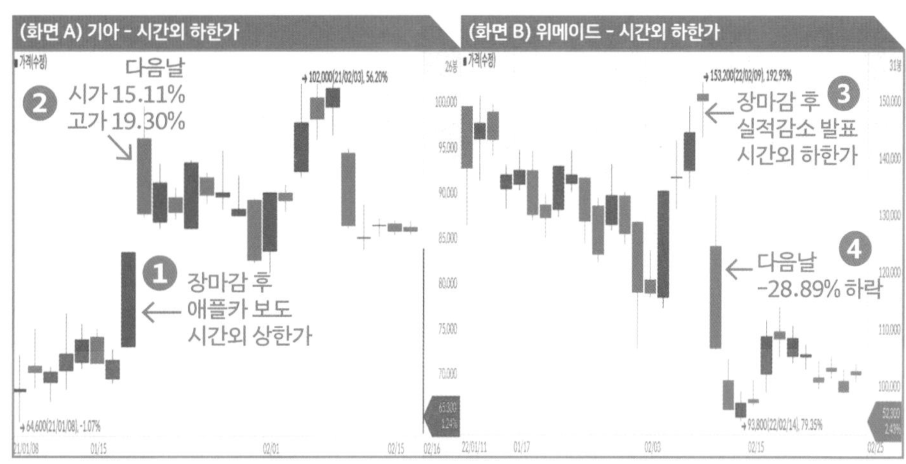

≫ (화면 A) ① 애플의 전기차 위탁생산을 기아(자동차 제조사)가 할 것이란 보도가 장마감 이후 나왔다. 뉴스 보도 전 이미 풍문이 돌았고 주가는 16.64% 상승한 채 마감했다. 뉴스를 보고 뒤늦게 뛰어든 투자자들로 인해 시간외매매 역시 상한가로 마감했다. ② 시간외매매 상한가 여파로 다음날 +15.11%에 시작했다. 다만 회사 측에서 구체적으로 위탁생산이 결정된 바 없다는 입장을 밝히면서 주가는 조정을 보였다. (화면 B) ③ 미르4 등 온라인 게임과 P2E 코인 위믹스를 발행하는 위메이드가 장마감 후 실적을 발표했다. 실적이 시장 기대치를 밑돌자 시간외 하한가를 기록했다. ④ 실적감소는 주가하락을 부른다. 다음날 위메이드 주가는 하한가로 마무리되었다. 전날 장마감 후 시간외매매(매도)가 보다 나은 선택인 셈이다.

투자전략 | 장마감 이후 호재(악재) 뉴스에 발빠른 대응이 필요하다. 시간외매매 시간에 매매가능한 매수(매도)물량이 있다면 시간외매매를 하면 좋다. 의외로 장마감 이후 뉴스를 보지 않는 경우가 많다. 남들보다 발빠른 정보습득이 있어야 빠른 매매가 가능하다.

≫ 시간외종가는 오전 08:30~08:40(전일종가), 오후 15:40~16:00(당일 종가) 종가매매한다. 시간외 단일가는 오후 16:00~18:00에 10분 단위로 당일 종가기준 ±10% 범위 내에서 매매한다.

35

매일 가성비 높게 원하는 공시만 찾아라

가성비 높은 뉴스 리뷰로 핵심 공시를 찾아라

모든 공시를 확인하는 것은 여간 힘든 일이 아니다. 사소한 공시까지 체크하는 수고로움이 뒤따른다. 악재를 피하거나 주가상승에 꼭 필요한 핵심 공시만 가성비 있게 볼 필요가 있다. 최적의 대안은 뉴스 리뷰에 있다. 돈 될 만한 호재 이슈나 시장 악재 공시를 뉴스가 알아서 알려준다. 뉴스에 언급되지 않는 공시는 파급력이 약하다. 뉴스는 관심을 모으고 거래량 증가와 주가상승을 이끈다. '뉴스=공시'라는 생각으로 뉴스 리뷰를 게을리하지 말자. 뉴스만 잘 읽어도 웬만한 공시는 다 걸러진다. 장중에 발표되는 공시는 뉴스가 그 팩트만 간단히 정리해서 보여준다. 장마감 후에는 분석까지 더해져 양질의 기사로 나온다.

장마감 후 공시요약 기사를 리뷰하라

정규시장이 끝나면 공시요약 기사가 나온다. 네이버 뉴스(news.naver.com)에서 「기업공시」, 「종목뉴스」 등으로 검색하면 된다. 중요한 공시만 요약해 놓으니 꼭 읽어두자. 투자할 종목을 찾는 데 도움이 된다. 뉴스로 요약해 놓은 것만 매일 읽어도 시장 흐름을 따라갈 수 있다. 이왕이면 분석할 종목을 찾아야 하니 호재에 집중해서 보자. 공시를 호재와 악재 중 무엇에 집중해야 할지는 목적에 따라 다르다. 분석할 종목을 선별하는 단계에선 호재, 분석종목을 고른 다음 세부 분석단계에선 악재에 보다 집중한다. 종합하면 투자종목 고르는 과정은 매력적인 종목을 골라 리스크를 최소화하는 과정이다.

공시뉴스 사례

> **장 중 기업공시 [11월 8일]**
>
> ▲한국프랜지(010100)공업=계열사 서한오토조지아법인 지분 100% 140억 원에 취득 결정 ▲S-OIL=이수화학과 1조 7020억 원 규모의 중질등유 매매계약 체결 ▲

요약기사 리뷰 후 그날의 베스트 공시 3개를 찾아라

공시뉴스 중 투자에 도움될 만한 베스트 공시를 매일 3개씩 골라보자. 투자종목을 선택하는 데 베스트 공시가 도움이 된다. 일기를 쓰듯 베스트 공시를 계속 기록해 나가는 것도 좋다. 기록은 투자에 있어 좋은 습관이다. 아빠는 아날로그적으로 분석한다. 뉴스(공시)를 프린트하고 형광펜으로 주요 내용을 칠한 뒤, 이중 베스트 뉴스(공시)를 3개씩 적어둔다. 엑셀로 정리해두도 된다. 뉴스(공시)를 읽다 핵심만 엑셀에 셀에 붙여넣기 기능을 활용해 기록하면 된다.

베스트공시 일지 쓰기 예시

일자	종목명	공시 제목	한줄 코멘트
'23.1.30	포스코퓨처엠	단일판매·공급계약 체결	10년간 40조 원 양극재 계약체결
'23.2.9	JB금융지주	현금·현물배당 결정	시가배당률 8.5% 현금배당

공시 사이트에서 호재 키워드만 검색하자

시간적 여유가 된다면 DART나 KIND 사이트에 들어가 호재 이슈들을 직접 찾아봐도 된다. 매력적인 투자종목 찾기가 주된 목적이다. 찾아볼 만한 키워드로는 자기주식 매수, 실적 관련 이슈(사업보고서, 수주 등), 무상증자, 배당 등이다. 사업보고서나 배당 등은 실적시즌에 주로 나온다. 다만 모든 기업을 다 리뷰할 수 없으니 뉴스 등에 언급된 어닝서프라이즈(깜짝 실적개선), 실적개선, 고배당 기대 종목 중심으로 확인해 보자.

금감원 및 거래소 공시 사이트 오늘의 공시 화면

≫ (화면 A) 금감원 DART의 오늘의 공시 화면에서 실시간 공시를 확인할 수 있다. (화면 B) 거래소 KIND의 오늘의 공시에서도 실시간 공시가 안내된다.

36

공시에 버금가는 뉴스들을 체크하라

공시에 언급되지 않는 뉴스를 더불어 찾아라

주식투자는 정보의 싸움이다. 뉴스 리뷰를 게을리해선 결코 부자가 될 수 없다. 업황회복, 실적개선에 대한 증권사 리서치나 종목분석 이슈는 항상 1순위에 둘 뉴스다. 공시 외에 주목할 화제나 뉴스로는 증권사 목표가 상향, 인기 검색종목, 52주 신고가(신저가), 기관과 외국인 보유비중 확대, 시간외 급등종목 등이다.

증권사 리서치의 목표가 상향 뉴스를 주목하라

증권사 리서치 보고서에는 향후 실적예측치, 현재 영업(경쟁)현황, 주요 재무지표와 함께 목표가를 제시한다. 여기에 매수(매도)의견을 더한다. 목표가와 현재가 사이 괴리율(차이)이 높을수록 주목할 필요가 있다. 목표가 상향은 실적개선을 전제로 한다. 여러 증권사에서 동시에 목표가를 올리는 건 더욱 좋다.

≫ 증권사 입장에서는 매도의견을 내기 어렵다. 대신 목표가를 낮춘 매수의견이나 보유의견을 내는데 이는 매도하란 의미다.

인기검색종목을 주목하라

네이버 증권에서는 인기검색종목을 알려준다. 코스피와 코스닥 상위 10종목 순이다. 호재도 있지만 악재에도 인기검색종목에 들어갈 수 있다. 이왕이면 호재가 많은 인기검색종목에 집중해 보자. 주가상승의 원동력은 거래량이다. 사람들 관심이 거래량을 일으키고 이는 주가상승으로 이어진다. 인기검색종목을 리뷰할수록 시장 트렌드를 알기 쉽다.

정부의 정책적 지원을 받는 경우도 좋다. 정책주는 정부가 힘을 쓸수록 주가상승 동력이 된다. 가령 탄소제로 정책에 태양광 등 신재생에너지, 원전정책에 원전주, 건설규제 완화에 건설주 등이 힘을 받는다. 뉴스 1면에 주로 언급되므로 관심받기에 좋다.

네이버 증권 인기검색종목 화면

기업실적분석 ❶ 더보기›

주요재무정보	최근 연간 실적				최근 분기 실적					
	2019.12	2020.12	2021.12	2022.12(E)	2021.06	2021.09	2021.12	2022.03	2022.06	2022.09(E)
	IFRS 연결	IFRS 연결	IFRS 연결	IFRS 연결	IFRS 연결	IFRS 연결	IFRS 연결	IFRS 연결	IFRS 연결	IFRS 연결
매출액(억원)	2,304,009	2,368,070	2,796,048	3,095,753	636,716	739,792	765,655	777,815	772,036	784,422
영업이익(억원)	277,685	359,939	516,339	476,380	125,667	158,175	138,667	141,214	140,970	119,226
당기순이익(억원)	217,389	264,078	399,074	379,730	96,345	122,933	108,379	113,246	110,988	90,775

❷ 인기검색종목

코스피	코스닥	
1 삼성전자	61,800	▲1,600
2 한국조선해양	77,200	▲1,600

≫ 네이버 증권 화면에서 삼성전자를 검색하면 ① 기업실적분석 재무지표 옆 우측 하단에 ② 인기검색종목이 보인다. 코스피/코스닥 각 10종목씩 확인할 수 있다.

52주 신고가를 주목하라

1년은 52주로 52주 신고가는 1년 중 최고가를 뜻한다. 주가버블을 걱정할 수도 있는 가격이다. 다만 52주 신고가의 이유를 확인할 필요가 있다. 실적개선이라면 앞으로 더 오를 수도 있다. 이때는 미래 실적예측치 기준 PER을 계산해 보자. 향후 주가상승이 기대된다면 신고가는 문제되지 않는다. 다만 단기급등폭이 크다면 조정이 있을 수 있다. 욕심을 내리고 추가매수 전략을 취해보자. 최초 매수량은 최종 목표액의 30~50% 범위다. 최초 매수가격 대비 일정 손해율마다 추가매수를 더한다.

≫ 네이버 뉴스 화면에서 '52주 신고가'로 검색하면 관련 뉴스를 확인할 수 있다.

기관·외국인 보유비중 확대를 주목하라

기관과 외국인이 집중매수하는 종목은 주가가 상승한다. 정보력과 분석력에서 앞선 그들을 추종하는 게 좋다. 기관과 외국인 집중매수 종목 등은 자주 기사화된다. 기관·외국인 순매수 종목 통계기사도 있다. 네이버 등 포털, 증권사 MTS 등에선 기관·외국인 매매현황 통계자료도 있다.

네이버 증권 기관/외국인 거래량 화면

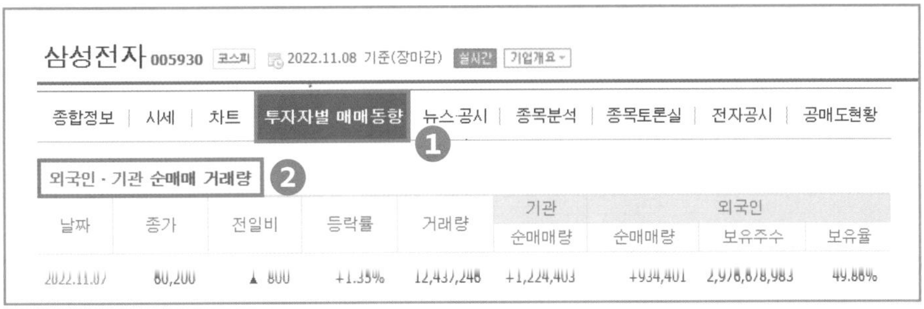

삼성전자 005930 코스피 2022.11.08 기준(장마감) 실시간 기업개요

종합정보 | 시세 | 차트 | 투자자별 매매동향 ❶ | 뉴스·공시 | 종목분석 | 종목토론실 | 전자공시 | 공매도현황

외국인 · 기관 순매매 거래량 ❷

날짜	종가	전일비	등락률	거래량	기관	외국인		
					순매매량	순매매량	보유주수	보유율
2022.11.07	80,200	▲ 800	+1.35%	12,437,248	+1,224,403	+934,401	2,976,878,983	49.86%

≫ 네이버 증권에서 삼성전자 종목 화면으로 들어간다. ① 투자자별 매매동향 탭에서 ② 외국인·기관 순매매 거래량을 확인할 수 있다.

금리, 환율, 유가(물가) 뉴스를 주목하라

① 금리상승은 주식시장에 악재다. 위험부담을 안고 투자하려는 수요가 줄어든다. 고배당주로 불리는 리츠도 금리상승기에는 대출이자 비용부담에 힘을 못쓴다. 금리상승은 소비위축에 따른 경기침체를 가져온다. 소비가 줄어드니 기업실적도 하락한다. 반면 은행, 보험, 채권추심 업체는 금리상승 반사이익을 얻는다. ② 환율은 외국 통화와 우리 통화 간의 교환비율이다. 우리 통화의 가치가 떨어질수록 환율이 오른다. 미국 달러를 교환하려는 수요가 늘어나도 환율이 오른다. 미국이 금리인상을 단행하면 리스크가 큰 신흥국에서 안전한 미국시장으로 자금유입이 거세다. 경기침체일수록 신흥국에서 외국인 이탈도 심해진다. 환율이 급등하면 환차손 우려감에 외국인이 국내증시를 더 떠난다. 환율상승이 수출주에는 호재일 수 있지만 글로벌 불경기에는 수출도 잘 안 된다.

≫ 환율이 1달러에 1,100원일 때 외국인이 한국 증시에 10달러를 투자를 했다고 가정하자. 한화로 11만 원(10달러 × 1,100원)어치다. 환율이 1달러에 1,400원이 되면 달러당 300원만큼 환차손을 입는다. 10달러를 환전해서 나가려면 14만 원(10달러 × 1,400원)이 필요해서다.

③ 유가는 물가상승의 척도다. 유가상승으로 모든 소비재 물가도 덩달아 오른다. 유가상승이 원유를 1차 가공하는 정유주에겐 호재, 정유사에서 원재료를 구입하는 순수화학 회사에겐 악재다. ④ 그 밖에도 인플레이션(물가상승), 스태그플레이션(경기침체 + 물가상승), 미국 실업률 증가 등의 통계치 발표도 주식시장에는 악재다.

37

호재를 빠르게 판단하라

분석할 종목을 고르기 위해선 호재에 집중하라

주식투자를 지치지 않게 하려면 호재에 집중하는 게 편하다. 악재에 대처하기 위해서는 고도의 분석이 필요하지만 호재는 심플하다. 호재의 강도가 높은 기업을 찾아 선점하고 기다리면 끝이다. 뉴스나 공시의 제목을 빠르게 필터링해서 호재에 집중하는 습관을 들이자. 가성비 있게 짧은 시간에 좋은 기업을 고르는 선구안이 길러질 수 있다. 강한 호재가 있는 종목을 고른 뒤, 이후 분석과정을 통해 리스크를 세밀히 체크해 나가자.

공시 호재/악재 예시

호재	악재	주의사항
실적개선 배당증가 최대주주 매수 자기주식 매수/소각 액면병합(분할) 무상증자 공개매수 주식매수청구권 행사 신주인수증서매매 현물출자 단일판매공급계약 설비투자	실적악화 배당축소 최대주주/자기주식 매도 물적분할 주가급등 거래소 조치 불성실공시법인 지정 공매도증가 유상증자 주식관련사채발행 주식관련사채 주식청구 주식관련사채 리픽싱	영업양수도 주식교환 합병 인적분할 지분공시

≫ 위의 표에서 '주의사항'은 이슈에 따라 호재 또는 악재가 될 수 있는 경우다.

호재 공시의 경우 실적개선 연관 여부를 체크해야 한다. 실적개선과 관련된 이슈는 주가가 장기간 우상향하는 호재다. 반면 실적개선과 무관한 호재는 공시(뉴스)에 단기급등한 후, 더 나올 뉴스가 없으면 기업가치에 맞게 주가는 제자리를 찾아간다.

호재 공시의 실적개선 연관 여부

실적개선 관련 호재	실적개선 무관 호재
실적개선, 배당증가, 단일판매공급계약, 설비투자	최대주주 매수, 자기주식 매수/소각, 액면병합(분할), 무상증자, 공개매수, 주식매수청구권 행사, 신주인수권증서 매매, 현물출자

제목만으로 호재와 악재를 구분하라

투자할 종목을 선택함에 있어 호재성 공시만을 열어보는 게 가성비 있는 투자방법이다. 제목만 보고 호재를 파악할 수 있는 연습을 충분히 해보자. 처음에는 어려울 수 있으나 공시별 표준 샘플들을 정리해 두면 필터링이 훨씬 편리하다.

(예시) 자기주식 공시라도 호재와 악재가 달라진다. 가령 자기주식 매수는 호재, 자기주식 매도는 악재다. 이처럼 제목만 보고도 호재와 악재를 필터링 할 수 있다.

공시 제목을 끝까지 읽어라

공시 제목이 길다보니 해석이 난감하다. 가령 5%룰은 「주식등의대량보유상황보고서」, 지분출자는 「타법인주식및출자증권 취득결정」이다. 자기주식 소각도 방법에 따라 「감자결정」 또는 「주식소각」으로 공시 이름이 다르다.

공시내용을 읽기에 앞서 제목을 찬찬히 음미하자. 제목에 이미 답이 나와 있다. 제목 전체의 앞뒤 문맥을 잘 읽어보자. 때론 종속회사(자회사) 공시가 오해를 낳는다. 또한 「신주인수권증서 상장폐지」를 상장회사 상장폐지로 판단해 주가가 급락하기도 한다. 제목을 차분하게 읽고 대응할 필요가 있다. 내가 쓰는 방법은 크게 심호흡을 한번 하면서 읽는 것이다. 의외로 차분해지고 글도 잘 읽힌다.

≫ 주주배정 유상증자는 기존 주주에게 새로운 주식(신주)을 받을 권리를 부여한다. 이를 신주인수권증서라 한다. 신주는 새로 발행하는 주식이다.

종속회사 공시 화면

공시정보

제목	정보제공	날짜
(주)한화 장래사업 · 경영 계획(공정공시)	KOSCOM	2021.04.19
(주)한화 유상증자결정(종속회사의 주요경영사항)	KOSCOM	2021.03.30
(주)한화 기업설명회(IR) 개최(안내공시)	KOSCOM	2021.03.29

≫ 지주회사 한화의 공시내용 중 일부다. 제목만 보면 한화가 유상증자 결정을 한 듯한 착각을 일으킨다. 실은 종속회사의 주요경영사항으로 한화의 자회사인 「한화시스템의 유상증자 공시내용」이다.

38

공시의 지속성, 수명주기를 찾아라

더 나올 호재가 남아 있는가

호재 공시라고 무턱대고 사는 건 위험하다. 공시발표가 주가정점일 수도 있다. 호재 기대감에 주가가 미리 오른 경우도 많다. 공시발표로 반짝 상승하고 급락할 수 있다. 공시효과의 지속성 여부를 판단할 필요가 있다. 장기적인 실적개선 이슈가 아니라면 호재 공시의 지속력은 생각보다 짧다. 뉴스에 팔라는 증시 격언을 고려해 보자. 뉴스 전 기대감이 주가를 끌어올린다. 하지만 뉴스가 나오면 급등은 급락으로 돌변한다. 기다렸던 뉴스가 나왔고 단기간 추가 호재를 기대할 수 없기에 주가는 내린다. 공시도, 더 나올 호재가 없다면 추가 주가상승을 기대하기 어렵다.

(예시) 기준일 효과를 고려해야 한다. 증자(감자), 배당 등 웬만한 공시는 기준일이 있다. 기준일 2영업일 전까지 매수해야만 권리가 생긴다. 호재 공시라면 기준일 2영업일 전까지 단기매수세가 몰린다. 공시발표일에 급등한 다음 주춤했던 주가는 기준일이 가까이 올수록 우상향하기도 한다. 가령 무상증자를 노리는 수요가 권리부일까지 주가상승을 주도한다.

(예시) 우리 증시는 매매한 다음 2영업일 후 결제 시스템(주식매매를 한 다음 2영업일 후 현금이 오고

람)이다. 그러기에 무상증자 기준일 2영업일 전은 무상증자 신주를 받을 수 있는 권리부일, 1영업일 전은 신주를 받을 수 없는 권리락일이다.

공시발표일 급등 후 뒷북 투자를 경계하라

실적개선과 무관한 대부분 공시는 하루살이 공시다. 기대감에 미리 오른 뒤 공시발표에 반짝 상승하곤 사라진다. 공시에 고점 뒷북 투자를 조심할 필요가 있다. 무상증자도 공시 당일 급등하곤 다음날부터 주춤하기도 한다. 무상증자 권리락 주가조정 착시효과로 급등한 주가는 도로 원위치된다. 액면병합(분할) 주가상승 효과도 하루나 이틀에 그치는 경우가 많다. 공시발표 전후 과한 주가급등은 경계하자. 급등폭이 클수록 급락폭과 그 속도가 과할 수 있다. 반대로 미리 매수해둔 경우라면 공시발표를 차익실현 기회로 삼을 수도 있다.

오랜 기간 지속되는 실적개선 관련 공시를 주목하라

공시를 접할 때 핵심은 실적개선에 도움이 되는가다. 가령 인적분할을 했다 치자. 일반적으로 매출을 몰아주는 사업회사 주가는 급등하는 반면 껍데기만 남은 지주회사는 급락한다. 영업양수도로 매력적인 사업을 인수하면 주가급등이다. 반면 비싸게 기업을 인수할 경우 승자의 저주로 주가가 급락한다.

≫ 승자의 저주(Winner's Curse)는 경쟁에서는 이겼지만 과도한 비용지출로 위험에 빠지거나 후유증을 겪는 상황을 말한다.

실적개선과 연관성이 적은 공시는 단기 이벤트다. 공시를 접하면 호재/악재 판단과 함께 실적개선 영향 여부를 꼭 고려하자. '투자 판단 = 실적체크'가 생활화되면 허튼 투자는 없다. 공시도 실적개선 여부 판단이 최우선 순위다.

사업보고서(분기, 반기보고서)는 실적 결과발표다. 실적은 재무제표와 주석에 들어있다. 단일판매공급계약, 설비투자 공시는 실적개선과 연결된다. 영업양수도, 인수합병 등도 케이스별로 실적개선과 관련될 수 있다. 실적개선은 꾸준하게 우상향하는 주가 패턴이다. 기관과 외국인이 지속적으로 매수에 동참한다. 약세장에서도 실적 덕에 매수세가 유입된다.

실적개선에 따른 배당증가도 고배당 이슈로 기관, 외국인이 선호한다. 시가배당률이 있기에 약세장에서도 선방한다. 기관, 외국인은 한번에 전부 매수하지 않는다. 꾸준하게 매수하기에 지속적인 우상향 패턴이다.

케이스 스터디 136 **엔터주**

신곡발매 컴백이 부른 주가상승

≫ ① 주력 아이돌그룹 블랙핑크의 컴백 발표에 소속사인 와이지엔터테인먼트 주가가 상승을 그린다. 블랙핑크는 2021년 187만 장의 음반을 판매했는데 와이지엔터테인먼트 전체 판매량의 72%를 차지했다. 와이지의 실적을 좌우할 아이돌의 컴백이기에 주가는 강한 반등을 보였다. 블랙핑크의 컴백으로 와이지의 실적개선도 기대되었다. ② 블랙핑크의 정규 2집이 선주문 200만 장을 돌파했다는 소식에 반짝 상승을 보였다. 앨범 발매 이후에는 더 나올 뉴스가 없다.

이벤트가 끝났기에 주가는 하락하기 시작했다.

투자전략 | 소속 아이돌의 컴백 이슈는 테마적 성격을 보인다. 컴백 뉴스로 관심이 쏠리고 앨범 발매 전까지 주가는 강한 모멘텀을 갖는다. 막상 컴백 앨범이 나오고 나면 더 이상 상승하지 못하는 경우들이 많다. 더 나올 뉴스가 없기에 관심받을 때 매도하고 떠난다.

케이스 스터디 137 **뉴스 종료**

더 나올 뉴스가 없으면 주가하락

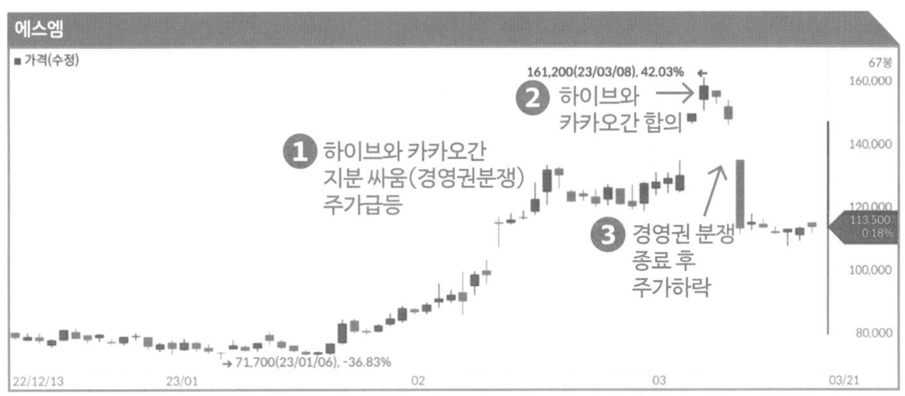

≫ ① 엔터회사인 에스엠을 두고 하이브와 카카오간 지분매입 경쟁을 벌였다. 하이브가 주당 12만 원에 공개매수를 선언하자, 카카오는 15만 원 맞불을 놨다. 하이브가 17만 원까지 공개매수 단가를 올릴거란 기대에 주가는 16만 원을 넘어섰다. ② 다만 「승자의 저주」 우려에 하이브가 인수를 중단했다. ③ 경영권 분쟁이 끝나 더 나올 뉴스가 사라졌다. 주가가 다음날 23.47% 급락했다. 카카오의 공개매수(발행주식의 35%를 주당 15만 원에 매입)가 남았다만, 모든 주식을 매수해 주진 못할 거란 우려감에 주가는 반등하지 못했다. 특히 하이브가 공개매수에 응할 경우 공개매수 신청 경쟁은 더 치열해진다.

투자전략 | 실적과 무관한 이벤트는 더 나올 뉴스가 있어야 한다. 더 나올 뉴스가 없다면 급등한 주가는 기업가치 수준으로 급락한다.

39

실적 관련한 공시의 예시

이 책의 공시내용 리뷰에 앞선 당부의 말

주요 공시의 핵심만 뽑아보았다. 실제 공시는 책에서 나열해 놓은 것보다 훨씬 복잡하다. 중요한 정보만 압축해서 다루었으니 번호 순서대로 따라가면서 읽어보자. 해석이 필요한 사항들은 공시내용 아래에 해석을 달아 놓았으니 읽어보길 바란다. 특히, 공시별로 굵은 글씨로 표시한 사항이 꼭 체크해야 할 핵심 사항이다. 핵심을 간파하면 공시 읽기가 훨씬 수월해진다.

매출액 또는 손익구조 30%(대규모법인 15%) 이상 변경 (LG이노텍, 2022.1.26.)

≫ (해석) 매출액 또는 손익구조가 30% 이상(대규모법인 15% 이상) 변경될 경우 나오는 공시다. 사업보고서나 감사보고서 공시발표 전 실적개선(악화) 여부를 미리 확인할 수 있는 공시다.

① 재무제표의 종류 : 연결

② 매출액 또는 손익구조 변동내용

- 매출액: 당해(14조 9,456억 원)/직전(9조 5,418억 원), 증감액(5조 4,038억 원), 증감율(56.6%)
- 영업이익: 당해(1조 2,642억 원)/직전(6,810억 원), 증감액(5,832억 원), 증감율(85.6%)
- 법인세비용차감전계속사업이익: 당해(1조1,932억 원)/직전(4,428억 원), 증감액 7,504억 원, 증감율(169.5%)
- 당기순이익: 당해(8,883억 원)/직전(2,361억 원), 증감액(6,522억 원), 증감율(276.2%)

≫ (해석) 매출액 또는 손익구조 변동사항을 확인할 수 있다. LG이노텍은 전년대비 매출액은 56.6%, 당기순이익은 276.2% 증가했다.

③ 재무현황

- 자산총계: 당해(7조 7,414억 원)/직전(6조 386억 원)
- 부채총계: 당해(4조 4,271억 원)/직전(3조 6,109억 원)
- 자본총계: 당해(3조 3,142억 원)/직전(2조 4,277억 원)
- 자본금: 당해(11조 8,336억 원)/직전(11조 8,336억 원)
- 자본총계/자본금 비율: 당해(2,800%)/직전(2,051%)

④ 매출액 또는 손익구조 변동 주요 원인: 광학솔루션과 기판소재 사업의 글로벌 경쟁력 강화와 수익성 개선

≫ 회사가 작성한 결산자료로 외부감사인 감사결과(감사보고서) 수치가 변경될 수 있다.

단일판매·공급계약체결 등 (엘앤에프, 2021.4.22.)

≫ (해석) 수주계약은 실적개선을 가져오는 호재 이슈다. 수주계약을 체결할 경우 「단일판매·공급계약체결 등」 공시가 나온다.

① 판매 · 공급계약 내용 : EV용 NCM 양극재 공급계약 체결

② 계약내역: 계약금액 총액 1조 2,176억 원(매출액 대비 341%)

≫ (해석) 계약규모가 클수록 주가상승폭도 커진다. 엘앤에프는 매출액 대비 341% 규모의 수주계약을 공시했다.

③ 계약상대방: 에스케이이노베이션 및 계약상대방의 지정업체

④ 계약기간: 2021년 5월 1일~2023년 12월 31일

≫ (해석) 계약기간이 장기간일 경우 주가상승 효과가 반감될 수 있다. 오랜기간 안정적인 매출이라는 긍정적 측면도 있지만 수익이 장기간 나눠지다 보니 단기간 실적개선과는 거리가 멀

수 있어서다.

⑤ 기타 투자판단에 참고할 사항

• 상기 계약금액은 USD 10.9억달러로 고시환율 1,117.40원을 적용하여 계산

≫ (해석) 계약을 미 달러 기준으로 할 경우 환율변동에 따라 손익이 증감할 수 있다.

정정신고(보고) (쌍방울, 2021.8.2.)

≫ (해석) 수주계약 공시를 발표한 이후 계약이 이행되지 않거나 파기되는 경우도 있다. 계약 불이행, 파기는 악재다. 수주 이슈로 실적개선을 기대했지만 그 효과를 얻을 수 없어서다.

① 정정관련 공시서류: 물품(마스크) 공급계약

② 정정사유: 계약종료로 인한 계약금액 변경

③ 정정사항

• 계약내역

정정 전(계약금액 708억 원, 매출액 대비 73.33%)

정정 후(계약금액 33억 원, 매출액 대비 3.47%)

④ 기타 투자판단과 관련한 중요사항

• 최초 계약금 대비 4.73% 이행

• ㈜지오영과 계약에 대한 다툼이 있고, 공정위에 불공정하도급거래행위에 대한 신고서를 제출한 상태

≫ (해석) 쌍방울은 ㈜지오영과 708억 원 규모의 마스크 공급계약을 체결했다. 매출액 대비 73.33%로 계약기간은 2020년 8월 4일~2021년 7월 31일까지였다. 하지만 계약종료일에 계약금액의 4.73%만 이행되었다고 공시했다.

≫ 「단일판매·공급계약 체결」 공시 내용 중 계약금액의 50% 이상을 변경공시했다는 이유로 쌍방울은 공시위반제재금 800만 원을 부과받았다.

신규 시설투자 등 (삼성바이오로직스, 2020.8.11.)

≫ (해석) 신규 시설투자는 설비투자 완공 이후 실적개선을 기대할 수 있다. 설비투자 규모가 클수록 매출 증가폭도 커진다. 설비투자 규모, 완공시기 등을 체크해 보자.

① 투자구분 : 별도공장의 신설

• 투자대상 : 송도 삼성바이오단지 내 4공장 신설

② 투자내역 : 투자금액(1조 7,400억 원) 자기자본 대비 40%

③ 투자목적 : 바이오의약품 생산시설 확대를 통한 경쟁력 강화

④ 투자기간 : 2020년 8월 11일~2023년 8월 31일

⑤ 기타 투자판단과 관련한 중요사항

• 4공장은 25.6만리터 규모로 건설될 예정임

≫ (해석) 삼성바이오로직스는 1조 7,400억 원을 들여 바이오의약품 생산시설을 짓는다. 2023년 8월 말이면 25.6만리터 규모의 제4공장이 완공된다. 공장완공과 함께 매출액 증가를 기대해 볼 수 있다.

수주계약 발표에 따른 주가상승

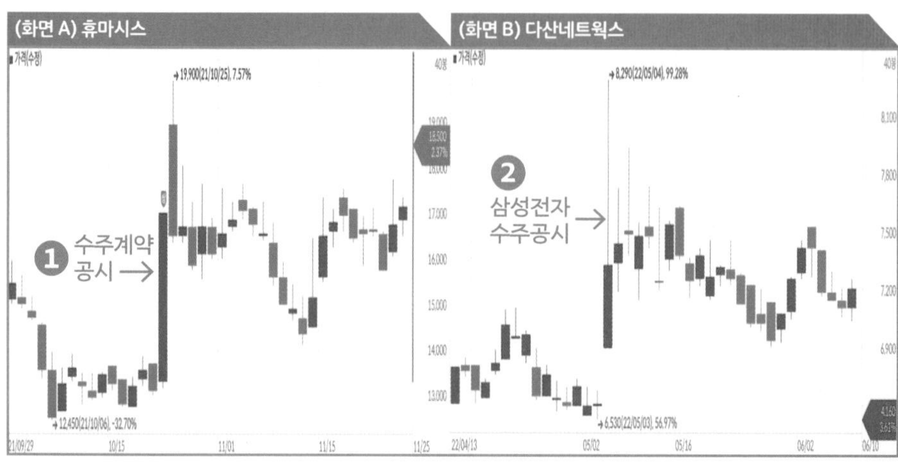

≫ (화면 A) ① 체외진단 의료기기 생산업체인 휴마시스가 단일판매·공급계약 체결 공시를 발표했다. 셀트리온에 1,295억 원 규모의 코로나19 항원진단키트를 공급하는 계약이다. 전년도 매출액 대비 283%에 해당하는 규모다. 계약기간은 그해 말까지다. 주가는 공시발표일과 발표 다음날 강한 상승을 보였다. (화면 B) ② 다산네트웍스는 유무선 인터넷 서비스 관련 통신장비 사업을 하고 있다. 덕분에 5G 관련주로 엮인다. 삼성전자가 미국에 1조 원 이상 대규모 5G 장비 공급을 한다는 소식 덕분에 주가가 상승했다.

투자전략 | 「단일판매·공급계약 체결」 공시는 단기 이벤트인 경우가 많다. 판매나 계약 규모가 클수록 급등 정도나 그 기간이 커진다. 허나 대부분은 하루나 이틀 반짝 급등한 뒤 도로 원위치다. 실적개선은 맞지만 계약 이후 실제 납품까지 장기간이다 보니 발생한 결과다.

설비투자에 따른 수주증가

≫ 삼성바이오로직스는 바이오 의약품 위탁개발(CDO)과 위탁생산(CMO)을 한다. ① 제1~3공장을 운영하던 중 제4공장 건설을 2020년 11월 시작해 ② 2022년 10월 준공을 했다. 2022년 부분 가동, 2023년 완전 가동이다. 설비투자의 결과는 생산량 증가로 이어진다. 기존 제1~3공장(36만 4,000리터)을 합친 규모만큼 제4공장 생산능력(25만 6,000리터)이 늘어난다. 공장 건설 중에 수주계약도 대폭 늘어났다. 설비투자 증가에 따른 실적개선 효과다. 주가도 꾸준하게 우상향 하는 모습을 보여왔다. 2022년 매출액(예측)이 26,751억 원인데 2023년(예측)엔 33,157억 원으로 30% 증가가 예상된다(케이스 스터디에서 다루는 매출액과 영업이익은 모두 네이버 증권 기준이다). 삼성바이오로직스는 기존 제1캠퍼스(제1~4공장) 인근에 제2캠퍼스(약 11만 평)를 추가로 조성할 계획이다. 공장 4개(제5~8공장)를 더 건설해 연간 생산규모를 100만 리터 이상으로 확대할 계획이다.

구분(단위: 억 원)	2019년	2020년	2021년	2022년 예측
영업활동 현금흐름	102	2,021	4,546	10,576
투자활동 현금흐름	3,396	-4,187	-9,335	-23,958
재무활동 현금흐름	-2,398	1,226	4,966	20,973
CAPEX	1,717	1,397	4,063	8,201
FCF	-1,616	624	483	1,040

삼성바이오로직스 CAPEX를 보면 설비투자 규모를 계속 늘려왔다. 투자활동 현금흐름의 마이너스도 계속 늘어났다. 반면 설비투자 결과 영업이익 증가와 함께 영업활동 현금흐름의 플러스 규모도 늘어났다.

투자전략 | 설비투자가 증가하는 기업은 매력적인 분석종목이다. 설비투자 여부는 신규 매출수요를 전제에 두고 결정한다. 수요가 많기에 설비를 늘린다. 설비가 완공되면 매출증가로 이어질 수 있다. 향후 실적개선이 기대된다면 투자대상으로 삼아보자.

≫ CMO(Contract Manufacturing Organization, 바이오의약품 위탁생산), CDO(Contract Development Organization, 바이오의약품 위탁개발)

케이스 스터디 140 **설비투자**

대기업 설비투자에 따른 소부장주 낙수효과

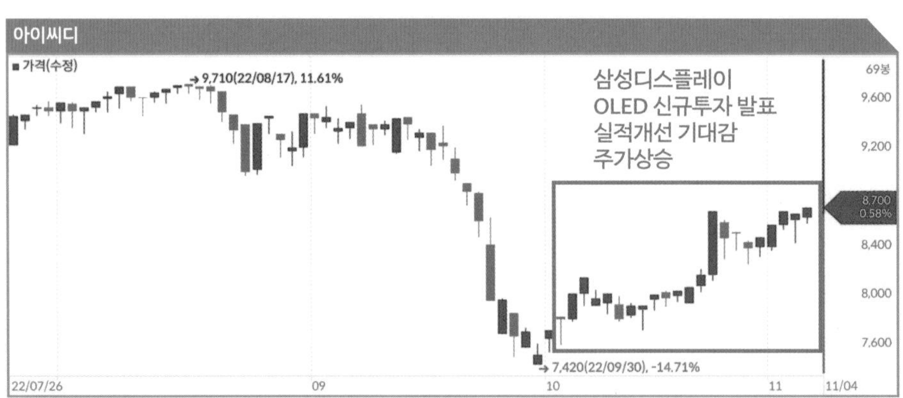

≫ 아이씨디는 LCD, 반도체, OLED 등 장비 제조를 주업으로 한다. OLED는 스마트폰, 태블릿, 노트북 등 IT기기에 들어간다. 삼성디스플레이가 2024년 가동을 목표로 8세대 OLED(유기발광다이오드) 신규투자를 공식화했다. 삼성의 예상 투자규모가 3~4조 원에 달할 걸로 증권가는 전망했다. 5년 만의 투자 재개로 소부장주(소재,부품,장비주)들의 실적개선 기대감이 커졌다. 2024년부

터 가동하려면 2023년 하반기까지 준비를 마쳐야 한다. 2022년 4분기부터 장비 발주가 시작될 것으로 예상했다. 아이씨디는 OLED플라즈마 식각 장비 공급을 기대했다. 약세를 보이던 주가는 삼성의 신규투자 발표이후 상승모드로 전환했다.

≫ 영업이익 예측: 2022년(22억 원), 2023년(358억 원), 2024년(149억 원)

삼성디스플레이 설비투자 예상에 따라 2023년 실적이 대폭 개선됨을 알 수 있다. 설비투자가 마무리되는 2024년에는 실적이 2023년 대비 감소할 걸로 예측하고 있다.

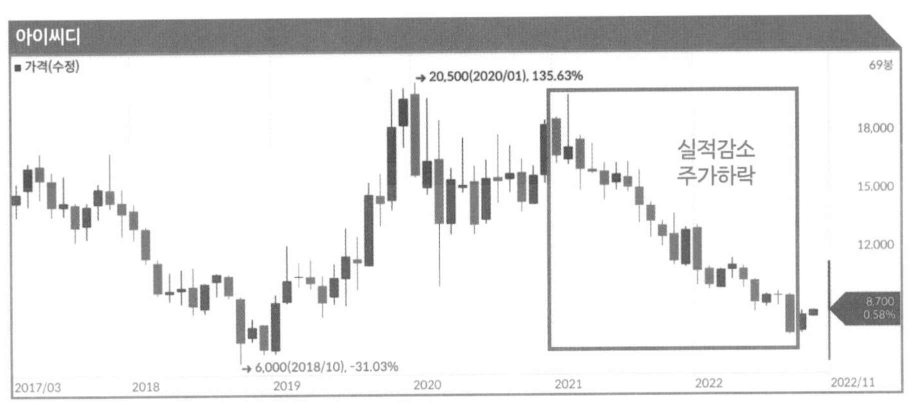

≫ 설비투자가 줄어들면 설비투자 관련 소부장주 주가는 힘을 잃는다. 아이디씨도 2021년과 2022년(예측) 실적이 대폭 줄어들자 주가는 계속 하락했다.

구분(억 원)	2018년	2019년	2020년	2021년	2022년예측
매출액	2,339	1,216	3,089	1,157	1,438
영업이익	397	143	500	17	22

투자전략 | 대기업의 설비투자 유무에 따라 실적이 좌우되는 소부장 기업은 사이클 산업과 같다. 설비투자 수주가 증가하면 실적개선, 수주가 감소하면 실적악화다. 대규모 설비투자는 뉴스나 증권사 리서치자료 리뷰 등을 통해 미리 그 투자기간과 규모를 예측해 볼 수 있다. 네이버 증권 미래 실적예측을 통해서도 확인해 볼 수 있다.

네이버 증권을 통한 삼성전자 미래 실적예측 확인

삼성전자 005930 코스피 2022.12.14 기준(장마감) 실시간 기업개요

종합정보 | 시세 | 차트 | 투자자별 매매동향 | 뉴스·공시 | 종목분석 ❶ | 종목토론실 | 전자공시 | 공매도현황

기업현황 | 기업개요 | 재무분석 | 투자지표 | 컨센서스 ❷ | 업종분석 | 섹터분석 | 지분현황 | 인쇄

재무연월	매출액 (억원)	YoY (%)	영업이익 (억원)	당기순이익 (억원)	EPS (원)	BPS (원)	PER (배)	PBR (배)	ROE (%)	EV/EBITDA (배)	주재무제표
2018.12(A)	2,437,714.2	1.75	588,866.7	438,908.8	6,024	35,342	6.42	1.10	19.63	2.00	IFRS연결
2019.12(A)	2,304,008.8	-5.48	277,685.1	215,050.5	3,166	37,528	17.63	1.49	8.69	4.88	IFRS연결
2020.12(A)	2,368,069.9	2.78	359,938.8	260,908.5	3,841	39,406	21.09	2.06	9.98	6.63	IFRS연결
2021.12(A)	2,796,048.0	18.07	516,338.6	392,437.9	5,777	43,611	13.55	1.80	13.92	4.89	IFRS연결
2022.12(E)	3,085,185.0	10.34	472,965.5	372,304.0	5,481	48,374	10.89	1.23	11.92	3.36	IFRS연결
2023.12(E)	3,043,696.2	-1.34	331,211.7	269,566.0	3,968	51,034	15.04	1.17	7.98	3.71	IFRS연결
2024.12(E)	3,268,187.4	7.38	492,857.8	393,627.5	5,795	55,760	10.30	1.07	10.85	2.69	IFRS연결

≫ 제1권에서 이미 설명했듯이 네이버 증권을 활용해 삼성전자의 미래 실적예측치를 확인할 수 있다. 네이버 증권의 삼성전자 종목 화면으로 들어간다. ① 종목분석 탭의 ②컨센서스 탭을 클릭하면 향후 실적예측치를 확인할 수 있다.

케이스 스터디 141 **계약해지**

단일판매·공급계약 해지

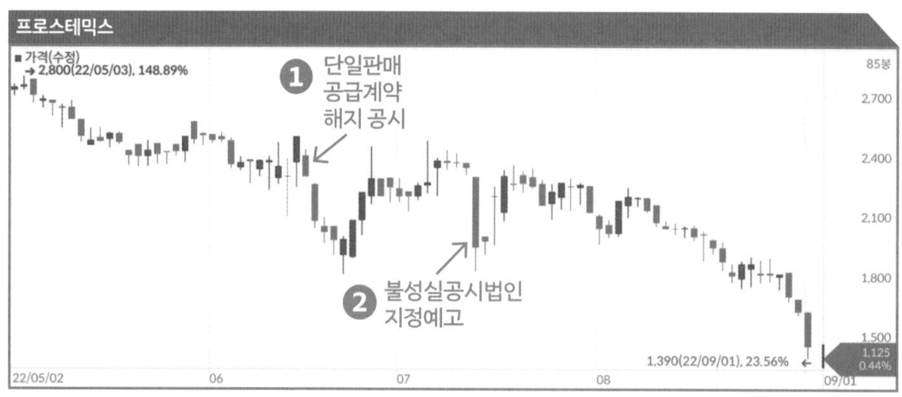

단일판매·공급계약해지		
1. 판매·공급계약 해지내용		엑소좀 줄기세포배양액 앰플 등 공급 계약
2. 해지내역	해지금액(원)	1,220,074,786
	최근매출액(원)	4,719,947,566
	매출액대비(%)	25.85
3. 계약상대방		Stem Cell Pharma SA de CV
-회사와의 관계		-
4. 계약기간	시작일	2019-07-02
	종료일	2022-06-25
5. 주요 해지사유		원자재가격인상과 수급의 어려움으로 인해 제조일정의 차질, 공급불균형등의 상황으로 인해 상호합의하에 해지
6. 해지일자		2022-06-17

≫ ① 지방 줄기세포 화장품, 의료기기 공급업을 하는 프로스테믹스는 12억 원 규모의 공급계약해지를 공시했다. 원자재 가격상승 등으로 만기까지 계약이행이 어려워지자 계약이 해지되었다. 최근 매출액 대비 25% 규모이기에 공시 이후 주가는 하락세를 보였다. ② 공시변경을 이유로 불성실공시법인 지정예고 공시가 나왔다. 불성실공시법인에 지정될 수 있다는 우려감에 주가는 또 한번 하락을 보였다.

≫ **영업이익 추이(단위 : 억 원)** 2019년(-23), 2020년(-12), 2021년(-58)

투자전략 | 수주계약은 호재지만 계약해지는 악재다. 예상한 실적이 줄어들 수 있다. 공시변경에 따른 불성실공시법인 지정 우려도 있다. 적자기업의 경우 수주계약으로 주가를 띄운 뒤에 나중에 계약해지를 공시하는 경우도 상대적으로 많다.

40

복잡한 공시, 형광펜으로 핵심만을 압축하라

공시를 프린트해서 찬찬히 읽어라

재무상태표, 손익계산서 등의 재무제표는 숫자의 나열이다. 컴퓨터 화면으로 보는 숫자는 잘 와닿지 않는다. 주석은 기재된 정보의 양도 방대하다. 공시내용이 많으면 한눈에 들어오지 않는다. 차분하게 집중해서 읽기에는 프린트물이 좋다. 중요한 공시라면 프린트 해서 보길 권한다. 모든 공시를 찬찬히 읽어보는 게 핵심이다. 하나도 빠트리지 말고 일단 읽어보자. 별표도 쳐보고 밑줄도 그어보면 생각이 깊어진다. 아날로그적 감성이 분석에는 더 도움이 된다. 수학과 달리 주식투자에는 감성적인 로직이 필요하다.

(예시) 주식관련사채 발행공시의 경우 리픽싱 조항, 풋/콜옵션 등 기재사항이 많다. 이 모든 걸 컴퓨터 화면에서 보기에는 눈에 잘 들어오지 않는다. 프린트해 두고 찬찬히 의미를 읽어보는 게 좋다.

핵심만 형광펜으로 칠하라

가성비 높은 공시 분석방법은 형광펜 활용법이다. 형광펜으로 핵심만 칠해두면 한눈에 요점이 모두 파악된다. 그 핵심들만 정리해 두면 완벽한 공시 대응책이 나온다. 공시전략이란 수많은 나열 속에서 핵심을 찾아가는 과정이다. 형광펜으로 칠해야 할 핵심은 주요수치, 기준일, 기타사항에 기술된 주요내용 등이다. 이 책 뒤편에서 각 공시별 필수 체크사항들의 사례가 있으니, 그 부분을 먼저 중점적으로 색칠하면서 공시분석을 시작하자.

혼합공시 내용도 복잡하지 않다

두 개 이상의 공시가 혼합되는 경우도 있다. 공시를 각각 분리해서 해석하면 된다. 여러 이벤트가 함께 있어도 공시는 각 사안별로 구분이 가능하다. 각 공시별로 분리한 뒤 주요 특징을 판단하면 된다.

① **유상증자 + 무상증자** 유상증자의 매력을 높이기 위해 무상증자를 더하는 거다. 먼저 유상증자를 하니 유상증자 물량도 무상증자 대상이 된다. ② **무상감자 + 유상증자** 부실기업에서 주로 한다. 무상감자로 주식수 등을 줄인 뒤 유상증자로 투자를 받는다. ③ **공개매수 + 유상감자 + 자진 상장폐지** 공개매수+유상감자를 먼저 한 뒤 자진 상장폐지를 한다. 외국계 투자자본이 기업 인수 뒤 매각하기 위한 수단으로도 활용한다. ④ **액면병합 + 유상감자** 주식수 감소를 위한 수단이다. 액면병합으로 주식수가 줄어든 상태에서 유상감자로 또 한 번 주식수를 줄인다. ⑤ **기업분할 + 합병 또는 매각** 기업을 분할한 뒤 다른 기업과 합치거나 또는 다른 기업에 파는 경우다. ⑥ **인적분할 + 공개매수** 기업을 둘 이상으로 나눈 뒤 공개매수 방식으로 지주회사 체계를 만든다.

≫ 보다 상세한 내용은 뒤에 나오는 공시별 투자전략에서 확인해 보자.

41

공시분석의 3단계 핵심 프로세스

1단계 - 제목과 연관된 중요 숫자를 찾아라

공시에는 중요한 숫자들이 나열된다. 공시제목과 밀접한 것들이 중요한 숫자다. 가령 합병이면 합병비율, 주식교환이면 주식교환비율이다. 무상증자면 신주배정 비율, 단일판매공급이면 판매 공급금액 비중 등이다. 공시 제목과 연관성이 높은 비율이나 숫자를 찾으면 그 공시의 핵심을 꿰뚫는 거다. 핵심비율의 규모에 따라 주가 급등락에 대한 영향력이 결정된다. 중요한 숫자를 찾는 습관을 생활화하면 공시 분석이 보다 쉬워진다.

(예시) 단일판매공급 금액이 기존 매출액의 10%인 경우와 100%인 경우 주가급등의 정도가 다르다. 기존 매출액 대비 100%인 경우가 10%보다 파급효과가 더 크다.

단일판매·공급계약 체결 공시 화면

단일판매 · 공급계약 체결		
1. 판매 · 공급계약 구분		상품공급
- 체결계약명		ESS용 양극소재 중장기 공급계약 체결
2. 계약내역	계약금액(원)	1,051,701,908,249
	최근매출액(원)	1,989,542,181,862
	매출액대비(%)	52.86

≫ 포스코퓨처엠의 단일판매·공급계약 체결 공시다. 매출액 대비 52.86% 비중이 제목과 연관된 중요 숫자다.

2단계 - 기준일을 찾아라

공시에는 여러 일자들이 기록되어 있다. 이사회 결정사항이면 이사회결의일, 주주총회 안건이면 주주총회 예정일, 매매정지기간이 있으면 매매정지 예정일 등이 있다. 감자(증자) 등의 경우 상장 예정일도 있다. 가장 핵심은 기준일이다. 모든 공시에 기준일이 있는지 찾는 게 중요하다. 기준일은 공시 대상자격 여부 판단일이다. 우리 주식시장은 T+2일 결제 시스템(주식매매를 한 다음 2영업일 후 현금이 오고 감)이다. 아파트 매매에서도 잔금을 치러야 등기를 할 수 있다. 주식도 거래대금 결제가 완료되어야 권리가 생긴다. 기준일 2영업일 전까지 매수해야만 기준일에 각종 공시의 권리자격이 부여된다. 유무상증자, 배당 등의 경우에도 기준일 2영업일 전까지 매수해야 한다.

현금·현물배당 공시 화면

현금 · 현물배당 결정

1. 배당구분		분기배당
2. 배당종류		현금배당
- 현물자산의 상세내역		-
3. 1주당 배당금(원)	보통주식	361
	종류주식	361
- 차등배당 여부		미해당
4. 시가배당율(%)	보통주식	0.7
	종류주식	0.7
5. 배당금총액(원)		2,452,153,599,250
6. 배당기준일		2022-09-30

≫ 삼성전자 분기배당 공시 화면이다. 배당기준일이 9월 30일(금)로 기준일 2영업일 전인 9월 28일(수)까지 매수해야만 배당을 받는다.

3단계 - 기타사항에 핵심이 숨어 있다

공시에는 「기타 투자판단에 참고할 사항」이 기재되곤 한다. 모든 공시 맨 하단에 주로 있다. 재무제표 주석처럼 서술형으로 기술되어 있다. 양이 많다 보니 읽지 않고 넘기는 경우가 많다. 하지만 기타사항에 공시의 핵심이 숨어 있기도 하다. 가령 「주식관련사채 주식청구권 행사」 공시에서 보면, 기타사항에 향후 청구예상 물량이 기재되어 있다. 「제3자 유상증자」의 경우 기타사항에 제3자가 기재되어 있다.

프린트해서 공시를 보자는 이유에는 기타사항을 세밀하게 읽기 위함도 있다. 중요한 공시라면 기타사항을 핵심만 꼼꼼하게 정리해 두자. 형광펜으로 칠하고 이를 분석표에 한 줄 코멘트로 기재해 보자.

42

종목분석을 원한다면 핵심 공시 10개를 찾아라

종목을 분석한다면 3~5년간 공시를 찾아라

공시는 최소 3년은 리뷰해야 한다. 좀더 세밀하게 보자면 5년을 봐야 한다. 네이버 증권에서 공시 제목만으로 스크린해 보자. 호재 또는 악재별로 구분해 보고 중요 공시는 프린트해서 보자. 아빠는 관심 있는 공시들은 컴퓨터 창에 여럿 띄워놓는다. 제목만 보고 일단 띄워놓은 다음, 대략 읽어보고 중요도가 떨어지면 삭제해 나간다. 중요한 것들만 프린트해서 분석해 나간다.

호재를 찾았다면 악재 공시가 숨어 있는지도 살펴라

분석할 종목을 선택하는 핵심은 호재 이슈가 있느냐다. 강렬한 호재일수록 주가

상승 가능성이 높아 분석할 맛이 난다. 분석할 종목을 선택했다면 이후 종목분석에서는 악재 공시에 보다 주목해야 한다. 매력적인 호재는 발견했으니 이젠 리스크를 최소화하는 데 집중하는 거다. 심한 악재가 있다면 과감히 투자대상에서 탈락시키자. 악재는 크게 두 가지 포인트로 생각하면 된다. 첫째, 실적악화를 유발하는 요인이 있는가. 둘째, 주식수 증가를 부르는 요인이 있는가다. 두 요인 모두 기업의 주가를 낮추는 악재 요소다.

악재 공시의 실적악화 연관 여부

실적악화 관련 악재	실적악화 무관 악재
실적악화, 배당축소	최대주주/자기주식 매도, 물적분할(인적분할), 주가급등 거래소 조치(투자경고종목 지정 등), 불성실공시법인 지정, 공매도 증가, 유상증자, 주식관련사채 발행, 주식관련사채 주식청구, 주식관련사채 리픽싱 등

핵심 공시를 10개 이내로 압축해 보자

3~5년간 공시 중 핵심 공시를 10개 이내로 압축해 보자. 수십, 수백 개의 공시 중 10개 이내로 압축하는 것은 핵심만 뽑아내기 위함이다. 그래야만 머릿속이 정리된다. 핵심만 뽑아낼 수 있다면 이미 분석은 반쯤 끝났다. 동일한 제목 공시는 하나로 통합해서 보면 된다. 가령 배당이라면 3년치 배당을 모아서 볼 수 있다.

43

공시분석표를 써라

공시분석표로 핵심만 압축하라

형광펜으로 칠해둔 핵심사항을 공시분석표로 만들어 보자. 핵심에 핵심을 더하는 셈이다. 공시분석표를 만들어 두면 머릿속에서 정리가 더 쉽다. 분석표라고 하지만 복잡함을 잊기 위한 요약집이 되어야 한다. 10분이면 완성가능한 마법의 공시분석표다. 총 5단계로 구성되어 있다. 각 단계는 ① 중요한 숫자 ② 핵심 키워드 ③ 기준일 ④ 투자전략 ⑤ 별점이다. 중요한 것만 한 줄 코멘트 형식으로 기록한다.

마법의 공시분석표 5단계 예시

구분	한 줄 코멘트	별점
1. 중요한 숫자		
2. 핵심 키워드		
3. 기준일		
4. 투자전략		

① **중요한 숫자** 공시 제목과 연관된 중요한 숫자를 적는다. ② **핵심 키워드** 공시에서 중요하게 언급한 내용들이다. 가령 자기주식 소각이면 이익소각 여부 등을 기재한다. 유상증자라면 주주배정 여부 등이 되겠다. ③ **기준일** 유무상증자, 배당 등 권리를 결정하는 기준일을 확인한다. ④ **투자전략** 내 생각을 한 줄 코멘트로 정리하는 거다. 가령 주주배정 유상증자라고 하면 신주인수권증서 매매를 할지, 유상증자 배정을 받을지, 배정받은 주식을 언제 팔지 등을 기록해 둔다. ⑤ **별점** 분석결과 투자매력도를 판단한다. 매력도가 높다면 높은 별점을 주면 된다. 가령 투자매력도가 높다면 별점 1개, 매우 높다면 2개를 부여한다.

한 줄 코멘트, 압축의 기술이 필요하다

공시분석표는 핵심 요약집으로 길게 기술할 필요가 없다. 딱 핵심만 쓰면 된다. 가급적 어조사나 서술문구를 생략하면 더 좋다. 예를 들어 '유상증자에 참여하겠다'보다 '유증 참여'가 깔끔한 코멘트 방식이다. 압축에 압축을 더하는 심플함이다.

공시분석에 포스트잇을 활용하라

공시분석표에 포스트잇을 활용하는 것도 방법이다. 포스트잇을 활용하면 작은 종이에 핵심만 간결히 적어 넣을 수 있다. 또한 많은 내용을 적을 필요가 없어 심적 부담감이 줄어들고 탈·부착도 간편하다. 포스트잇에 분석을 한 뒤 프린트한 공시자료에 붙여 놓는다. 제1권에서 소개한 종목분석표에 붙여둘 수도 있다. 종목분석을 할 경우 3~5년간 공시를 리뷰한 뒤 핵심만 10개 이내로 고른다. 그 다음 포스트잇별로 개별 공시를 분석하고, 이를 종목분석표에 함께 붙여놓는 식이다.

공시분석표 분석사례(에코프로비엠 유무상증자 2022.4.6.)

구분	한줄 코멘트	별점
1. 중요한 숫자	1) 5,000억 원 규모 유상증자(전체 주식수 대비 신주 비중 6.99%) 1주당 0.056주 배정 2) 1주당 3주 배정 무상증자	★★★
2. 핵심 키워드	1) 유상증자 목적: 해외투자 목적 4,700억 원 2) 유상증자 방법: 주주배정 후 실권주 일반공모 청약예정일: 6월 16일~17일 신주인수권증서 상장: 5월 30일~6월 7일	
3. 기준일	1) 유상증자 신주배정기준일: 5월 10일 2) 무상증자 신주배정기준일: 6월 28일	
4. 투자전략	1) 설비투자 목적 유상증자는 호재 2) 1주당 3주 무상증자 권리락 기대감 전략 1) 유상증자 청약(또는 신주인수권증서 매도) 전력 2) 무상증자 참여(또는 권리부일 부근 매도) 전략 3) 무상증자 권리락 착시효과 시 매도	

7장

공시 사례와 투자전략 ①

유무상증자 / 감자

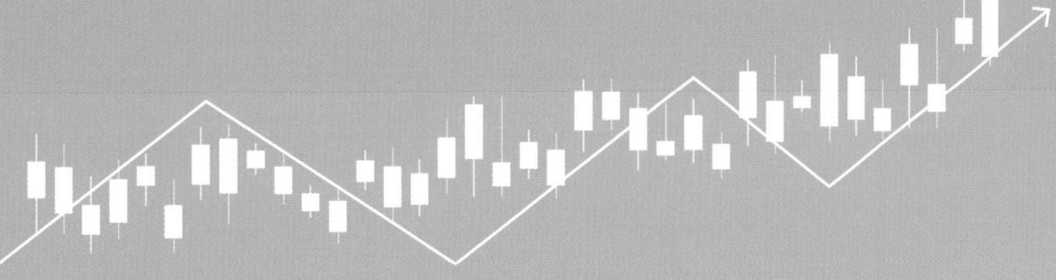

44

유무상증자 핵심 정보

유무상증자의 정의

자본금은 주식수와 액면가의 곱셈이다. 증자(더할 증增, 재물 자資)는 주식수를 늘려 자본금을 증가시키는 행위다. 유상(有償)증자와 무상(無償)증자로 나뉜다. 상은 '갚을 상(償)'으로 투자자가 돈을 내고 주식을 받으면 유상증자, 공짜로 주식을 받으면 무상증자라고 한다. 참고로 자기주식(자사주)은 유무상증자 대상에서 제외한다.

① 유상증자는 일반적으로 악재다. 유상증자 공시로 주가는 하향곡선을 그린다. 유상증자는 투자자에게 돈을 받고 새로운 주식을 파는 행위다. 늘어난 주식수만큼 주가희석 효과가 크다. 동일한 시가총액 유지를 위해 증가한 주식수만큼 주가를 낮춰줘야 해서다.

(예시) 주식수 10주, 주가 1만 원이면 시가총액은 10만 원(10주 × 1만 원)이다. 10주가 늘어나는 유상증자를 하면 주식수가 20주가 된다. 주가는 5,000원으로 조정되어야 한다. 그래야 동일하게

시가총액이 10만 원(20주 × 5,000원)이 된다.

(유상증자 전) 주가 1만 원 × 주식수 10주 = 시가총액 10만 원

(유상증자 후) 주가 5,000원 × 주식수 20주 = 시가총액 10만 원

기존 1주를 보유한 주주(유상증자 불참)는 유상증자 후에도 1주(매수단가 1만 원)만 보유하게 된다. 유상증자로 인해 5,000원의 손해를 보게 된다.

② 무상증자는 일반적으로 호재다. 공짜로 주식수 증가를 가져오기 때문이다. 주주 입장에서는 손해보는 일 없이 주식수가 늘어난다. 호재라 여기기에 무상증자 공시 전후 주가는 상승한다. 다만 무상증자도 늘어난 주식수만큼 주가를 하향조정해 준다.

(예시) 주식수 10주, 주가 1만 원일 경우 시가총액은 10만 원이다. 주식수가 20주가 되면 동일한 시가총액 유지를 위해 주가는 5,000원이 되어야 한다.

(무상증자 전) 주가 1만 원 × 주식수 10주 = 시가총액 10만 원

(무상증자 후) 주가 5,000원 × 주식수 20주 = 시가총액 10만 원

유상증자와 동일하게 주가는 5,000원으로 낮아졌다. 다만 주주 입장에서는 1주가 2주가 되기에 손해 보지 않는다. 무상증자 전 1만 원 1주가 무상증자 후 5,000원 2주가 되기 때문이다.

무상증자는 공짜로 주식을 줄 만큼 회사가 우량하다는 이미지를 준다. 주가조정 이후 주가가 싸 보이는 착시효과도 있다. 무상증자 전 발행주식수가 적거나 무상증자 규모가 클수록 주가상승 효과가 크다. 기존에 유통주식수가 적었던 경우 무상증자로 주식수가 늘어나 거래가 활발해질 수도 있다. 다만 무상증자는 실적개선과는 무관한 이벤트다. 무상증자 이슈만으로 장기간 주가상승은 어렵다. 무상증자가 끝나고 나면 주가는 실적과 기업가치에 맞게 제자리를 찾아간다.

주식 등 발행한도 증액

회사 정관에는 주식 등(주식관련사채 포함) 발행한도(수권자본금)을 정해둔다. 발행한도가 다 찰 경우 주주총회 특별결의를 통해 한도를 늘릴 수 있다. 주식 발행한도 증액을 위한 주주총회 개최는 악재다. 향후 유상증자 또는 주식관련사채 발행이 발생할 가능성이 높아져서다.

≫ 주주총회 「보통결의」는 출석한 주주 의결권의 1/2과 발행주식총수의 1/4 이상의 수로 결의, 「특별결의」는 출석한 주주 의결권의 2/3 이상의 수와 발행주식총수의 1/3 이상의 수로써 하는 결의다.

≫ 수권자본금은 이사회에서 증자할 수 있는 최대 자본금으로 회사 정관(회사규칙)에 기재된다. 납입자본금은 수권자본금 범위 내에서 실제 주식을 발행해 인수납입이 완료된 자본금이다.

공모와 사모

유상증자는 공모(공평할 공公, 모을 모募)와 사모(사사 사私, 모을 모募)로 구분한다. 공모는 투자권유 대상이 50인 이상, 사모는 50인 미만 소수일 경우다. 공모펀드와 사모펀드에서 쓰이는 공모, 사모도 50인 기준이다. 공모주 청약도 50인 이상 불특정 다수에 대한 공개모집 의미다. 새로운 주식(신주)를 발행해 이를 공모하면 모집, 기존 발행된 주식(구주)이면 매출이라 한다. 신주모집, 구주매출로 주로 표현한다.

무상증자 재원

무상증자의 재원은 자본잉여금이다. 주식발행초과금, 감자차익, 합병차익, 회사분할차익 등은 자본잉여금 항목이다. 무상증자는 투자자 도움 없이 자본잉여금을 자본금 항목으로 옮기는 과정이다. 증자는 자본금을 증가시키는 행위기 때문이다. 자본금과 자본잉여금 모두 자본총계 구성항목이다. 자본총계 내의 이동이므로 무상증자 후 자본총계에는 변화가 없다. 적자 부실기업도 무상증자가 가능하다. 무상증자 재원이 이익잉여금(당기순이익 누적액)이 아닌 자본잉여금이기 때문이다. 무상증자하는 기업의 실적을 체크할 필요가 있겠다. 우량기업으로 이미지 세탁을 위해 부실기업임에도 무상증자를 할 수 있어서다.

≫ 자본잉여금 50이 자본금으로 이동해 자본금이 100(50→100)이 되었다. 자본총계 내 이동(자본잉여금 → 자본금)이므로 무상증자 후 자본총계의 변화는 없다.

유상증자 방식

① 주주배정 ② 주주우선공모 ③ 제3자배정 ④ 일반공모가 있다. ① 주주배정은 기존 주주(구주주)에게만 유상증자 청약자격을 부여한다. 기존 주주(구주주)에게는 새로운 주식을 받을 권리인 신주인수권증서가 부여된다. 신주인수권증서는 주주배정 방식에만 적용이 가능하다. 기존 주주입장에선 주주배정 방식이 그나마 나은 선택이다. 주주배정 방식이 아닌 경우 기존 주주의 지분율이 낮아질 수 있어서다.

(예시) A기업이 100주의 주식을 발행했고 최대주주 B가 50주를 보유하고 있다. 최대주주 지분율은 50%다. 하지만 A기업이 C에게 50주를 제3자배정 방식으로 유상증자를 하면 최대주주의

지분율은 33.3%로 내려간다.

(유상증자 전) A 보유주식수 50주 ÷ 총 발행주식수 100주 = 50.0%

(유상증자 후) A 보유주식수 50주 ÷ 총 발행주식수 150주 = 33.3%

② 주주우선공모는 주주를 대상으로 하나, 배정받을 주식을 확정하지 않는다. 청약 경쟁률에 따라 주식을 배분한다. 주주배정과 달리 신주인수권증서가 없다. ③ 제3자배정은 특정인을 정해두고 그 특정인에게만 유상증자를 한다. ④ 일반공모는 모든 이에게 청약기회가 부여된다.

≫ 제3자배정 방식은 제3자를 공시에서 알려준다. 제3자가 누구인지 알아둘 필요가 있다. 우호세력, 기관투자자, 최대주주 여부 등을 체크해 보자.

실권주 처리

실권(잃을 실失, 저울추 권權)은 권리를 잃었다는 의미다. 주식청약을 포기한 주식들이다. 주주배정 후 실권주 일반공모 방식은 먼저 기존 주주만 청약할 수 있도록 주주배정을 한다. 그 후 실권주가 생기면 모든 이가 청약할 수 있는 일반공모 방식을 추가로 적용한다. 실권주는 유상증자를 담당하는 증권사(주관회사, 인수회사)에서만 청약할 수 있다. 공모주도 공모를 담당하는 증권사에서만 청약할 수 있다. 반면 실권주를 제외한 유상증자는 모든 증권사에서 청약이 가능하다.

≫ 주식인수는 출자(자금을 내는 일)를 통해 주주의 지위를 얻는 걸 말한다. 즉, 신주발행 주식에 투자하는 행위다. 인수회사는 인수와 청약 등을 담당한다. 주관회사(주간사)는 인수회사를 대표한다. 인수조건 결정, 인수청약 업무총괄 등을 담당한다. 주관회사가 1개사이면 대표주관회사, 2개사 이상이면 공동주관회사라고 칭한다.

단수주 처리

유상증자의 경우 1주 미만 단수주(단주)는 버린다. 가령 주주배정 유상증자의 배정물량이 15.5주라면 0.5주는 버리고 15주만 주식이 배정된다. 버려지는 단수주는 모아서 실권주 처리한다. 실권주는 초과청약이나 일반공모 물량으로 사용한다. 반면 무상증자나 주식배당은 단수주(단주)를 현금으로 지급한다. 공짜로 주식을 주는 만큼 주주에게 유리하게 처리한다. 신주상장 첫날 종가를 기준으로 현금 지급한다.

신주상장 절차

제3자배정은 미리 대상자를 정해두기에 청약 절차가 없다. 주주배정 방식 절차가 훨씬 복잡하다.

- 제3자배정 절차: ① 납입 ② 신주상장 (청약 절차가 없음)
- 일반공모 절차: ① 청약 ② 납입 ③ 신주상장
- 주주배정 後 실권주 일반공모 절차: ① 발행예상가액 ② 1차 발행가액 ③ 권리부/권리락(신주배정기준일) ④ 2차 발행가액/최종 발행가액 확정 ⑤ 청약 ⑥ 납입 ⑦ 실권주 일반공모(청약/납입) ⑧ 신주상장

신주 발행가액 산정

일반공모나 제3자배정은 신주 발행가액을 미리 정해둔다. 반면 주주배정은 공시발표일에는 예상액만 정해둔다. 최종 발행가액은 나중에 1차 발행가액과 2차 발행가액 중 낮은 가격으로 정해진다.

「주주배정」 방식의 유상증자 공시는 처음에 「주요사항보고서(유상증자 결정)」으로 공시한다. 최초 공시를 한 이후 발행가액이 변경될 때마다 정정공시를 낸다. 즉, 1차 발행가액, 최종 발행가액마다 정정공시가 나온다. 기존 공시 앞에 '기재정정'이라는 이름을 덧붙여 공시한다. 마지막 정정공시가 최종 발행가액이 기재된 공시다. 자금조달 규모는 발행가액에 발행주식수를 곱해서 나온다. 하지만 발행가액이 최초 예상보다 높아지면 자금조달 규모도 늘어나게 된다.

≫ 제3자배정은 대부분 사모방식이다. 사모방식의 경우 증권신고서 공시대상이 아니다. 대신, 신주발행 물량 전체에 대해 1년간 보호예수(일정기간 매도금지)를 걸어둔다.

주주배정 유상증자 주요사항보고서 공시 화면

번호	공시대상회사	보고서명	제출인	접수일자
5	코 에코프로비엠	[기재정정]주요사항보고서(유무상증자결정) ③ 최종 발행가액	에코프로비엠	2022.06.14
6	코 에코프로비엠	[기재정정]주요사항보고서(유무상증자결정) ② 1차 발행가액	에코프로비엠	2022.05.06
7	코 에코프로비엠	주요사항보고서(유무상증자결정) ① 최초 공시	에코프로비엠	2022.04.06

≫ ① 에코프로비엠이 최초 주주배정 유상증자 공시를 한 후 ② 1차 발행가액 확정 ③ 최종 발행가액 확정 후 공시한 예시다.

신주 발행가액 할인율

일반적으로 유상증자는 기준주가를 정한 뒤 할인발행한다. 할인율로 인해 유상증자 발행가액이 낮아진다. 유상증자 발행가액이 현재 주가보다 낮다면 신주상장 직후 차익실현 투매가 나올 수 있다. 주주배정 방식은 할인율을 자유롭게 정할 수 있다. 기존 주주를 대상으로 하기에 할인율을 높여도 기존 주주가 손해볼 일이 적다. 반면 기존 주주 보호를 위해 일반공모 방식은 최대 30%, 제3자배정은 최대 10%

까지로 할인율을 제한한다.

신주인수권증서 거래

주주배정 유상증자는 기존 주주에게 새로운 주식(신주)을 받을 권리를 준다. 이를 신주인수권증서라 한다. 신주는 새로 발행하는 주식이다. 신주인수권증서에는 이름 끝에 R이 붙는다. R은 권리란 의미인 'Right'의 앞 글자만 따왔다. 가령 에코프로비엠 15R은 에코프로비엠이 15번째 발행하는 신주인수권증서란 의미다. 유상증자를 받지 않겠다면 신주인수권증서를 팔 수 있다. 반대로 신주인수권증서를 사면 기존 주주가 아니어도 청약할 권리가 생긴다. 신주인수권증서 매매는 상하한가 가격제한폭이 없다. 대신에 지정가로만 주문이 가능하다. 신주인수권증서(R)는 유상증자 전 5영업일 정도만 거래할 수 있다. 유상증자 공시에도 신주인수권증서 거래일을 알려준다. 신주인수권증서는 분리형 신주인수권부사채(BW)의 신주인수권증권(WR)과 구분해야 한다. 신주인수권부사채는 신주인수권증권(WR)이 부여된(붙을 부附) 회사채다. 분리형 신주인수권부사채는 WR과 채권을 분리할 수 있다.

신주배정기준일/권리부(권리락)

유무상증자 공시에는 기준일이 나온다. 기준일은 공시 대상자를 확정하는 날이다. 기준일에 주식을 보유한 자에 대해서만 권리를 인정한다. 하지만 기준일에 매수하면 권리가 없다. 기준일 2영업일 전까지 매수해야 권리가 생긴다. 주식시장은 T+2일 결제 시스템이기 때문이다. 기준일 2영업일 전을 권리부, 1영업일 전을 권리락이라 한다. 부는 붙을 부(附), 락은 떨어질 락(落)이다. 즉, 권리에 붙은 날이니 권리부에는 권리가 있다. 반면 권리락은 권리에 떨어졌으니 권리가 없다. 얼마나 주식을 오래 보유했는지는 중요하지 않다. 권리부일 장마감(시간외매매 포함) 이후 주식을 보유하고 있으면 된다. 권리락일 이후 매도해도 주식 받을 권리는 그대로 유지된다.

≫ 영업일(Working Day)은 달력 일자(Calendar Day)와는 다르다. 증권거래소가 일하는 날 기준이다. 가령 기준일이 월요일이면 휴일(토요일, 일요일)을 제외한 2영업일 전인 전주 목요일이 권리부다.

목요일	금요일	토요일	일요일	월요일
2	3	4	5	6
권리부(T+2일)	권리락(T+1일)	휴일	휴일	기준일(T일)

유무상증자는 권리부(권리락), 배당은 배당부(배당락)이라 한다. 기본 개념은 동일하다. 기준일 2영업일 전이면 권리부(배당부), 1영업일 전이면 권리락(배당락)이다. 유무상증자나 주식배당 모두 권리락일(배당락일)에는 주가조정을 한다. 참고로, 권리부와 배당부가 동시에 있으면 권배부라고 한다. 12월 31일 기준일 기준 무상증자와 배당을 동시에 하는 경우가 권배부다.

(예시) 유한양행은 무상증자와 현금배당을 12월 말에 동시에 하기에 권배부, 권배락이라 표시한다. 2021년 말 기준 무상증자(보통주와 우선주 각각 주당 0.05주), 현금배당(보통주 400원·시가배당률 0.61%, 우선주 410원·0.67%)을 했다.

배당기산일

유무상증자 공시에는 배당기산일이 적혀 있다. 배당기산일은 배당 시작점이다. 배당기산일은 공시발표일이 포함된 해당연도 1월 1일이다. 가령 2023년 4월에 유상증자 공시를 발표했다면 배당기산일은 2023년 1월 1일이다. 4월에 발표한 증자 공시라도 배당 시작점을 그해 1월 1일로 소급해 주겠다는 의미다.

≫ 배당기준일은 배당공시에, 배당기산일은 유무상증자 공시에 나오는 항목이다. 배당기산일은 모든 유무상증자 공시마다 해당연도 1월 1일로 쓰여 있기에 크게 신경 쓰지 않아도 된다.

권리락 주가조정

무상증자는 증자권리가 소멸하는 권리락일에 주가를 낮게 조정해 준다. 주가가 낮아져 권리락 착시효과가 발생한다. 권리부일 대비 하향조정된 주가로 인해 주가가 저렴해 보인다. 권리락 착시효과를 노리는 단타세력들이 권리락일에 주가급등을 만든다.

(예시) 에코프로비엠 무상증자의 경우 권리부일 497,400원이던 주가는 권리락일 124,700원으로 주가가 하향조정되었다. 1주당 3주를 무상으로 주다 보니 주가가 대략 1/4 수준으로 낮아진 것이다. 권리락일 권리락 착시효과로 주가가 상승세를 보였다.

무상증자 권리락 주가조정 산식

(권리부일 종가 × 증자 전 주식수) ÷ 증자 후 주식수

유무상증자 권리락 주가조정 산식은 '{(권리부일 종가 × 증자 전 주식수) + 신주 납입금액} ÷ 증자 후 주식수' 인데 무상증자의 경우 신주 납입금액이 0원이기에 '(권리부일 종가 × 증자 전 주식수) ÷ 증자 후 주식수' 산식이 나온다. 1주당 1주씩 주는 100% 무상증자를 할 경우 주가는 대략 50% 하향 조정된다고 생각하면 편하다.

≫ 에코프로비엠의 경우 권리락일(2022. 6. 27.)과 신주상장일(2022. 7. 15.)간에 2주일 이상의 차이가 났다. 권리락일 주가는 낮아진 반면 신주는 아직 계좌에 입고되지 않았다. 낮아진 주가로 인해 일시적으로 보유잔고가 평가손실로 보인다. 신주가 입고되고 나서야 손실로 보이는 부분이 사라진다.

신주상장 권리매도

신주상장 2영업일 전부터 매도가 가능한데 이를 권리매도라 한다. MTS(HTS)에서도 권리매도 항목이 별도로 있다. 제3자배정은 대부분 소수에게 집중된 사모 형식이다. 상장일 2영업일 전 특정 증권사 창구(주관사)에서 대규모 권리매도 물량이 나올 수 있다. 권리매도 가능일 특정 증권사 창구에서의 과다 매도물량 여부를 체크해 보자. 권리매도 투매가 끝났다면 저점매수 관점에서 접근해 볼 수 있다. 상장일 3영업일 전에 추가상장 공시가 나온다. 이 공시가 나오면 상장일 2영업일 전부터 권리매도 실행 여부를 체크하면 된다.

유무상증자와 ROE

ROE(자기자본이익률 = 당기순이익 / 자기자본)는 분자인 당기순이익이 증가하거나 분모인 자기자본이 낮아져야 좋아진다. 실적개선은 당기순이익을 증가시키는 요소다. 자기자본 인하 요인은 현금배당, 자기주식 매수 등이 있다.

≫ 자기자본은 자본총계의 다른 표현이다. 자본총계는 자본금, 자본잉여금, 이익잉여금 등이 있다. 당기순이익은 결산기말 이익잉여금에 누적된다. 당기순이익 증가가 이익잉여금 증가로 이어진다. 이익잉여금이 현금배당, 자기주식 매수 등에 쓰이면 이익잉여금이 감소하게 되고 자기자본은 낮아진다.

반면 자기자본이 증가하는 요인은 유상증자다. 유상증자로 자본금과 자본잉여금이 증가한다. ROE에 부정적 요인이 된다. 무상증자는 자본총계 내 이동(자본잉여금 → 자본금)이므로 ROE 변동과는 무관하다.

≫ 유상증자는 주주의 돈으로 자본을 늘린다. 유상증자 발행가액은 '액면가 + 액면가 초과금액'으로 구성된다. 액면가 500원인 회사 주식을 1만 원에 유상증자한다고 가정하자. '액면가

500원+액면가 초과금액 9,500원'이다. 액면가 500원은 자본금, 액면가 초과금액 9,500원은 주식발행초과금이다. 주식발행초과금은 자본잉여금에 속한다.

신주 발행가액 산정방식 예시

제3자배정 신주 발행가액 예시

1. ⓐ 이사회결의일 전일을 기산일로 해 과거 1개월간, 1주일간, 최근일 각각의 가중산술평균주가를 산술평균한 가격

≫ 가중산술평균주가 : 특정기간 동안 해당 종목의 총 거래금액을 총 거래량으로 나눈 가격

ⓑ 최근일 가중산술평균주가

2. ⓐ와 ⓑ중 낮은 가격이 기준주가
3. 기준주가에 할인율(최대 10%) 적용
4. 호가단위 미만은 절상, 액면가액 미만은 액면가액이 발행가액

≫ 호가단위 : 2천원 미만 1원, 2천원~5천원 미만 5원, 5천원~2만 원 미만 10원, 2만 원~5만 원 미만 50원, 5만 원~20만 원 미만 100원, 20만 원~50만 원 미만 500원, 50만 원 이상 1,000원

주주배정 신주 발행가액 예시

1. 발행예정가액: 기준주가(이사회 개최일 대비 1개월, 1주일, 최근일 주가 평균)에 일정 할인율 적용
2. 1차 발행가액: 기준주가(신주 배정기준일 3일 전 대비 1개월, 1주일, 당일 주가 평균)에 일정 할인율 적용
3. 2차 발행가액: 기준주가(청약일 2일 전 대비 1주일, 당일 주가 중 낮은 금액)에 일정 할인율 적용
4. 최종 발행가액: 1차 발행가액과 2차 발행가액 중 낮은 가격으로 결정

≫ 1차 발행가액 확정(신주배정기준일 3영업일 전), 2차 발행가액 확정(청약일 3영업일 전)

≫ 예외: 최종 발행가액이 청약일 전 3~5거래일 가중산술평균주가 대비 40% 할인된 가격보다 낮을 경우 40% 할인가로 적용

유상증자 청약

유상증자 청약방법 유상증자는 청약기간 동안 청약을 해야 한다. 주주배정 방식도 청약하지 않으면 주식을 받을 수 없다. 청약신청은 증권사 MTS(HTS)로 쉽게 할 수 있다. 유상증자 청약은 모든 증권사에서 가능하다. 다만 공모주나 실권주는 해당 청약을 담당하는 증권사에서만 청약이 가능하다. 유상증자 청약은 보통 2영업일간 진행된다. 무상증자는 별도의 청약절차가 없다.

청약 증거금 청약을 하려면 계좌에 청약대금이 미리 있어야 한다. 유상증자나 실권주 청약은 청약대금의 100%를 납부해야 한다. 가령 주주배정 방식은 배정금액(배정받은 주식수 × 유상증자 발행가액), 일반공모 방식은 원하는 청약물량의 100%만큼 현금이 계좌에 있어야 한다. 반면 공모주 청약은 청약대금의 50%만 납부해도 된다.

초과청약 주주배정 방식의 경우 배정신주 1주당 0.2주까지 초과청약이 가능하다. 가령 5주를 배정받았다면 5주의 20%인 1주를 초과청약할 수 있다. 실권주 일반공모에 앞서 초과 청약분에 대해 실권주를 먼저 배정한다.

납입일 납입일은 증권사에서 유상증자하는 회사로 유상증자 대금을 입금하는 날이다. 청약에 떨어진 청약신청자에게 대금을 돌려주는 날이기도 하다. 일반적으로 청약하고 2영업일 후가 납입일이다.

ROA, ROE, ROIC

ROA	ROE
당기순이익 / 자산	당기순이익 / 자기자본

≫ 연결재무제표일 경우 당기순이익으로 지배주주지분을 활용

① **ROA(Return On Assets, 총자산순이익률)** 자산으로 얼마의 수익을 얻는지 비교하는 지표다. 당기순이익을 자산으로 나눠준다. 업종별로 ROA 편차가 크기에 동일 업종 내 기업들 간 비교기준으로 사용하는 것이 좋다. **초기 설비투자 비용이 큰 정유나 철강 등은 자산 규모가 크기에 ROA가 낮을 수밖에 없다.**

② **ROE(Return On Equity, 자기자본이익률)** 주주의 돈인 자기자본(자본총계)으로 얼마의 수익을 얻는지 비교하는 지표다. 당기순이익을 자기자본으로 나눠준다. **ROE를 높이기 위해선 분자인 당기순이익을 늘리거나 분모인 자기자본을 줄이면 된다.** 실적개선으로 당기순이익이 증가할수록 ROE는 올라간다. 현금배당을 많이 하게 되면 분모인 자기자본이 줄어든다. 자기주식도 자기자본 차감항목이다. 자기주식은 배당과 마찬가지로 배당가능이익 범위 내 매수가 가능하다. 현금배당과 자기주식 매수 덕분에 높은 ROE 유지가 가능하다. 워런 버핏은 ROE가 꾸준히 15% 이상 나오는 기업에 투자하라고 조언한 바 있다. ROA나 ROE는 높을수록 좋다.

③ ROIC(Return On Operating Invested Capital, 투하자본이익률) ROIC는 투자한 자본(Invested Capital)에 대한 이익률(Return)이다. ROIC는 세후영업이익을 순영업자산으로 나눠준다.

ROIC = 세후영업이익(NOPLAT) ÷ 순영업자산(IC)

* NOPLAT: Net Operating Profit Less Adjusted Taxes, 세후영업이익
IC: Invested Capital, 순영업자산

세후영업이익은 영업이익에서 법인세를 차감한다. 순영업자산은 영업자산에서 영업부채(비이자발생부채)를 뺀 개념이다. 영업에 순수하게 사용된 자산이다. 영업투하자본(Operating Invested Capital)으로도 표현한다. ROIC는 높을수록 좋다. 영업자산을 잘 이용해 높은 영업이익을 얻는 거다. **설비자산을 많이 보유한 중후장대 기업의 경우 순영업자산을 효율적으로 운영하고 있는지가 중요하다.** ROIC 지표를 확인할 필요가 있다. 중후장대(무겁고, 두텁고, 길고, 큰 것) 기업은 철강, 화학, 자동차, 조선 등의 제조업을 말한다.

네이버 증권에서 ROE, ROA, ROIC 찾는 방법

항목	2018/12 (IFRS연결)	2019/12 (IFRS연결)	2020/12 (IFRS연결)	2021/12 (IFRS연결)	2022/12 (IFRS연결)	전년대비 (YoY)
ROE	19.63	8.69	9.98	13.92	17.07	3.15
ROA	13.83	6.28	7.23	9.92	12.72	2.80
ROIC	26.33	12.76	15.91	20.33	13.70	-6.64

≫ 네이버 증권에서 삼성전자 종목 화면으로 들어간다. ① 종목분석 탭의 ② 투자지표 탭을 클릭하면 ③ 투자분석의 수익성 지표에서 ④ ROE 등 관련 지표를 확인할 수 있다.

45

유무상증자 투자전략

유상증자는 악재, 무상증자는 호재다

공짜로 주식을 얻는 무상증자는 호재, 돈을 주고 주식을 사는 유상증자는 악재다. 무상증자나 유상증자 모두 주식수 증가를 가져온다.

100% 증자라면 주식수가 2배로 늘어난다. 동일한 시가총액 유지를 위해 주가를 절반으로 낮춰준다. 유상증자는 증자 전 1주 1만 원이던 주식이 5,000원 1주가 되니 손해다. 반면 무상증자는 5,000원짜리 주식 2주를 갖기에 손해가 없다.

(증자 전) 주가 1만 원 × 주식수 10주 = 시가총액 10만 원

(증자 후) 주가 5,000원 × 주식수 20주 = 시가총액 10만 원

≫ (증자 전) 1만 원 1주 -> 유상증자 5,000원 1주(5,000원 손해), 무상증자 5,000원 2주(손해 無)

유무상증자 신주상장일에는 단기 차익매물이 나올 수 있다. 권리매도일부터 거래량을 체크할 필요가 있다. 신주상장일 부근 거래량을 동반한 주가급락은 단기저점일 수 있다.

유상증자, 자금조달 목적으로 호재(악재)를 구분하라

일반적으로 유상증자는 주가희석 효과를 가져오는 악재지만 호재인 경우도 있다. 호재 판단의 핵심은 실적개선 여부다. 실적개선이 기대된다면 유상증자도 호재다. 그 판단은 유상증자 공시에서 언급되는 「자금조달의 목적」에 따라 다르다. 보다 상세한 내용은 증권신고서에 들어 있다. 공시에 적어넣는 자금조달의 목적은 총 6가지다.

유상증자 자금조달의 6가지 목적

① 시설자금: 설비투자를 위함

② 영업양수자금: 타법인 사업인수를 위함

③ 운영자금: 회사 운영자금 부족을 메우기 위함

④ 채무상환자금: 빚을 갚기 위함

⑤ 타법인 증권취득자금: 타법인 주식인수를 위함

⑥ 기타자금: 출자전환 등을 위함

≫ 출자전환은 채권자인 금융기관이 채무자 기업의 부채를 그 기업 주식과 맞바꾸는 경우다. 출자전환의 경우 제3자배정에 적용하는 발행가액 최대 10% 할인 예외가 가능하다. 액면가 또는 액면가 미만까지도 발행가액을 적용할 수 있다. 다만 액면가 미만은 주주총회 특별결의가 필요하다.

유상증자 공시내용 중 자금조달의 목적 예시

4. 자금조달의 목적	시설자금(원)	
	영업양수자금(원)	
	운영자금(원)	
	채무상환자금(원)	30,000,043,200
	타법인증권 취득자금(원)	470,000,000,000
	기타자금(원)	

≫ 에코프로비엠 유상증자 공시내용 중 자금조달의 목적 예시다. 유상증자로 모은 자금을 채무상환자금 300억 원, 타법인증권 취득자금 4,700억 원으로 사용할 계획이다.

실적개선과 관련된 자금조달 목적으로는 ① 시설자금 ② 영업양수자금 ⑤ 타법인 증권취득자금 등이다. 이들 이슈들은 향후 매출액 증가를 부른다. ④ 채무상환자금도 부채를 줄인다. 부채비율이 낮아지고 갚아야 할 이자가 줄어드니 좋다. 반면 적자 부실기업은 ③ 운영자금 마련 등이 주된 목적이다. 먹고살기 어려운 기업이 주식을 팔아 연명하는 거다. 주식수 증가만 가져오는 악재다. 앞으로도 먹고살기 어려워지면 또 유상증자를 할 가능성도 높다.

유상증자 + 무상증자 공시를 동시에 하는 것을 유무상증자라고 한다. 유상증자를 먼저 한 뒤 무상증자를 하는 순서다. 유상증자에 참여하면 무상증자를 받을 수 있다. 유상증자 매력도를 높이기 위해 무상증자 당근을 꺼내든 것이다. 유무상증자도 유상증자 자금조달 목적을 살피자. 실적악화에 따른 운영자금 마련이 유상증자 주된 목적이라면 무상증자 매력도가 낮아진다.

≫ 유무상증자의 경우 유상증자, 무상증자 각각 권리락이 2번 발생한다. 권리락일에 주가조정도 2번이다. 유상증자 신주가 먼저 상장되고 시간차를 두고 무상증자 신주가 추가상장된다. 신주가 상장될 때마다 단기간 주가는 출렁거린다.

주주배정 유상증자, 신주인수권증서를 팔아라

청약에 참여하지 않을 주주라면 신주인수권증서를 꼭 팔아라. 공시에는 신주인수권증서 매매 내용이 들어 있다. 보통은 5영업일간 매매가 가능하다. 매매 첫날 과한 버블이 일어나기도 한다. 매도자라면 첫날 매도를 노려보자. 반대로 매수자라면 버블이 사라진 둘째 날 이후 매수를 고려할 수 있다. 버블인지 판단하기 위해서는 신주인수권증서의 적정 가격을 알아야 한다.

신주인수권증서 적정 가격 = ① 현재 주가 - ② 1차 발행가격

≫ ① 신주인수권증서 거래는 권리락 이후 거래가 된다. 현재 주가도 권리락 이후 조정된 가격이다. ② 신주인수권증서 거래 시점 기준 유상증자 공시발표 중 가장 최근 결정가격이 1차 발행가격이다. 1차 발행가격은 아직 최종가격이 아닌 상태다. 추후 2차 발행가격과 비교해 최종 발행가격이 확정된다.

신주인수권증서 가격은 일종의 권리금(프리미엄)이다. 현재 주가와 발행가격 간 차액이다. 가령 현재 주가 10만 원, 발행가격이 8만 원이면 신주인수권증서의 적정 가격은 2만 원이다. 유상증자 매력도가 높다면(향후 주가상승 가능성이 높다면) 버블이 더해져 신주인수권증서가 거래된다. 신주인수권증서 거래가격이 2만 원보다 높으면 버블이 있다. 굳이 신주인수권증서를 비싸게 살 필요는 없다. 차라리 현재 보통주 주식을 매수하는 게 더 저렴할 수 있다.

무상증자, 권리부 주가상승을 노려라

무상증자 공시발표 당일 주가가 단기급등한다. 다만 뒷북 투자 우려감이 있다. 이미 내부정보가 흘러나와 미리 상승한 경우에는 더욱 그렇다. 실적개선과 무관하기에 장기간 상승이 어렵다. 공시 이후 주가는 조정을 보이는 경우가 많다. 무상증자 공시일과 신주배정 기준일간에는 시차가 존재한다.

≫ (예시) 지오엘리먼트 무상증자 공시일 2022년 12월 14일, 무상증자 기준일 2023년 1월 12일

무상증자 발표 당일 급등 이후 주춤한 주가는 기준일이 다가올수록 상승하곤 한다. 공시 이후 주가가 횡보를 보이는 저점을 노려보자. 기준일 2영업일 전이 권리부일이다. 권리부일이 다가올수록 매수수요가 는다. 무상증자를 받으려는 자, 권리락 착시효과를 노려 단기투자를 노리는 자 등이 몰린다. 무상증자 발표 전부터 보유한 투자자라면 몇 가지 선택지가 있겠다. ① 무상증자 발표 당일 단기급등에 매도 ② 무상증자 권리부일 즈음 주가상승에 매도 ③ 무상증자 권리부일까지 보유다. 권리부일까지 보유한 경우는 무상증자를 받게 된다.

무상증자, 권리락 착시효과가 매도 타이밍이다

무상증자 권리락일엔 주가조정을 한다. 가령 신주배정 주식수가 3주라고 치자. 주당 1만 원인 주가는 1/4인 대략 2,500원 수준으로 하향 조정된다. 어제 1만 원인 주식이 갑자기 2,500원으로 내려가니 매우 저렴해 보인다. 권리락 착시효과에 따른 주가급등이 발생한다. 기존 주주라면 권리락일 주가급등에 매도를 노려보자. 이왕이면 오전장 급등에 매도하면 된다. 신주배정 주식수가 많을수록 가격 하향조정이 크게 발생한다. 그만큼 권리락 착시효과가 더 크다. 시가총액이 작을수록 단타를 노리는 세력 입성도 많다. 다만 권리락 착시효과가 장기간 이어지진 않는다. 찰나를 이용한 단기매매다. 권리락일이면 더 이상 무상증자 이슈로 나올 호재는 없다. 남은 건 무상증자 물량이 신규상장하는 것이다. 실적개선 등 특별한 호재가 없다면 무상증자 신주상장과 동시에 단기 투매물량이 나올 수 있다.

46

유무상증자 공시의 핵심 사항

유상증자 (에코프로비엠 주주배정 후 실권주 일반공모, 2022.4.6.)

① 신주의 종류와 수: 보통주식 1.6백만 주

② 증자 전 발행주식총수: 보통주식 22.9백만 주

≫ (해석) 증자 전 주식수 대비 유상증자 신주 비중이 6.99%다. 유상증자 규모가 클수록 주가에 미치는 영향이 크다.

③ 자금조달의 목적: 채무상환자금 300억 원, 타법인 증권 취득자금 4,700억 원

≫ (해석) 양극재 해외생산을 담당하는 해외법인 주식취득 목적으로 4,700억 원을 쓸 계획이다. 설비투자 목적이기에 호재로 판단했다.

④ 증자 방식: 주주배정 후 실권주 일반공모

≫ (해석) 기존 주주에게 청약 우선순위를 주는 주주배정 방식이다. 실권주가 발생할 경우 일반공모한다.

⑤ 신주발행가액: 예정발행가 보통주식 310,300원, 확정예정일 2022년 6월 13일

≫ (해석) 주주배정 방식이기에 신주발행가액이 확정되지 않았다. 1차 발행가액, 2차 발행가액, 최종 발행가액이 순차적으로 결정된다.

⑥ 신주배정기준일: 2022년 5월 10일

≫ (해석) 5월 10일이 화요일로 기준일 2영업일 전인 5월 6일(금)까지 매수해야만 유상증자 청약자격이 부여된다.

⑦ 1주당 신주배정주식수 : 0.056

≫ (해석) 1주당 0.056주를 배정한다. 100주 보유자라면 5주를 배정받는다. 0.6주 단수주는 유상증자 대상에서 제외된다.

⑧ 청약예정일 : 구주주 2022년 6월 16일~6월17일

⑨ 납입일 : 2022년 6월 24일

≫ (해석) 초과청약을 할 경우 납입일에 청약에서 떨어진 청약대금을 납입일에 돌려받는다.

⑩ 신주의 배당기산일: 2022년 1월 1일

⑪ 신주의 상장예정일: 2022년 7월 7일

⑫ 대표주관회사(직접공모가 아닌 경우): 엔에이치투자증권

⑬ 신주인수권 양도여부

• 신주인수권증서의 상장여부: 예

• 신주인수권증서의 매매 및 매매의 중개를 담당할 금융투자업자 : 엔에이치투자증권

⑭ 기타 투자판단에 참고할 사항

• 신주인수권에 관한 사항

신주인수권증서 상장예정기간: 2022년 5월 30일 ~ 6월7일(5영업일)

≫ (해석) 신주인수권증서가 5영업일간 상장된다. 청약하지 않을 기존 주주라면 이 기간에 신주인수권증서를 매도하면 된다.

신주인수권증서 신규상장 (에코프로비엠, 2022.5.25.)

① 상장종목명: 에코프로비엠 15R

② 목적주권 1주당 발행가액: 387,600원

≫ (해석) 신주인수권증서는 최종 발행가액이 확정되기 전에 거래가 된다. 신주인수권증서 거래일과 가장 근사치인 1차 발행가액(387,600원)을 활용한다. 현재 주가와 387,600원간 차이가 적정가치다.

③ 목적주권 청약일: 2022.6.16.~6.17

≫ (해석) 신주인수권증서를 매입하면 유상증자 청약자격이 부여된다. 그 청약일이 6월 16일~17일이다.

④ 상장일: 2022.5.30

⑤ 상장폐지일: 2022.6.8.

≫ (해석) 신주인수권증서 거래일이 5월 30일(월)부터 6월 7일(화)까지다. 신주인수권증서 상장폐지일인 6월 8일(수)에는 거래가 되지 않는다.

⑥ 기타 투자판단에 참고할 사항: 1주의 발행가액 및 발행총액은 1차 발행가액으로 최종 발행가액은 2022년 6월 13일 확정

추가상장 (에코프로비엠, 2022.7.4.)

에코프로비엠 추가상장(유상증자-주주배정 후 실권주 일반공모)

① 추가주식의 종류와 수: 보통주 1.6백만 주

② 추가상장 후 상장주식 총수: 보통주 24.5백만 주

≫ (해석) 신주 규모가 상장주식 총수의 6.53% 수준이다. 신주 규모가 클수록 차익매물로 인해 단기하락폭이 클 수 있다.

③ 상장일: 2022년 7월 7일

≫ (해석) 상장일인 7월 7일(목) 2영업일 전부터 권리매도가 가능하다. 상장일 전후 신주 차익매물이 나올 수 있다.

④ 발행/전환/행사가격 387,600원

≫ (해석) 유상증자 최종 발행가격은 387,600원이다. 현재 주가와 유상증자 가격간 비교를 해 보자. 현재 주가가 유상증자 가격보다 높을수록 신주상장과 동시에 차익매물이 대거 나올 수 있다.

무상증자 (에코프로비엠, 2022.4.6.)

① 신주의 종류와 수: 보통주식 73백만 주

② 증자전 발행주식 총수: 24백만 주

③ 신주배정기준일: 2022년 6월 28일

≫ (해석) 기준일인 6월 28일(화)의 2영업일 전까지 매수해야 무상증자를 받는다. 2영업일 전인 6월 24일(금)이 권리부일이다. 무상증자와 같은 호재 이슈라면 기준일을 먼저 체크해 보자.

④ 1주당 신주배정 주식수: 보통주식 3주

≫ (해석) 1주당 3주를 주는 무상증자다. 100주를 보유하고 있다면 300주를 더 받는다.

⑤ 신주의 상장예정일: 2022년 7월 15일

유무상증자 권리락 주가조정 (에코프로비엠, 2022.6.24.)

에코프로비엠 권리락(무상증자)

① 기준가: 124,700원

≫ (해석) 권리부일 종가는 497,400원(6월 24일)이다. 1주당 3주를 주는 무상증자다. 대략 1/4 수준으로 주가가 조정되어야 한다. 기준가 조정폭이 클수록 권리락 착시효과가 크다.

무상증자 권리락 주가조정 = (권리부일 종가 × 증자 전 주식수) ÷ 증자 후 주식수

124,700원 = (497,400원 × 약 24백만 주) ÷ 약 97백만 주

② 권리락 실시일: 2022년 6월 27일

≫ (해석) 기준일인 6월 28일(금) 1영업일 전인 6월 27일(목)이 권리락일이다. 유무상증자 권리락일에 주가를 조정해 준다.

≫ 에코프로비엠은 유상증자와 무상증자를 하기에 두 번의 권리락이 발생한다(유상증자와 무상증자 각각).

케이스 스터디 142 **유상증자**

유상증자 물량증가는 주가하락 악재

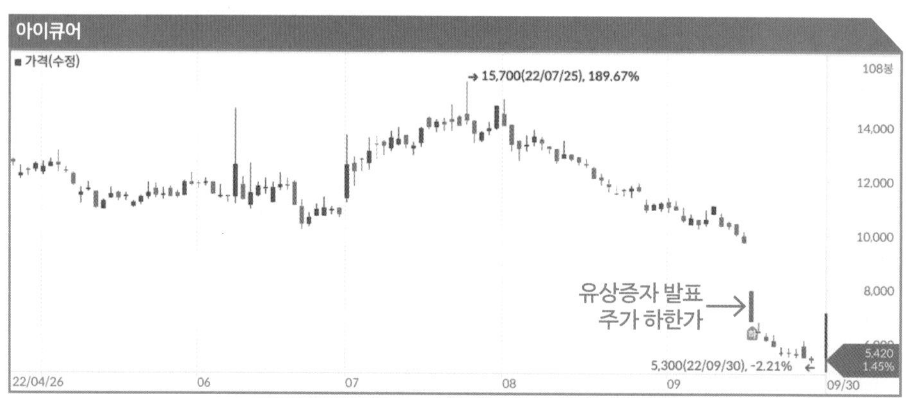

≫ 패치형 의약품 개발, 화장품 OEM과 ODM 사업 등을 하는 아이큐어가 유상증자를 발표했다. 1주당 0.65주를 배정하는 주주배정 후 실권주 일반공모 방식이다. 기존 주식수의 65%가 늘어나게 된다. 유상증자 대금 총 800억 원 중 99억 원은 운영자금으로, 477억 원은 전환사채 상환에 사용된다. 주가하락 결과 주식관련사채에 대한 풋옵션(주가하락에 투자자가 매도할 권리)이 행사

되었고, 아이큐어는 투자받은 자금을 상환해 줘야 한다. 최대주주는 유상증자에 30%만 참여하기로 했다. 유상증자 악재에 최대주주 불참이라는 추가 악재가 더해졌다. 유상증자 이후 최대주주의 지분율은 11.67%까지 떨어진다. 유상증자 발표로 주가는 하한가를 기록했다.

≫ **영업이익 추이**(단위: 억 원) 2019년(-63억 원), 2020년(-155억 원), 2021년(-283억 원), 2022년 예측(-200억 원)

투자전략 | 적자기업 유상증자는 악재다. 돈이 부족해서 하는 경우가 많아서다. 유상증자 규모가 클수록 주가희석 효과도 크다. 적자기업에 투자를 하면 이런 악재가 지속된다.

케이스 스터디 143 **유상증자**

주주배정 유상증자에 최대주주 불참

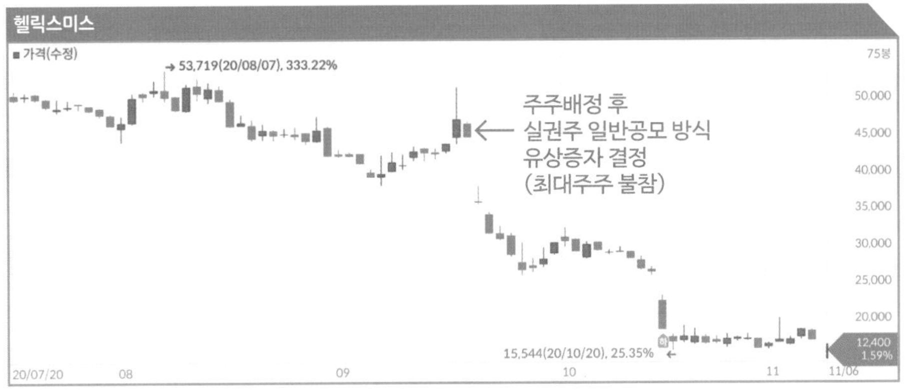

≫ 바이오신약 사업을 하는 헬릭스미스가 기존 발행주식 대비 28%에 해당하는 대규모 유상증자를 발표했다. 주주배정 후 실권주 일반공모 방식인데 최대주주가 유상증자에 불참한다는 뉴스가 나왔다. 유상증자 발표 이후 주가는 지속적으로 하락했다. 최대주주가 증자에 불참할 경우 최대주주의 지분율은 줄어든다. 12.14%였던 최대주주 등의 지분율은 유상증자 이후 7.27%(2022. 11. 02. 기준)까지 줄어들었다.

≫ **영업이익 추이**(단위: 억 원) 2019년(-417), 2020년(-551), 2021년(-485)

투자전략 | 주주배정 방식 유상증자에 최대주주가 참여하지 않는 건 좋지 않다. 자금이 부족해서일 수도 있지만 최대주주로서 책임을 지지 않는다는 인상을 심어준다. 주주배정 유상증자인데도 최대주주가 불참하는 기업은 투자에 주의하자.

케이스 스터디 144 **유상증자**

유상증자 우려감에 주가하락

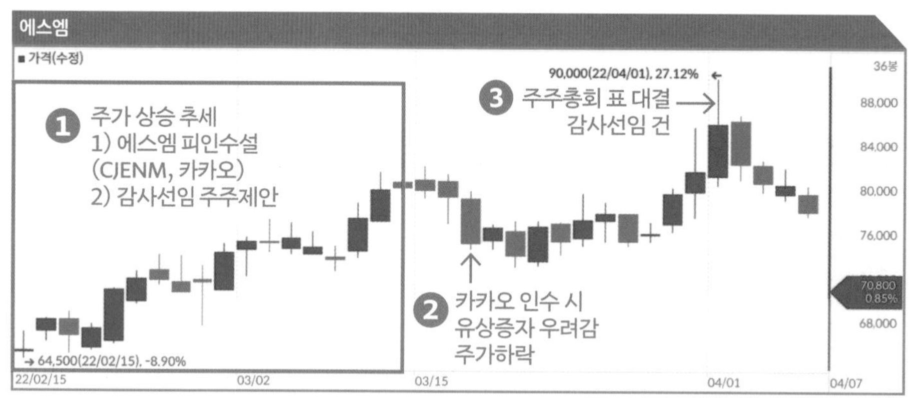

≫ ① 엔터회사인 에스엠이 CJ ENM과 카카오 등에게 매각된다는 풍문 때문에 관심을 받았다. 최대주주(이수만)의 개인기업에 일감을 몰아준다는 이슈도 더했다. 행동주의 펀드는 주주제안으로 별도의 감사선임을 주장했다. 여러 가지 관심 이슈 덕에 주가는 상승추세를 이어갔다. ② 카카오가 인수할 경우 대규모 유상증자를 동반할 거란 우려감에 주가는 단기하락 하기도 했다. ③ 감사선임에 대한 주주총회 표 대결이 관심을 받으며 주가가 상승했다. 결국 행동주의 펀드가 제안한 감사가 주주총회에서 선임되었다. 주주총회가 끝나고 기업매각 이슈도 잠잠해지면서 주가는 하락추세를 이어간다.

투자전략 | ① M&A 이슈는 주가상승 모멘텀이다. 인수회사나 피인수회사 모두에게 호재다. 매각 대상자가 정해지기 전까진 관심이 쏠린다. 관심 덕에 주가는 상

승한다. 매각 대상자가 확정되고 나면 더 나올 뉴스가 없기에 관심은 멀어진다. 실적개선 이슈가 남아있지 않다면 테마는 사라지기에 주가도 조정을 받는다. ② 유상증자는 주식수 증가를 가져오는 악재다. 실적개선을 부르는 시설투자 목적이 아니라면 주가는 내린다. ③ 주주총회 표 대결도 관심을 모은다. 주주총회로 승자가 정해진다. 확실한 승자가 정해져 버리면 주주총회 이후 더 나올 뉴스가 없다. 주주총회 직전이 주가정점이 될 수도 있다. 관심이 있을 때 차익실현 관점으로 접근하는 것이다.

케이스 스터디 145 **유무상증자**

유상증자 목적에 따른 주가 추이

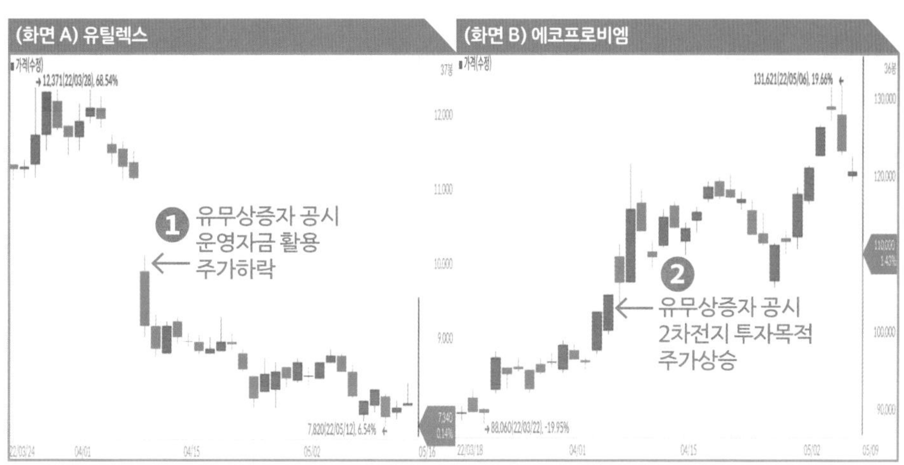

≫ 유무상증자를 동시에 한 케이스들이다. 유상증자의 목적 차이가 서로 다른 주가 움직임을 가져왔다. (화면 A) ① 바이오기업인 유틸렉스의 유무상증자 사례다. 적자에 따른 운영자금 마련 목적이기에 주가는 하락했다. 무상증자 규모는 1주당 0.5주다. (화면 B) ② 반면 2차전지 양극재 생산기업인 에코프로비엠은 해외 설비투자 증설을 위해 유상증자를 했고, 주가는 설비투자에 따른 실적개선 기대감에 상승했다. 무상증자도 1주당 3주를 주는 규모였다.

투자전략 | 유무상증자는 악재인 유상증자, 호재인 무상증자가 섞여 있다. 악재인 유상증자에 대한 당근책으로 무상증자를 더한다. 유무상증자는 유상증자 때문에 대부분 악재로 여긴다. 다만 예외적으로 유상증자의 목적이 성장주 설비투자 등 실적개선을 동반하는 경우라면 하락하지 않는다. 유무상증자 공시는 일단 보수적으로 바라보되 유상증자의 목적을 먼저 확인해 보자.

케이스 스터디 146 **유상증자**

사업제휴 지분투자(유상증자) 호재

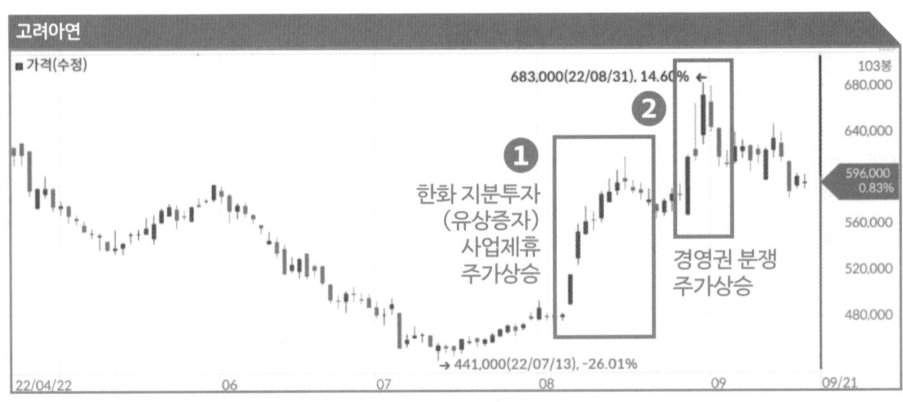

≫ ① 종합비철금속 제련회사인 고려아연은 한화계열사(한화임팩트)를 상대로 제3자배정 유상증자를 했다. 증자 전 발행주식 총수의 5.26% 규모다. 수소·신재생 에너지 관련 신사업 추진을 위한 재원확보 목적이다. 자금확보도 있지만 사업제휴 강화 성격이 크다. 고려아연은 한화그룹 수소 가스터빈 개조사업 등에 대한 협업도 추진한다. 사업제휴 목적의 유상증자이기에 실적개선 기대감에 주가는 상승했다. 유상증자 물량은 1년간 보호예수된다. 보호예수 종료 이후에도 물량 출회 가능성이 낮다. ② 고려아연은 한 지붕 두 가족 체제다. 우호지분 기준 장씨 일가 31%, 최씨 일가 27%다(2022년 8월 말 기준). 최씨 일가가 한화를 사업파트너로 끌어들이자 장씨 일가가 지분매입을 했다. 경영권 분쟁 기대감에 주가는 상승했다.

투자전략 | 유상증자는 주식수 증가를 가져오는 악재다. 다만 경우에 따라 유상증자가 호재가 되는 경우가 있다. 설비투자와 사업확대를 통한 실적개선 기대감은 호재다. 투자판단을 위해 유상증자 목적을 자세히 살펴볼 필요가 있다.

케이스 스터디 147 **자금조달**

적자기업 자금조달은 호재

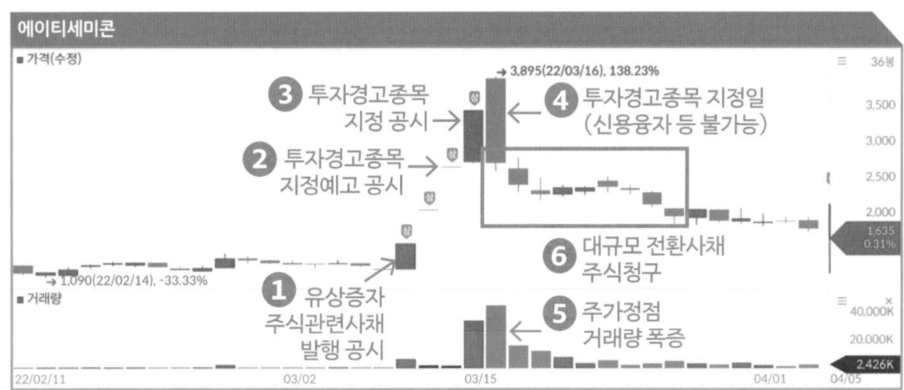

≫ 반도체 관련 사업체인 에이티세미콘은 지속적인 당기순손실을 겪었다. 2019년(-95억 원), 2020년(-307억 원), 2021년(-417억 원)으로 손실이 계속 커졌다. ① 시가총액의 4배 수준인 2,100억 원대의 대규모 자금조달(유상증자 101억 원, 주식관련사채 2,000억 원)을 발표하면서 주가가 급등했다. 보통의 경우 유상증자 등은 악재다. 다만 기업존립의 위협을 느끼는 경우에 대규모 자금조달은 호재로 인식하기도 한다. 계속기업으로서 유지가 가능해서다. 다만 장기적인 실적개선과는 무관하기에 이벤트성 급등이다. ② 주가급등으로 투자경고종목 지정예고, ③ 투자경고종목 지정 공시가 되었다. ④ 투자경고종목 지정일부터 신용융자 등 빚 투자가 불가능하다. ⑤ 대규모 거래를 일으키며 주가급등 정점에 세력들은 빠져나갔다. ⑥ 전환사채 투자자들이 주가고점을 지나칠 리 없다. 발행주식수 대비 30%가 넘는 전환사채 물량의 주식 전환청구가 일어났다.

투자전략 | 적자기업의 대규모 자금조달을 호재로 인식해 투자하는 건 위험하

다. 실적개선과 무관한 테마성 이슈라 뒷북 투자 우려감이 있다. 주식관련사채 주식청구 가능물량이 있을 경우 주가급등 이후 투매물량이 나오게 되어있다. 위험성이 크기에 보수적 투자자라면 굳이 무리해서 투자할 필요 없다.

케이스 스터디 148 **권리매도**

유상증자 상장일에 앞선 권리매도

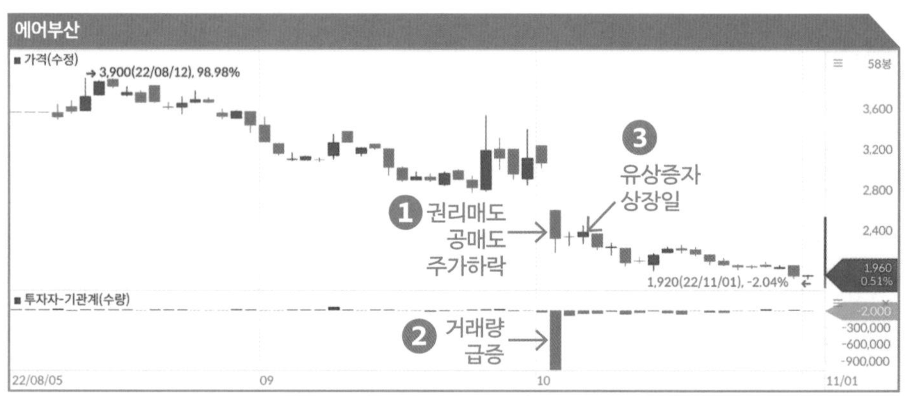

≫ 저비용항공사(LCC)인 에어부산의 유상증자 신주물량 상장일에 앞서 ① 권리매도, 공매도 등 매도물량이 ② 큰 거래량을 일으켰다. 매도물량 증가로 주가하락을 보였다. ③ 반면 유상증자 신주물량 상장일에는 권리매도 물량이 이미 나온 관계로 주가하락폭이 상대적으로 작았다.

투자전략 | 유무상증자, 주식관련사채 주식청구 등 신주물량 상장일 전후 투매가 나온다. 매도물량 증가가 단기 주가조정의 원인이 될 수 있다. 성장주나 실적개선주라면 물량투매를 저점매수 기회로 삼아볼 수도 있다. 오버행 이슈가 잠잠해져야 주가는 기업가치대로 움직인다.

≫ 오버행(Overhang)은 주식시장에서 언제든지 매물로 쏟아질 수 있는 잠재적인 과잉 매도물량을 의미한다.

유무상증자 상장일 매도물량 증가

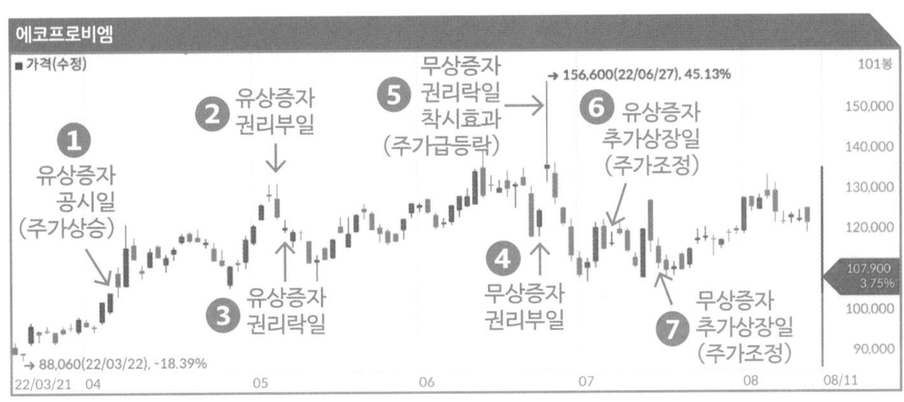

≫ ① 2차전지 양극재 생산기업인 에코프로비엠은 5,000억 원 규모의 유상증자와 1주당 3주의 신주를 배정하는 무상증자를 공시했다. 유상증자 목적은 채무상환 자금 300억 원과 타법인 증권취득 조달자금 4,700억 원이다. 주주배정 후 실권주 일반공모 방식이다. 유상증자는 악재지만 글로벌 2차전지 사업 확대 목적 지분투자는 설비투자처럼 호재로 인식했다. 여기에 호재인 무상증자도 더했다. 유상증자를 먼저 한 뒤 무상증자가 뒤따른다. 공시 후 주가도 상승패턴을 보였다. ②~③ 유상증자에 참여할 경우 무상증자 신주도 받는다. 유상증자 권리부일까지 상승세를 보였다. ④~⑤ 1주당 3주를 주는 무상증자이기에 권리락일 주가조정폭이 컸다. 권리락 착시효과로 하루 주가 급등락이 있었다. ⑥~⑦ 유무상증자 신주상장일 전후 투매물량으로 주가는 단기조정을 보였다.

투자전략 | 유무상증자 공시의 경우 유상증자 목적을 확인하자. ① 설비투자나 사업확장 목적이라면 유상증자도 긍정적 모멘텀이 될 수 있다. ② 유무상증자 권리부일까지 주가상승도 투자 포인트다. ③ 권리락 착시효과가 좋은 매도 타이밍이다. 무상증자 규모가 클 경우 주가조정폭도 크다. ④ 유무상증자 신주상장일 부근은 단기 투매물량에 따른 주가조정이 있을 수 있음도 기억하자.

무상증자 권리락 + 투자경고종목 지정 등

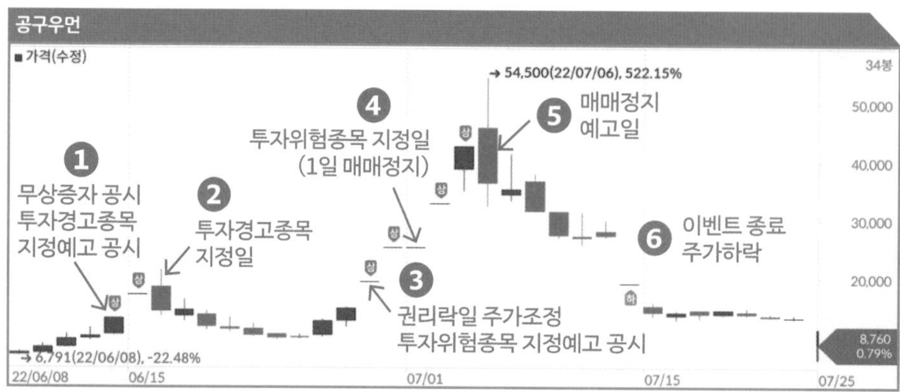

≫ ① 플러스 사이즈 여성패션 전문기업인 공구우먼은 1주당 5주 배정 무상증자를 공시했다(6월 14일). 공시발표와 함께 주가는 상한가를 기록했다. 주가급등으로 투자경고종목 지정예고 공시가 발표되었다. ② 다음날(6월 15일)도 상한가로 급등한 결과 투자경고종목으로 지정되었다. 투자경고종목 지정으로 신용융자가 불가능해져 세력들이 빠져나간다. 투자경고종목 지정일 이후 주가는 급등락을 보이면서 하락하기 시작했다.

③ 무상증자에 따라 권리락일(6월 29일)에 주가를 하향조정해 준다. 기준가 조정폭이 클수록 권리락 착시효과가 크다. 권리부일 종가는 89,900원이다. 1주당 5주를 주는 무상증자다. 대략 1/5수준으로 주가가 조정되어야 한다. 권리락일 기준가는 15,000원이었다. 그 결과 권리락 착시효과가 강하게 나타났다. 권리락일 상한가로 투자위험종목 지정예고다(아직 투자경고종목 지정 중이었으므로). ④ 다음날(6월 30일)도 상한가로 7월 1일부터 투자위험종목으로 지정되었다. 투자위험종목은 지정일 1일간 매매정지된다. ⑤ 투자위험종목 지정 이후에도 주가가 급등한 결과 매매정지예고 공시가 나왔다(7월 5일). 7월 6일의 종가가 7월 5일 종가보다 상승할 경우 1일간 매매정지한다는 내용이었다. 권리락 착시효과로 5영업일간 급반등(이중 4영업일 연속 상한가)했던 주가는 매매정지예고일 이후 급등 이벤트를 마무리했다. ⑥ 세력들이 다 빠져나갔고 더 나올 호재가 없었기에 주가는 지속적으로 하락했다.

투자전략 | 무상증자 공시발표는 단기급등을 부른다. 다만 뒷북 투자 우려가 있다. 급등한 주가는 뉴스가 지나고 나면 조정을 보인다. 공시 이후 권리부일 전까지 주가가 안정을 찾을 즈음이 단기 저점매수 기회다. 공구우먼처럼 권리락 착시효과 과하게 나타나진 않는다. 보통은 하루짜리(오전 급등, 오후 하락) 반짝 이벤트다. 권리락 착시효과는 단기 차익실현 기회다. 기존 주주라면 착시효과를 활용해 오전장에 차익실현하는 것도 좋다.

투자경고종목 지정으로 신용융자가 막힌다. 빚 투자를 일으킬 수 없으니 거래량이 줄어든다. 거래량 감소는 테마 작전주에겐 사형선고다. 투자경고종목 지정예고와 투자경고종목 지정 부근일을 차익실현 기회로 삼아야 한다. 투자위험종목 지정까지 가는 경우는 극히 소수다.

케이스 스터디 151 **무상증자**

적자기업의 무상증자에 따른 주가추이

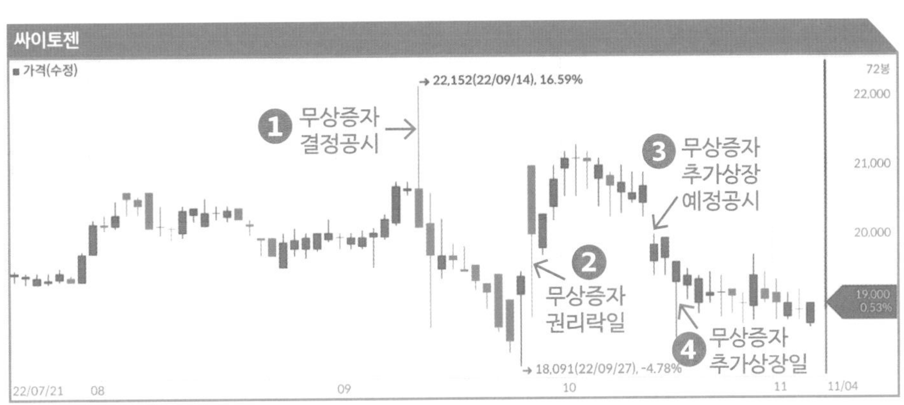

≫ 무상증자 기업은 잉여금이 많아 재무구조가 건전한 회사로 인식된다. 하지만 적자기업도 유상증자 등을 하면 주식발행초과금이 발생한다. 이를 재원으로 무상증자가 가능하다. ① 싸이토젠은 순환종양세포 기반 액체생검(암발생 및 전이여부 파악) 전문업체다. 그동안 적자를 기록

해 왔던 싸이토젠도 58억 원의 주식발행초과금을 활용해 1주당 2주를 주는 무상증자를 했다. 「무상증자 결정」 공시로 장중 7%대까지 상승한 뒤 하락했다. 적자기업이라 무상증자 이슈가 강한 상승 모멘텀이 되진 못했다. ② 무상증자 권리락일 착시효과다. 권리락일 주가상승은 오전에 보다 강하다. 오후 들어서 오전 상승분을 반납하는 경우도 많다. 싸이토젠도 +8.25%에 시작해서 더 이상 상승하지 못하고 +3.09%에 끝났다. 이제 무상증자 관련 이벤트는 끝났다. ③~④ 무상증자 추가상장 예정공시 그리고, 무상증자 추가상장일 매도물량에 주가는 하락을 이어간다.

≫ **당기순이익 추이(단위: 억 원)** 2019년(-41), 2020년(-49), 2021년(-109)

투자전략 | 무상증자를 발표하는 기업의 재무수치가 무조건 양호할 것이라고 단정하진 말자. 적자기업임에도 주가 띄우기용 무상증자가 가능해서다. 실적체크를 먼저 해본 후 대응하자. 무상증자만으로는 실적과 재무가치가 달라지진 않는다. 무상증자 이슈로 급등했던 주가는 기업가치대로 원위치된다.

케이스 스터디 152 **신주인수권증서**

신주인수권증서 가격추이

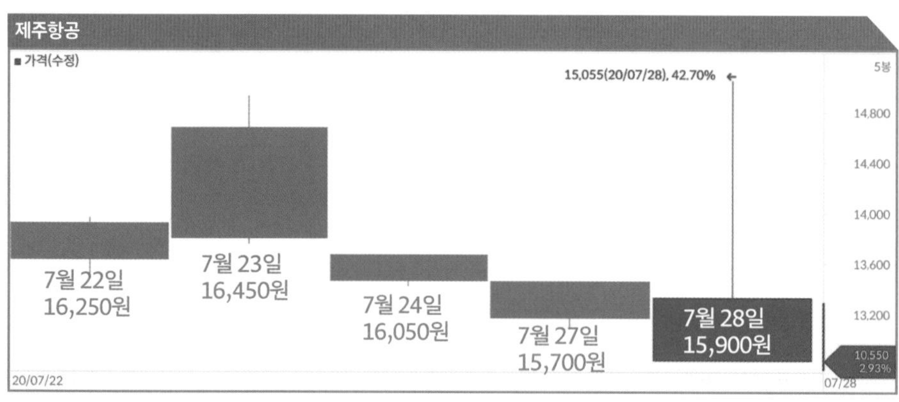

≫ 저비용항공사(LCC)인 제주항공이 주주배정 유상증자를 실시했다. 신주인수권증서(제주항공

13R)가 5영업일간 매매되었다. 유상증자 주당 예정발행가액은 13,050원이다. 현재주가와 예정발행가액 간 차이가 신주인수권증서(R)의 적정가치다.

구분(원)	7월 22일	7월 23일	7월 24일	7월 27일	7월 28일
① 주가	16,250	16,450	16,050	15,700	15,900
② 발행가액			13,050		
①-② 적정가치	3,200	3,400	3,000	2,650	2,850
R 종가	1,695	1,660	1,590	1,435	1,760

제주항공은 적정가치보다 신주인수권증서 가격이 더 낮았다. 적자에 따른 운영자금 마련 목적의 유상증자이기에 투자매력이 높지 않아서다.

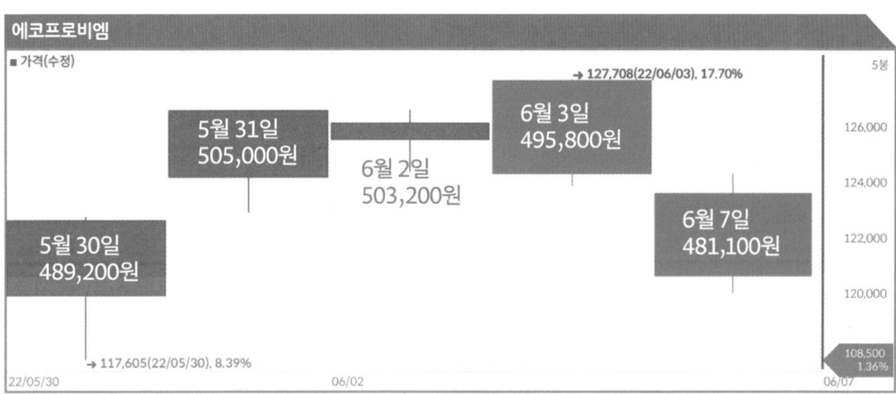

≫ 2차전지 양극재 기업인 에코프로비엠의 신주인수권증서(에코프로비엠 15R)은 적정가치보다 거래가격이 더 높았다. 유상증자 목적이 2차전지 투자이고 향후 성장성을 높게 봐서다. 신주인수권증서의 거래 첫날에는 적정가치(101,600원) 대비 2배가 넘는 259,000원까지 신주인수권증서 주가가 오르기도 했다.

구분(원)	5월 30일	5월 31일	6월 2일	6월 3일	6월 7일
① 주가	489,200	505,000	503,200	495,800	481,100
② 발행가액			387,600		
①-② 적정가치	101,600	117,400	115,600	108,200	93,500
R 종가	178,500	154,500	131,000	136,000	124,600

투자전략 | 주주배정 유상증자의 경우 청약에 불참할 주주라면 신주인수권증서를 매도해야 한다. 청약권리를 매도함으로써 차익을 거둘 수 있다. 반면 기존 주주가 아닐 경우 청약에 참여하고 싶다면 신주인수권증서를 매수하면 된다. 현재주가와 유상증자 예정발행가액 간 차액을 적정가치로 삼아 버블 여부를 판단하자. 인기가 있는 유상증자라면 적정가치보다 신주인수권증서의 가격이 더 높을 수 있다. 버블이 있다면 굳이 무리해서 매수하기보단 보통주 주식을 사는 편이 나을 수 있다.

≫ 신주인수권증서가 거래되는 5영업일간 보통주 주가가 급등하면 신주인수권증서의 가격도 덩달아 오를 수 있다. 적정가치가 그만큼 올라가서다. 일회성 이벤트로 보통주 주가가 급등했다면 그 버블도 고려해서 투자판단을 해보자.

케이스 스터디 153 **신주인수권증서**

주주배정 유상증자 신주인수권증서 거래

≫ 맥쿼리인프라는 인천공항 고속도로, 인천대교, 부산신항만 등 국내 17개 인프라 자산에 투자하고 있다. 연 2차례씩 주주에게 배당한다. 장기간 연 6%대 이상의 배당수익률을 유지해 왔다. ① 맥쿼리인프라가 유상증자를 발표했다. 유상증자에 앞서 신주인수권증서(맥쿼리인프라 7R)가 거래되었다. 신주인수권증서의 상장 첫날, 시초가(165원) 대비 93.9% 높은 320원까지 장중

급등하기도 했다. 신주 배정물량의 2배까지 청약이 가능한 파격적인 기회를 잡으려는 투자수요가 몰려서다. 다만 오후 들어 매수세가 줄어들면서 종가는 157원으로 마감했다. 보통주 주가가 12,400원, 신주 발행예정가액이 12,200원이라면 신주인수권증서의 적정가치는 200원(12,400원-12,200원)이다. 157원이면 적정가치보다 낮은 가격에 거래되는 셈이다. ② 금리인상으로 인해 예적금, 채권 등 고배당주 대안상품들의 인기가 높았다. 그로 인해 맥쿼리인프라의 투자 메리트도 내려갔다. 다만 금리가 떨어질 경우 맥쿼리인프라의 주가상승을 기대할 수 있다. 주가상승을 기다리는 동안 연간 6%대 이상 고배당은 덤이다.

투자전략 | ① 향후 주가상승이 기대되면 신주인수권증서 거래가격에 버블이 더해진다. 거래가격과 적정가치 간 비교 판단이 중요하다. ② 고배당주 주가하락은 시가배당률이 올라가는 역발상 투자기회임을 잊지 말자.

신주인수권 주문화면 예시

SKT 3:35 64%
국내주식 종목 찾기
국내주식 해외주식 해외선물
종목명, 코드, 초성검색
①
최근 주식 신주인수권 K-OTC KONEX
신한알파리츠 7R
신주인수권증서 J2939401D
②
아스트 11WR
신주인수권증권 J0673921C

≫ 삼성증권 MTS의 경우 ① 국내주식 주문 화면에서 「신주인수권」 탭을 선택하면 ② 주주배정 유상증자의 「신주인수권증서(R, Right)」와 신주인수권부사채의 「신주인수권증권(WR, Warrant)」 종목명을 확인할 수 있다. 위 예시에서 신한알파리츠 7R은 신한알파리츠에서 발행한 7번째 신주인수권증서(R), 아스트11WR은 아스트에서 11번째 발행한 신주인수권증권(WR)이다.

47

유무상감자 핵심 정보

액면가 감액 감자 vs. 주식수 감소 감자

감자(덜어낼 감減, 재물 자資)는 자본금을 줄이는 행위다. 증자는 자본금 증가, 감자는 자본금 감소다. 자본금은 발행주식수와 액면가의 곱셈이다.

자본금 = ① 발행주식수 × ② 액면가

감자방식 : ① 발행주식수 축소 또는 ② 액면가 축소

감자방식으로는 ① 발행주식수를 줄이거나 또는 ② 액면가를 줄이는 방식을 쓴다. 보통은 발행주식수를 줄이는 방식이 많다. 주식수 감소를 없앤다는 의미로 소각이라고도 한다. 액면가 감액 방식은 액면가를 줄인다. 액면가만 줄여서 자본금을 줄인다. 줄어든 액면가만큼 발행주식수가 늘어나지 않으니 자본금이 감소한다.

유상감자 vs. 무상감자

감자는 주주보상 유무에 따라 유상감자와 무상감자로 나뉜다. 상은 '갚을 상(償)'으로 유상(有償)은 보상이 있고, 무상(無償)은 보상이 없다. ① **무상감자**는 보상 없이 자본금을 줄이기에 악재다. 액면감소이든 또는 주식수 감소이든 무상감자는 일반적으로 악재다. 무상감자는 부실회사의 자본잠식탈피 목적이 많다. 무상감자 후 유상증자(출자전환)도 많다. 자본금을 줄여 매력도를 높인 뒤 투자를 받는다. 무상감자 이후 유상증자가 공식처럼 뒤따른다.

≫ 주식수를 줄이면 시가총액도 작아진다. 먼저 무상감자를 해두면 뒤이어 유상증자를 해도 시가총액 증가 부담이 줄어든다.

반면 ② **유상감자**는 보상을 하고 주식수를 줄여주니 호재다. 시가총액이 줄어들고 PER(시가총액 / 당기순이익)도 낮아진다. 유상감자는 주로 자진 상장폐지, 투자금 회수 목적으로 한다.

≫ (투자금 회수 예시) 모회사가 자회사 지분 100%를 보유하고 있다 치자. 자회사가 유상감자를 하면 감자 보상금이 모회사에 들어간다. 모회사가 돈을 챙겨도 지분 100%에는 변동이 없다. 투자금 회수에 좋은 수단이 된다.

감자차익 vs. 감자차손

유상감자의 경우 액면금액보다 지급액이 적으면 감자차익, 많으면 감자차손이다. 가령 액면가 500원인 주식을 600원에 유상감자할 경우 100원의 감자차손이, 400원에 유상감자할 경우 100원의 감자차익이 발생한다. 무상감자를 할 경우에는 감자차익이 발생한다. 주주에게 감자보상금을 주지 않기에 회사가 이익이 난 것이다. 유무상감자로 자본금은 감소한다. 반면 감자차익(감자차손)으로 자본잉여금은 늘어난다(줄어든다).

≫ (유상감자 보상산식 예시) 최근 2개월, 1개월, 1주일 가중산술평균값의 평균값에 할증비율을 곱해서 결정된다.

자본잠식

자본총계는 자본금, 자본잉여금, 이익잉여금 등으로 구성된다. 자본금은 발행주식수와 액면가의 곱셈이다. 자본잉여금은 주식발행초과금, 감자차익 등으로 이뤄진다. 유상증자를 할 경우 액면가는 자본금, 액면가 초과는 자본잉여금(주식발행초과금)이다. 이익잉여금은 당기순이익 누적손익이다. 매년 이익이 늘어날수록 이익잉여금이 증가한다.

≫ 자본총계 = 자본금, 자본잉여금, 이익잉여금, 자본조정, 기타포괄손익누계액

일반적인 경우: 자본총계 > 자본금

자본잠식 경우: 자본총계 < 자본금

일반적으로는 자본총계가 자본금보다 커야 한다(자본총계 〉 자본금). 자본잠식은 자본금이 자본총계보다 큰 경우다(자본총계 〈 자본금). 자본총계가 자본금보다 큰 개념인데 서로 위치가 바뀐 셈이다. 이익잉여금이 줄어든 것이 원인이다. 당기순손실이 늘어나게 되면 마이너스 이익잉여금인 결손금으로 처리한다. 결손금 규모가 커지면 결국 자본총계가 자본금보다 줄어들게 된다.

무상감자를 통해 자본잠식을 해소할 수 있다. 무상감자로 자본금은 줄어든 반면 자본금 감소분만큼 감자차익(자본잉여금)이 늘어난다. 자본총계에는 변화가 없다만 자본금이 작아지니 자본잠식(자본총계 〈 자본금)을 해소할 수 있다.

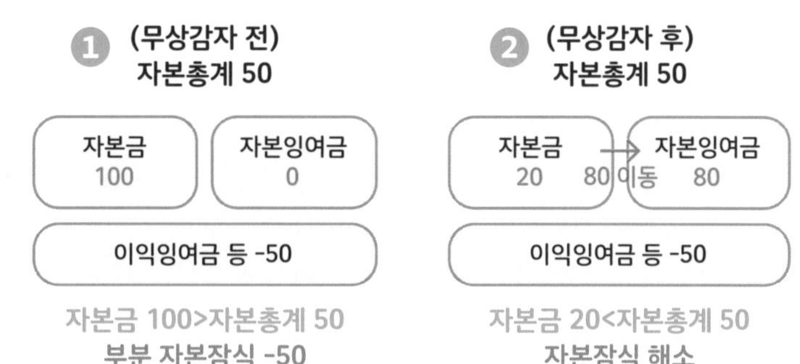

≫ ① (무상감자 전) 무상감자 전 자본총계(50)가 자본금(100)보다 적다. 결손금이 -50이기 때문이다. 부분 자본잠식 상태다. ② (무상감자 후) 무상감자로 감자차익 80이 발생한다. 자본금 100이 20으로 줄어들지만 줄어든 80이 자본잉여금(감자차익)으로 옮겨간다. 자본금(20)이 자본총계(50)보다 작아져 자본잠식이 해소된다.

주식수 감소 감자 후 주가조정

감자로 주식수가 줄어들면 액면가를 올린다. 가령 주식수를 1/3 수준으로 줄인다면 주가는 3배를 높인다. 액면가를 줄이는 액면가 감액 감자는 별도의 주식수 감소가 없기에 주가조정 절차가 없다.

(감자 전) 주가 1,000원 × 주식수 30주 = 시가총액 3만 원

(감자 후) 주가 3,000원 × 주식수 10주 = 시가총액 3만 원

이론적으로는 주식수를 줄인 만큼 주가를 올리니 문제가 없어 보인다. 하지만 실제로 무상감자일 경우 공시발표로 인해 주가는 급락한다. 주식수 감소 무상감자는 실적악화 기업이 하는 대표적인 공시다. 투자자에게 보상 없이 주식수를 줄인다는 점이 큰 악재로 평가받는다.

>> 무상감자는 자본금이 변하는 것이기에 주주총회 특별결의가 필요하다. 다만 결손보전을 위한 무상감자는 예외적으로 주주총회 보통결의로 가능하다.

감자 후 상장 첫날 시초가

감자는 감자기준일 1영업일 전부터 일정기간 거래를 정지한다. 거래 재개일에는 오전 8시 30분~9시까지 기준주가의 50~150% 사이에서 주문을 받는다. 이 경우 기준주가는 감자기준일 2영업일전 종가 기준이다.

>> 주식수를 줄이는 감자로 인해 1주 미만 단수주가 발생할 경우 신주상장 첫날 종가를 기준으로 현금 지급한다.

>> (예시) 에어부산은 보통주 3주를 1주로 줄이는 무상감자를 했다. 무상감자 기준일의 2영업일 전 주가는 주당 1,385원이었다. 주식수가 1/3으로 줄어들기에 기준주가는 1,385원의 3배수인 4,155원이 된다. 감자 후 상장 첫날 시초가 결정을 위해 오전 8시 30분~9시 사이 4,155원의 150%인 6,240원과 50%인 2,080원(두 가격 모두 호가단위로 조정) 사이에서 주문을 받았다.

에어부산 무상감자에 따른 주가변동 추이

(무상감자 이전) 기준일 2영업일 전 주가	(무상감자 이전) 기준일 1영업일 전 주가	(무상감자 이후) 상장 첫날 시초가 주문
주당 1,385원	주당 4,155원	주당 2,080원~6,240원*

*오전 8시 30분~9시 사이 4,155원의 50%(2,080원)와 150%(6,240원) 사이에서 주문을 받음

48

유무상감자 공시의 핵심 사항

무상감자(발행주식수 감소) (에어부산, 2022.5.31.)

에어부산 주식회사 감자결정

① 감자주식 종류와 수: 보통주식 129만 주

② 1주당 액면가액: 1,000원

③ 감자전후 자본금: 감자전 1,939억 원, 감자후 646억 원

④ 감자전후 발행주식수: 감자전 194백만 주, 감자후 65백만 주

⑤ 감자비율: 보통주식 66.67%

⑥ 감자기준일: 2022년 7월 25일

⑦ 감자방법: 기명식 보통주 3주를 동일한 액면주식 1주로 무상병합

≫ (해석) 보통주 3주를 1주로 무상감자한다는 내용이다. 2주를 보상 없이 없앤다.

⑧ 매매정지예정기간: 2022년 7월 22일~8월 9일

⑨ 신주상장예정일: 2022년 8월 10일

⑩ 기타 투자판단에 참고할 사항

• 1주 미만 단수주식은 신주상장 초일 종가기준 현금 지급

보통주 무상감자(액면가 감소) + 우선주 유상감자 (쌍용C&E, 2020.8.31.)

쌍용C&E(구 쌍용양회공업) 감자결정

① 감자주식의 종류와 수: 보통주식 0, 기타주식 1.5백만 주

② 1주당 액면가액: 1,000원

③ 감자전후 자본금: 감자전 5,054억 원, 감자후 504억 원

④ 감자전후 발행주식수

보통주식: 감자전 504백만 주, 감자후 504백만 주

기타주식: 감자전 1.5백만 주, 감자후 0주

≫ (해석) 보통주식은 주식수 감소가 없다. 주식수 감소가 없는 감자는 액면감소 방식이다. 반면 기타주식(우선주)는 주식수가 줄어드는 주식수 감소 방식 감자다.

⑤ 감자비율: 보통주식 90%, 기타주식 100%

⑥ 감자기준일: 2020년 11월 16일

⑦ 감자방법

보통주식: 주당 액면가액을 1,000원에서 100원으로 감액(무상 액면감소)

우선주식: 전부 유상소각

≫ (해석) 보통주식은 액면가를 1/10으로 줄이는 액면감소 방식의 무상감자다. 우선주식은 전부 유상감자 방식이다.

⑧ 매매거래정지예정기간: 2020년 11월 12일~12월4일

⑨ 신주상장예정일: 2020년 12월 7일

⑩ 기타 투자판단에 참고할 사항

• 1주당 감자대가: 보통주 무상, 우선주 1주당 9,297원

• 2020년 9월 1일 ~ 11월11일까지 우선주를 15,500원에 매수하는 주문을 제출할 예정

• 보통주 액면감소와 관련하여, 감액된 액면자본금 기준으로 액면자본금의 150%를 초과하는 법정준비금을 배당가능이익으로 전환하여 배당재원으로 활용하고자 함

≫ (해석) 유상감자 대상인 우선주는 주당 9,297원에 감자보상을 한다. 하지만 9월 1일부터 11월 11일까지 9,297원보다 높은 15,500원에 공개매수 한다고 공지했다. 공개매수는 주식시장 밖에서 공개적으로 주식을 매수하는 행위다. 보통은 경영권 지배 목적으로 공개매수를 한다. 공개매수에 응하지 않으면 9,297원에 유상감자 당한다.

보통주식은 무상감자이기에 보상 대가는 없다. 보통주식은 액면가를 1/10 줄이는 액면감소 방식이다. 자본금도 1/10 수준으로 줄어든다. 자본금이 줄어드는 만큼 자본금 대비 150%를 초과하는 법정준비금(자본잉여금, 이익준비금 합계액)이 늘어난다. 자본금의 150%를 초과하는 법정준비금은 배당가능이익으로 전환이 가능하다. 일반적으로 무상감자는 악재다만 배당재원 마련을 위한 무상감자이기에 시장에선 호재로 받아들였다.

≫ 쌍용C&E 우선주는 공개매수 후 자진 상장폐지를 했다. 공개매수 가격은 15,500원이었지만 주가는 86,000원까지 올랐고 상장폐지일 25,350원에 마감했다. 회사가 95% 지분을 확보하지 못하면 추가 매입에 나설 것이라는 풍문이 돌았다. 허나 마지막까지 주식을 팔지 않은 경우 주당 9,300원에 주식이 강제로 소각돼 마지막날 보유자는 적어도 종가대비 주당 16,050원씩 손해를 봤다.

무상감자 발표로 주가하락

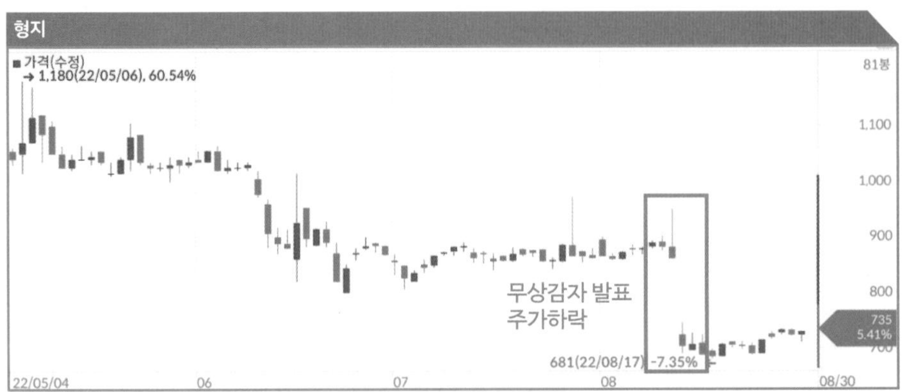

≫ 의류 브랜드 예작(YEZAC), BON:E 등을 제조·판매하는 형지I&C가 3대 1 무상감자를 발표했다. 보통주 3주를 1주로 병합한다. 발행주식수가 3,901만 주에서 1,300만 주로 줄어들게 된다. 적자가 지속되자 자본잠식률이 41.5%에 이르렀다. 2022년 1분기 말 자본금 195억 원, 자본총계 114억 원으로 자본금이 자본총계보다 더 컸다(자본총계 114억 원 < 자본금 195억 원).

무상감자의 목적은 자본금 감소를 통한 자본잠식 해소다. 결손금 보전(부족한 부분을 보태어 채움)을 통한 재무구조 개선을 위해 무상감자를 한다고 공시에서 밝혔다. 3대 1 무상감자를 통해 자본금은 195억 원에서 65억 원으로 줄어들었다. 무상감자 이후 '자본총계 114억 원 > 자본금 65억 원'으로 자본잠식을 탈피하게 되었다.

(무상감자 전) 자본총계 114억 원 < 자본금 195억 원 (자본잠식)

(무상감자 후) 자본총계 114억 원 > 자본금 65억 원 (자본잠식 해소)

무상감자는 주주에게 어떠한 보상도 없이 주식수를 줄이는 악재다. 무상감자 공시 당일 주가는 18.23%나 급락했다.

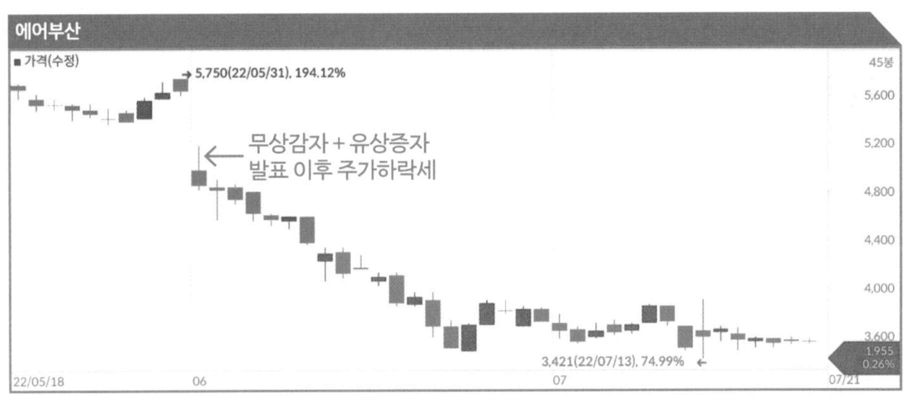

≫ 저비용 항공사(LCC)인 에어부산이 3대 1 무상감자를 발표했다. 감자 전 1,939만 주가 감자 이후 646만 주로 감소했다. 감자 이유는 2022년 1분기 기준 자본잠식률 66%의 부분잠식 상태여서다. 감자와 함께 2,000억여원 규모 유상증자가 악재를 더했다. 공시발표일 시가총액이 4,257억 원이었는데 시가총액 대비 50% 수준의 유상증자다. 무상감자와 유상증자 발표 이후 주가는 지속적으로 하락추세를 보였다.

영업이익 추이(단위 : 억 원) 2019년(-378), 2020년(-1,887), 2021년(-2,040)

투자전략 | 적자기업에 투자하면 유상증자, 주식관련사채 발행, 무상감자 등 악재가 많다. 마음 편하게 적자기업을 제외하고 투자하면 무상감자 당할 일이 없다. 실적 좋은 기업만 매수해야 하는 이유다. 무상감자 뒤에는 유상증자가 뒤따른다. 무상감자로 시가총액을 가볍게 해 유상증자 투자 매력도를 높인다. 무상감자와 유상증자, 두 악재로 인해 기존 주주 입장에선 두 배의 충격이 오는 셈이다.

자본잠식 해소를 위한 무상감자

① 무상감자 + 유상증자

대북사업을 하는 현대아산이 악화된 재무구조를 개선하기 위해 3대 1 무상감자 후 유상증자를 추진했다. 무상감자로 주식수가 3,221만 주에서 1,073만 주로 줄어든다. 자본금도 1,610억 원에서 536억 원으로 줄어든다. 유상증자는 400억 규모다(200억 원은 운영자금, 200억 원은 채무상환자금).

② 지속적인 유상증자

현대아산은 대북사업이 흔들리며 2009년부터 2019년까지 6차례에 걸쳐 1,122억 원의 유상증자를 실시했다. 다만 그동안 현대건설, 현대자동차 등 범현대가 계열사들은 실권(유상증자 청약포기)을 거듭해 왔다. 금번 유상증자에도 실권주들을 현대엘리베이터가 가져갈 경우 현대엘리베이터 지분은 오히려 더 늘어난다.

③ 자본잠식 해소

무상감자 주된 이유는 자본잠식 상태인 재무구조 개선이다. 공시에서도 감자목적을 「결손금 보전을 통한 재무구조 개선」으로 안내하고 있다.

2022년 말 기준 현대아산 자본금은 1,610억 원, 자본총계는 395억 원으로 부분 자본잠식 상태(자본잠식률 77.5%)였다. 무상감자와 유상증자 이후 자본잠식률은 15.2%로 낮아진다.

④ 연결재무제표 대상

현대아산은 현대엘리베이터가 지분 73.9%를 보유한 비상장사다. 종속회사인 현대아산의 실적은 연결재무제표로 현대엘리베이터 실적에 함께 잡힌다.

유상감자에 따른 단기 주가상승

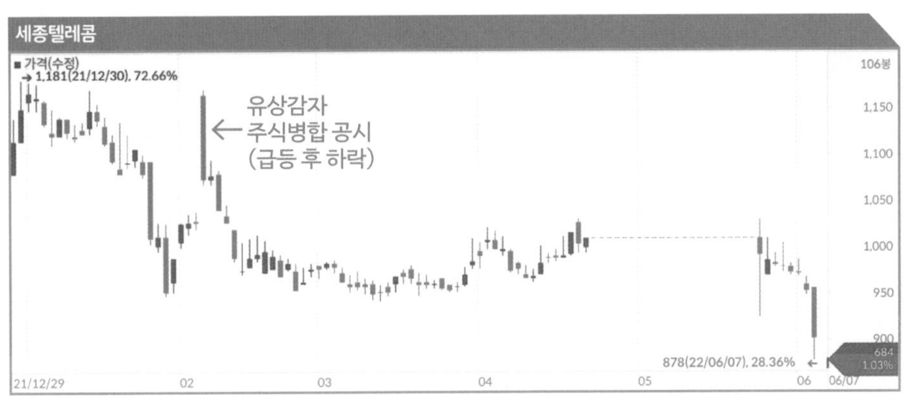

≫ 종합통신 서비스를 하는 세종텔레콤은 유상감자와 주식병합 공시를 동시에 냈다. 유상감자로 총 주식수의 6.77%를 줄인다. 주식병합(액면병합)은 액면가 500원을 액면가 1,000원으로 2배 높인다. 유상감자로 주식수 일부가 줄어들고 주식병합으로 주식수가 절반으로 줄어든다. 유통주식수가 감소하고 주당 가격이 높아져 동전주에서 벗어나는 효과도 얻을 수 있다.

유상감자와 주식병합은 단기호재 이벤트다. 실적개선과 무관하기에 뉴스 이후 장기간 주가가 상승하긴 어렵다. 세종텔레콤도 전날 장마감 후 공시가 발표되고, 공시 다음날 주가가 +13.44% 상승해서 시작했다. 장중 +14.02%까지 상승한 이후 종가는 +4.58%에 마감했다. 하루짜리 단기 이벤트로 끝났다.

투자전략 | 유상감자와 주식병합 공시발표로 급등한 이후에 매수하는 건 뒷북투자 우려가 있다. 실적개선과 무관하기 때문에 공시로 반짝 주가가 상승한 뒤 도로 원위치다. 반면 기존 보유자라면 공시발표에 따른 주가급등을 단기 차익실현 기회로 삼을만 하다.

8장

공시 사례와 투자전략 ②

주식관련사채

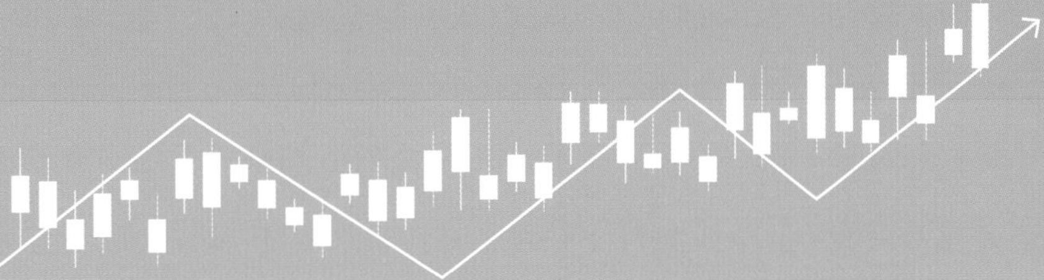

49

주식관련사채 핵심 정보

주식관련사채 정의

주식관련사채는 회사채다. 회사채는 회사가 발행한 채권(빚)이다. 회사채는 만기가 있고 정기적인 이자를 지급한다. 만기에는 투자원금과 만기이자를 돌려줘야 한다.

≫ 회사가 망할 경우 잔여재산이 있으면 채권은 일부라도 돌려받을 수 있다. 후순위 사채는 일반채권보다 변제(남에게 진 빚을 갚음)순위가 밀린다. 대신 이자는 더 높게 받는다.

주식관련사채는 회사채 앞에 '주식관련'이라는 말이 들어 있다. 채권에 주식청구권을 더한 개념이다. 주식청구권은 주식으로 바꿀 수 있는 권리다. 주식청구권에는 주식청구 가격(행사가격)이 미리 정해진다. 주식관련사채는 ① 신주인수권부사채(BW, Bond With Warrant), ② 전환사채(CB, Convertible Bond), ③ 교환사채(EB, Exchangeable Bond)가 있다.

≫ 신주인수권부사채는 'Bond With Warrant'다. Bond(회사채)와 Warrant(신주인수권 증권)가 함께

있다(With)는 의미다.

주식관련사채의 종류

주식관련사채 구분

구분	내용
신주인수권부사채	신주인수권증권(WR) 부여 분리형은 신주인수권증권과 채권 분리 분리형은 주식청구 시 별도의 현금 필요
전환사채	신주전환청구권 부여 주식청구 시 별도의 현금 불필요
교환사채	회사보유 주식으로 교환할 권리 부여 자기주식으로 교환사채 발행 가능

1) 신주인수권부사채(BW) 신주인수권증권(WR, Warrant)이 부여된(붙을 부附) 회사채다. 신주인수권증권은 신주(새로운 주식)를 인수할 권리다. 분리형 신주인수권부사채는 신주인수권증권과 채권을 분리할 수 있다. 각각 분리해서 상장도 되고 거래도 된다. 신주인수권증권을 팔고 채권만 들고 있을 수도, 채권 없이 신주인수권증권만 가지고 있을 수도 있다. 분리형은 신주인수권부사채에서만 가능하다. 전환사채나 교환사채는 분리형이 없다. 신주인수권증권만 매수했다면 주식청구기간 만료 전(예: 채권만기 1개월 전)에 주식으로 청구해야 한다. 신주인수권부사채 발행공시에 청구기간이 나와 있으니 이를 참고하자. 주식청구기간이 지나면 신주인수권증권은 소멸한다.

2) 전환사채(CB) 신주 전환청구권이 부여된 회사채다. 전환사채는 채권이 주식으로 바뀌므로 주식청구 시 별도 현금이 필요 없다. 반면 분리형 신주인수권부사채는 채권과 신주인수권증권이 분리되다 보니 주식청구 시 별도의 현금이 필요하다. 분리형이기에 주식청구를 하더라도 채권은 소멸하지 않고 남아 있다.

3) 교환사채(EB) 회사가 보유한 주식으로 교환할 수 있는 권리가 부여된다. 회사가 보유한 주식에는 자기주식도 포함한다. 교환사채는 기존 주식으로 교환해 주기에 신주발행이 없다. 반면 신주인수권부사채나 전환사채는 신주를 발행한다. 교환사채도 주식교환 청구가 나오면 사안에 따라 악재가 된다. 자기주식으로 교환해 주면 교환사채 발행회사 주식의 유통물량이 늘어나니 악재다. 반면 타 회사 주식이면 발행회사에 직접적인 영향이 덜하다.

주식관련사채는 유상증자보다 발행조건이 나쁘다. 채권적 성격인 이자에 만기 원금상환 조건까지 붙기 때문이다. 유상증자가 어려운 부실기업들이 많이 시도한다. 다만 교환사채는 회사가 기존 보유하고 있는 주식으로 바꿔주기에 발행회사 부실도가 상대적으로 낮다.

투자매력도가 클수록 주식청구 가격을 높게 책정한다. 이자율도 낮거나 아예 0%로 책정하기도 한다. 특히, 교환사채가 그런 경향이 강하다. 높은 주식청구 가격, 낮은 이자율이 적용된다. 리픽싱(행사가격 재조정) 조항이나 투자자에게 불리한 콜옵션(발행회사 매수권리) 조항이 없는 경우도 많다.

교환사채 발행 vs. 자기주식 매각

자기주식을 처분하는 방법으론 교환사채 발행, 자기주식 매각 등이 있다. 일반적으로 자기주식 매각은 시간외대량매매(블록딜) 방식으로 한 번에 대량 물량을 판다. 보통은 시세보다 할인발행해야 대규모 물량이 소화된다. 반면 교환사채 발행은 회사가 급하지 않은 상황이다. 투자자가 채권만 보유한 채 주식으로 교환하지 않을 수도 있다. 느긋하게 기다릴 여유가 있어야 한다. 기다릴 수 있는 만큼 교환사채 발행이 매각가격을 보다 높게 받을 수 있다.

≫ 일반적으로 자기주식 블록딜은 악재다. 자기주식은 회사 내부자다. 회사 내부자 매도는 주

가고점으로 인식한다.

주식청구 가격조정(리픽싱)

리픽싱(Refixing)은 주가가 하락하면 주식청구 가격을 하향조정한다는 의미다. 일반적으로 정해진 기간마다(보통은 3개월 단위) 최초 정한 주식청구 행사가격의 70%까지 낮아질 수 있다. 가령 전환사채 주식청구 가격이 1만 원이라면 리픽싱을 통해 7,000원까지 낮아질 수 있다. 리픽싱으로 인해 주식청구 물량이 더 늘어나게 된다. 행사가격이 30% 낮아지면 주식청구 물량은 약 40% 정도 더 늘어난다.

리픽싱 예시

전환사채 발행액 10만 원, 주식청구 가격 1만 원 = 청구주식 10주

전환사채 발행액 10만 원, 주식청구 가격 7,000원 = 청구주식 14.29주

≫ 리픽싱으로 인해 주식청구 신청물량이 10주에서 14주로 40%나 늘어난다.

주식청구 신청은 공모는 발행 후 1개월부터, 사모는 1년 후부터다. 주식관련사채 발행은 매수자를 미리 정해두는 사모방식이 많다. 사모방식은 발행 후 1년간은 리픽싱을 위해 주가가 하락하곤 한다. 일반적으로 리픽싱은 발행일 기준 매 3개월마다 가격조정을 할 수 있도록 되어 있다. 행사가격 하향조정 리픽싱 이후 주가가 상승할 경우에는 상향조정(최초 정한 행사가격까지) 리픽싱도 가능하다.

≫ 정관에 별도의 리픽싱 한도(예: 액면가)를 정한 경우 그 한도까지 하향조정도 가능하다.

콜옵션/풋옵션

콜옵션(Call Option)은 매수권리, 풋옵션(Put Option)은 매도권리다. 주식관련사채에도 콜옵션 또는 풋옵션이 붙는 경우가 있다. 필수사항은 아니고 선택해서 넣는다.

콜옵션(매수권리): 주가급등에 발행회사(매도자)가 매수할 권리

풋옵션(매도권리): 주가하락에 투자자(매수자)가 매도할 권리

발행회사는 주식관련사채 매도자다. 매도자에게는 매수권리(콜옵션)가 필요하다. 반대로 주식관련사채 투자자는 매수자다. 매수자에게는 매도권리(풋옵션)가 필요하다. 주식관련사채에서 옵션은 최초로 원했던 상황과 반대로 갈 경우 선택할 수 있는 브레이크다. 콜옵션은 「중도상환청구권」으로 풋옵션은 「조기상환청구권」으로 불린다. 공시도 가령 콜옵션을 행사할 경우 「중도상환청구권 행사결정」으로 나온다.

이자율, 리픽싱, 콜옵션/풋옵션 등은 자율 선택사항이다. 흥행을 위해선 이자율은 높이고 리픽싱 비율은 낮춰주면 된다. 발행회사에 유리한 콜옵션은 빼고 투자자에게 유리한 풋옵션 조항만 넣어주면 된다.

주식청구

투자자가 주식청구를 하는 경우는 주식으로 내다 팔면 수익이 나는 경우로, 주식청구 가격이 보통주 현재주가보다 낮은 상태다.

주식청구 시 수익발생: 주식청구 가격 < 현재 주가

≫ 주식청구 가격이 1주당 1만 원인데 현재 주가가 2만 원이면, 주식청구 시 1주당 1만 원의 차

익이 가능하다.

리픽싱이 완료되고 주식청구가 가능해지면 이유 없는 주가급등이 펼쳐진다. 주가급등은 단타 개미들의 관심을 불러모은다. 거래량이 늘어나 주가 상승폭도 더 커진다. 거래소 조회공시 요구에도「주요 공시대상 없음」이란 답변뿐이다. 특별한 호재 이슈가 없다는 해당 답변은 단기 실망매물을 부른다. 허나 실망매물은 잠시뿐 세력은 2차 급등을 만드는 경우도 있다. 그 정점에 주식청구 신청을 한다. 주목을 덜 받기 위해 금요일 장마감 후 주식청구 공시를 내보내기도 한다. 주가는 오버행 물량부담 이슈로 그때부터 하락하기 시작한다.

≫ 주식관련사채 투자자일 경우 주식청구를 원한다면 증권사 고객센터에 전화하거나 영업점을 방문하면 된다. 일부 증권사는 MTS(HTS)에서도 신청이 가능하다. 한번에 모아서 처리하므로 주식을 받는 데 2주 이상 걸릴 수도 있다.

주식으로 달라는 주식청구를 할 경우 채권이 사라지고 대신에 주식으로 바뀐다(분리형 신주인수권부사채 제외). 부채인 채권이 사라지니 부채비율은 낮아진다. 채권이 사라지면 더 이상 이자를 지급할 필요가 없으니 이자비용도 감소한다.

주식관련사채 회계처리

주식청구 전에는 부채로 인식되던 것이 주식으로 바뀌게 되면 부채는 사라진다(분리형 신주인수권부사채 제외). 부채 감소분만큼 자본총계가 증가한다. 가령 전환사채를 10만 원어치 보유하고 있다 치자. 전환가액이 15,000원이면 6.67주가 배정된다. 6주는 배정받고 1주 미만 단수주식인 0.67주는 현금으로 받는다. 액면가는 자본금, 액면가 초과 발행금은 자본잉여금(주식발행초과금) 항목에 들어간다. 즉, 해당 주식의 액면가가 5,000원이라고 하면 액면가 5,000원, 6주에 해당하는 3만 원(5,000원 × 6주)

은 자본금, 액면가를 초과하는 1만 원, 6주에 해당하는 6만 원(1만 원 × 6주)은 자본잉여금으로 회계처리된다.

파생상품거래 평가손실

주식관련사채의 주식청구 가격(행사가격)과 현재 주가(보통주)간 차이를 손익계산서에 반영한다. 「파생상품거래 평가손실」이란 제목으로 공시가 나온다. 파생상품거래 평가손실은 당기순이익에 영향을 미친다. 다만 영업행위와 무관한 손익으로 현금유출입이 없다. 서류상의 손익일 뿐이기에 놀랄 필요 없다. 주식청구를 하면 서류상의 손해는 없어진다. 「파생상품 평가손실」로 회사가 어려워지지는 않나 오해는 하지 말자.

주식청구 권리는 선택권으로 옵션(파생상품)이다. 국제회계기준(IFRS)은 파생상품을 공정가치(시장가격)로 처리하도록 한다. 현재 주가가 행사가격보다 높다면(현재주가 〉 행사가격) 파생상품거래 평가손실이다. 비싸게 팔 수 있는데 싸게 판 셈이니 회사 입장에선 손해다. 주가가 오르면 손해는 더 커진다. 다만 주가가 오르면 주식청구 가능성도 올라간다. 주식청구가 된 만큼 파생상품거래 평가손실은 사라진다. 회사가 매도청구권(콜옵션)이 있다면 이를 행사할 수도 있다. 회사 입장에서 이자비용 감소와 파생상품 평가손실을 줄이려는 목적이다.

≫ 반대로 '현재주가 < 행사가격'이면 파생상품 평가이익이다. 회사가 현재 가격보다 비싸게 팔았기 때문에 수익이다.

50

주식관련사채 투자전략

주식관련사채 발행은 악재다

주식투자에서 최대 악재 중 하나는 주식수 증가다. 유상증자와 함께 주식관련사채 발행도 주식수 증가를 불러온다. 신주인수권부사채나 전환사채 주식청구로 신주를 발행한다. 신주발행에 따른 주식수 증가만큼 주가는 내려가야 한다. 동일한 시가총액 유지를 위해서다. 다만 교환사채는 보유주식을 교환해 주기에 신주를 발행하는 신주인수권부사채나 전환사채보단 충격이 덜하다. 다만 교환사채를 자기주식으로 교환해 줄 경우 주식 유통물량이 증가한다.

시장에선 유상증자보다 주식관련사채 발행을 더 악재로 본다. 이자까지 줘가며 주식수를 늘려야 하기 때문이다. 회사채이기에 부채비율도 올라간다. 주식관련사채는 대부분 적자 부실기업 운영자금으로 활용된다. 적자가 지속될 경우 발행이 더 늘어날 수 있다. 최대주주가 자주 바뀌는 회사도 주식관련사채 발행을 많이 한다.

부채로 끌어다 쓴 인수자금을 갚기 위해서다.

주식청구 예정물량이 많으면 악재다

주식관련사채는 주식으로 언젠가 바뀌질 운명인 채권이다. 청구가격보다 현재 주가가 높을수록 주식으로 청구될 가능성이 높아진다. 리픽싱 이후 인위적으로 주가를 끌어올린 뒤 주가 정점에 주식청구를 한다. 주가가 오를수록 청구가능 물량 체크는 필수다. 소위 작전세력들이 한탕 해먹고 나가면 거래량은 줄고 주가는 내려간다. 주식청구 공시에는 향후 청구가 가능한 물량이 함께 안내된다. 청구가능 물량이 많을수록 잠재적인 투매요인이 된다. 주식관련사채를 많이 발행할수록 청구가능 물량이 넘쳐난다. 주가가 오를수록 주식청구신청 물량도 많아진다. 정치테마 등 테마 호재가 있더라도 주식청구가능 물량이 많다면 굳이 매수할 이유가 없다. 테마로 엮어 주가급등을 만들고 급등정점에서 주식청구를 많이 해서다.

주식관련사채 공모를 노려라

주식관련사채는 사모방식이 일반적이다. 다만 일반공모, 주주배정후 실권주 일반공모 방식 등도 가능하다. 망할 회사가 아니라면 주식관련사채 청약은 좋은 투자 기회다. 적극적으로 주식관련사채 공모를 노려보자. 채권을 사기에 주가가 오르지 않아도 만기 원금상환과 정해진 이자를 받을 수 있다. 주가가 상승하면 차익실현 기회라는 덤도 있다. 관건은 회사 자체 리스크를 사전에 잘 파악해야 한다는 것이다. 재무제표와 회사 신용등급을 파악해 두자. 신용등급이 투기등급이거나 투기등급으로 하향조정이 우려된다면 가급적 보수적 관점으로 바라보자.

≫ 회사채 투자는 신용등급이 중요하다. 신용등급은 AAA부터 D등급까지 있다. AA부터 CCC등급까지는 +, - 기호가 붙는다. 보통 BBB-까지 투자적격, BB+부터는 투기등급이다.

네이버 증권을 활용한 기업 신용등급 확인 화면

에코프로비엠 247540 코스닥 2022.11.09 14:46 기준(장중) 실시간 기업개요

종합정보 | 시세 | 차트 | 투자자별 매매동향 | 뉴스·공시 | 종목분석 | 종목토론실 | 전자공시 | 공매도현황

❶ ❷

기업현황 | 기업개요 | 재무분석 | 투자지표 | 컨센서스 | 업종분석 | 섹터분석 | 지분현황 | 인쇄

신용등급	BOND	CP
KIS	BBB+ [20220603]	A3+ [20220603]
KR		
NICE	BBB+ [20220602]	

❸

주요주주	보유주식수(보통)	보유지분(%)
에코프로 외 15인	50,536,760	51.67
자사주	151,415	0.15

≫ 네이버 증권에서 종목명(위 예시에서는 에코프로비엠)을 검색해 클릭하고 종목 화면으로 들어간다. ① 종목분석 탭의 ② 기업현황 탭을 클릭하면 ③ 신용등급을 알 수 있다. 개별 신용평가회사 홈페이지 등에서도 확인이 가능하다.

주식관련사채 공모도 유상증자와 동일하게 청약 당일 계좌에 청약증거금 100%가 있어야 한다. 공모주 청약만 유일하게 청약증거금 50%를 적용한다. 공모주와 마찬가지로 청약을 담당하는 증권사에만 청약신청이 가능하다. 해당 증권사 MTS(HTS) 청약 메뉴에서도 청약이 가능하다. 경쟁률이 높아 청약에서 떨어진 금액은 납입일에 돌려준다. 청약증거금에 대해 별도의 이자는 없다. 주식관련사채의 주식청구도 청약한 증권사에서만 가능하다.

호재가 있다면 WR 단기매매를 노려라

분리형 신주인수권부사채는 회사채와 신주인수권증권(WR, Warrant)을 분리할 수 있다. 회사채와 신주인수권증권이 각각 상장해 거래될 수 있다. 신주인수권증권은 이름 뒤에 WR이 붙는다. 가령 「한진3WR」은 한진에서 3번째 발행한 신주인수권증권이다. WR의 가치는 거래가격+행사가격(신주인수권부사채 주식청구 가격)으로 구성된다. 가령 WR의 거래가격이 1만 원, 행사가격이 1만 원이라면 WR의 가치는 2만 원이다. 보통주 주가가 1만 5,000원이라면 WR 가치(2만 원)가 보통주 가치(1만 5,000원)보다 높은 상태다. WR의 적정 거래 가격은 5,000원이어야 한다.(보통주 주가 1만 5,000원 = WR 행사가격 1만 원 + WR 거래가격 5,000원)

단기간 호재 이슈가 있을 경우 보통주보다 WR 급등폭이 더 크다. 유통량도 적고 상하한가도 없다 보니 과한 급등을 만든다. 호재 이슈가 있다면 단기간 WR을 주목해 볼 수 있다. 다만 WR은 유통물량이 적어서 활발한 거래가 어렵다. 신주인수권부사채를 발행하는 회사는 적자기업이 많다. 적자기업이 발행한 WR의 경우 기업이 망할 가능성이 있으니 투자에 주의해야 한다.

WR은 시간가치와 내재가치(자산가치 + 수익가치)로 구성된다. 회사채는 만기가 있기에 시간가치는 계속 감소한다. 만기에는 시간가치가 제로다. 주가가 정중동하면 시간가치 하락으로 WR 가치도 하락한다. 주가급등 이슈로 내재가치가 커져야만 WR 주가는 상승한다. WR의 시간가치 하락 속에 주가상승 호재로 내재가치가 급등할 경우 WR 주가가 오르는 구조다.

≫ 주주배정 유상증자에서 기존 주주에게 부여되는 청약권리는 신주인수권증서다. 종목명 뒤에 R을 붙인다. 가령 「대한항공 46R」은 대한항공이 46번째 발행한 신주인수권증서다. 신주인수권증서(R)는 보통 5영업일간만 거래된다. 반면 주식관련사채는 만기가 길다. WR도 장기간 거래가 가능하다.

≫ (화면 A) ① 국내주식 종목 찾기에서 신주인수권증권 리스트를 확인할 수 있다. (화면 B) ② 대유에이피3WR 매수주문 화면을 보면 단가, 수량을 기재하고 ③ 현금매수를 클릭하면 된다.

주식청구권 행사에 따른 단기투매 급락을 노려라

투매물량을 이길 장사는 없다. 주식청구 물량 상장일 전후로 주가는 내린다. 그 물량이 많을수록 하락 정도가 깊다. 유무상증자도 증자물량 상장일 전후 단기 주가 조정을 보인다. 적자 부실기업이 아니라면 역발상으로 투매물량이 나온 날을 저점 매수 기회로 삼을 수도 있다. 물량투매 소나기가 지나면 주가는 제자리를 찾아갈 수 있다. 기업가치 변화는 없는데 단순히 물량투매로 인한 경우라면 역발상으로 바라보자. 기업가치가 나쁘지 않다면 단기투매 급락구간을 저점매수 기회로 삼아볼 만하다.

주식청구 공시가 나면 상장일 2영업일 전부터 권리매도가 발생할 수 있다. 특히 제3자 배정방식으로 주식관련사채를 사모발행 했다면 특정 창구로 투매물량이 나올 수 있다. 평소와 달리 권리매도일 특정창구에서 과한 매물이 쏟아진다면 권리매도로 추측해 보자.

콜옵션/풋옵션 공시를 눈여겨보라

콜옵션 행사 주가가 많이 오르면 회사는 콜옵션을 행사한다. 주가가 상승한 만큼 파생상품 평가손실을 입는다. 주가가 더 오르면 평가손실은 더 커진다. 물론 서류상의 손실이라고는 하나 당기순이익에 마이너스 영향을 준다. 이자도 계속 내야 한다. 어차피 주식으로 나올 것이라면 빨리 나오는 게 좋다.

콜옵션 행사는 투자자보고 주식관련사채를 회사에 팔라는 이야기다. 하지만 회사에 팔면 손해다. 주가가 급등했는데 이자만 받고 끝내는 건 아쉽다. 콜옵션 행사의 진정한 의미는 빨리 주식으로 바꾸라는 재촉이다. 회사도 돈을 들여 채권을 사주고 싶은 마음이 없다. 대부분 콜옵션이 행사되기 전에 주식으로 바꾼다. 회사는 콜옵션 행사기간이 지나면 투자원금과 그동안의 이자만 주고 끝낸다. 문제는 해당 공시를 투자자가 못 보는 경우다. 콜옵션 공시가 있는지도 모르고 회사에 매도되는 경우가 있다. 손해를 피하기 위해선 공시를 주기적으로 확인해 봐야 한다.

풋옵션 행사 주식관련사채 투자자는 주가급등을 원한다. 하지만 주가상승이 행사가격 이상으로 어렵다면 투자자가 풋옵션을 행사한다. 주식관련사채를 매도할 테니 회사가 사 가라는 의미다. 투자원금과 그동안 이자로 만족하겠다는 거다. 특히 이자율이 낮다면 풋옵션 행사욕구는 더욱 크다. 행사될 경우 추가로 주식관련사채를 발행해 회사채를 갚는 경우가 많다. 부채를 새로운 부채로 돌려막는 셈이다.

51

주식관련사채 공시의 핵심 사항

주식관련사채 관련 주요 공시

주식관련사채 관련 주요 공시로는 ① 주식관련사채 발행결정 ② 주식청구권 행사 ③ 리픽싱 ④ 만기 전 사채취득 등이 있다.

금감원 공시 사이트 DART 공시통합검색 화면

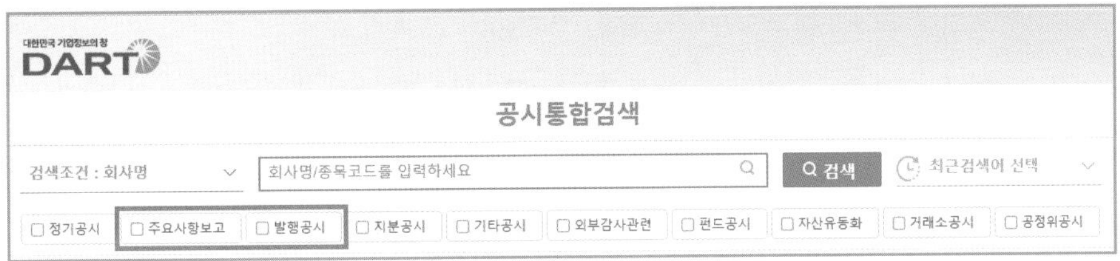

① 유무상증자, 주식관련사채 발행 등은 DART의 「주요사항보고」 항목에서 확인이 가능하다. 주요사항보고서(공시명)으로 공시한다. 가령 유상증자는 주요사항보고

서(유상증자 결정), 전환사채는 주요사항보고서(전환사채권 발행결정) 등으로 공시제목을 단다. DART의 「발행공시」 항목에는 증권신고서가 보고된다.

≫ 자기주식으로 교환사채를 발행할 경우 주요사항보고서(교환사채 발행결정), 주요사항보고서(자기주식 처분결정) 2개의 공시가 나온다.

② 사채권자(투자자)가 주식청구를 할 경우 주식청구권 행사 공시가 나온다. 전환사채는 전환청구권 행사, 교환사채는 교환청구권 행사, 신주인수권부사채는 신주인수권 행사라는 이름으로 공시된다. 기타경영사항(자율공시)로 주식청구 기간을 사전에 안내해 주기도 한다. 회사 입장에선 주식청구를 하게 되면 이자부담이 줄어들어 좋다. ③ 리픽싱은 최초 주식청구 가격을 조정하는 공시다. 일반적으로 3개월 단위로 주가조정을 한다. 최저 주가조정 가격을 정해두는데 보통은 최초 정한 행사가격의 70%까지 하향조정을 한다. 사모발행은 사채 발행일로부터 1년간 주식청구가 안 된다. 그동안 리픽싱 공시가 3~4회 정도 나올수 있다. ④ 만기 전 사채취득 공시는 콜옵션/풋옵션 행사를 할 경우에 나온다. 주로 주가가 오르지 않아 사채권자(투자자)가 풋옵션을 행사하는 공시가 많다.

전환사채 발행 결정 (HLB, 2022.5.31.)

① 사채의 종류: 36회차 무기명식 무보증 사모 전환사채

≫ (해석) 무기명식은 채권 소유자 이름을 기재하지 않는다. 무보증은 회사가 망할 경우 원금이 보장되지 않는다. 사모방식은 50명 미만에게 투자권유를 하는 경우다. 반대로 50명 이상에게 투자권유를 하는 건 공모방식이다. 참고로 이권부는 이자를 지급한다는 의미다.

② 사채의 권면총액: 230억 원

≫ (해석) 전환사채 발행규모가 클수록 악재 충격이 크다. 늘어날 주식수가 많아지기 때문이다.

③ 자금조달의 목적: 운영자금 230억 원

≫ (해석) 적자기업들은 대부분 운영자금 목적으로 전환사채 등을 발행한다. 보다 상세한 자금 조달 목적은 증권신고서의 자금사용목적에 기술되어 있다.

④ 사채의 이율: 표면이자율 1%, 만기이자율 3%

≫ (해석) 표면이자율 1%의 경우 연간 1% 이자율을 3개월 단위로 나눠서 지급한다. 만기이자율은 채권 만기일에 분기복리로 계산한 이자를 지급한다. 이미 지급한 표면이자를 제외하고 남은 이자만 만기에 준다.

⑤ 사채 만기일 : 2025년 6월 2일

⑥ 원금상환방법 : 만기일에 230억 원의 106.24%를 일시 상환

⑦ 전환에 관한 사항

- **전환가액: 48,605원**
- **전환에 따라 발행할 주식: 에이치엘비 기명식 보통주 473,202주** **(주식총수 대비 비율 0.44%)**
- **전환청구기간: 2023년 6월 2일~2025년 5월 2일**

≫ (해석) 사모발행의 경우 증권신고서를 제출하지 않는 대신 사채 발행일로부터 1년간 주식전환청구가 안 된다. 전환청구기간은 사채 발행일 기준 1년 이후부터 사채만기일 한 달 전까지다.

- 시가하락에 따른 전환가액 재조정(Refixing)

  발행일로부터 3개월마다 전환가액 하향(상향)조정

  조정가액이 70% 미만인 경우 70%를 전환가액으로 함

  상향조정은 발행당시 전환가액 이내
- 시가하락에 따른 전환가액 조정

  최저 조정가액: 34,024원

  조정가액 근거: 발행당시 전환가액의 100분의 70

≫ (해석) 리픽싱을 통해 최초에 정한 전환청구가격의 70%까지 청구가격이 하향조정될 수 있다. 최초 정한 전환가액 48,605원이 리픽싱 후 34,024원(70% 하향조정)까지 내려갈 수 있다. 그 결과 청구가능 주식수도 늘어나게 된다.

(리픽싱 전) 전환사채 발행액 230억 원 ÷ 전환가액 48,605원 = 주식 청구가능수 473,202주

(리픽싱 후) 전환사채 발행액 230억 원 ÷ 전환가액 34,024원 = 주식 청구가능수 675,993주

⑧ 옵션에 관한 사항

- 조기상환청구권(Put Opotion)에 관한 사항 (상세내용 생략)
- 매도청구권(Call Option)에 관한 사항 (상세내용 생략)

⑨ 청약일: 2022년 5월 31일, 납입일 2022년 6월 2일

HLB 리픽싱 본문 내용 예시

시가하락에 따른 전환가액의 재조정(Refixing) 발행회사 기명식 보통주식의 주가가 하락할 경우 본건 사채의 **발행일로부터 3개월(이하 "전환가액 조정일")마다 전환가액을 조정하되**, 조정된 전환가액은 전환가액 조정일 전일을 기산일로 하여 (i) 그 기산일로부터 소급한 1개월 가중산술평균주가, 1주일 가중산술평균주가 및 최근일 가중산술평균주가를 산술평균한 가액과 (ii) 최근일 가중산술평균주가 중 높은 가액이 직전 전환가액보다 낮을 경우 그 낮은가액을 전환가액으로 한다. 단, 새로운 전환가액은 발행당시 전환가액(조정일 전 신주의 할인발행 등의 사유로 전환가액을 이미 조정한 경우에는 이를 감안하여 산정한 가액)의 70% 미만인 경우에는 **발행 당시 전환가액의 70%를 전환가액으로 한다.**

≫ 사채 발행일로부터 3개월 단위마다 리픽싱이 가능하되, 최초 전환가액의 70%까지만 하향 조정이 가능하다는 내용이다.

HLB 풋옵션/콜옵션 본문 내용 예시

[조기상환청구권(Put Option)에 관한 사항] "본 사채"의 사채권자는 "본 사채"의 발행일로부터 18개월이 되는 2023년 12월 02일 및 이후 매 3개월에 해당되는 날에 "본 사채"의 전자등록금액에 조기상환수익률(연복리 3.0%)을 가산한 금액의 전부에 대하여 만기 전 조기상환을 청구할 수 있다.
[매도청구권 (Call Option)에 관한 사항] 발행회사 또는 발행회사가 지정한 자는 2022년 06월 02일부터 2023년 06월 02일까지 권면금액의 전부 또는 일부에 대하여 매도를 청구할 수 있는 권리를 가진다.

≫ 풋옵션(매도권리)은 주가가 오르지 않을 경우 전환사채 투자자가, 콜옵션(매수권리)은 주가가 오를 경우 전환사채 발행회사가 선택할 수 있는 권리다.

HLB 사모 발행대상자, 기존 주식관련사채 미상환 내역 예시

기타투자 판단에 참고할 사항에 ① 사모 발행대상자 ② 기존 주식관련사채 미상환 내역 등도 안내되어 있다. ① 사모발행의 경우 발행대상자를 알아두는 것도 좋다. 가령 기관투자자인지, 신뢰가 가는 투자자인지 여부 등이다.

HLB 특정인에 대한 대상자별 사채발행내역

발행대상자명	회사 또는 최대주주와 관계	선정경위	발행결정 전후 6월 이내 거래내역 및 계획	발행권면 총액
세피아 신기술조합 제261호	-	경영상 목적달성을 위해 이사회에서 선정함	2022년 6월 2일: 사채대금 납입예정	80억 원

(이하 생략)

≫ 전환사채 투자자에 대한 주요 정보를 안내하고 있다. 세피아 신기술조합 제261호가 80억 원을 투자하고 있음을 알 수 있다.

② 기존 주식관련사채 미상환 내역을 보면 잠재적인 투매물량 확인이 가능하다. 공시내용에는 미상환 금액(주식수), 행사가능기간 등의 정보가 나온다.

HLB 미상환 주권 관련 사채권에 관한 사항

종류	잔액	전환가액	전환가능 주식수	전환가능기간
33회차 전환사채	92억 원	33,757원	27만 주	2020.12.18.~2022.11.18

(이하 주식관련사채 내용은 생략)

≫ 주가가 오른다면 주식청구가 가능한 물량이다. 위 예시에서 보면 전환가액 33,757원에 27만 주가 주식으로 전환될 수 있다.

기타 안내사항(안내공시) (HMM, 2021.3.24.)

제 199회 무보증 전환사채(CB) 중도상환청구권 행사 결정

≫ (해석) 전환사채(CB)의 콜옵션(중도상환청구권) 행사 결정에 대한 안내사항이다. HMM 주가가 급등하면서 회사측에서 콜옵션을 행사했다. 파생상품거래 손실발생도 줄이고 이자비용도 줄일 목적이다.

≫ 콜옵션(중도상환청구권) 행사가능 요건

① 발행일로부터 1개월이 경과한 날부터 만기 1개월 전일까지 중도상환청구권 행사 가능, ② 연속 15거래일 간 보통주 종가가 전환가액의 150%를 초과해야 중도상환청구권 행사가 가능

① 중도상환청구권 행사일: 2021년 4월 8일(목)

② 전환권 행사 마감일: 2021년 4월 5일(월)

• 예탁결제원 마감 중도상환 대상 채권자 명부확정 기준

• 증권사별 전환청구 접수 마감은 별도 확인 필요

≫ (해석) 전환사채 투자자들은 전환권 행사 마감일인 4월 5일(월)까지 주식청구를 해야 한다.

③ 행사수량: HMM199CB 미상환잔액 전액(100%)

④ 중도상환금액: 사채 액면금액(100%) 및 발행일로부터 중도상환청구권 행사일 전일까지 일할 계산한 이자

≫ (해석) 4월 5일(월)까지 주식청구를 하지 않을 경우 투자원금과 정해진 이자만을 받을 수 있다는 내용이다. 주가상승률이 높았기에 중도상환청구(회사측 콜옵션 행사에 따른 전환사채 조기상환)보다 주식청구(주식으로 바꾸기)가 더 높은 수익을 가져다준다.

파생상품거래 손실발생 공시

(HMM, 2021.5.14.)

① 파생상품거래 종류: 전환사채 등 부채 계상 관련

② 손실발생금액: 8,650억 원

③ 손실발생 주요원인: 보통주 시가 상승에 따른 전환가격과 괴리 발생(현금유출 미발생)

≫ (해석) HMM의 주가급등으로 인해 파생상품 평가손실이 발생했다. 서류상의 손해일 뿐 현금이 나가지는 않는다. 전환사채에 대한 주식청구가 되면 없어지는 손해다. HMM은 콜옵션 행사를 통해 주식청구를 독려했다.

전환가액의 조정

(넥스트아이, 2022.6.7.)

① 조정에 관한 사항: (4회차) 조정 전 1,108원, 조정 후 1,036원

② 전환가능 주식수 변동

• 미전환사채의 권면 총액 50억 원

• 조정 전: 4.500만 주, 조정 후: 4.800만 주

≫ (해석) 1,108원에서 1,036원으로 전환사채 주식청구 가격이 하향조정(리픽싱)되었다. 그에 따라 전환가능 주식수도 4,500만 주에서 4,800만 주로 늘어났다.

③ 조정근거 및 방법

• 1개월, 1주일, 기산일(최근일) 가중산술평가 산술평균가액과 기산일 가중산술평가 중 높은 가격과 현재 전환가격 중 낮은 가격

• 단, 전환가격 최저 조정한도는 최초 전환가액의 70%까지

(단, 신주 할인발행, 감자 등의 사유로 전환가격을 이미 조정한 경우는 이를 감안하여 산정)

• 조정방법

1〉 1개월 가중산술평균주가: 981.8원

2〉 1주일 가중산술평균주가: 972.8원

3〉 최근일 가중산술평균주가: 981.4원

4〉 산술평균가액(①+②+③/3): 978.7원

5〉 기준가격(③, ④ 중 높은 가액): 981.4원

6〉 조정전 전환가액: 1,108원

7〉 조정후 최종 전환가액: 1,036원

8〉 최저 조종한도가액: 1,036원

≫ (해석) 리픽싱 최저한도는 1,036원이다. 최초 공시한 전환가액 1,480원의 70%다. 주가하락으로 리픽싱 최저한도까지 내려왔다.

④ 기타 투자판단에 참고할 사항 (관련공시)

• 2020.8.25. 전환사채권발행결정(제4회차)

• 2021.3.4. 전환가액의조정, - 2022.2.15. 전환가액의조정

• 2022.4.4. 전환가액의조정, - 2022.5.9. 전환가액의조정

≫ (해석) 「기타 투자판단에 참고할 사항」에는 과거 연관된 공시들을 링크해 놓고 있다. 전환사

채 최초발행 이후 4차례의 리픽싱을 해왔다. 이번이 5번째 리픽싱이다. 참고로 넥스트아이는 리픽싱을 1개월마다 할 수 있도록 정했다.

관련공시 링크 화면 예시

7. 기타 투자판단에 참고할 사항	본 전환가액 조정은 시가하락에 따른 전환가액 조정에 해당하여 별도 이사회 결의를 하지 않습니다.	
	※ 관련공시	2020-08-25 전환사채권발행결정(제4차) 2021-03-04 전환가액의조정 2022-02-15 전환가액의조정 2022-03-04 전환사채발행후만기전사채취득 2022-04-04 전환가액의조정 2022-05-09 전환가액의조정

≫ ① 넥스트아이 전환가액 조정 공시를 보면 「기타 투자판단에 참고할 사항」에 ② 「관련공시」를 링크해 두고 있다. 과거 히스토리가 궁금하다면 해당 링크를 클릭해서 열어보면 된다.

전환청구권 행사 (HLB제약, 2022.5.24.)

① 전환청구권 행사주식수 누계: 28만 주

• 발행주식총수: 27.2백만 주, **발행주식총수 대비 1.04%**

≫ (해석) 전환사채의 주식청구 공시다. 발행주식총수 대비 전환물량이 많을 경우 단기 악재다. 물량투매가 발생할 가능성이 높아서다.

② 전환사채 잔액

회차	발행당시 사채의 권면총액	신고일 현재 미전환사채 잔액	전환가액	전환가능 주식수
11	200억 원	17억 원	5,652원	30만 주
13	100억 원	17억 원	6,689원	25만 주
14	132억 원	60억 원	11,307원	54만 주

≫ (해석) 전환청구권행사 공시에선 전환사채의 「전환가능 주식수」 물량 체크가 필수다. HLB제약은 주식청구가 가능한 물량으로 총 109만 주(30만 주 + 25만 주 + 54만 주)가 남아있다.

전환사채 발행 후 만기 전 사채 취득 (넥스트아이, 2022.7.12.)

① 만기 전 취득 사채에 관한 사항

• 발행일자: 제4회차 2020.11.

• 주당 전환가액: 1,036원

② 사채 취득금액: 10.4억 원

• 취득한 사채의 권면총액: 10억 원

③ 취득 후 사채 권면총액: 20억 원

≫ (해석) 취득 후 사채 권면총액은 투자자의 풋옵션 행사 이후 남아있는 전환사채 규모를 말한다. 이번에 10억 원 어치의 만기 전 사채 취득 이후, 20억 원의 전환사채가 남아있다는 의미다.

④ 만기 전 취득사유 및 향후 처리방법

• 취득사유: 사채권자의 조기상환 청구

≫ (해석) 회사가 자금사정이 좋아서 만기 전에 취득하는 게 아니다. 투자자에게 풋옵션(조기상환 청구권)이 부여가 되었고, 주가가 오르지 않자 투자자가 풋옵션을 행사했다는 의미다. 전환사채 투자금을 미리 돌려줄 경우 자금부족을 겪는다. 대부분은 추가로 전환사채 등을 발행해 그 부족자금을 메운다.

• 처리방법: 취득 후 사채권 소각

⑤ 취득자금의 원천: 자기자금

⑥ 사채의 취득방법: 장외매수

전환사채 발행 이후 주가추이

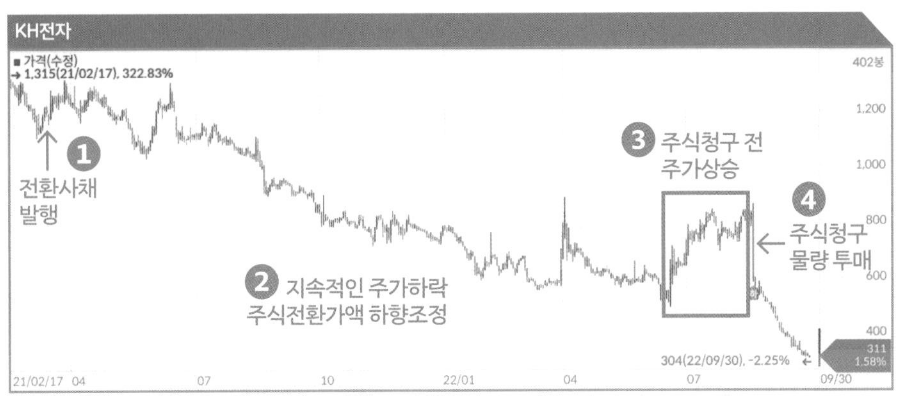

≫ KH전자는 이어폰, 헤드폰, 블루투스 등을 생산하는 음향사업 업체다. ①~② 사모방식 전환사채 발행이므로 발행하고 1년 이후부터 주식청구가 가능하다. 전환사채 발행 이후 주가는 지속적으로 내렸다. 주가가 내려야만 주식전환가액을 하향 조정(리픽싱)할 수 있어서다. ③ 리픽싱 이후 주식청구를 하기 위해선 주가가 올라야 한다. 특별한 이유 없이 주가가 오르고 난 뒤 주가정점에 주식청구를 한다. ④ 물량투매가 끝나면 주가를 관리할 이유가 없다. 거래량은 줄어들고 주가는 지속적으로 하락했다.

투자전략 | 주식관련사채를 남발하는 적자회사는 투자에 주의해야 한다. 주식관련사채를 발행한 뒤 리픽싱을 위해 주가를 하락시킨다. 리픽싱 완료 뒤 주식청구가 가능해지면 이유 없는 주가급등을 만든 뒤 물량을 털고 나간다. 적자가 지속되면 주식관련사채를 계속 발행한다. 주식수가 늘어나기에 주가도 계속 내려간다.

전환사채 주식전환청구 후 물량투매

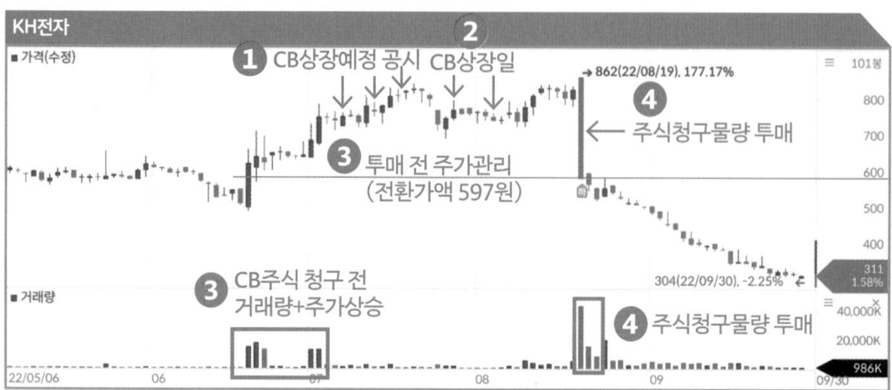

≫ 음향사업 업체인 KH전자는 영업적자가 지속되고 있었다. ①~② 전환사채를 수차례 발행했는데 주식청구예정 공시가 3차례 연속 나왔다. 주식 전환청구물량이 총발행주식의 16.47%나 된다.

공시일자	7월 7일	7월 13일	7월 19일
발행주식 대비	3.66%	7.93%	4.88%
청구주식수	502만 주	1,088만 주	670백만 주
상장예정일	7월 27일	7월 27일	8월 3일
청구행사가격	597원	597원	597원

③ 주식 전환청구 전 거래량을 일으키며 주가를 끌어올렸다. 전환가액이 597원이므로 그보다 높은 가격을 유지해야 수익이 난다. ④ 청구주식 상장 이후 전환가액인 597원보다 높은 800원대로 주가를 유지시킨 뒤 주식청구 물량을 털어냈다. 전환사채 주식청구 물량을 털어낸 이후 주가를 관리할 이유가 없다. 거래량도 줄어들고 주가는 지속적으로 하락했다.

주가하락에 따른 전환사채 리픽싱

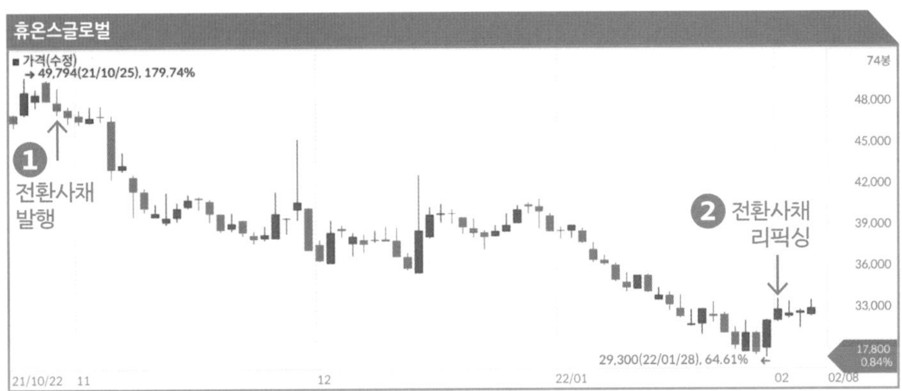

≫ 휴온스글로벌은 지주회사(의약품, 에스테틱 사업을 하는 제약사 휴온스 등이 자회사)로 보툴리눔 톡신 사업도 영위한다. ① 휴온스글로벌이 총 500억 원어치의 전환사채를 발행했다. 최초 전환가액(행사가격)은 51,333원으로 총 974,032주가 주식으로 전환이 가능하다. 리픽싱 여부 결정은 발행 후 3개월 단위다. 최초 전환가액의 80%까지 리픽싱 하향조정이 가능하다. ② 전환사채 발행이후 주가가 지속적으로 내려 리픽싱을 하게 되었다. 전환가액이 41,067원(80% 하향조정)까지 내려갔고 전환가능 주식수는 1,217,522주로 늘어났다.

구분	리픽싱 전	리픽싱 후
전환가액	51,333원	41,067원
전환가능 주식수	974,032주	1,217,522원

투자전략 | 주식관련사채는 리픽싱 조항이 있어 전환가능 주식수가 늘어나게 된다. 리픽싱이 완료되기 전까지는 주가가 지속적으로 하락하기도 한다. 리픽싱이 완료되면 이유 없는 주가급등을 만들고 주가정점에 주식청구를 한다.

CB 풋옵션 행사에 따른 CB 재발행

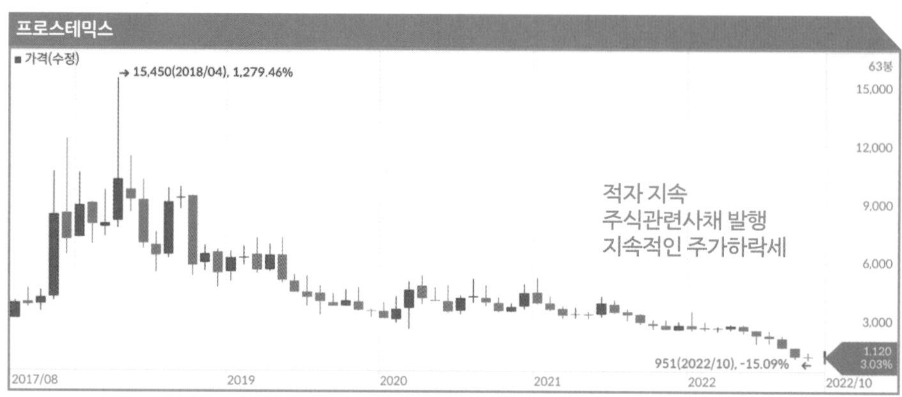

≫ 지방 줄기세포 화장품, 의료기기 공급업을 하는 프로스테믹스는 적자 지속으로 전환사채(CB)를 발행했다. 주가가 하락하자 투자자들이 풋옵션을 행사했다. 풋옵션 행사로 투자금 회수에 나서자 전환사채를 재발행했다. 전환사채 발행이 늘어나자 2022년 3월 272%이던 부채비율이 6월 434%까지 증가했다.

≫ **1. 전환사채 발행 후 만기 전 사채취득 공시(2022.10.17.)** 풋옵션 행사

2. 전환사채 발행결정 공시(2022.10.14.) CB 재발행으로 풋옵션 청구금액 해결

영업이익 추이(단위 : 억 원) 2019년(-23), 2020년(-12), 2021년(-58)

투자전략 | 대부분의 「주식관련사채 만기 전 사채취득」 공시는 회사가 돈이 많아 미리 빚을 갚는다는 의미가 아니다. 주가가 오르지 않자 투자자가 풋옵션을 행사한 경우다. 그럴 경우 「주식관련사채 발행결정」 공시가 추가로 나온다. 회사채 돌려막기인 셈이다. 빚을 갚을 능력이 안 되니 새로운 회사채 발행으로 상환요구가 들어온 빚을 갚는다. 실적악화 기업들은 운영자금 부족, 주식관련사채의 풋옵션 행사 등에 따라 지속적으로 주식관련사채를 발행할 수밖에 없다.

주가상승에 따른 회사측의 콜옵션 행사

≫ ① 해운주인 HMM이 만기 5년짜리 전환사채를 2,400억 원어치 발행했다. ② 「발행일 기준 한 달 이후부터 종가가 전환가액의 150%(19,275원)를 15거래일 연속 초과」해야 HMM이 콜옵션을 행사할 수 있다. 주가급등으로 전환사채 발행 4개월 만에 HMM이 콜옵션 행사를 공시했다. 회사 입장에서는 부채비율을 낮추고 금융비용을 줄일 수 있다. 또한 주가상승에 따른 「파생상품거래 손실」도 줄이게 된다.

투자자들은 2주 동안 채권을 주식으로 전환할 수 있었다. 그 기간 내 전환권을 행사하지 않으면 채권자 의사와 무관하게 100% 상환 처리된다. 연 3.0% 이자를 적용받고 중도상환 처리다. 투자자 입장에선 주식으로 전환하는 쪽이 매력적이다. 행사가격(1만 2,850원)보다 주가가 100% 넘게 올랐기 때문이다.

투자전략 | 주식관련사채 콜옵션 행사 공시가 나오면 적극적으로 주식전환에 참여해야 한다. 주가가 올랐기에 콜옵션 행사가 공시된 거다. 주식으로 전환하지 않으면 채권 이자만 받고 끝난다. 매각차익을 거둘 기회를 놓친 셈이다.

신주인수권증권(WR) 주가추이

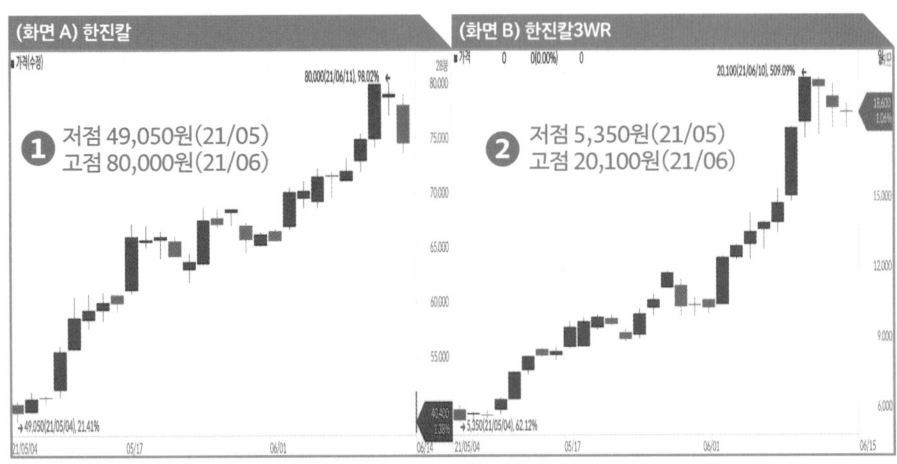

≫ 한진칼은 대한항공, 한진 등을 종속회사로 두고 있는 지주회사다. 한진칼은 2020년 7월 대한항공 유상증자에 참여하기 위해 3,000억 원 규모의 분리형 신주인수권부사채(BW)를 발행했다. 신주인수권증권(WR)은 BW에 붙어있는 주식청구 권리다. 보통주와 함께 WR도 주식시장에서 거래가 가능하다. (화면 A) ① 조원태 한진그룹 회장과 3자 연합(KCGI, 조현아, 반도건설) 간 경영권분쟁 등으로 한진칼 주가가 급등했다. 양측간 지분경쟁은 한진칼 WR매입 경쟁으로도 이어졌다. 1개월여 기간 동안 한진칼 보통주 주가는 80% 상승했다. (화면 B) ② 한진칼3WR 주가는 4배나 상승했다. 워런트는 상하한가가 없고 유통주식수가 많지 않기에 보통주 대비 과한 급등을 보인다.

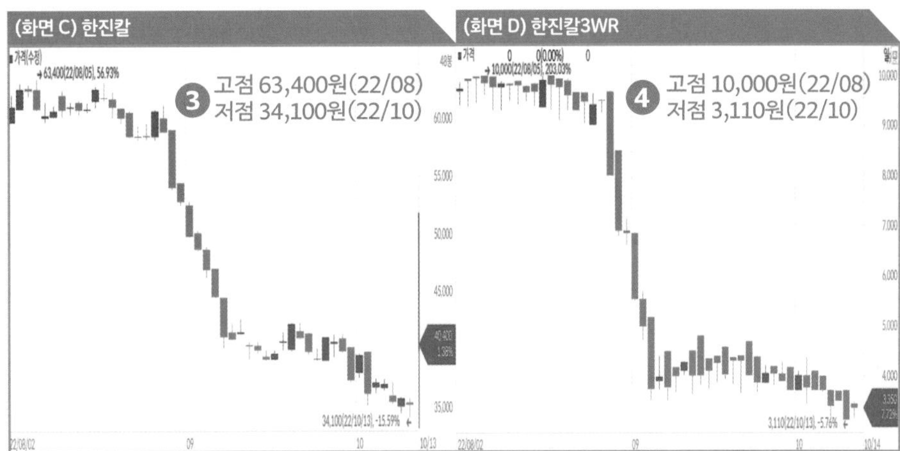

(화면 C) 경영권 분쟁이 종식되고 주가가 하락할 때에는 WR이 보다 과한 낙폭을 보였다. ③ 2개월간 한진칼 보통주는 고점 대비 1/2 수준으로 하락했다. (화면 D) ④ 한진칼3WR은 주가가 1/3 수준으로 하락했다.

투자전략 | WR은 강한 호재가 예상될 경우 단기간 투자대상으로 삼을만 하다. 다만 유통주식수가 적고, 주가급등락이 심하다는 점에서 보수적 투자자에겐 적합하지 않다. 시간가치로 인해 주가가 횡보할수록 WR 주가는 계속 내려간다. 신주인수권부사채 만기시점에는 시간가치가 제로가 된다. 시간가치 때문에 장기투자 대상으로는 매력적이지 않다.

유동성 부족에 따른 WR 과한 주가 급등락

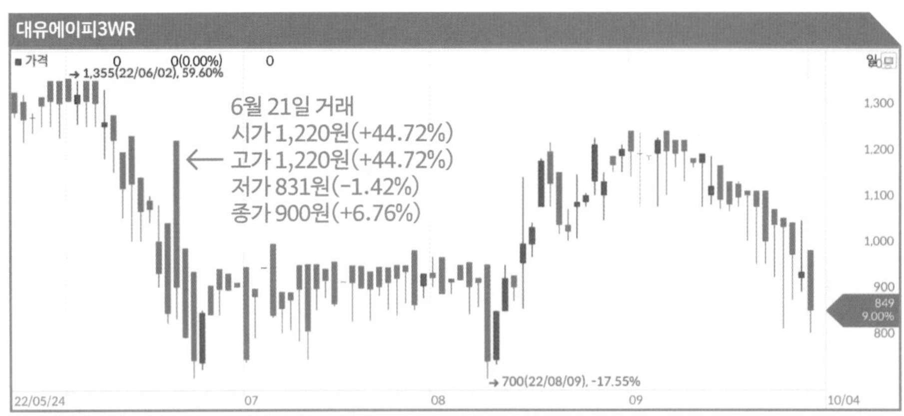

≫ WR은 상하한가 제한이 없다 보니 하루 변동폭이 크다. 유통 거래량이 적어 이유 없는 급등락도 많다. 대유에이피3WR의 경우 6월 21일 하루 변동폭이 45%를 넘는다. 해당 WR의 하루 거래량 규모는 600만 원 수준이었다. 반면 기초지수인 보통주는 하루 3% 변동폭을 보였다.

6월 21일 보통주 고가 5,680원(+0.18%), 저가 5,510원(-2.82%)

투자전략 | WR은 유통물량이 적은 게 단점이다. 매물이 받쳐주지 못해 원할 때 원하는 가격에 팔기 어려울 수도 있다. 상하한가가 없어 묻지마 급등락도 많다. 소액으로 과한 주가변동을 일으키므로 투자에 주의해야 한다. 신주인수권부사채를 발행하는 회사 상당수가 적자기업이기도 하다. 부실기업이 망하면 WR도 휴지조각이 될 수 있다.

케이스 스터디 164 **교환사채**

자기주식을 활용한 교환사채 발행

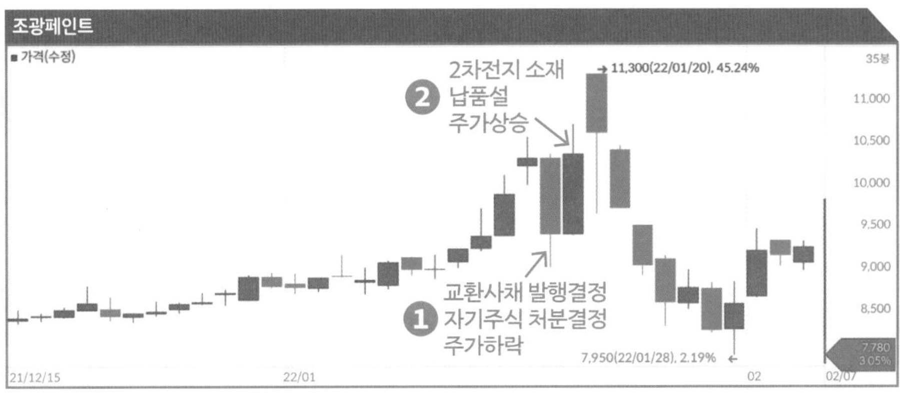

≫ ① 페인트 등 도료 전문기업인 조광페인트가 자기주식 처분결정과 교환사채 발행 공시를 동시에 냈다. 자기주식 100억 원에 대해 교환사채를 발행한다. 발행금리는 0%로 주당 11,350원에 88만 1,058주(지분율 6.88%)를 교환할 수 있다. 교환청구는 발행일 한 달 뒤부터 가능하다. 교환사채 발행공시로 인해 주가가 단기하락했다. ② 교환사채 자금으로 미국과 헝가리에 방열 접착제 공장을 설립할 계획임이 뉴스화되었다. 방열 접착체가 SK이노베이션에 납품될 것이라는 내용도 더해졌다. 방열 접착체는 2차전지에 필수적인 소재다. 배터리 셀을 차체에 고정하는 동시에 셀에서 발생하는 열을 외부로 방출하는 역할을 한다. 방열접착제는 자회사인 CK이엠솔루션이 맡고 있다. 교환사채 발행도 CK이엠솔루션 공장건설을 지원하기 위해서다. 자기주식으로 교환사채를 발행한다는 내용으로 하락했던 주가는 2차전지 소재 납품설로 상승흐름을 보였다.

투자전략 | 자기주식을 기초로 교환사채를 발행하는 경우도 악재다. 유통주식 물량이 늘어나기에 자기주식 매도와 다를 바 없다. 다만 성장산업 진출과 이에 따른 납품증가는 실적개선을 가져오는 호재다. 성장산업 진출에 대한 사실 확인을 증권사 리서치, 뉴스 리뷰 등을 통해 검증해 볼 필요가 있다.

≫ 가끔 부실기업이 성장산업 진출을 이슈로 만들어 주가 끌어올리기를 시도하기도 한다.

자본잠식 해소를 위한 영구채 발행

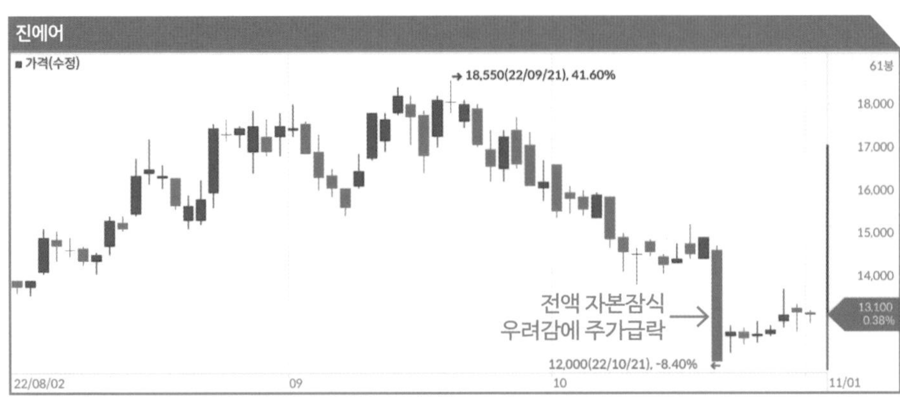

≫ 저비용 항공사(LCC)인 진에어가 전액 자본잠식 우려감에 휩싸여 주가가 급락했다. 자본을 확충하지 못할 경우 전액 자본잠식 상태가 된다. 진에어는 2021년 8월 만기 30년, 연 6.8% 금리로 영구채를 발행했다. 2022년 8월 조기상환권(콜옵션)을 행사하지 않으면 금리가 5% 더 올라간다. 2023년 8월에는 추가로 2% 더 올라간다.

진에어는 2022년 8월 콜옵션을 행사해 영구채를 조기상환했다. 2022년 상반기 기준 1,161억 원에 달했던 자본총계가 영구채 상환 이후 416억 원으로 줄어들었다. 자본금이 522억 원이어서 부분 자본잠식인 상황이 되었다. 3분기 적자가 커질 경우 전액 자본잠식 우려도 컸다. 다행히 진에어는 620억 원 규모의 영구채 신규 발행을 발표해 시장의 우려감을 해소했다. 덕분에 주가도 하락폭을 일부 만회해 갔다.

≫ **영업이익 추이(단위 : 억 원)** 2019년(-488), 2020년(-1,847), 2021년(-1,853), 2022년 예측치(-685)

투자전략 | 적자가 지속되는 기업은 손익계산서상 당기순손실이 재무상태표 이익잉여금 항목에 결손금으로 쌓이게 된다. 결손금이 커지면 결국 자본총계가 자본금보다 줄어드는 자본잠식에 빠진다. 보수적 투자자라면 자본잠식인 기업은 투자 대상에서 제외하자. 자본잠식을 탈피하기 위해 유상증자 등을 지속적으로 할 수밖에 없다. 심하면 무상감자 후 유상증자다. 마음 편하게 실적개선주에 집중하는 게

정신건강에 좋다.

≫ 항공주에게는 유가급등 뿐만 아니라 환율상승도 악재다. 항공기는 리스비용(대여료), 유류비 등을 달러로 결제하고 있다. 환율이 오를수록 외화환산손실이 불어나는 반면 여행수요는 감소한다.

영구채 영구채(신종자본증권)는 만기 없이 이자만 지급하는 채권이다. 보통은 30년 만기로 발행을 한다. 사정에 따라 만기는 횟수제한 없이 연장할 수 있다. 만기를 연장할 순 있지만 보통은 수년 뒤 돈을 갚을 수 있는 콜옵션(중도상환) 조건이 있다. 일반채권과 달리 시간이 지날수록 이자를 더 줘야 하는 경우가 많다.

영구채는 주식발행이 없다. 일반공모나 제3자배정 유상증자와 달리 최대주주 지분율도 그대로 유지된다. 영구채는 채권적 성격이나 자본으로 인정받는다. 부채로 인식하지 않기에 영구채 발행에도 부채비율이 증가하지 않는다.

≫ 상환우선주는 일정 기간이 만료되면 채권처럼 발행회사에서 이를 되사도록 한다. 전환우선주는 일정 기간이 지난 후 보통주로 전환할 수 있다. 상환전환우선주는 주식이지만 회사가 갚아야 할 상황이 올 수 있기에 자본이 아닌 부채로 처리한다.

9장

공시 사례와 투자전략 ③

공모주

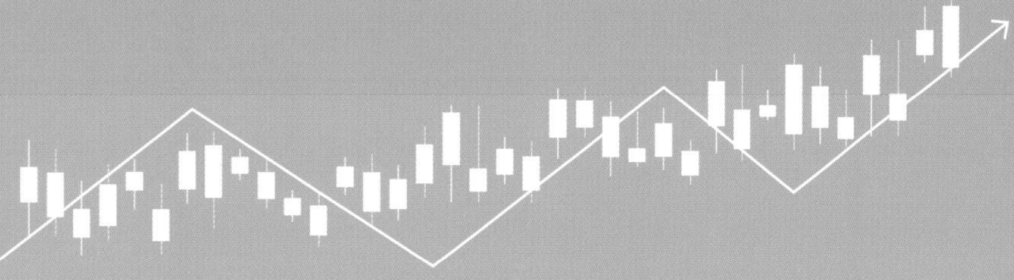

52

공모주 핵심 정보

공모주 정의

공모는 50명 이상 불특정 다수에게 투자를 권유하는 행위다. 사모는 50명 미만 소수에게 투자권유를 하는 경우다. 증권거래소에 신규상장 하는 기업은 공모 절차를 거쳐야 한다. 증권거래소 상장에 앞서 처음 하는(Initial) 공모(Public Offering)라 해서 IPO(Initial Public Offering)라고 한다. 공모는 모집과 매출로 구분한다. 신주 모집, 구주 매출이라고도 한다. 모집은 새로운 주식(신주)를 발행해서 판매하는 경우다. 매출은 기존 주주(구주주) 지분을 판매하는 방식이다. 회사 보유분이 아닌 기존 주주 매출이 많을 경우 회사에 돌아가는 상장차익이 줄어든다.

IPO 절차

출처: 한국거래소

① **(사전준비)** 상장준비를 돕는 증권사인 대표 주관회사를 선정

② **(상장예비심사)** 상장위원회 심사 통과

③ **(공모)** 증권신고서 심사통과, 투자설명서 비치(교부), 수요예측(공모가격 산정), 청약배정 및 납입

④ **(상장 및 매매)** 상장 첫날 기준가격 결정 및 거래

주식인수

주식인수는 주식을 매수해 주주가 되는 행위다. 주식인수에 대한 증권사 책임범위에 따라 ① 총액인수 ② 잔액인수 ③ 모집주선으로 나뉜다. ① 총액인수는 증권사가 공모주식 전액을 자기명의로 매입(인수)한 다음 이를 매각하는 것이다. 증권사가 공모주 발행의 모든 책임을 지게 된다. ② 잔액인수는 미청약분만 인수하는 경우다. ③ 모집주선은 증권사는 모집을 주선하는 행위만 하는 것이다. 별도의 인수업무는 없다.

공모가격 분석

공모가격 산정을 위한 기준가격을 정해야 한다. 기준가격 산정법으로는 ① 절대가치 평가법과 ② 상대가치 평가법이 있다. ① 절대가치 평가법은 다른 회사와 비교하지 않고 회사 자체 가치만을 본다. 현금흐름, 자산가치, 수익가치 등을 보고 판단한다. 주로 현금흐름할인법(DCF) 등을 사용한다. 영업양수도, 인수합병 등에 활용한다.

≫ 현금흐름할인법(Discounted Cashflow): 미래의 잉여현금흐름(FCF)을 적정한 할인율로 할인해 구한 현재가치로 기업가치를 측정

② 상대가치 평가법은 비교상대인 상장사를 정한 뒤 그들의 비교기준 평균값을 추종한다. 공모주 청약에서 주로 활용한다. 비교상대를 피어그룹(Peer Group)이라 한다. 'Peer'는 같은 또래(동료)란 의미다.

공모가격 비교기준

공모가격 비교기준으로는 ① PER ② EV/EBITDA ③ PSR ④ PBR ⑤ EV/Capacity 등이 있다. 순이익에 방점을 두면 PER, 설비투자가 많은 기업이면 EV/EBITDA, 현재 순이익은 낮지만 성장성이 높다면 PSR 등의 지표를 쓴다. ① PER은 시가총액을 당기순이익으로 나눠준다. 순이익이 증가할수록 PER은 낮아진다. ② 회사가 설비투자를 하게 되면 감가상각이 뒤따른다. 감가상각으로 인해 영업이익이 줄어든다. 감가상각, 세금, 이자 등을 제외하고 순수한 영업활동만을 고려한 지표가 EV/EBITA다. ③ PSR(주가매출액 비율)은 시가총액을 매출액으로 나눠준다. 순이익보단 매출액에 방점을 둔다. 매출액 증가폭이 클수록 PSR 비율은 낮아진다. 아직 순이익을 내지 못하는 기업은 PSR 지표를 활용할 수 있다. ④ PBR은 시가총액을 내 재산(순자산)과 나눠준다. 순자산이 많을수록 PBR 수치는 낮아진다. ⑤ EV/Capacity는 회사가치(EV)와 생산능력(Capacity)를 비교한다.

(예시) 바이오 회사일 경우 생산능력이 중요하다. 바이오 기업인 SK바이오사이언스, 삼성바이오로직스가 EV/Capacity 기준으로 공모가를 산정했다.

피어그룹(Peer Group)

비교상대나 비교기준을 선택하는 건 회사 자율이다. 일반적으로 회사측은 공모가격이 가장 잘 나올 상대, 피어그룹(Peer Group)과 기준을 선택한다. 대신 공모가 적정성은 금감원에 제출하는 증권신고서 심사로 확인받는다. 금감원 심사결과 공모가가 높게 책정된 경우 이를 정정해서 다시 제출해야 한다. 여기서 계산한 공모가격은 확정가격이 아닌 희망공모가격 밴드다. 피어그룹 평균값에 적정 할인율을 적용해 산정한다. 밴드라고 표현하는 이유는 가격 범위를 제시하기 때문이다. 예를 들면 20,000원~24,000원 등으로 희망밴드 범주를 정한다.

공모가 기준가격 선정 프로세스

① 피어그룹/비교기준 선정 → ② 피어그룹의 평균값 계산 → ③ 주당 평균금액 산정 → ④ 희망공모가격 밴드 설정 → ⑤ 수요예측 → ⑥ 공모가격 확정 → ⑦ 일반투자자 대상 공모주 청약

(예시) 카카오게임즈 공모가 산정방식

카카오게임즈는 비교회사로 엔씨소프트, 넷마블, 텐센트, 넷이즈(총 4개사)를, 비교기준으로는 PER을 들었다. 4개사 평균 PER은 34.9배였다. 이 평균 PER을 적용해 주당 평균금액을 산정했다. 그 값에 적정할인율(19.87~33.22%)을 곱해 희망공모가격 밴드를 정했다.

카카오게임즈 공모가격 결정순서

구분	내용	설명
① 순이익	605억 2,000만 원	상반기 지배주주순이익X2(연간환산)
② 평균 PER	34.9배	Peer Group 4개사 평균PER
③ 시가총액	2조 2,693억 원	순이익과 PER 곱셈
④ 총발행주식	7,577만 주	기존발행주식+신주발행+스톡옵션물량
⑤ 주당평가금액	29,950원	시가총액/총발행주식수
⑥ 희망공모 가격밴드	20,000~24,000원	주당평가금액에 할인율 19.87% ~ 33.22% 적용

≫ ① 카카오게임즈의 순이익에 ② Peer Group의 평균 PER을 곱하면 ③ 시가총액이 나온다. (PER = 시가총액 ÷ 당기순이익) ⇒ (시가총액 = PER × 당기순이익) ④ 카카오게임즈의 신주발행주식수를 고려한 총발행주식수를 계산한다. ⑤ 시가총액을 총발행주식수로 나누면 1주당 평가금액이 나온다. ⑥ 1주당 평가금액에 적정 할인율을 적용하면 희망공모가격 밴드가 나온다.

수요예측(Book Building)

희망공모가격 밴드가 정해졌으니 남은 것은 공모가격을 확정하는 일이다. 일반투자자 대상 IPO를 하기 전 기관투자자에게 먼저 청약을 받는다. 이 과정을 수요예측이라 한다. 희망공모가 밴드 상하한선을 고려해 기관투자자는 청약을 한다. 강세장이거나 매력적인 종목이라면 공모가 밴드 상단(상한선)을 돌파하기도 한다. 인기가 없으면 밴드 하단(하한선) 아래에서 결정되기도 한다. 때론 수요예측에 실패해 공모절차가 연기되기도 한다. 일반적으로는 밴드 상단에서 공모가가 많이 결정된다.

수요예측 & 공모주 청약과정

① 희망공모가격 밴드 설정 → ② 수요예측 → ③ 공모가격 확정 → ④ 일반투자자 대상 공모주 청약

수요예측 결과 결정된 가격이 일반투자자 대상 공모주 공모가격이다. 공모가격이 확정되면 기존 제출한 증권신고서를 기재정정하는 방식으로 공시를 수정한다. 공시 제목도 (기재정정)증권신고서(지분증권), (발행조건확정)증권신고서(지분증권) 등으로 표시된다. 발행조건확정으로 표시된 증권신고서가 최종 확정된 내용이다.

의무보유확약

의무보유확약은 공모주 청약을 한 기관투자자가 일정기간 주식을 의무보유하겠다는 약속이다. 일정기간 매도를 하지 않는 대신 수요예측 과정에서 공모주를 더 배정받는다. 의무보유확약은 자율결정사항이다. 의무보유확약을 하지 않는 기관투자자들도 있다. 의무보유확약을 결정했다면 이를 이행해야 한다. 미이행할 경우 벌칙이 주어진다. 일정기간(예시 6개월~1년) 수요예측 참여를 제한한다.

의무보유확약 기간은 상장 이후 15일, 1개월, 3개월, 6개월이다. 일자 계산은 영업일 기준이 아니라 상장일, 공휴일을 포함해서 계산한다. 가령 9월 1일 상장할 경우 1개월은 9월 30일까지다. 10월 1일에 1개월 의무보유확약이 해제된다. 인기가 많을수록 공모주를 많이 받기 위해 의무보유확약 신청도 많아진다. 그럴 경우 의무보유확약일이 지날 때마다 물량 투매가 일어난다.

카카오게임즈 의무보유확약 내역 확인 화면

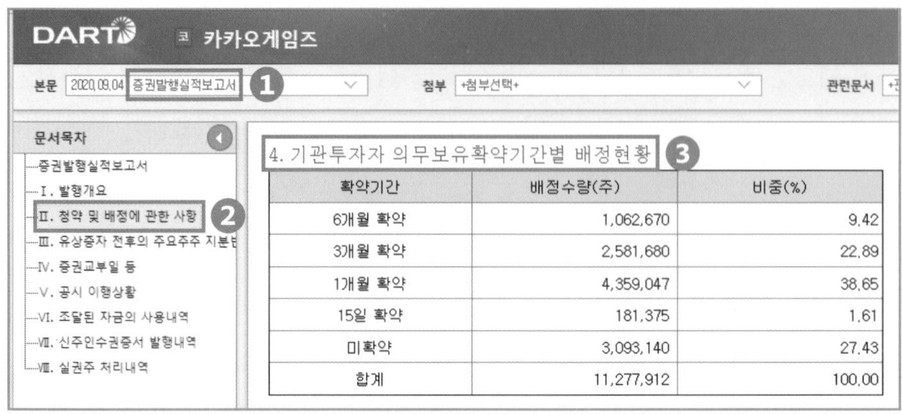

확약기간	배정수량(주)	비중(%)
6개월 확약	1,062,670	9.42
3개월 확약	2,581,680	22.89
1개월 확약	4,359,047	38.65
15일 확약	181,375	1.61
미확약	3,093,140	27.43
합계	11,277,912	100.00

≫ ① 증권발행실적보고서(DART의 발행공시)의 ② II.청약 및 배정에 관한 사항을 보면 ③ 의무보유확약 내역이 나온다.

보호예수

보호예수는 일정기간 매도금지(Lock Up)를 걸어두는 것을 말한다. 세부적으로 ① 상장사가 하는 의무보유등록과 ② 비상장사가 하는 의무보호예수로 구분한다. 상장사는 주식을 전자등록하기에 등록이라고 표현한다. 의무보유 사항은 한국예탁결제원에 주식을 강제로 맡긴다. 신규상장사 최대주주는 상장 후 6개월간 보호예수 대상이다. 자발적 보유확약도 가능하다. 가령 의무보유기간을 넘겨 추가로 매도금지기간을 정해두는 경우 등이다. 최대주주 지분은 보호예수기간이 지나도 매물이 나올 가능성이 상대적으로 적다.

카카오게임즈 보호예수 내역 확인 화면

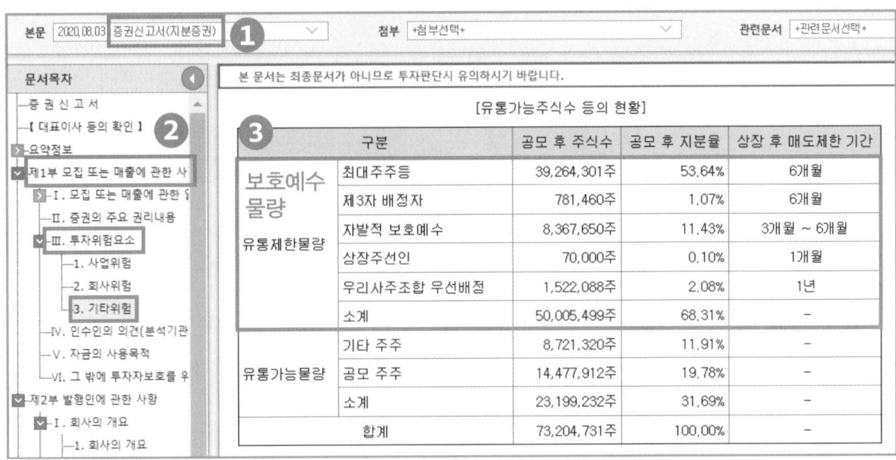
본문 2020.08.03 증권신고서(지분증권) ① 첨부 +첨부선택+ 관련문서 +관련문서선택+

문서목차
- 증 권 신 고 서
- 【 대표이사 등의 확인 】 ②
- 요약정보
- 제1부 모집 또는 매출에 관한 사
  - I. 모집 또는 매출에 관한 일
  - II. 증권의 주요 권리내용
  - III. 투자위험요소
    - 1. 사업위험
    - 2. 회사위험
    - 3. 기타위험
  - IV. 인수인의 의견(분석기관
  - V. 자금의 사용목적
  - VI. 그 밖에 투자자보호를 위
- 제2부 발행인에 관한 사항
  - I. 회사의 개요
    - 1. 회사의 개요

본 문서는 최종문서가 아니므로 투자판단시 유의하시기 바랍니다.

[유통가능주식수 등의 현황]

③	구분	공모 후 주식수	공모 후 지분율	상장 후 매도제한 기간
보호예수 물량 / 유통제한물량	최대주주등	39,264,301주	53.64%	6개월
	제3자 배정자	781,460주	1.07%	6개월
	자발적 보호예수	8,367,650주	11.43%	3개월 ~ 6개월
	상장주선인	70,000주	0.10%	1개월
	우리사주조합 우선배정	1,522,088주	2.08%	1년
	소계	50,005,499주	68.31%	-
유통가능물량	기타 주주	8,721,320주	11.91%	-
	공모 주주	14,477,912주	19.78%	-
	소계	23,199,232주	31.69%	-
합계		73,204,731주	100.00%	-

≫ ① 증권신고서(DART의 발행공시)의 ② 제1부 모집 또는 매출에 관한 사항 - III.투자위험요소 - 3.기타위험항목을 보면 ③ 보호예수 내역이 나온다.

공모주 청약물량 배분 기준

구분	코스피	코스닥
일반투자자	25~30%	25~30%
기관투자자	50%	20%
우리사주조합	15~20%	15~20%
하이일드펀드	5%	5%
코스닥벤처펀드	-	30%

≫ 하이일드펀드(High Yield Fund): 신용도가 낮은 대신 고수익을 추구

공모주 배정물량

공모주 전체 물량 중 최대 30%까지가 일반 투자자의 몫이다. 기본 25%에 최대 5%까지 추가배정받을 수 있다. 우리사주조합 미달분을 5%까지 일반투자자 몫으로

가져올 수 있다. 일반투자자에게 공모주를 주는 기준은 ① 균등배정과 ② 비례배정 방식이 있다. ① 균등배정 방식은 최소 청약수량 이상 신청자에게 균등하게 주식을 배분한다. 일반투자자 배정물량의 50% 이상을 균등배정하도록 되어 있다. 균등배정만으로 100% 전부를 배정해도 된다. 최소 청약수량은 정하기 나름이다. 보통은 10주로 하지만 20주, 100주 등도 있다.

개미투자자라면 균등배정 방식에 따라 받게 되는 1~2주를 노려볼 만하다. 다만 청약경쟁률이 치열할 경우 모든 청약자에게 1주씩 배정되지 않을 수 있다. 가령 청약 결과 균등배정 주식수가 0.5주일 경우 2명 중 1명만 1주를 배정받게 된다. ② 비례배정 방식은 청약금액이 많은 투자자에게 보다 많은 물량을 배정한다.

≫ 청약결과 소수점 이하 처리: 균등배정은 추첨, 비례배정은 5사6입(소숫점 첫 번째 자리가 5 이하면 버리고 6 이상이면 올려준다)

≫ 우리사주조합은 특정 회사의 종업원들이 자신이 고용되어 있는 회사의 주식을 사들이기 위해 조직한 조합이다.

공모주 청약과 실권주 청약

공모주 청약 공모주 청약을 취급하는 증권사 중 한 군데에서만 청약할 수 있다. 청약 전 청약증거금(현금)을 미리 넣어둬야 한다. 청약증거금이 없으면 청약 진행이 되지 않는다. 청약신청을 완료하게 되면 청약증거금이 자동으로 계좌에서 빠져나간다. 공모주 청약증거금은 청약물량의 50%(청약증거금률 50%)를 납입해야 한다. 공모주 청약은 증권사에 방문, 전화 또는 MTS(HTS)로 가능하다. MTS(HTS)에서 공모(주) 또는 청약 등을 검색하면 관련 항목들을 볼 수 있다. 청약이 끝나고 배정결과도 MTS(HTS)로 확인이 가능하다.

≫ 공모주 청약을 취급하는 증권사로는 대표(공동)주관회사, 인수회사 등이 있다. 공모주 청약

은 청약을 취급하는 각 증권사별로 받는다. 청약 경쟁률도 증권사별로 집계를 내고 그 경쟁률에 따라 각각 배정을 한다. 청약 전 증권사 선택에 대한 눈치경쟁이 치열할 수 있다.

≫ (예시) LG에너지솔루션의 경우 총 7개 증권사(KB증권, 대신증권, 신한투자증권, 미래에셋증권, 신영증권, 하나증권, 하이투자증권)가 공모주 청약을 진행했다.

실권주 청약 실권주는 청약권리를 잃었다는 의미다. 청약하지 않아 남은 물량이다. 실권주는 비례배정 방식으로 물량을 배정한다. 균등배정 방식이 아니기에 청약금액이 많을수록 많이 배정받는다. 1인이 실권주 전체에 대해 청약을 할 수도 있다. 실권주는 청약증거금 100%를 납입해야 한다(청약증거금률 100%).

청약액 환불

납입일은 증권사가 공모주 청약금액을 공모하는 회사에 주는 날이다. 투자자도 청약에 떨어진 금액을 납입일에 돌려받는다. 청약금액에 대해서는 별도의 이자가 지급되지 않는다. 일반적으로 청약신청은 2영업일간 받는데, 납입일은 청약신청하고 2영업일 후다. 둘째날 청약을 한다면 청약자 입장에서는 총 3영업일간 이자부담이 있다.

공모주 시초가

공모주는 상장 첫날 오전 8시 30분부터 9시 사이 공모가액의 90~200% 범위 내에서 호가접수를 받는다. 가령 공모가액이 1만 원일 경우 공모가액의 200%면 2만 원이다. 20,000원(200%)에 더해 상한가(30%)를 갈 경우 26,000원이 된다. 공모가 1만 원인 회사가 상장 첫날 오를 수 있는 최대 가격은 260% 상승한 26,000원까지다.

≫ 공모가 대비 100% 오른 뒤 상한가(30%)인 경우를 '따상'이라고 한다. '따상상'은 다음날도 상한가인 경우다. 공모가 1만 원이 따상이면 26,000원, 따상상이면 33,800원이다. 공모주 단기급등에 따른 주가버블 뒷북 투자에 주의해야 한다.

참고로 거래소는 2023년 중 공모주 청약제도를 개선할 예정이다. 상장 첫날 주가 변동폭을 공모가 대비 63~260%에서 60~400%로 확대할 예정이다. 그럴 경우 공모가 1만 원인 주식이 시초가부터 당일 종가까지 장중 가격이 6,000원에서 4만 원 사이에서 정해지게 된다.

≫ 증권신고서 제출 전 사전 수요예측을 허용하고, 수요예측기간도 기존 2일에서 7일 등으로 연장해 줄 방침이다.

환매청구권(풋백옵션)

공모가 아래로 주가가 떨어질 경우 공모를 담당한 증권사가 공모가의 90%로 되사주는 제도다. 다만 시장이 하락한 경우(예시: 지수 10% 하락)에는 이를 감안해서 가격을 정한다. 모든 공모주에 대해 환매청구권이 부여되지 않는다. 증권신고서(투자설명서)에 환매청구권이 기재되는 경우만 해당된다. 성장성 추천특례/이익미실현회사(테슬라 요건) 등에 환매청구권이 부여된다. 성장성 추천특례는 상장일로부터 6개월, 이익미실현회사는 3개월간 청구권이 유효하다.

≫ 환매청구권 유지 요건: 환매청구전 주식매도, 계좌인출, 타인으로부터 양도받은 경우 등은 환매청구권이 없다.

≫ ① 성장성 추천특례는 상장을 돕는 증권사가 해당회사의 성장성을 추천해 주는 경우다. ② 이익미실현회사는 상장심사 시 이익실현 여부는 제외하고 향후 성장성만을 판단해 상장심사를 한다.

53

공모주 투자전략

공모주 청약으로 용돈벌이하자

균등배정 방식으로 인해 공모주 1주는 배정받을 기회가 생겼다. 공모주 최소 청약기준(보통의 경우 10주)만큼 청약하면 된다. 최소 청약기준 물량의 50% 금액만 넣으면 되니 금전적 부담도 적다. MTS(HTS)에서 청약하는 데 채 30초도 걸리지 않는다. 용돈벌이 삼아 꾸준히 해 볼 만하다. 강세장이면 공모주 상장초기 주가급등도 많다. 손해볼 장사가 아니기에 매력적인 재테크다. 공모주 일정만 체크하는 부지런함만 있으면 된다.

공모물량이 클수록 청약을 담당하는 증권사가 늘어난다. 증권사별로 청약배정 수량도 다르다. 다만 청약배정 수량이 많은 증권사에 청약하는 게 꼭 유리한 건 아니다. 청약이 몰려 경쟁률이 올라가면 실제 배정물량이 낮아질 수도 있다. 청약은 보통 2영업일간 받는다. 가급적 두 번째 날 청약하는 게 여러모로 좋다. 첫날 증권사별 청약경쟁률을 확인한 뒤 청약도 가능하다. 대출을 이용할 경우 하루 이자를 절약할 수도 있다.

≫ 공모주 청약에는 증권사별로 소액이지만 수수료가 붙기도 하고 무료인 경우도 있다.

청약에 대비해 미리 증권사 계좌를 만들어둬야 한다. 청약기간 중에는 신규 계좌 개설이 안 되는 증권사도 있다. 단기간 다수 계좌 개설이 제한되기도 한다. 충분한 시간을 두고 계좌를 만들어 두는 편이 좋다.

가족별 계좌를 미리 만들어라

균등배정 방식 도입에 따라 청약자 수가 중요해졌다. 균등배정은 청약건수(청약자수) 기준이기 때문이다. 공모주 청약을 1주라도 더 받겠다면 가족계좌를 만들어두는 것도 방법이다. 가족계좌가 많아질수록 균등배정받을 주식수가 늘어난다.

여러 계좌에 흩어진 주식을 한 곳에 모을 수도 있다. 타사 대체출고(주식이체)를 활용하는 거다. 출고를 통해 주식을 다른 계좌로 옮길 수 있다. 공모주는 상장일부터 출고가 가능하다. 일반 주식은 결제일(매수 후 2영업일) 후에 출고가 가능하다.

≫ 수수료, 출고시간 등은 증권사마다 다를 수 있으니 출고 전 미리 확인해 두자.

네이버로 IPO 정보를 보라

공모주 정보를 한눈에 쉽게 확인하기에는 네이버(www.naver.com)가 편리하다. 공모주 일정과 함께 IR자료 등도 확인이 가능하다. 네이버 메인에 '공모주' 또는 'IPO'라고 검색하면 해당 화면으로 넘어간다. 거래소 공시 사이트 KIND에서도 IPO 정보를 확인할 수 있다.

네이버에 공모주 검색결과 화면

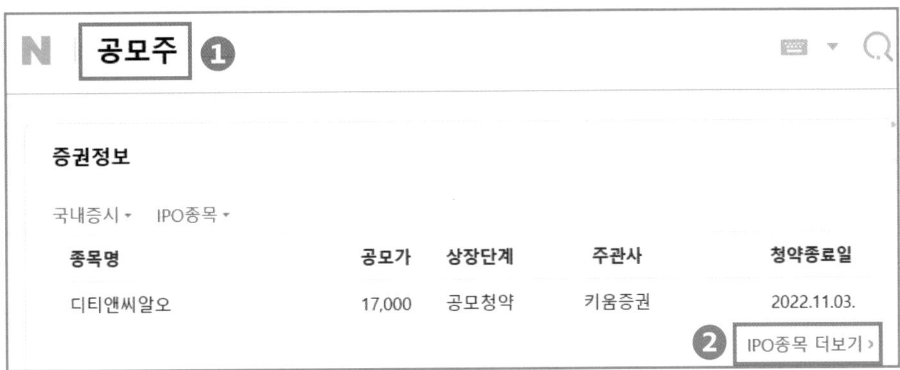

≫ ① 네이버 메인에서 '공모주' 또는 'IPO'라고 검색하면 공모주 정보를 한눈에 확인할 수 있다. ② 하단의 IPO종목 더보기를 클릭하면 보다 상세한 정보를 확인할 수 있다.

네이버 증권 IPO 상세 화면

≫ IPO종목 더보기를 클릭하면 상단의 정보가 나온다. ① 네이버 증권(finance.naver.com)에서 국내증시 탭의 IPO를 클릭해도 확인할 수 있다. ② 주요 IPO 회사의 공모가, 청약결과를 확인할 수 있다. ③ 아직 청약 전이라면 공모가 밴드, 진행상태 확인이 가능하다. 진행상태는 공모청약, 수요예측, 심사승인, 예심청구로 구분되어 표시되어 있다. 공모청약은 공모주 청약이 끝난 상황이다. 수요예측은 기관투자자 대상 공모주 청약 과정이다. 심사승인은 거래소 상장예비심사를 통과한 기업이다. 예심청구는 아직 거래소 상장 예비심사 전인 기업이다. 거래소에 상장하려면 상장에 적합한 회사인지 예비심사를 받아야 한다. 예비심사를 통과한 종목(심사승인)만 금

감원에 증권신고서를 제출하고 공모절차를 밟을 수 있다. ④ 개인 청약일정, 상장일 등 정보도 확인이 가능하다. ⑤ 회사에서 제출한 IR정보를 통해 회사의 사업내용, 재무제표 등도 찾아볼 수 있다.

의무보유확약 종료일 급락을 활용하라

기관투자자 대상 수요예측 과정에서 공모주를 더 받기 위해 의무보유확약을 맺는다. 자율적으로 정한다지만 그 정해진 기간 동안 팔지 않겠다는 약속이다. 다만 의무보유확약 기간이 끝나면 투매물량이 한꺼번에 나올 수 있다. 상장일 이후 정해진 기간(15일, 1개월, 3개월, 6개월)이 지나면 매도물량 때문에 주가가 출렁거린다.

의무보유확약 종료일에 나오는 투매물량은 기업가치와 무관한 매도다. 단지, 공모주 단기 차익실현을 위한 매도일 뿐이다. 태풍이 스쳐 지나가면 세상은 평온하다. 의무보유확약 종료일 급락을 단기저점 매수기회로 삼을 필요가 있다. 의무보유확약 종료에 따른 매도물량 부담으로 주춤했던 주가는 그 기간이 지나면서 서서히 제자리를 찾아간다. 예상했던 악재는 소멸되며 호재가 된다. 더 나올 악재가 없기에 주가는 상승하는 법이다.

공모주 상장 첫날 오전에 팔아라

공모주는 상장 첫날 8시 30분부터 9시까지 30분간 주문을 받는다. 공모가 대비 90~200%까지 시초가가 정해지고 그 가격에서 상한가(30%)까지 오를 수 있다. 가령 공모가 1만 원인 주식의 200%인 2만 원에 대해 상한가(30%)이면 26,000원(공모가 대비 260% 상승)이 된다. 강세장일 경우 공모가격 자체도 버블일 수 있는데 그 가격대비 260% 오른다면 차익실현 기회일 수 있다. 상장 첫날 급등한 이후 단기적으로 내려갈 가능성이 높다. 상장 이후 지속적으로 상승하는 경우는 예외적이다. 상장 첫날 오전 급등을 활용해 매도 타이밍을 잡아볼 수 있다. 특히 상장 첫날 거래량이 크게 터졌다면 하락할 가능성이 더 높다. 상장 초기 급등락을 보인 주가는 시간이 지나면 기업가치, 호재 이슈 등에 따라 방향성을 잡고 움직인다.

≫ 거래소는 2023년 중 공모주 청약제도를 개선할 예정이다. 상장 첫날 주가 변동폭을 공모가 대비 63~260%에서 60~400%로 확대할 예정이다.

스팩 공모를 노려라

스팩 공모가는 2,000원이다. 상장 이후 공모가 이하로 내려가기란 어렵다. 3년 내 비상장사와 M&A를 하지 못하면 상장폐지다. 상장폐지가 될 경우 공모가 2,000원에 소정의 이자를 같이 준다. 공모가 이하로는 빠질 수가 없다. 만약 주가가 2,000원 밑으로 형성되면 무위험 투자수익 기회다. 곧바로 스팩 가격은 2,000원 이상으로 올라가게 되어 있다. 스팩도 상장을 하려면 공모주 청약 절차를 거친다. 스팩 공모주 청약 경쟁률도 상대적으로 낮은 편이다.

스팩은 상장 이후 상당기간 공모가 대비 10% 상승 수준인 2,200원 아래에서 움직인다. 하지만 최근 들어서는 스팩도 상장초기 묻지마 투자가 기승을 부린다. 상장 첫날 공모가 대비 과한 급등이 나오기도 한다. 혹시 모를 묻지마 급등을 활용해 차익실현을 하면 된다. M&A 이슈로 급등하면 주가가 3,000원을 넘기기도 하니 3년 내 50% 이상 차익실현도 기대해 볼 수 있다. 공모가를 지키면서 혹여 모를 투자수익을 노리니 스팩 공모주 청약을 적극 도전해 볼만 하다.

≫ 스팩(SPAC, Special Purpose Acquisition Company)은 비상장사를 M&A 하기 위한 목적의 페이퍼컴퍼니(Paper Company)다. M&A가 가시화될수록 기대감에 스팩 주가는 급등한다. 3년 내 M&A를

못하면 스팩은 상장폐지 된다. 스팩이 상장폐지될 경우 공모가 2,000원에 3년간 이자(연간 1% 내외)를 지급받는다. 스팩 공모가가 1만 원인 대형 스팩도 2022년 하반기 나왔다. 다만 이 책은 2,000원을 기준으로 설명했음을 참고하자.

≫ 공모액 200억 원 이상의 대형 스팩이 외면을 받기도 한다. 주가가 공모가를 하회하기도 한다. 스팩 규모가 커질수록 합병 대상을 찾기 어렵다는 이유에서다.

소액공모 투자에 주의하라

10억 원 미만 신주모집을 소액공모라 한다. 소액공모라도 주주배정, 제3자배정, 일반공모 방식으로 가능하다. 주식 뿐만 아니라 주식관련사채도 소액공모 방식으로 할 수 있다. 소액공모는 「증권신고서」 제출 의무가 없다. 대신 「소액공모 공시서류」를 제출해야 한다. 증권신고서는 금감원 서류심사 절차가 있다만 소액공모 공시서류는 그런 절차가 없다. 공모가 적정성에 대한 금감원 판단이 없으니 공모가가 버블일 수 있다. 자금 사정이 어려운 부실기업들이 활용할 수 있어 주의가 필요하다.

증권신고서(지분증권) 해석하기

증권신고서 개요

공모 규모가 10억 원 이상일 경우 금감원에 증권신고서를 제출해야 한다. 사모 발행과 10억 원 미만 공모는 증권신고서 제출대상이 아니다. 증권신고서가 통과되어야 투자설명서, 수요예측, 공모주 청약 등 후속절차가 진행될 수 있다. 증권신고서에는 공모주 청약에 관한 모든 내용을 담고 있다. 공모주 청약에 앞서 증권신고서를 읽어볼 필요가 있다.

≫ 증권신고서 제출대상은 '공모 + 10억 원 이상'이다. 10억 원 이상 공모방식 유상증자도 두 조건을 충족하기에 증권신고서 제출대상이 된다.

증권신고서는 금감원에 제출해서 승인받는 서류다. 공모가 산정이 과할 경우 금감원은 수정을 요구한다. 증권신고서가 통과되면 투자자 대상 투자권유 자료인 투자설명서를 작성해 비치(교부)한다. 투자설명서는 공모주 청약자에게 제공하는 투자정보다. 증권신고서 내용이 주로 담긴다. 금감원 공시사이트 DART에서 증권신고서, 투자설명서 모두 확인이 가능하다.

증권신고서 목차

증권신고서는 ① 요약정보 ② 제1부 모집 또는 매출에 관한 사항 ③ 제2부 발행인에 관한 사항, ④ 전문가의 확인으로 구성된다.

① 요약정보

1. 핵심투자위험 2. 모집 또는 매출에 관한 일반사항

② 제1부 모집 또는 매출에 관한 사항

Ⅰ. 모집 또는 매출에 관한 일반사항 Ⅱ. 증권의 주요 권리내용 Ⅲ. 투자위험요소 Ⅳ. 인수인의 의견(분석기관의 평가의견) Ⅴ. 자금의 사용 목적 Ⅵ. 그 밖에 투자자보호를 위해 필요한 사항

③ 제2부 발행인에 관한 사항

Ⅰ. 회사의 개요 Ⅱ. 사업의 내용 Ⅲ. 재무에 관한 사항 Ⅳ. 회계감사인의 감사의견 등 Ⅴ. 이사회 등 회사의 기관에 관한 사항 Ⅵ. 주주에 관한 사항 Ⅶ. 임원 및 직원 등에 관한 사항 Ⅷ. 계열회사 등에 관한 사항 Ⅸ. 대주주 등과의 거래내용 Ⅹ. 그 밖에 투자자 보호를 위하여 필요한 사항 Ⅺ. 상세표

④ 전문가의 확인

1. 전문가의 확인 2. 전문가와의 이해관계

① 요약정보 증권신고서는 수백 페이지로 구성된다. 핵심만 보고자 한다면 「요약정보」를 보면 된다. 요약정보는 「1. 핵심투자위험」과 「2. 모집 또는 매출에 관한 일반사항으로 구성되어 있다. 「1. 핵심투자위험」은 본문에 있는 투자위험을 요약해 놓고 있다. 「2. 모집 또는 매출에 관한 일반사항」은 청약기간, 모집(매출)액, 자금사용 목적 등이 요약되어 있다.

② 제1부 모집 또는 매출에 관한 사항 공모 내용에 대해 기술하고 있다. 특히 공모개요, 공모방법, 공모가격 결정방법, 투자위험, 인수인의 의견 등을 자세하게 기술하고 있다. 공모개요에서는 공모주 전체 규모를 파악할 수 있다. 공모방법을 보

면 투자자별(일반청약자, 기관투자자, 우리사주조합) 공모주 배정물량, 증권사별 청약가능 물량을 확인할 수 있다. 공모가격 결정방법은 수요예측에 대한 내용이다. 투자위험은 사업위험, 회사위험, 기타위험으로 구분해 안내한다. 인수인의 의견은 분석기관의 평가의견이다. 공모를 담당하는 증권사의 분석의견이다. 특히, 공모가격 산정과 관련된 구체적인 내용이 기술되어 있다.

③ **제2부 발행인에 관한 사항** 회사에 대한 전반전인 내용을 담고 있다. 회사의 개요, 사업내용, 재무제표 등이 들어있다.

≫ 사업내용: 주요 제품 및 서비스, 원재료 및 생산설비, 매출 및 수주상황, 위험관리, 주요계약, 연구개발활동 등

케이스 스터디 166 **공모주**

공모주 상장 초기 주가버블 주의

≫ 공모주 상장 초기 주가버블의 모습이다. 게임회사인 카카오게임즈는 상장 이후 2일 연속 상한가를 기록했다. 3일째에는 상승정점을 찍은 뒤 하락세를 보였다. 주가고점 거래량 급증은 주가하락 시그널이다. 상장 후 3일째 거래량도 최대치를 보였다. 공모가 24,000원 대비 최대

89,100원까지 상승했던 주가는 이후 50% 이상 하락한 채 상당기간 움직였다.

투자전략 | 강세장일수록 공모주 초기 주가 상승폭이 크다. 청약경쟁률이 높을수록 인기있는 공모주다. 그럴 경우 관심이 몰려 초기 급등폭이 클 수 있다. 다만 공모가 대비 과한 급등은 주가버블이다. 2~3일 급등한 주가는 도로 원위치된다. 공모주 청약자라면 좋은 차익실현 기회다. 반면 뒤늦게 매수에 뛰어드는 건 리스크가 크다.

케이스 스터디 167 **공모주**

공모주 상장 첫날 공모가 하회

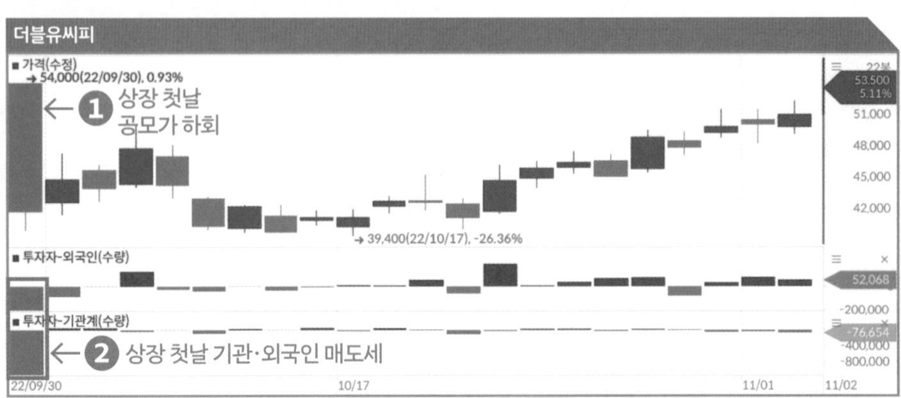

≫ 더블유씨피는 2차전지 습식 분리막 제조업체다. ① 2차전지 관련주로 기대를 모았으나 상장 첫날 공모가를 하회했다. 미국발 금리인상에 국내 2차전지주들도 연일 하락하던 시기였다. 시초가는 공모가인 6만 원보다 10% 하락한 54,000원에 결정되었다. 공모주 시초가는 공모가 대비 90~200% 선에서 결정된다(2022년 당시). 장 초반 44,000원(공모가 대비 -26.7%)까지 하락하기도 했다. ② 상장 첫날 유통가능 주식비중이 39.06%로 높았던 점도 하락 요인이다. IPO 이전부터 투자했던 기관과 외국인들은 상장 첫날 매도물량을 쏟아냈다.

더블유씨피는 EV/EBITDA 방식을 적용해 공모가를 정했다. 비교그룹은 SKIET, 에코프로비엠,

포스코퓨처엠, 천보, 엘앤에프, 코스모신소재 등이다. 이들의 평균 배수인 42.69배를 적용하면 133,066원이 나온다. 이 값에 24.8~39.9% 할인을 해서 공모가 희망밴드를 8~10만 원으로 정했다. 수요예측 결과는 밴드 하단 8만 원 보다 아래인 6만 원에 결정되었다. 공모가가 고평가란 판단이 있었던 거다.

투자전략 | 공모주 투자 시 따상을 기대하지만 약세장에선 어려운 경우가 많다. 약세장 공모주 청약열기도 식고 상장 첫날 뜨거움도 약할 수 있다. 공모가에 버블이 껴있을 수도 있다. 공모가 산정을 위한 비교기업 데이터들이 과거 좋은 시절 자료일 수 있어서다. 상장 첫날 유통가능 주식수가 많으면 투매물량으로 주가상승이 더 어려울 수도 있다.

케이스 스터디 168 **의무보유확약**

의무보유확약 물량투매가 지나야 보인다

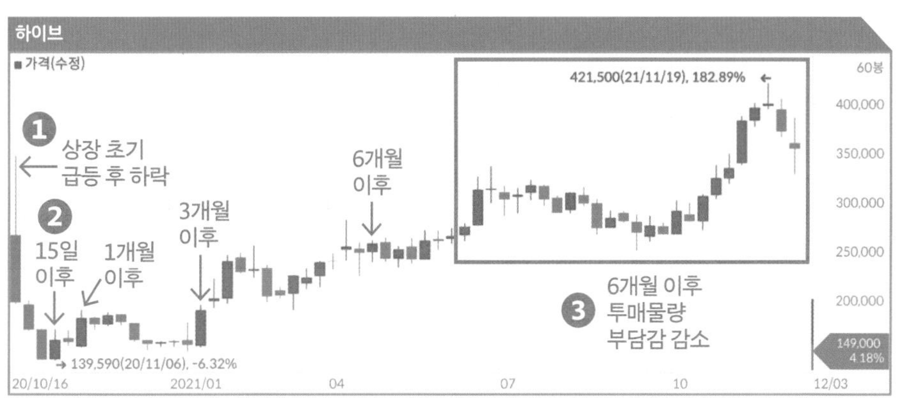

하이브 의무보유확약 물량 비중

구분	미확약	15일	1개월	3개월	6개월
비율	21.6%	4.8%	30.9%	17.9%	24.8%

≫ ① BTS 소속사인 하이브는 상장 초기 주가급등 이후 하락패턴을 보였다. 기관투자자 공모주 청약물량의 75%가 상장 이후 3개월까지 매물로 쏟아질 수 있어서다. 상장 이후 3개월까지 주가는 조정을 보였다. 3개월이 지나면서 주가는 다시 상승패턴을 그리고 있다. ② 기관투자자 의무보유확약 물량이 나올 때마다 주가는 하락세를 보였다. 물량투매가 끝나고 나면 단기 주가상승 패턴을 보였다. ③ 6개월 투매물량이 다 마무리 되었다. 투매물량이 줄어들어 상승패턴을 이어갈 수 있었다.

하이브 상장 후 기간별 보호예수 등 매각제한 해제 물량

일자	총발행주식 대비 비중(%)	내용
15일	0.6	공모주 의무보호확약 물량
1개월	3.7	공모주 의무보유확약 물량
3개월	2.2	공모주 의무보유확약 물량
	6.8	스틱PEF 보유지분 70% 자발적보호예수
6개월	3.0	공모주 의무보유확약 물량
	2.5	상환전환우선주 절반 자발적보호예수
	19.9	넷마블 보유지분
	34.7	방시혁 보유지분
	1.3	BTS 멤버 보유지분
1년	4.0	우리사주조합

투자전략 | 상장초기 주식이라면 의무보유확약 물량 존재 여부를 지속적으로 체크할 필요가 있다. 의무보유확약 물량은 물량투매 악재다. 단기적으로 매물부담에 주가가 하락할 수 있다. 다만 실적과 무관한 투매이기에 단기 저점매수 기회일 수도 있다.

≫ 공모주 상장초기 급등을 이어가려면 유통물량이 적어야 한다. 유통물량이 적을수록 급등 지속기간이 길어질 수 있다.

의무보유확약 매도물량

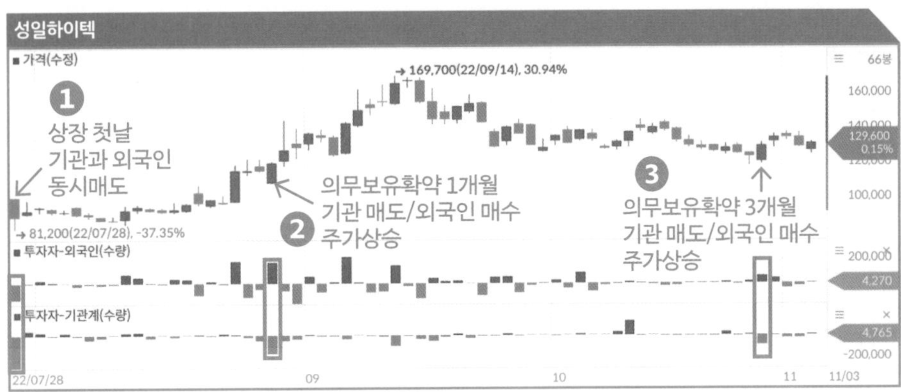

≫ 2차전지 리사이클링 전문기업인 성일하이텍은 2022년 7월 28일 상장했다. ① 성일하이텍은 수요예측에서 공모가 밴드 상단을 초과한 5만 원에 공모가가 확정되었다. 공모주 청약에서도 1207대 1을 기록해 흥행에도 성공했다. 상장 첫날 공모가 대비 80.4% 높은 시가(99,900원)로 장을 시작한 뒤, 차익실현 매물이 쏟아져 11.71% 하락한 88,200원에 장을 마쳤다. 상장 첫날 기관과 외국인이 동시에 차익실현에 나섰기 때문이다. ②~③ 반면 의무보유확약 1개월 이후와 3개월 이후는 달랐다. 기관의 의무보유확약 해제물량을 외국인이 받아내며 주가는 상승 흐름을 보였다.

성일하이텍 주주 중엔 삼성그룹이 있다. 세부적으로 삼성SDI(8.79%), 삼성물산(4.88%), 삼성벤처투자(0.09%)다. 상장 당시 자발적으로 1년간 보호예수를 걸어두기도 했다. 폐건전지 사업의 성장성 측면에서 보호예수 해제 이후에도 보유할 가능성이 높다. 상호 협업할 이유가 더 많아서다.

투자전략 | 의무보유확약 매도물량은 단기 주가하락 요인이다. 특별한 호재가 없다면 의무보유확약 해제 당일 주가는 내린다. 반면 실적개선 등 호재가 남아 있다면 매도물량을 시장이 받아낸다. 물량투매가 끝났고 그 물량을 다 받아냈으니 상승할 가능성이 더 높다. 예견된 악재의 소멸은 투자기회일 수 있다.

보유주식 상장에 따른 주가추이

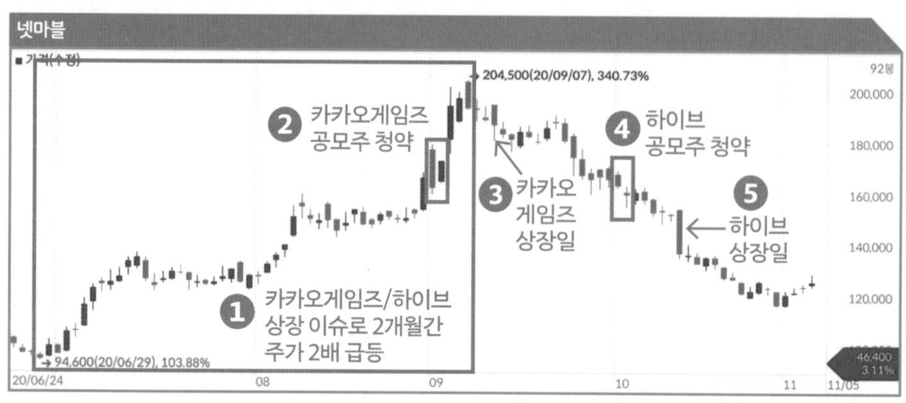

≫ 모바일 게임사업을 하는 넷마블이 지분을 보유한 기업들(피투자회사)이 잇단 상장을 했다. 덕분에 넷마블(투자회사)이 주목받았다. 2020년 9월 기준 넷마블이 주식을 보유한 피투자회사는 하이브(지분율 24.87%), 카카오게임즈(5.63%), 코웨이(25.14%), 엔씨소프트(8.88%), 카카오뱅크(3.94%) 등이었다. ① 카카오게임즈, 하이브 등에 대한 지분가치가 부각되며 2개월간 주가가 2배 이상 상승했다. 카카오게임즈, 하이브 공모주 청약 관심이 관련 지분을 보유한 넷마블에게까지 쏠린 결과다. ②~③ 카카오게임즈 공모주 청약과 상장, ④~⑤ 하이브 공모주 청약과 상장이 이어졌다. 다만 넷마블이 주식을 보유한 회사들이 상장을 이어가자 관심받을 일이 줄어들었다. 주가는 카카오게임즈 상장일 직전 정점을 찍은 이후 하락하기 시작했다. ⑤ 하이브 상장일에는 장중 -11%대까지 밀린 뒤 -9.87%로 장을 마감했다. 하이브 상장으로 더 이상 관심받을 일이 없기에 주가가 크게 하락한 거다.

투자전략 | 피투자회사의 상장은 단기 테마 이슈다. 다만 해당 피투자회사의 상장절차가 마무리되면 투자회사의 버블 주가는 내려간다. 상장 전 뜨거운 관심을 받아 투자회사의 주가가 급등했다면 단기 차익실현 관점에서 접근해 보자.

강세장 공모주 활황은 VC에게 수혜

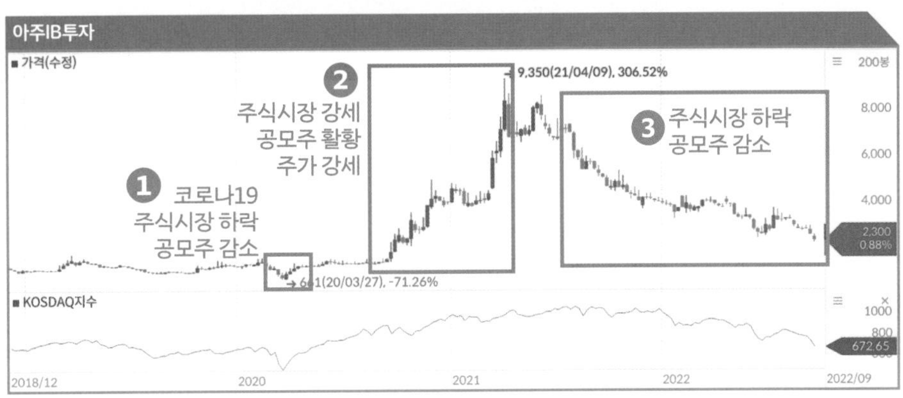

≫ 공모주 시장이 활성화되면 VC(Venture Capital)가 투자했던 비상장 회사들이 상장에 나선다. VC 수익실현 기대감에 VC 주가도 상승세를 보인다. 반면 공모주 시장이 얼어붙으면 VC 수익실현이 늦어진다. 그만큼 주가도 약세를 보인다.

① 아주IB투자는 벤처캐피탈 회사다. 2020년 코로나19로 인해 주식시장이 급락하면서 공모주 시장도 얼어붙었다. ② 2021년 들어 공모주 시장이 살아나며 아주IB도 실적개선, 주가상승 추이를 보였다. ③ 주식시장이 하락추세로 접어들면서 공모주 시장도 축소되고 주가도 하락 패턴을 보였다.

≫ **영업이익 추이**(단위: 억 원) 2019년(217), 2020년(631), 2021년(520)

투자전략 | 강세장이 되면 공모주 시장도 활황을 보인다. 공모가를 높게 받을 수 있고 청약도 잘된다. VC는 벤처기업이 상장해야 차익실현을 극대화할 수 있다. 강세장에선 VC 주가도 강세, 약세장에선 VC 주가도 약세다. 강세장이 예상되면 VC를 선점해 둘 필요가 있다.

지분투자한 회사 상장 이슈

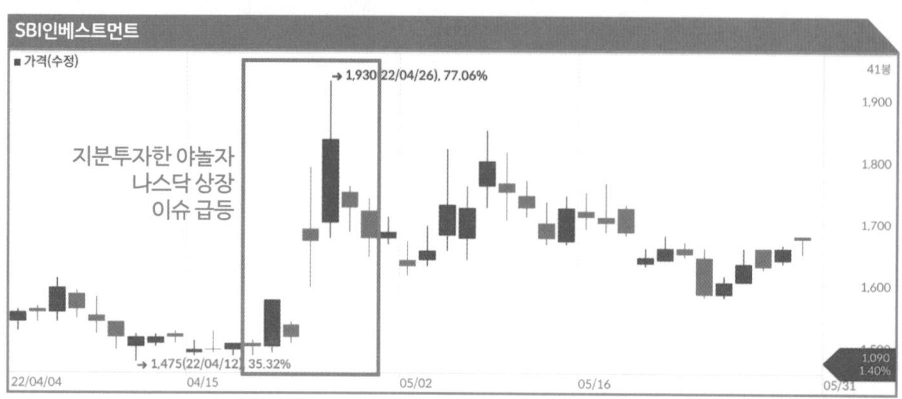

≫ 벤처캐피탈 회사인 SBI인베스트먼트는 야놀자(여행·숙박 앱)에 160억 원을 투자했다. 야놀자가 2022년 하반기 나스닥 상장을 추진한다는 설이 나오며 주가가 단기급등했다. 200억 원대 투자를 한 아주IB도 동반 급등했다. 야놀자는 소프트뱅크 비전펀드로부터 2조 원대 투자를 유치하기도 했다.

투자전략 | 지분을 투자한 회사의 상장은 호재다. 상장에 따라 투자지분 가치가 올라서다. 장외에서 주가가 상승할수록 지분가치는 더욱 올라간다. 상장 이슈가 뉴스화되면 관심을 받는다. 지분을 보유한 회사의 주가 테마성으로 단기급등한다. 단기급등에 차익실현 관점으로 접근해 볼 수 있다.

자회사 상장 더블 카운팅 이슈

≫ ① 메타버스, P2E(Play To Earn, 돈버는 게임) 이슈가 관심을 모았다. 게임주 전체가 이슈 중심에 서며 과한 급등을 일으켰다. 다만 기술혁신, 규제완화 등과 무관한 기대감이기에 당장의 실적 개선과 관련이 없다. 급등한 주가는 실적과 연계되지 않기에 조정을 보인다. ② 미국발 금리인상은 성장주에 큰 타격이다. 금리가 인상되면 주식시장은 약세장이 된다. 버블이 껴있는 주식들의 조정폭이 가장 크다. 실적개선 이슈가 없다면 주가는 하락하게 되어있다. 2차전지 산업과 달리 확실한 산업성장 동력이 약하기에 미국발 금리인상에 게임주 타격이 컸다. ③ 카카오는 카카오게임즈, 카카오뱅크, 카카오페이 등을 상장시켰다. 자회사 상장에 따른 더블 카운팅(모회사와 자회사 중복상장)이 주가상승 발목을 잡는다. 모회사 디스카운트(기업가치 할인)로 모회사 주가가 오롯이 자회사 지분가치를 반영하지 못한다. 모회사가 보유한 자회사 지분가치의 50~60% 정도만 시장에서 인정한다. 카카오도 자회사 상장 이후 주가가 하락추세를 보였다. 2022년 하반기 카카오게임즈는 자회사인 라이온하트 스튜디오를 상장시킬 계획이었다. 라이온하트는 카카오게임즈 대표게임인 오딘을 개발했다. 라이온하트 예상 시가총액이 카카오게임즈와 버금가는 규모였다. 자회사 별도상장에 모회사인 카카오게임즈 기업가치가 훼손될 수 있다.

투자전략 | 자회사를 상장시키면 모회사 기업가치 희석이 뒤따른다. 모회사 일부 기업가치가 떨어져 나가며 저평가가 심화된다. 자회사 상장 이슈는 공매도 세력

들이 좋아하는 소재다.

자회사 상장 이후 모회사 기업가치를 유지하려면 모회사의 자기주식 매입소각, 자회사의 배당성향 증가 등 추가적 조치가 필요하다. 모회사(지주회사)만 상장사로 남기고 자회사는 비상장 상태로 남겨놓는 게 좋다.

케이스 스터디 174 **자회사 상장**

자회사 상장철회 주가반등

≫ ① 카카오게임즈 자회사인 라이온하트가 상장의사를 밝힌 이후 카카오게임즈 주가는 지속적으로 하락했다. 중복상장에 따른 모회사 디스카운트 이슈가 악재다. 라이온하트는 오딘의 개발사로 2021년 말 기준 전체 영업이익의 65%를 차지했다. 투자자 입장에선 카카오게임즈보단 라이온하트에 투자하는 게 나은 선택일 수도 있다. 자회사 상장이 가까이 올수록 카카오게임즈 주가는 약세를 보였다. ② 약세장 지속에 따라 라이온하트가 상장철회를 결정했다. 공모가를 제대로 받기 어려워지자 상장을 뒤로 미룬 거다. 상장철회 발표가 장마감 이후 이뤄짐에 따라 시간외단일가 거래에서 상한가를 기록하기도 했다.

≫ 오후 4시~6시 사이는 시간외단일가 매매시간이다. 당일 종가에서 ±10% 사이 매매거래가 된다.

투자전략 | 자회사 상장은 모회사 주가를 내리는 요인이다. 영업이익에서 자회사가 차지하는 비중이 클수록 그 여파는 크다. 모회사 디스카운트 이슈도 있다. 자회사 지분 보유가치만큼 평가받지도 못한다.

케이스 스터디 175 **지주회사**

지주회사 디스카운트

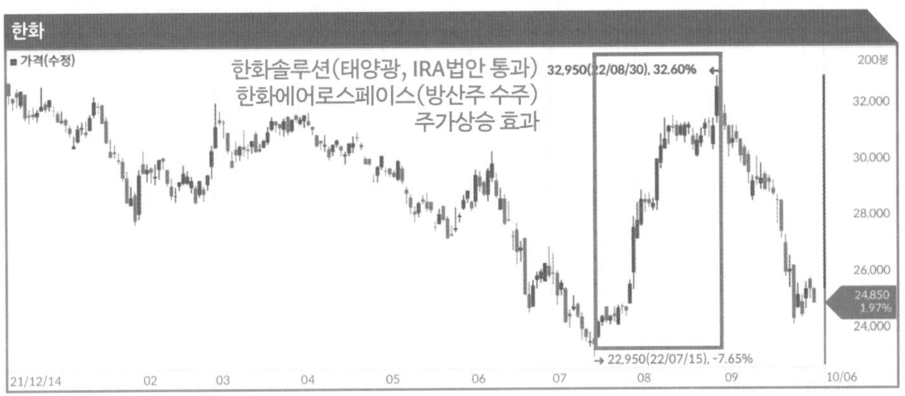

≫ 한화그룹 지주회사인 한화의 지배주주 당기순이익이 9,010억 원(2021년 말 기준)임에도 시가총액은 1조 8,627억 원(2022.10.6.)이었다. 한화솔루션, 한화에어로스페이스 등 자회사를 거느린 지주회사치곤 시가총액 규모가 작았다. PER이 2배 수준으로 저평가 상태였다.

구분(억 원)	2019년 말	2020년 말	2021년 말	2022년 예측
영업이익	11,257	15,490	29,279	26,645
당기순이익	2,311	7,075	21,621	18,072
지배주주 당기순이익	899	1,966	9,010	

소액주주모임 등은 지주회사 한화의 주가 저평가 이유가 기업승계에 있다고 주장했다. 기업승계 이슈로 주가가 저평가되는 경우들도 있다. 지주회사 주가가 낮을 경우 부담하는 상속세가

적어서다. 한화가 지분 36.31%를 보유한 한화솔루션의 경우 2021년 6,163억 원의 당기순이익에도 배당을 하지 않았다. 그 결과 지주회사 한화가 얻을 배당 기대수익이 줄어들었다.

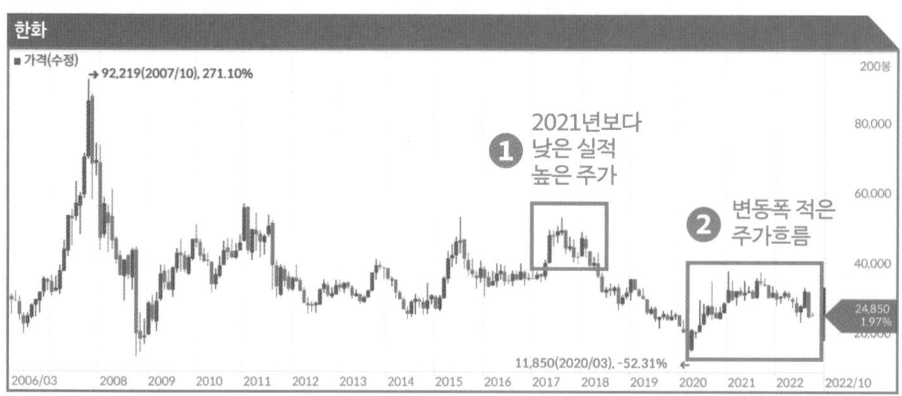

① 2017년 한화의 지배주주 당기순이익이 4,053억 원이다. 2021년분(9,010억 원)의 절반도 되지 않았지만 주가는 2017년이 더 높았다. ② 2006년 3월 이후 주가추이를 봐도 한화의 주가흐름은 변동폭도 작고 주가도 낮은 수준이다.

투자전략 | 승계를 앞둔 그룹 오너 일가 입장에선 지배구조 정점인 지주회사 주가가 중요하다. 지주회사 주가를 괜히 급등시킬 이유가 없다. 과한 상속(증여)세가 나올 수 있어서다. 저평가 우려가 상존하는 지주회사 주식은 굳이 적극적으로 매수할 메리트가 적다. 지주회사(모회사) 보단 사업회사(자회사) 중심으로 투자하는 게 주가상승 탄력도면에선 좋다. 다만 약세장에선 지주회사가 그동안 오른 게 적어 낙폭이 작은 장점은 있다.

≫ 지주회사는 순수지주회사와 사업지주회사로 나뉜다. 순수지주회사는 자체 사업이 없어 자회사가 주는 배당 등이 수익원이다. 반면 사업지주회사는 자체 사업도 운영한다. 순수지주회사가 사업지주회사보다 주가 디스카운트가 더 크다. 반면 한화는 사업지주회사임에도 디스카운트 비율이 높다.

우리사주물량 오버행 이슈

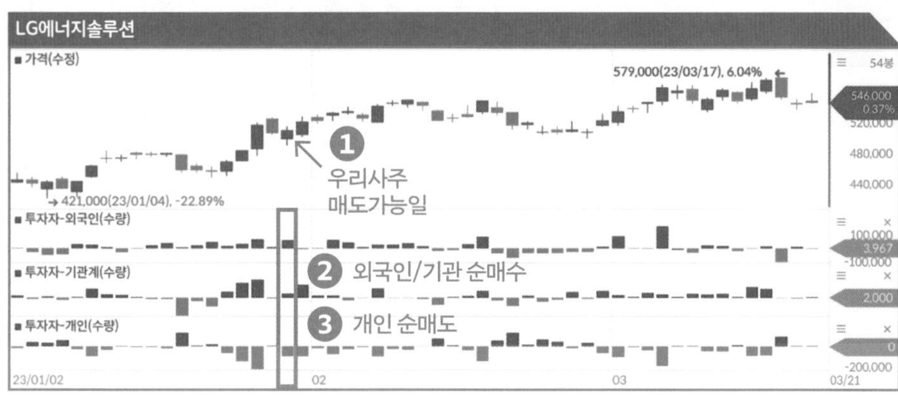

≫ 2차전지 배터리셀 제조사인 LG에너지솔루션의 ① 우리사주물량(793만 주)이 1월 30일부터 매도가 가능해졌다. 지분율 81.84%를 보유한 LG화학 등 최대주주물량을 제외하면 유통가능 주식수의 23.1%에 해당한다. 공모가 30만 원보다 높아진 50만 원대 주가 덕에 임직원의 매도를 우려했다. 우리사주물량이 한 번에 나올 경우 급락을 부른다. 다행히 우리사주물량이 과도하게 나오진 않았다. 회사가치가 더 좋아질 거라는 기대감에 보유물량이 더 많아서였다. ②~③ 우리사주 매도가능 당일 우리사주(개인) 매도물량도 외국인과 기관이 다 받아갔다. 주가는 오버행 이슈를 벗어나 본격적인 주가상승 추세를 보였다.

투자전략 | 우리사주 배정 비중은 공모주 전체물량 중 15~20%다. 우리사주조합 배정물량은 1년간 보호예수가 걸린다. 보호예수가 끝나면 오버행 이슈가 생긴다. 주가가 급등할수록 단기간 물량투매가 나올 수 있다. 다만 기업실적 개선세가 뚜렷하다면 장기간 투자하기도 한다. 단기 오버행 이슈가 사라지면 주가는 기업가치 수준에서 움직인다.

10장

공시 사례와 투자전략 ④

배당

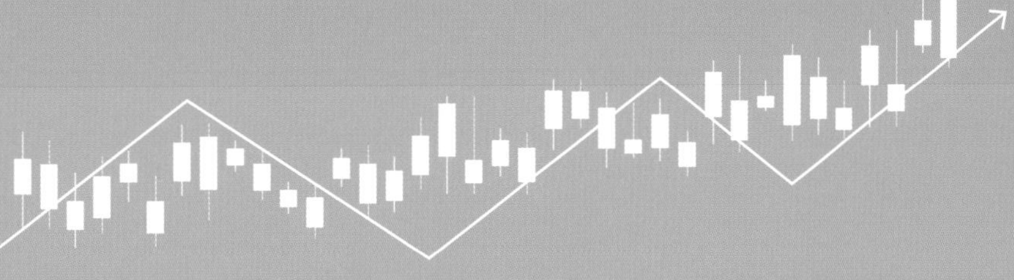

54

배당 핵심 정보

배당의 정의

회사가 벌어들인 이익을 주주에게 나눠주는 게 배당(나눌 배配, 마땅 당當)이다. 배당은 의무사항이 아니다. 성장기업일 경우 배당 대신 투자를 할 수도 있다. 초보 투자자라면 안전하게 배당을 주는 기업에만 투자하는 게 좋다. 참고로 자기주식은 유무상증자뿐만 아니라 배당 대상에서도 제외된다.

배당 시기별 구분

배당은 시기별로 결산배당, 중간(반기)배당, 분기배당으로 구분한다. 결산(결단할 결決, 셈 산算)은 1년간 회사의 회계처리를 마무리하는 것을 말한다. 우리나라 회사 대부분 12월 말 결산법인(회계기간 1~12월)이다. 이 경우 결산배당은 12월 말, 중간배당은 6월 말, 분기배당은 3월 말과 9월 말 기준 배당을 한다. 결산배당은 주주총회(주총) 개최, 중간(분기)배당은 이사회 개최 사항이다. 결산배당은 주주총회 결과에 따라 배당내용이 달라질 수 있다. 결산배당은 주총 후 1개월 이내에 배당금을 지급한다. 3월 중 주총이 많이 열리기에 4월에 배당을 받는다.

≫ 12월 말 결산법인의 경우 중간배당주는 1년에 2차례(6월 말과 12월 말 기준) 분기배당주는 4차례(3월 말, 6월 말, 9월 말, 12월 말 기준) 배당을 한다. 삼성전자는 분기배당주로 3개월 단위로 1년에 4차례 배당을 한다.

배당 재원

배당은 배당가능이익 범위 내에서 지급한다. 배당가능이익이란 순자산(자본총계)에서 자본금, 자본준비금, 이익준비금, (대통령령으로 정하는) 미실현이익을 제외한 금액이다(상법 제462조). 상법에서는 자본금 감소를 엄격히 제한함에 따라 자본금은 배당가능 재원에서 제외한다. 자본준비금과 이익준비금은 법정준비금이다. 법정준비금은 자본전입 또는 결손보전 이외에는 사용이 제한된다. 미실현이익은 실제 발생된 이익이 아니므로 배당가능이익 계산 시에 제외한다.

자본잉여금은 무상증자 재원이다. 다만 자본금 대비 150%를 초과하는 법정준비금(자본잉여금과 이익준비금 합계액)은 배당가능이익으로 전환이 가능하다. 배당에는 세금이 부과되나, 자본잉여금이 이익잉여금으로 전환되는 경우 배당에 대한 세금이 없다. 자기주식도 배당가능이익 범위 내에서 매수할 수 있다. 자기주식 매수가 늘어나면 배당이 줄어들 수 있다. 미국 성장주들은 배당 대신 자기주식 매수를 하는 경우도 많다.

≫ ROE는 당기순이익을 자기자본(자본)으로 나눠준다. ROE가 높을수록 수익성이 좋다고 할 수

있다. 분자인 당기순이익이 증가할수록 ROE가 높아진다. 반대로 분모인 자기자본(자본)이 줄어들면 ROE는 올라간다. 현금배당, 자기주식 매수 등을 하면 이익잉여금이 줄어든다. 그만큼 자기자본(자본)이 줄어들어 ROE 수치가 올라간다. 계속 높은 ROE를 유지하기 위해서는 실적이 개선되거나 적극적인 주주환원 정책(현금배당, 자기주식 매수)을 펼쳐야 한다.

배당 자산별 구분

현금배당, 현물배당, 주식배당으로 나뉜다. 현금배당은 현금으로, 현물이나 주식배당은 주식으로 지급한다. 현물배당은 자기주식, 주식배당은 신주를 발행해 지급한다. 참고로 주식배당은 당해 사업연도말 15일 전까지 공시하도록 되어 있다. 1주 미만 단수주(단주)는 현금(주총 전날 종가기준)으로 지급한다.

≫ ① 주식배당은 현금 대신 주식으로 배당하는 걸 말한다. 신주를 발행해 주식배당 하는데 그 재원은 이익잉여금이다. 신주발행으로 인해 이익잉여금이 자본금으로 옮겨가게 된다. 주식배당 결과 이익잉여금이 감소하나 자본금이 증가하므로 자본총계 변동은 없다. 이익잉여금은 재투자나, 현금(주식)배당, 자기주식 매입 자금으로 쓰인다. ② 반면 현물배당은 회사 소유자산인 자기주식을 기존 주주에게 나눠준다. 현금이 아닌 현물(자기주식)이란 점을 제외하면 현금배당과 동일하다. 현금배당이나 현물배당은 현금이나 자기주식이 자본금에 쌓이지 않고 빠져나가므로 자본총계 감소가 발생한다.

시가배당률(배당수익률)

배당수익률은 배당금을 현재주가로 나눈다. 이 경우 배당금은 전년도 배당금액이다. 올해 실적에 따라 배당금액은 달라질 수 있다.

(예시) 배당금 500원, 현재주가 1만 원이면 배당수익률은 5%다.

배당수익률 5% = 배당금 500원 / 현재 주가 1만 원

시가배당률과 배당수익률이 혼용되서 사용되고 있다. 엄밀히 말하면 시가배당률은 배당기준일(12월 31일) 2영업일 전부터 1주일간 종가의 산술평균을 현재주가 대신 쓴다.

네이버 고배당 화면

종목명	현재가	배당금	배당수익률
베트남개발1	225	90	40.00%
효성티앤씨	265,500	50,000	18.83%

① 네이버에서 '고배당'이라고 검색하면 고배당주를 볼 수 있는 화면이 나온다. ② 배당수익률이 높은 순으로 나열되어 있다. 다만 배당수익률은 과거 배당금액 기준이다. 올해 실적에 따라 배당금액은 줄어들거나 늘어날 수 있다. 올해 실적 예상액 기준으로 배당수익률을 계산해 볼 필요가 있다.

네이버 증권 고배당 화면

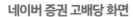

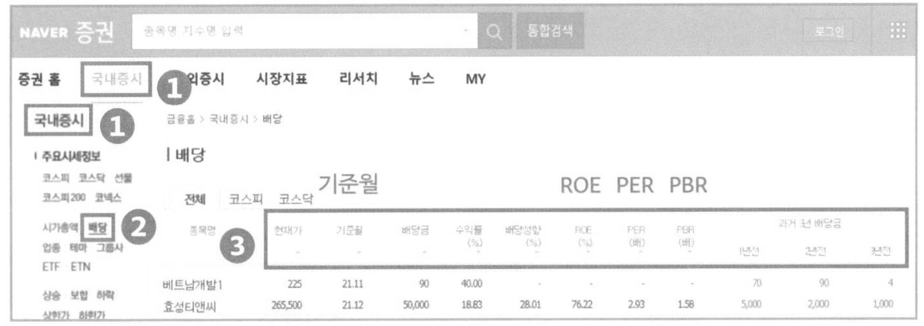

종목명	현재가	기준월	배당금	수익률 (%)	배당성향 (%)	ROE (%)	PER (배)	PBR (배)	과거 3년 배당금 1년전	2년전	3년전
베트남개발1	225	21.11	90	40.00	-	-	-	-	70	90	4
효성티앤씨	265,500	21.12	50,000	18.83	28.01	76.22	2.93	1.58	5,000	2,000	1,000

≫ 네이버 증권에서도 ① 국내증시 탭의 ② 배당을 클릭하면 상세히 안내되어 있다. ③ 배당자료 외에도 ROE, PER, PBR 순으로도 나열해 볼 수 있다. 검색항목 중 기준월을 체크하면 몇월 결산법인(예: 12월 결산법인 등)인지도 알 수 있다.

배당성향

회사가 벌어들인 수익 대비 배당금액 비중을 배당성향이라고 한다. 가령 당기순이익 1,000억 원, 배당금 총액이 500억 원일 경우 배당성향은 50%다. 매년 안정적인 배당성향일 경우 실적이 늘어나면 배당금액이 커질 수 있다.

배당성향 = 배당금 총액 / 당기순이익

배당기준일

배당기준일은 배당받을 주주를 확정하는 날이다. 배당기준일에는 주주명부를 폐쇄하고 명의변경(소유주 변경)을 정지한다. 배당기준일 장마감 후 주주명부에 등재되어 있으면 배당을 받는다. 배당을 받기 위해 1년 내내 주식을 보유할 필요는 없다. 우리나라는 T+2일 결제 시스템이다. 배당을 받으려면 배당기준일 2영업일 전까지 매수해야 한다.

배당부 vs. 배당락

배당을 받을 수 있으면 배당부, 배당을 받을 수 없으면 배당락이다. 배당기준일 2영업일 전이 배당부, 1영업일 전이 배당락이다. 배당부까지 주식을 보유했다면 배당락 이후 주식을 매도해도 배당을 받는다. 반대로 배당락 이후 주식을 매수하면 배당을 받지 못한다. 권리부 + 배당부를 권배부, 권리락 + 배당락을 권배락이라 한다. 무상증자와 현금배당을 동시에 하는 경우다.

12월 말 결산법인의 결산배당은 12월 31일을 기준일로 한다. 하지만 12월 31일은 거래소가 쉬는 휴장일이다. 하루 전날인 12월 30일이 마지막 거래일인 폐장일이다. 폐장일 2영업일 전이 배당부, 1영업일 전이 배당락이다. 계산하기 어렵다면 12월에 네이버 등 뉴스에 '배당부'를 검색하면 쉽게 확인할 수 있다.

(예시) 12월 31일이 토요일인 경우 12월 30일(금)이 휴장일(쉴 휴休, 마당 장場), 12월 29일(목)이 폐장일(닫을 폐閉, 마당 장場)이다. 폐장일 2영업일 전인 12월 27일(화)이 배당부, 1영업일 전인 12월 28일(수)이 배당락이 된다.

일요일	월요일	화요일	수요일	목요일	금요일	토요일
25일	26일	27일	28일	29일	30일	31일
		배당부	배당락	폐장일	휴장일	휴일(기준일)

배당락 주가조정

주식배당은 늘어난 주식 비중만큼 주가를 낮춘다. 주가조정은 배당락일에 주식배당에만 한다. 가령 주식수가 10% 늘어나면 주가를 10% 낮춘다고 생각하면 편하다. 시가총액은 주식수와 주가 곱셈이다. 동일한 시가총액을 유지하기 위해 주식수가 늘어난 만큼 주가는 낮아져야 한다는 이치다. 현금배당은 주식수 증가가 없기에 주가조정이 없다.

배당락 기준가격 = 배당부 종가 × (배당 전 주식수 ÷ 배당 후 주식수)

(예시) 배당부 종가 1만 원, 발행주식수는 100주다. 10주당 1주를 주식배당한다고 할 경우(10% 배당) 배당락일 기준주가는 9,090원이다.

9,090원 = 1만 원 × (100주 ÷ 110주)

배당과세

이자, 배당 등을 합쳐 연간 2,000만 원 이하는 15.4%(소득세 14% + 지방소득세 1.4%)를 세금으로 낸다. 2,000만 원을 초과할 경우에는 다른 소득(근로소득, 사업소득 등)과 합산해 금융소득 종합과세한다. 소득이 많을수록 세율이 올라가는 누진세(최대 49.5%) 개념이다.

대표적 고배당주

전통적인 고배당주로는 ① 금융주(은행, 증권, 보험)와 함께 ② 통신주, KT&G와 같은 경기방어주가 있다. 약세장에는 경기방어주가 안정적인 주가흐름, 고배당 매력이 부각된다. ③ 리츠, 맥쿼리인프라 등도 고배당주에 속한다. 금리인상이 은행, 보험주에는 좋으나 증권주에는 별로다. 리츠도 부동산 매입시 대출을 활용하기에 금리가 오를수록 배당할 이익이 줄어든다.

차등배당

최대주주와 소액주주 간 배당금액을 차등할 수 있다. 소액주주에게 보다 많은 배당을 한다. 실적악화로 전년과 동일한 배당을 하기 어려운 경우 차등배당을 많이 한다.

주식배당, 현물배당, 무상증자 과세 차이

① 주식배당은 액면가 기준으로 과세한다. 가령 액면가 100원인 주식 100주를 배당받으면 배당소득세는 1,540원이다.

≫ (주식배당) 액면가 100원 × 100주 × 15.4% = 1,540원(연간 이자, 배당 등 2,000만 원 이하인 경우 × 15.4%)

② 현물배당은 현재 주식시세(주주총회 결의일 종가)를 기준으로 배당소득 금액이 계산된다.

③ 소액주주라면 무상증자에 대해 별도의 양도소득세가 없다(장내거래할 경우, 2022년 말 기준). 무상증자가 주식배당보다 세금 면에서 유리하다.

참고로 매년 유한양행은 무상증자, 셀트리온은 주식배당을 해오고 있다. 2021년 말 실적기준 유한양행은 0.05주 무상증자, 셀트리온은 0.02주 주식배당을 했다.

55

배당주 투자전략

배당은 호재다

배당은 돈 잘 버는 회사가 수익 중 일부를 나눠주는 거다. 공짜로 돈을 받으니 좋다. 때론 주식으로 배당을 주기도 한다. 투자자에게 배당은 호재다. 배당을 많이 받을수록 수익이 늘어나니 좋다. 배당을 주지 않는 기업만 피하면 된다. 배당이 없다는 건 적자일 가능성이 높다. 배당과 자기주식 매입 재원은 배당가능이익으로 동일하다. 배당 대신 자기주식 매입 후 소각도 배당만큼 호재다.

높은 시가배당률 + 안정적 배당성향을 노려라

배당주 투자에서 핵심 체크사항은 ① 시가배당률 ② 배당성향 ③ 실적이다. ①

시가배당률이 높을수록 배당주 투자수익이 높아진다. ② 배당성향은 안정적일수록 좋다. 매년 동일한 배당성향을 유지하면 배당예측이 가능하다. ③ 실적이 일정하게 유지되어야 기존 배당이 유지된다. 실적악화는 배당이 줄어드는 요인이다. 높은 시가배당률, 안정적인 배당성향, 실적유지(실적개선)가 고배당 지속의 열쇠다.

시가배당률 8%에 사서 6%에 팔아라

고배당주를 찾으려면 배당금액보다 시가배당률을 체크해야 한다. 고배당주는 은행 예적금 금리보다 시가배당률이 높은 경우다. 아빠는 8% 이상을 고배당주로 친다. 투자전략은 간단하다. 시가배당률 8%에 사서 6%에 파는 거다. 그러면 주가는 30%이상 상승한다.

1월 배당락 이후 저점매수, 12월 말 배당부에 차익실현

주식은 쌀 때 사서 비쌀 때 파는 거다. 고배당주(12월 말 결산법인)는 배당측면에서 1월이 연중 주가가 싼 편이다. 12월 말 배당락 이후 1월엔 주가가 주춤하다. 1년이나 배당을 기다려야 하니 그렇다. 역발상 투자전략으로 1월 저점에 매수하고 찬바람 부는 12월에 매도다. 배당받을 대상을 정하는 12월 말이 다가오면 고배당주 주가는 배당기대감에 오른다. 싸게 사서 비싸게 파는 투자기준에 부합하는 전략이다.

≫ 2023년 새로운 배당제도가 도입된다. 앞으로는 배당금액을 먼저 알고 투자할 수 있다. 배당주주를 확정하는 「배당기준일」이 주주총회 이후로 조정된다. 현재는 배당받을 주주를 확정하고 배당액을 정한다. 반면 새 제도에선 그 순서가 정반대다(先 배당액, 後 배당주주). 그 결과 예측 가능한 배당투자가 가능해 진다(회사가 현행 제도 또는 새로운 제도 중 선택 가능).

현행 배당제도: 선(先) 배당기준일, 후(後) 배당액 확정

배당기준일 **배당주주 확정**	주주총회 소집 이사회 결의	주주총회 **배당액 확정**	배당금 지급
통상 12월 말	2월	3월	4월

새로운 배당제도: 선(先) 배당액 확정, 후(後) 배당기준일

주주총회 소집 이사회 결의	주주총회 **배당액 확정**	배당기준일 **배당주주 확정**	배당금 지급
2월	3월	4월	4월 말

결산월이 다른 고배당주로 갈아타라

3월, 6월, 9월 등 결산월이 12월이 아닌 법인들이 있다. 결산월을 달리하며 배당주 갈아타기 전략도 고려해 볼 수 있다. 가령 12월 말 결산법인인 고배당주를 12월 말 또는 1월 초에 매도한다. 그 이후 3월 말 결산법인인 고배당주를 매수하는 식이다. 이렇게 하면 1년에 4차례 배당받을 기회가 생긴다.

(예시) 증권주는 대표적인 고배당 업종 중 하나다. 대부분 12월 말 결산법인이지만 신영증권, 코리아에셋투자증권은 3월 말 결산법인이다. 잘만 하면 2번의 증권주 배당수익만 합쳐 연간 10% 이상의 수익률을 달성할 수 있다.

배당주 실적체크가 중요하다

배당은 배당가능이익 범위 내에서 배당을 한다. 배당주 실적체크가 반드시 필요하다. 실적이 악화되면 배당이 줄어들 수 있다. 반대로 실적개선이면 배당이 늘어난다. 더 많이 버니 더 많이 베푸는 거다. 배당주는 재무지표가 우량한 좋은 기업들이다. 실적 중심으로만 체크해도 되니 투자가 심플하다.

실적과 배당 두 마리 토끼, 배당성장주를 노려라

실적개선은 배당증가를 가져온다. 배당성장주는 실적개선과 배당이라는 두 마리 토끼를 한 번에 노린다. 기업가치가 계속 커지면서 배당까지 늘어나기에 좋다. 돈 많이 버는 회사와 돈 많이 주는 회사가 최적 투자처인데 배당성장주는 둘 다 가진 셈이다. 압축해 보면 실적개선주는 배당성장주가 될 최적 요소다. 실적에 포커스를 두고 투자해야 하는 이유다.

실적이 늘어나도 설비투자, 현금배당, 자기주식 매입 등을 하지 않을 경우 이익잉여금이 쌓이게 된다. 이익잉여금은 자본총계(자기자본) 항목이다. 자기자본이 늘어날수록 ROE(당기순이익 / 자기자본)는 나빠진다. 적정 ROE 유지를 위해서도 현금배당은 필수다.

경기불황에는 고배당 경기방어주를 노려라

경기활황은 강세장을 부른다. 강세장에선 경기민감주(수출산업 등 경기 영향을 크게 받는 업종)들이 주식시장을 이끈다. 경기방어주(경기에 둔감한 공공재, 의약품, 식료품 등)는 경기와 무관하기에 경기활황에서 소외되기 쉽다. 관심도 멀어지고 주가상승세도 약하다. 반면 경기불황에선 경기와 무관한 주식들이 덜 내린다. 경기민감주들이 급락하는 반면 상대적으로 안전한 경기방어주가 각광받는다. 경기방어주는 경기변동과 무관하기에 경기둔감주로도 불린다. 경기방어주들은 주가가 안정적으로 움직이기에 고배당 측면에선 매력적이다. 주가가 많이 오르지 않으니 배당수익률이 높은 편이다.

보통주와 함께 우선주를 노려라

우선주는 보통주보다 시가배당률이 높다. 일반적으로 우선주가 보통주보다 주가가 낮다. 배당금은 서로 엇비슷하거나 우선주가 배당금액이 더 크다. 시가배당률은 배당금을 현재주가로 나누는데 배당금이 더 많고 주가는 더 낮으니 우선주 배당수익이 보통주보다 더 좋다. 배당만을 노린다면 보통주보다 우선주가 보다 나은 선택이다. 우선주는 발행주식수가 작아 품절 테마가 있을 수 있다. 기업가치와 무관하게 과한 급등이 가능하다. 호재 이슈에 아무도 팔지 않으니 품절현상이다. 고배당과 품절테마를 고려한다면 우선주 매수를 적극 고려하자.

≫ 증권사의 경우 우선주를 발행한 경우가 많다. 증시가 살아나면 증권사의 실적이 개선된다. 증권주는 대표적인 고배당주다. 약세장에 증권사 우선주의 고배당 매력도가 더 올라간다.

≫ 증권사 우선주: 대신증권우, 대신증권2우B, 미래에셋증권우, 미래에셋증권2우B, 부국증권우, 신영증권우, 유안타증권우, 유화증권우, 한양증권우, 한화투자증권우, NH투자증권우, SK증권우

고배당주 금리인하가 고맙다

금리가 인하될수록 배당주의 상대적 매력도는 올라간다. 은행에 적금넣는 것보다 배당받는 게 더 나아서다. 배당 매력도 증가에 고배당주 주가도 상승한다. 특히 고배당주 중 하나인 리츠는 금리인하에 부동산 매입 시 사용한 대출이자 부담도 줄

어든다. 반면 금리인상은 경기침체와 약세장을 부른다. 약세장에서도 고배당주는 상대적으로 잘 버틴다. 시가배당률이 있기에 기관 · 외국인 저점매수 물량이 들어와서다.

서킷브레이커에 고배당주를 노려라

서킷브레이커에 주가가 급락할 경우 시가배당률이 올라간다. 시가배당률 15% 이상인 종목을 집중 공략해 보자. 시가배당률 15% 이상인 종목은 평생 가지고 갈 매력적인 고배당주다. 실적만 꺾이지 않는다면 매년 15% 이상씩 배당을 받으니 좋다. 웬만해선 매도하지 말고 매년 15% 이상 배당수익을 누려보자. 보수적 투자자거나 은퇴자라면 서킷브레이커가 고배당주 투자의 좋은 기회다.

≫ 서킷브레이커는 주식시장이 급락할 경우 주식매매를 일시 정지하는 제도다. 코스피(코스닥) 지수가 전일 종가 대비 8%, 15%, 20% 이상 각각 하락하면 발동예고한다. 이 상태가 1분간 지속되면 발동한다.

잃지 않기 위해 보유비중의 50%는 고배당주를 담아라

고배당주를 계좌에 많이 담아둘수록 마음이 편하다. 주가가 내릴수록 시가배당률은 올라간다. 약세장에도 가격 지지를 잘한다. 주가급락에도 높은 시가배당률로 인해 기관과 외국인 매수도 많다. 따박따박 배당도 들어오니 손실을 만회해 준다. 고배당주를 보유비중 50% 이상 담아두자. 투자원금을 크게 잃지 않는다. 불안감이 줄어들고 조바심도 적어진다. 혹여 손해라도 마음 편하게 추가매수가 가능하다. 꾸준히 배당받을 수 있고 좋은 기업이기에 기다리는 장기투자를 할 수 있다.

56

배당 공시의 핵심 사항

현금·현물배당 결정 (현대차, 2022.1.25.)

① 배당구분: 결산배당

② 배당종류: 현금배당

③ 1주당 배당금: 보통주식 4,000원, 종류주식 4,100원

④ 차등배당여부: 미해당

⑤ 시가배당률: 보통주식 1.9%, 종류주식 4.0%

≫ (해석) 1주당 배당금액보다 시가배당률이 더 중요하다. 1주당 배당금액은 보통주식 4,000원, 종류주식(우선주) 4,100원으로 크게 차이나지 않는다. 반면 시가배당률은 보통주식 1.9%, 종류주식 4.0%로 차이가 크다. 시가배당률 측면에서 종류주식의 투자매력이 더 크다.

⑥ 배당금총액: 약 1조 404억 원

⑦ 배당기준일: 2021년 12월 31일

≫ (해석) 무상증자, 배당 등 호재 공시는 배당기준일 체크가 필수다. 배당기준일이 12월 31일이다. 12월 31일(금)은 거래소가 쉬는 휴장일이다. 하루 전날인 12월 30일(목)이 마지막 거래일인 폐장일이다. 12월 30일(목) 2영업일 전인 12월 28일(화)까지 매수해야 배당을 받는다.

⑧ 기타 투자판단과 관련한 중요사항

'21년 1주당 연간 총 배당금은 5,000원임(보통주 기준)

• 중간배당 1,000원, 결산배당 4,000원

≫ (해석) 현대차는 중간배당을 실시했다. 보통주식 기준 중간배당 1,000원과 결산배당 4,000원을 합하면 연간 5,000원 배당을 했다.

상기 우선주는 2우선주 기준임

• 우선주: 1주당 배당금 4,050원, 시가배당률 4.0%

• 3우선주: 1주당 배당금 4,050원, 시가배당률 4.2%

배당금은 주주총회일로부터 1개월 이내에 지급예정

≫ (해석) 현대차는 우선주가 3종류나 있다. 배당금과 시가배당률이 우선주마다 조금씩 차이가 있다. 시가배당률이 우선주 4.0%, 2우선주 4.0%, 3우선주 4.2%였다.

주식배당 결정 (셀트리온, 2021.12.17.)

① 1주당 배당주식수: 보통주식 0.02주

≫ (해석) 주식배당의 경우 1주당 배당주식수를 체크해 보자. 1주당 0.02주를 배당한다면 시가배당률 2%와 같은 개념이다. 120주를 보유한 주주의 경우 2주를 배정받는다(120주 × 0.02주 = 2.4주). 1주 미만인 단수주 0.4주는 현금으로 지급받는다.

② 배당주식총수: 약 2.7백만 주

③ 발행주식총수: 약 137.9백만 주

④ 배당기준일: 2021년 12월 31일

⑤ 기타 투자판단과 관련한 중요사항

배당주식 총수는 자기주식을 제외

단수주는 정기주주총회 전일 종가 기준으로 현금 지급

주식배당 배당락일 주가조정 (셀트리온, 2021.12.28.)

① 주권종류와 가격: 보통주식 212,000원

≫ (해석) 주식수 증가를 가져오는 유무상증자와 주식배당은 권리락일 또는 배당락일에 주가를 조정한다. 늘어나는 주식수가 많을수록 주가조정폭도 크다. 다만 주식배당의 경우 늘어나는 주식수가 많지 않아 주가조정 규모가 크진 않다. 셀트리온의 경우도 주식배당을 주당 0.02주 하기에 주가조정 규모가 미미하다.

배당락 기준가격 = 배당부 종가 × (배당 전 주식수 ÷ 배당 후 주식수)

216,000원 × (약 137.9백만 주 ÷ 약 140.8백만 주) = 약 211,550원

211,550원을 호가기준 단위(코스피 20~50만 원 사이는 500원)에 맞춰 올리면 212,000원이 된다. 배당부일 종가 216,000원이 배당락일에 212,000원으로 조정되었다.

② 사유: 주식배당

③ 적용일: 2021년 12월 29일

실적개선에 따른 주가상승과 배당증가

≫ 통신사업자인 KT는 ①~② 52주 신고가를 돌파했고 그 이후에도 주가는 거침없이 상승했다. 그 근간에는 실적개선이 있다. 실적이 지속적으로 개선되다 보니 주가는 상승할 수밖에 없었다. 디지털플랫폼(디지코) 전략을 통해 인공지능(AI), 빅데이터(Bigdata), 클라우드(Cloud) 등 ABC 전략을 추진했다. 여기에 드라마 「이상한 변호사 우영우」 등 컨텐츠 사업도 성공을 했다. ③ 통신주는 PER보다 배당수익률에 포커스를 둔 투자를 많이 한다. 하지만 KT는 실적개선 덕에 주가도 상승하면서 배당도 늘어나는 배당성장주의 모습을 보여줬다.

구분	2020년	2021년	2022년 예측
영업이익	11,841	16,718	17,916
배당금액	1,350	1,910	2,083
시가배당률	5.63%	6.24%	

≫ **영업이익 예측치**(단위 : 억 원) 2023년(19,117), 2024년(20,602)

투자전략 | 미래 실적개선 여부, 과거 배당추이 등을 점검해 보고 투자를 결정하자. 실적개선은 배당증가를 부른다. 미래 실적개선과 배당증가가 동시에 예상되는 기업은 적극적인 투자대상이다.

케이스 스터디 178 **고배당**

실적개선이 만든 배당증가

구분(억 원, %)	2019년	2020년	2021년	2022년 예측
당기순이익	-149	3,616	5,403	8,758
주당배당금	300	400	2,300	2,825
시가배당률	1.99	1.62	8.70	
배당성향	40.5	4.83	23.63	

≫ LX인터내셔널은 팜유 오일과 유연탄(석탄) 등을 취급하는 종합상사다. 원자재 가격이 상승하면 실적이 개선된다. ① 2018년과 2019년은 적자로 인해 주가가 우하향했다. 배당도 시가배당률 1%대 수준으로 높지 않았다. ② 반면 2020년부터 물동량 증가, 원자재 가격급등에 힘입어 실적개선세다. 실적개선은 주가상승과 함께 배당증가 선순환 구조를 가져왔다. 2020년까지 300~400원대 주당 배당금이 2021년 들어 2,300원으로 큰 폭의 증가를 보였다. 시가배당률도 8.7%로 높아졌다. 2022년도는 당기순이익이 더 증가해 주당 배당금이 더 높아질 걸로 예측되었다.

≫ **매출액 예측 추이(단위 : 억 원)** 2022년(193,040), 2023년(183,135), 2024년(176,908)

2022년 매출액이 실적피크일 수도 있다. 예측치처럼 2023년과 2024년에 실적이 감소할 경우 배당이 줄어들 수도 있다.

투자전략 | 실적개선은 주가상승뿐만 아니라 배당증가로 이어질 수 있다. 주가상승과 배당증가라는 두 마리 토끼를 얻을 수 있어 좋다. 다만 그동안 실적개선세가 좋았다 하더라도 실적이 정점일 수 있다. 향후 실적예측을 체크해 봐야 한다. 실적 피크아웃일 경우 배당이 줄어들 수 있어서다.

케이스 스터디 179 **배당락**

12월 말 고배당주 배당부와 배당락

≫ 담배와 홍삼 관련 사업을 하는 KT&G는 대표적인 고배당주다. ① 찬바람 불면 고배당주라는 말이 있듯 12월은 고배당주가 배당 기대감에 잘 버틴다. ② 배당부가 지나면 ③ 배당락 주가하락이 나타난다. 고배당주일수록 배당락 하락폭이 크다. KT&G는 배당락일 -5.01% 주가가 하락한 채 마감했다.

투자전략 | 고배당주를 보유했다면 배당이 가까이 올수록 매도할지 또는 배당받을지 판단해야 한다. 투자 수익률이 배당수익률보다 높으면 차익실현도 고려해볼 필요가 있다. 한편 배당락 이후 주가저점은 매수기회다. 고배당주 매수 판단은 시가배당률이다. 배당락 이후 시가배당률이 매력적이라면 적극적인 매수기회로 삼아보자.

11장

공시 사례와 투자전략 ⑤

액면분할/액면병합

57

액면분할/액면병합 핵심 정보

액면가 정의

500년 전 발행한 1달러 동전이 10만 달러에 거래된다고 가정해 보자. 동전에 적힌 1달러는 액면가, 10만 달러는 시장가치다. 액면가는 주식증서(주권)에 적혀있는 금액이다. 회사를 처음 만들 때 최초 장부가치다. 실제 거래되는 시장가치와 다르다. 1주당 6만 원대에 거래되는 삼성전자의 액면가는 100원이다.

상장기업의 경우 액면가는 100원, 200원, 500원, 1,000원, 2,500원, 5,000원 중 선택할 수 있다. 액면가가 없는 무액면 주식도 가능하다. 무액면 주식의 경우 자본금 총액, 주식수만 정하면 된다.

액면가는 자본금, 유상증자, 액면분할(병합) 등에 의미가 있다. ① 자본금은 발행주식수와 액면가 곱셈이다. ② 유상증자를 할 경우 액면가는 자본금, 자본잉여금을 구분하는 기준이다. 가령 삼성전자를 6만 원에 유상증자한다고 치면, 액면가 100원은 자본금, 액면가를 초과하는 59,900원은 주식발행초과금(자본잉여금)이 된다. 자본잉여금이 많이 쌓이면 이를 무상증자 재원으로 사용할 수 있다. ③ 액면가는 액면가를 늘리거나 줄이는 액면병합(액면분할)의 기준이 된다.

액면병합 vs. 액면분할

① **액면병합(주식병합)**은 액면가를 합친다. 유통주식수가 많아서 주가상승에 걸림돌이 될 경우에 시행한다. 오를만 하면 물량투매가 나오는 것을 막는다. 동전주(1,000원 미만)의 저렴한 이미지를 없애는 데도 좋다. ② **액면분할(주식분할)**은 액면가를 쪼개서 나눈다. 주식수가 늘어나 거래가 활발해져 유동성(거래량) 부족을 해결한다. 1주당 가격이 싸지기 때문에 그동안 비싸서 못 샀던 개인투자자의 진입도 늘어난다.

≫ 여섯 조각의 케이크를 하나로 합치면 액면병합(주식병합)이다. 반대로 하나의 케이크를 여섯 조각으로 나누면 액면분할(주식분할)이다.

액면병합은 액면가를 높인 만큼 주식수를 줄인다. 반대로 액면분할은 액면가를 낮춘 만큼 주식수를 늘인다. 액면병합(액면분할)을 해도 기업가치는 변화가 없다. 자본금은 발행주식수와 액면가의 곱셈이다. 주식수가 늘어나는(줄어드는) 만큼 액면가가 내린다(오른다). 덕분에 주식병합(분할)은 자본금 변동과 무관하다.

액면분할의 경우 액면가 500원을 100원으로 1/5로 낮추면 발행주식수가 10주

에서 50주로 5배 늘어난다. 액면병합의 경우 액면가 100원을 500원으로 5배 올리면 발행주식수는 50주에서 10주로 1/5만큼 줄어든다. 액면병합(액면분할)로 인한 단수주는 신주상장 첫날 종가기준으로 현금지급한다. 액면병합(액면분할)은 정관변경이 필요해 주주총회 특별결의사항이다.

≫ 주식분할과 기업분할은 서로 다르다. 주식분할은 주식을 나누는 액면분할인데 비해, 기업분할은 기업을 나누는 행위로 물적분할과 인적분할이 있다.

액면가 감액 감자 vs. 액면분할

액면가 감액 감자는 액면가를 줄이는 감자방식이다. 감자는 자본금을 줄이는 행위이기에 별도의 발행주식수 변화가 없다. 반면 액면분할은 액면가를 줄이는 대신 발행주식수를 늘린다.

① (액면감자 전) 10주 × 500원 (후) 10주 × 100원 (주식수 변동 없음)

② (액면분할 전) 10주 × 500원 (후) 50주 × 100원 (주식수 변동)

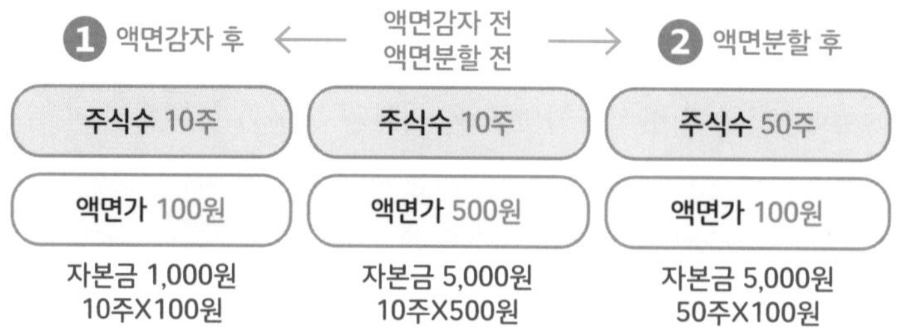

≫ 액면가를 500원에서 100원으로 1/5 축소하는 ① 액면가 감액 감자와 ② 액면분할 사례다. ① 액면가 감액 감자는 액면가가 줄어들어도 주식수가 그대로지만 ② 액면분할은 주식수가 5배 증가했다.

주식수 증가와 배당 증가

회사가 배당금을 지급할 수 있는 여력은 정해져 있다. 배당가능이익 범위 내에서 배당이 가능하다. 실적이 과거와 별반 다르지 않다면 배당총액은 비슷하게 유지된다. 액면분할이나 무상증자의 경우 주식수가 늘어난다. 그럴 경우 주식수 증가에 반비례해 1주당 배당금이 줄어들 수 있다.

(액면분할 전) **발행주식수 10주 × 배당금 주당 100원 = 배당총액 1,000원**

(액면분할 후) **발행주식수 50주 × 배당금 주당 20원 = 배당총액 1,000원**

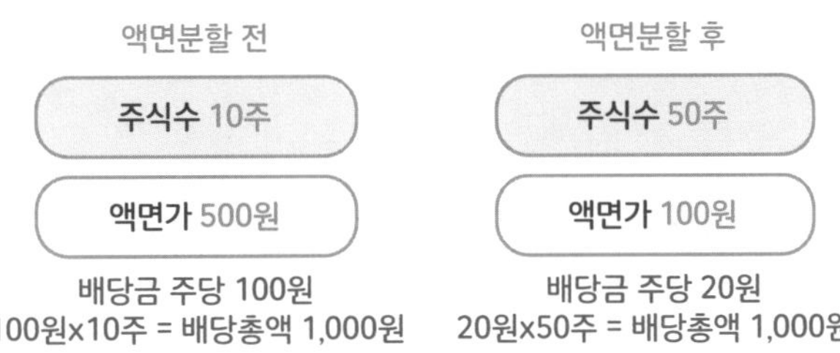

≫ 액면분할로 주식수가 5배 늘어난 만큼 배당금을 1/5로 줄여 배당총액을 동일하게 맞춘다.

무상증자, 액면분할, 주식배당, 현금배당 간 차이

구분	주요내용	자본총계
① 무상증자	새로운 주식수 증가 자본잉여금을 자본금으로 이동	변화 없음 (자본총계 내 이동)
② 액면분할	새로운 주식수 증가 자본금 변동 없음	변화 없음
③ 주식배당	이익잉여금으로 주식 배당 이익잉여금을 자본금으로 이동	변화 없음 (자본총계 내 이동)
④ 현금배당	이익잉여금으로 현금 배당 이익잉여금 감소	자본총계 감소

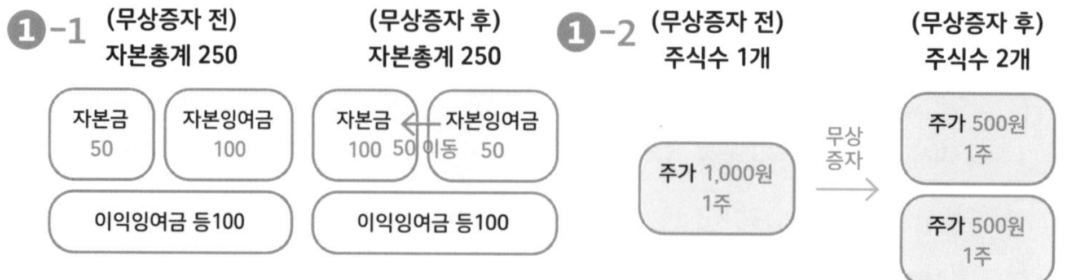

① **무상증자**를 하면 새로 발행한 주식이 생긴다. 주식수 증가는 자본금(주식수 × 액면가) 증가를 가져온다. 무상증자 재원은 자본잉여금이다. 자본총계 구성항목인 자본잉여금이 자본금으로 옮겨갈 뿐이므로 자본총계 자체 변화는 없다.

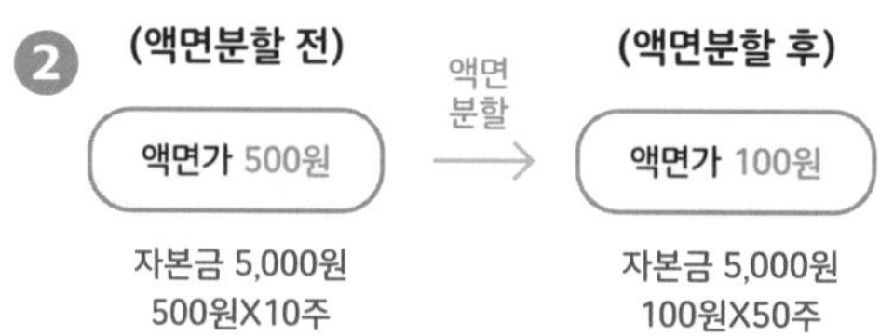

② 무상증자와 **액면분할**은 둘 다 주식수가 증가하는 결과를 부른다. 다만 무상증자와 달리 액면분할은 자본금에 변화가 없다. 액면가를 낮춘 만큼 주식수만 증가시켰기 때문이다.

③ **주식배당**은 주식으로 배당을 하는 경우다. 이익잉여금을 재원으로 주식수를 늘린다. 자본총계 구성항목인 이익잉여금이 자본금으로 바뀔 뿐 자본총계 자체 변화는 없다. ④ **현금배당** 재원은 주식배당과 동일하게 이익잉여금이다. 하지만 배당금으로 현금이 빠져나가니 자본총계가 줄어든다.

58

액면분할/액면병합 투자전략

액면분할/액면병합 매도 타이밍을 노려라

액면분할(병합)은 실적과 무관한 단기 이벤트다. 실적개선처럼 장기간 우상향할 이슈가 못 된다. 주식수 증감에 따른 거래량 변동일 뿐이다. 유동성(거래량) 부족이면 액면분할, 유동성이 과하면 액면병합을 한다. 액면분할은 주가가 싸 보이는 효과, 액면병합은 동전주가 비싸 보이는 착시효과를 노린다. 관련 공시로 관심받지만 실적개선과 무관하기에 공시가 지나면 관심은 사라진다. 무관심 결과, 거래량 감소로 주가는 힘을 잃는다. 하루나 이틀 반짝 급등락 후 제자리다. 기존 보유자라면 급등기간을 잘 활용해 차익실현하면 된다.

액면분할(병합) 관련 공시 사례

① 액면분할(병합)결정: 액면분할(병합)이 결정되었다는 안내 공시

② 매매거래정지/정지해제: 액면분할(병합) 전후 매매정지(정지해제) 안내

③ 변경상장(액면분할(병합)): 액면분할(병합)된 주식 변경상장 안내

④ 액면분할(병합)기준가격 안내: 액변분할(병합) 후 조정주가 안내

액면분할(병합)은 관련하여 공시가 여러 번 나온다. 이들 공시발표일 전후 단기 급등락이 있을 수 있다. 공시가 관심을 만들고 관심이 거래량을 일으킨다. 거래량 증가가 단타 거래자들을 불러와 주가상승을 부른다. 단타 거래자들은 치고 빠지는 게릴라식 투자자다. 급등시켜놓고 매도한 다음 유유히 사라진다. 초보 투자자라면 단기 이벤트에 들어와서 수익 내는 게 어려울 수 있다. 잘못하면 뒷북 투자로 고점에 물릴 수 있다. 초보 투자자일수록 실적개선에 집중해 투자하는 게 편한 이유다.

≫ 액면가와 현재주가 차이를 비교하는 건 중요도가 떨어진다. 시가총액, PER 등 기업가치를 비교하는 중요지표들이 많아서다. 굳이 현재주가와 액면가를 비교하면서 투자할 필요는 없다. 액면가는 액면병합이나 액면분할 정도만 관심 가져보면 된다.

미국주식 주식분할 발표는 호재다

미국주식은 액면가의 개념이 없다. 액면분할보단 주식분할이 보다 정확하다. 20:1 주식분할이면 1주당 2,000달러인 주식을 100달러 20주로 나눈다. 주가상승으로 한 주당 주가가 높아질 경우 주식분할을 많이 한다. 1주당 주가가 낮아져 주가가 비싸다는 심적 부담을 덜어준다. 투자 접근성이 좋아지고 거래가 활발해진다. 거래량 증가는 주가상승으로 이어지기에 미국주식 분할은 주가부양의 의미가 담겨 있다. 약세장일수록 1주당 주가가 비싼 황제주 매수세가 뜸하다. 그럴 경우 주식분할

공시가 이어지곤 한다. 미국주식의 주식분할은 실질은 분할이지만 무상증자와 같은 느낌이다. 기업가치에는 변화가 없지만 주식분할 발표 이후 주가가 상승하는 경향을 보인다.

다우지수는 30개 종목의 주당가격에 가중치를 부여해 지수를 산정한다. 시가총액 기준인 S&P500, 나스닥지수와 다르다. 주가가 높을수록 지수에 미치는 영향이 크다. 주가가 너무 높은 종목은 다우지수에 편입되기 어렵다. 주식분할로 주가가 낮아지면 다우지수에 편입될 수 있다. 주가지수에 편입되면 ETF, 펀드 등 기관투자자 자금유입이 늘어나고 주가상승으로 이어진다. 애플도 2014년 주식분할 이후에 다우지수에 편입된 바 있다.

≫ 뱅크오브아메리카(BoA)에 따르면 1980년 이후 주식분할을 단행한 S&P500 기업들의 1년간 주가 상승률은 25.4%였다. 같은 기간 S&P500지수 상승률 9.1%를 크게 웃돌았다(조선일보, 2022.5.27.).

≫ 워런 버핏은 주식분할에 반대하는 것으로 유명하다. 휘발성 호재인 주식분할은 기업가치에 집중하는 게 아니라는 이유에서다. 그가 최대주주로 있는 '버크셔해서웨이 Class A' 주식은 그가 처음 1주당 7.5달러에 매수한 이후 한 번도 주식분할을 하지 않았다. 그 결과 2023년 3월 기준 주가는 1주당 45만 달러(45만 달러 × 1,300원 = 5억 9,000만 원)를 넘어서고 있다.

59

액면분할/액면병합 공시의 핵심 사항

주식분할 결정 (신세계인터내셔날, 2022.2.22.)

① 1주당 가액: 분할 전 5,000원, 분할 후 1,000원

≫ (해석) 액면가 5,000원을 1,000원으로 1/5 감소시킨다. 발행주식수는 5배 늘어나게 된다.

② 발행주식수: 보통주식 분할전 7.1백만 주, 분할후 35.7백만 주

③ 신주의 효력발생일: 2022년 4월 8일

④ 매매거래정지기간: 2022년 4월 6일~8일

⑤ 신주권 상장예정일: 2022년 4월 11일

≫ (해석) 액면분할은 매매거래정지가 뒤따른다. 후속되는 매매거래정지와 신주권 상장 공시에 잠깐 관심받을 수도 있다.

액면분할 기준가격 안내

(신세계인터내셔널, 2022.4.8.)

① 주권종류와 가격

• 주권종류: 보통주식

• **기준가격: 33,400원**

≫ (해석) 액면분할에 따라 신주권 상장예정일에 주가를 하향조정한다. 매매정지 전일인 4월 5일(화) 종가 167,000원의 1/5인 33,400원이 기준가격이 된다.

② 사유: 액면분할

③ 적용일: 2022년 4월 11일

주식병합 결정

(토박스코리아, 2022.3.7.)

① 1주당 가액: 병합전 100원, 병합후 500원

≫ (해석) 액면가 100원을 500원으로 5배 늘렸다. 대신, 발행주식수는 1/5 줄어들게 된다.

② 발행주식총수: 보통주식 병합전 48백만 주, 병합후 9.6백만 주

③ 신주의 효력발생일: 2022년 5월 4일

④ 매매거래정지기간: 2022년 5월 2일~5월 23일

⑤ 신주권 상장예정일: 2022년 5월 24일

≫ (해석) 액면병합도 매매거래정지가 뒤따른다. 후속되는 매매거래정지와 신주권 상장 공시에 잠깐 관심받을 수 있다.

⑥ 기타 투자판단에 참고할 사항

1주미만 단수주는 신주상장 초일 종가 기준 현금지급

액면병합 기준가격 안내 (토박스코리아, 2022.)

a) 주권종류와 가격

• 주권종류: 보통주식

• **기준가격: 6,930원**

≫ (해석) 액면병합에 따라 신주권 상장예정일에 주가를 상향조정한다. 매매정지 전일인 4월 29일(금) 종가 1,385원의 5배는 6,925원이다. 호가단위(5,000원 이상~2만 원 미만은 10원)를 맞춰 6,930원이 되었다.

b) 적용일: 2022년 5월 24일

c) 사유: 액면병합

케이스 스터디 180 **액면분할**

주식분할 공시 후 단기 이벤트

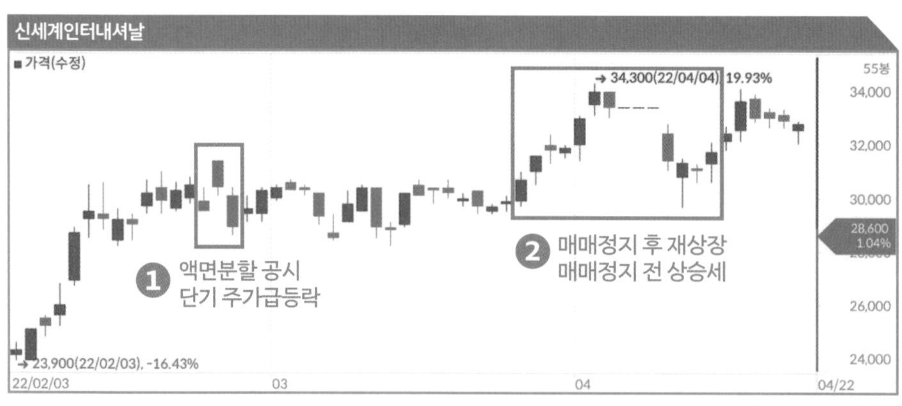

≫ 신세계인터내셔날은 패션, 라이프스타일, 코스메틱 사업 등을 한다. 해외 유명 패션 브랜드를 직수입해 판매하기도 한다. ① 장마감 후 액면분할(주식분할) 공시를 했다. 다음날 아침 6.4% 상승으로 시작했지만 종가는 3% 상승으로 마감했다. ② 매매거래 정지에 앞서 매매정지 공시

가 관심을 모으고 주가는 단기 상승했다.

투자전략 | 액면분할 공시는 실적과 무관한 단기 이벤트다. 2번의 단기 주가급등락 이슈가 생긴다. 공시발표일 그리고 매매거래정지일 전후 부근이다. 기존 보유자라면 이 시기를 단기 차익실현 기회로 삼을 수 있다. 반면 신규 매수자라면 뒤늦게 뛰어드는 건 뒷북 투자가 될 수도 있다.

케이스 스터디 181 **액면병합**

주식병합 공시 후 단기 이벤트

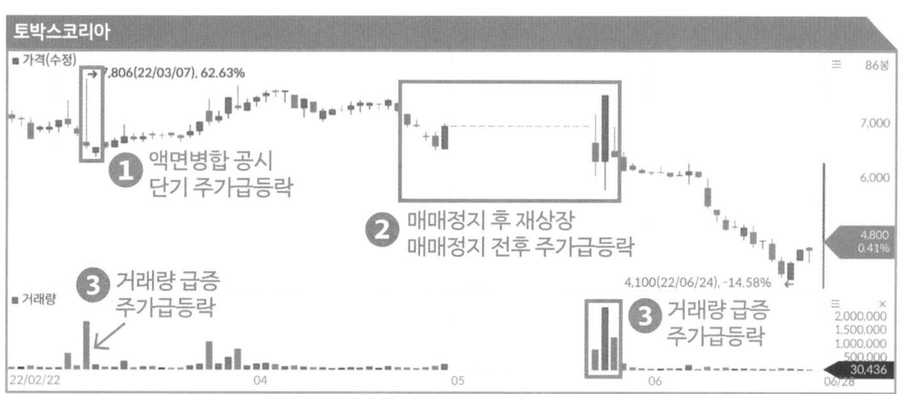

≫ 토박스코리아는 유아동 신발을 판매하고 있다. ① 액면병합(주식병합) 공시발표에 단기급등을 한 다음 도로 원위치다. 주식병합은 실적과 무관한 단기 이벤트임을 보여주는 전형이다. ② 매매정지 전후 반짝 주가급등락이 있었다. ③ 관련 공시가 관심을 모으고 거래량 쏠림을 만든다. 주가급등 정점에 거래량을 일으키고 세력은 빠져나간다.

투자전략 | 실적개선과 무관한 이벤트인 액면병합은 장기간 호재가 이어지기 어렵다. 공시발표일 전후 관심이 거래량 증가, 주가상승을 부른다. 기존 보유자라면 단기 차익실현 기회로 접근해 보자. 액면분할과 마찬가지로 신규 매수자는 공시 이후 고점 뒷북 투자에 주의하자.

주식병합 공시 이후 주가추이

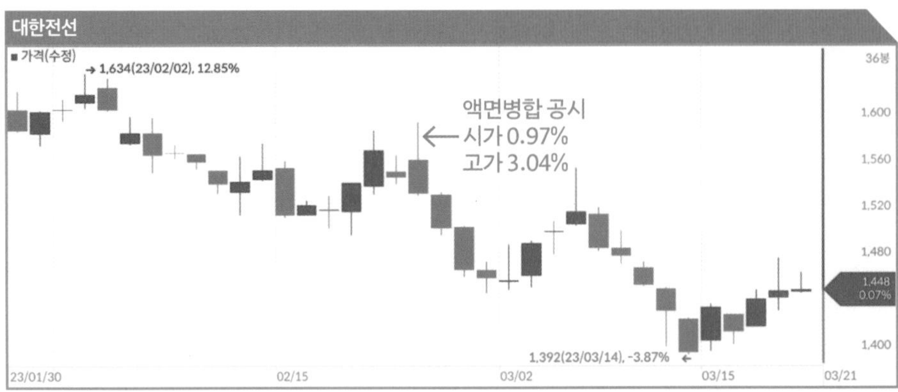

≫ 초고압케이블을 생산하는 대한전선이 보통주 10주를 1주로 액면병합(주식병합)하는 공시를 했다. 과다한 유통주식수를 줄여보겠다는 복안이다. 액면병합으로 액면가는 1주당 100원에서 1,000원으로 10배 높아진다. 대신에 발행주식수는 12억만 주에서 1억 2,000만 주로 1/10로 줄어 든다. 다만 자본금(주식수 × 액면가)은 1,244억 원으로 액면병합 전후 동일하다.

≫ 액면병합(액면분할)은 실적개선과 무관한 단기 이슈다. 액면병합 공시에도 대한전선 주가는 크게 급등하진 않았다. 전날 장마감 이후 공시가 나왔으나 시간외매매에서 1.1% 상승에 그쳤다. 다음날에도 주식병합 영향력이 크지 않았다.

투자전략 | 액면병합(액면분할) 공시에 대한 기대감은 오래가지 않는다. 때론 대한전선 사례처럼 유의미한 주가반등을 주지 못하는 경우도 있다. 액면병합(액면분할) 이슈만으로 과한 주가상승 기대감을 갖는 건 주의해야 한다.

미국주식 주식분할 주가상승 학습효과

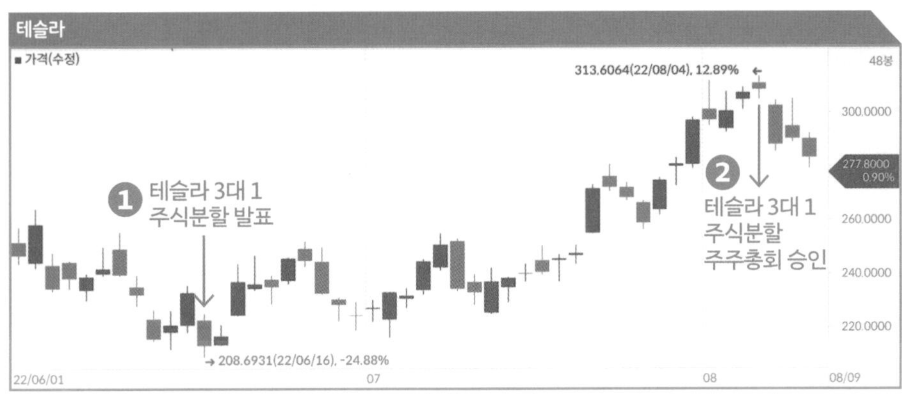

≫ ① 전기차 생산기업인 테슬라가 2020년 5대 1 주식분할을 한 이후, 2022년 3대 1 주식분할을 발표했다. ② 주식분할 발표 이후 주주총회 승인까지 7주 동안 주가는 50% 이상 상승했다.

투자전략 | 미국주식 주식분할은 그동안 호재로 여겨졌다. 주식분할 움직임에 주식을 미리 사두면 수익을 거둔 적이 많아서다. 다만 모든 주식분할마다 주가가 오르는 건 아니다. 실적개선이나 호재 이슈가 남아 있고 강세장일 경우 효과가 크다. 주식분할 절차가 완료되면 주식분할 이벤트보다 실적이 더 중요하다. 실적개선 여부가 주가상승의 주된 동력이 된다.

12장

공시 사례와 투자전략 ⑥

합병

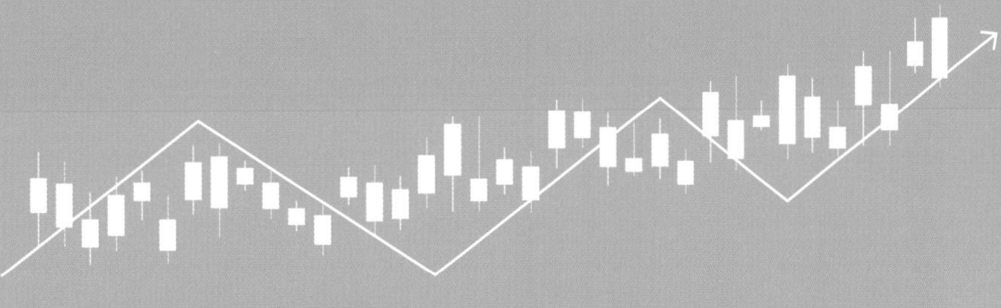

60

합병 핵심 정보

합병 정의

합병은 2개 이상의 회사가 하나로 합쳐지는 거다. 합병방식은 ① 흡수합병, ② 신설합병, ③ 분할합병 등이 있다.

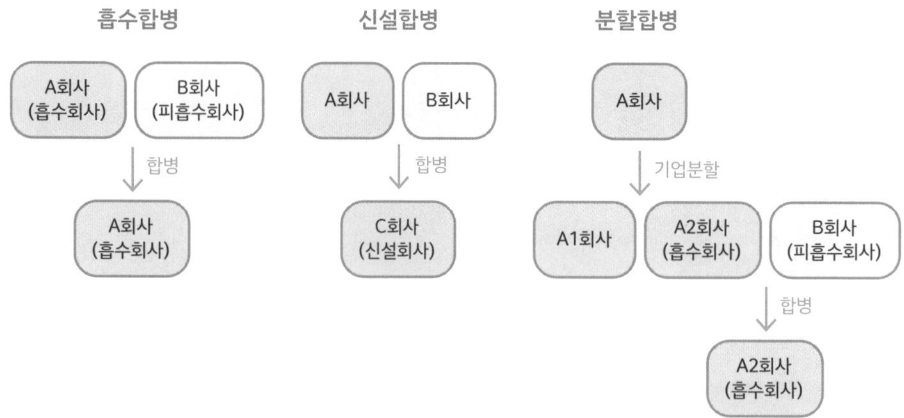

① **흡수합병**은 회사를 흡수하는 방식이다. 가령 A회사(흡수회사)가 B회사(피흡수회사)를 흡수하고 A회사만 남는다. 소멸하는 B회사 주주는 A회사 주식으로 보상받는다. B회사의 가치가 높아야 A회사 주식을 보다 많이 받는다. 그럴 경우 B회사 합병비율도 올라간다. ② **신설합병**은 합병하고 새로운 회사를 만드는 경우다. 가령 A회사와 B회사가 합병한 뒤 새로운 회사 C가 탄생하는 식이다. ③ **분할합병**은 선 분할, 후 합병이다. 먼저 회사를 기업분할로 나눈 뒤 나눠진 일부와 다른 회사를 합치는 거다. 가령 A회사를 A1과 A2로 나눈 뒤 A2를 B와 합병(흡수합병 또는 신설합병)하는 식이다.

합병은 중요한 경영사항으로 주주총회 특별결의가 필요하다. 중요한 경영사항으로는 합병(분할합병), 기업분할, 포괄적 주식교환, 영업양수도 등이 있다. 합병 공시는 「주요사항보고서(회사합병결정)」으로 공시한다.

인수와 합병의 차이점

합병(Merger)과 비슷한 개념으로 인수(Acquisition)가 있다. 둘을 합쳐 인수합병(M&A)이라고도 한다. 둘 다 A회사가 B회사의 지분을 사들이는 건 동일하다. 다만 인수는 B회사가 존속하지만 합병은 B회사가 사라진다. 인수는 A회사가 B회사를 자회사로 둔다. 반면 합병은 A회사와 B회사가 합쳐져 A회사 또는 새로운 C회사가 된다(B회사는 사라진다).

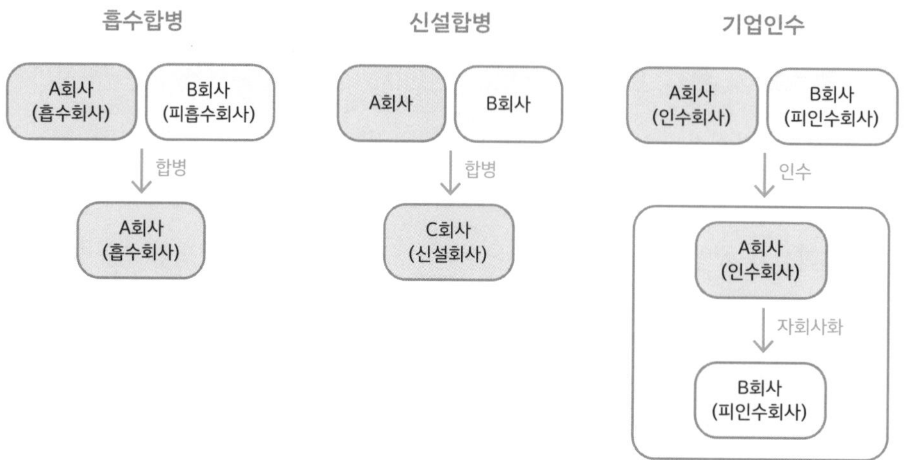

주식매수청구권

주식매수청구권은 중요한 결정에 반대하는 주주가 행사한다. 회사에 본인 주식을 사달라고 요구할 수 있다. 반대권 + 주식매수청구권리가 합해진 개념이다. 합병(분할합병), 기업분할, 포괄적 주식교환, 영업양수도 등 중요한 경영사항에 반대하는 주주에겐 주식매수청구권이 부여된다. 현재 가격보다 주식매수청구권 행사가격이 높다면(현재가격 〈 주식매수청구권 가격) 주식매수청구권을 행사해서 차익실현을 하면 된다. 합병 공시 등에는 미리 회사가 받아들일 수 있는 주식매수청구권 행사 최대한도를 정해둔다. 그 한도를 넘어설 경우 합병 등이 취소될 수 있다. 합병의 경우 A회사, B회사 각각의 주주에게 주식매수청구권이 부여된다. 주식매수청구권 행사로 회사가 매수한 주식은 자기주식이 된다. 주식매수청구권 행사로 매수한 자기주식은 매수 후 5년 내에 매각 또는 소각해야 한다.

주식매수청구권은 보유주식 일부에 대해서만 청구도 가능하다. 주식매수청구권 행사절차는 ① 합병반대 통지, ② 주식매수청구권 행사로 나눠볼 수 있다. 합병반대 통지기간에 증권사나 회사에 통지를 해야 한다. 반대통지를 안하면 주식매수청구권 권리가 없다.

≫ 청구권은 한번 행사하면 취소가 불가능하다. 주주총회에 참석해서 찬성표를 던져서도 안 된다. 합병반대 통지를 하지 않고 주주총회에 반대표를 던져도 주식매수청구권이 없다.

주식매수청구권 행사는 주식시장 밖에서의 거래인 장외거래다. 장외거래이기에 양도차익에 대해 양도소득세를 내야 한다. 양도차익은 주식매수청구권 행사가격에서 매수가격을 뺀 금액이다.

≫ 스톡옵션(Stock Option)은 주식매수선택권이라 한다. 회사가 임직원에게 일정량의 주식을 저렴하게 매입할 수 있도록 부여한 권리다. 자기주식 매입선택권이라고도 할 수 있다. 성과급과 보너스의 일종이라 보면 된다. 부여방식은 신주발행 교부, 자기주식 교부, 차액(시가 - 행사가격)에 대해 현금 또는 자기주식 교부 등 4가지 방식이 있다.

소규모합병/간이합병

① 소규모합병은 A회사(흡수회사)가 B회사(피흡수회사)에 지급할 주식이 총발행주식의 10%가 안 되는 경우다. ② 간이합병은 A회사가 B회사 지분을 90% 이상 이미 보유한 경우, 또는 B회사 주주 모두가 합병에 동의한 경우다. 소규모합병이나 간이합병은 이사회 승인만으로 가능하다.

61

합병 투자전략

M&A(인수·합병) 관심이 주가상승을 부른다

인수 · 합병의 주가상승 동력은 세상 관심사다. 관심받는 동안에 주가는 오른다. M&A 대상 기업규모가 클수록 관심은 더 커진다. 여기에 경쟁까지 치열해지면 더 좋다. 관련 뉴스는 많아지고 관심을 더 끌어모은다. 관심은 거래량 증가와 주가상승을 부른다. 팔리는 대상뿐만 아니라 사려는 자까지 모두 주가가 오른다. 다만 주가는 승자가 결정되고 나면 더 이상 상승하기 어렵다. 관심받을 뉴스가 나오기 어려워져서다. 그동안 기대감으로 상승했던 만큼 차익실현 매물이 나온다.

M&A(인수·합병)에 따른 실적개선 유불리를 따져라

① M&A 이슈가 하나의 테마였다면 M&A 이후엔 실적개선 여부가 주가를 결정한다. 자회사가 연결재무제표에 편입되면 잘 사둔 자회사 덕에 실적개선 효과를 볼 수도 있다. ② 반대로 승자의 저주, M&A 이후 겪게 될 후유증이 있을 수 있다. 경쟁이 치열해지면 기업가치보다 비싸게 산다. 승자가 되었지만 손해 본 장사다. 들어간 돈 대비 실적이 나오지 않을 수도 있다. 미처 알지 못한 잠재적 부실이 있을 수도 있다. ③ 적자누적 등으로 빚에 시달리면 알짜 사업을 매각할 수도 있다. 매각으로 위기는 넘겼다만 실적이 줄어들 수 있다.

주식매수청구권과 공개매수 권리를 적극 행사하라

합병에 반대하는 주주는 주식매수청구권을 행사할 수 있다. 실제로는 차익실현 관점에서 주식매수청구권을 바라보자. 현재 주가보다 청구가격이 높으면 당연히 청구권 행사를 고려하자. 보다 비싸게 팔 수 있는 기회다. 합병 공시를 접하면 주식매수청구권 행사가격을 먼저 확인해 보자.

인수 · 합병 과정에서 공개매수가 발생하기도 한다. 공개매수는 경영권 지배 목적으로 주식시장 밖에서 공개적으로 주식을 매수하는 행위다. 보통은 시중가격보다 높은 가격으로 매입한다. 공개매수 가격이 기업가치 대비 높다면 기존 보유자는 공개매수에 응하는 게 좋다. 공개매수가 끝나면 과도하게 오른 주가는 기업가치 수준으로 내려갈 수 있다. 공개매수는 장외거래(증권거래소 밖 거래)이므로 거래차익이 250만 원을 넘을 경우 22%의 양도소득세를 내야 한다. 양도소득세를 고려할 경우 공개매수 가격 부근에서 차익실현도 고려해 볼 수 있다. 장외거래는 증권거래세율도 0.35%로 장내거래(증권거래소 안 거래) 0.20%보다 높다(2023년 기준).

62

합병 공시의 핵심 사항

회사합병 결정 (롯데제과, 2022.3.23.)

① 합병방법 : 롯데제과가 롯데푸드를 흡수합병

- **존속회사(합병법인) 롯데제과(유가증권시장 상장법인)**
- **소멸회사(피합병법인) 롯데푸드(유가증권시장 상장법인)**

≫ (해석) 롯데제과가 롯데푸드를 흡수합병한다. 피합병되는 롯데푸드는 소멸하고 롯데제과만 남아있게 된다.

② 합병비율

- **롯데제과 보통주식 : 롯데푸드 보통주식 = 1 : 2.8051744**
- 롯데푸드 1주당 롯데제과 2.8051744주 교부 예정

≫ (해석) 롯데푸드가 롯데제과 가치보다 약 2.8배 더 높다. 롯데제과의 1주당 주식가치를 1로 볼 때 롯데푸드의 주식가치를 2.8배로 높게 보는 것이다. 롯데푸드 1주당 롯데제과 2.8주를 받

는다.

③ 합병신주의 종류와 수: 보통주식 3,4백만 주

≫ (해석) 롯데제과는 롯데푸드 주주에게 지급할 롯데제과 신주를 3.4백만 주 발행한다.

④ 합병일정

- 주주확정기준일: 2022년 4월 11일
- 합병반대의사통지 접수기간: 2022년 5월 12일~26일
- 주주총회 예정일자: 2022년 5월 27일

≫ (해석) 합병반대 통지를 주주총회(5월 27일) 하루전일 5월 26일(목)까지 하면되나 실무적으로는 증권사에 주주총회 3영업일전인 24일(화)까지 해야 한다.

- 주식매수청구권 행사기간: 2022년 5월 27일~6월 16일
- 신주의 상장예정일: 2022년 7월 20일
- 이사회 결의일: 2022년 3월 23일

⑤ 주식매수청구권

- **매수예정가격: 115,784원**

≫ (해석) 주식매수청구권 매수예정가격이 115,784원이다. 예정가격이므로 추후 변경될 수 있다. 매수예정가격이 현재 주가보다 높으면 주식매수청구를 하는 게 나을 수 있다.

- 청구기간

  합병반대의사 통지 접수기간: 2022년 5월 12일~26일

  주주총회 예정일자: 2022년 5월 27일

  주식매수청구권 행사기간: 2022년 5월 27일~6월 16일

  주식매수청구권 지급 예정일자: 2022년 6월 29일

- 계약에 미치는 효력: 롯데제과, 롯데푸드 양사 지급합계가 1,200억 원 초과시 각 사 이사회에서 합병 진행 여부 결정

≫ (해석) 주식매수청구권 행사금액이 양사 합쳐서 1,200억 원을 초과하면 합병이 무산될 수 있다.

≫ (해석) 타 회사의 「영업」 일부를 매입하는 경우 <영업양수 결정> 공시가 나온다.

① 양수영업: 인텔의 NAND 사업부문 전체(옵테인 사업부 제외)

② 양수가액: 10조 3,104억 원

≫ (해석) SK하이닉스가 미국 인텔사의 메모리 부문인 낸드플래시 사업을 약 90억달러(10조 3,104억 원)에 사들인다는 내용이다. 구체적인 인수 대상은 낸드, 낸드로 제조한 데이터 저장장치(SSD), 웨이퍼 비즈니스, 중국의 다롄 생산시설 등이다. 영업양수 전 SK하이닉스의 글로벌 낸드 시장점유율은 11.4%로 글로벌 5위권이었다. 인텔의 점유율 11.5%를 더하면 단숨에 2위로 발돋움한다. 기업용 SSD 시장에서는 삼성전자를 제치고 세계 1위에 오르게 된다.

• 재무내용

자산액: 양수대상(7조 8,359억 원)/당사(64조 7,895억 원), 비중 12.09%

매출액: 양수대상(4조 6,523억 원)/당사(26조 9,907억 원), 비중 17.24%

부채액: 양수대상(4조 7,909억 원)/당사(16조 8,463억 원), 비중 28.44%

③ 양수예정일자

• 계약체결일(2020년 10월 20일), 양수기준일(2025년 3월 15일)

④ 거래상대방: 인텔

⑤ 양수대금지급: 현금지급(USD)

• 지급시기: 2021년 말(1차) 8조 192억 원, 2025년 3월(2차) 2조 2,912억 원

• 자금조달방법: 보유 현금, 차입 등을 통해 조달

⑥ 기타 투자판단과 관련한 중요사항

• 회사가 설립한 해외 자회사를 통해 이행될 예정으로 상법 제374조가 적용되는 영업양수에 해당하지 않아 주주총회를 개최하지 않음

타법인 주식 및 출자증권 취득 결정 (대한항공, 2020.11.16.)

≫ (해석) 타 회사의 「주식」 일부를 취득하는 경우 「타법인 주식 및 출자증권 취득 결정」 공시가 나온다. 대한항공이 아시아나항공 인수결정을 하자 관련 공시가 나왔다.

① 발행회사: 아시아나항공

② 취득내역: 취득주식수(131백만 주), 취득금액(1조 4,999억 원), 자기자본 대비 64.22%

③ 취득 후 소유주식수 및 지분비율: 소유주식수(131백만 주), 지분비율 63.9%

≫ (해석) 대한항공이 아시아나항공 지분의 63.9%를 매입한다는 결정내용이다. 대한항공은 2조 5,000억 원 규모 유상증자를 통해 아시아나항공 인수와 운영자금을 마련한다는 복안을 발표했다.

④ 취득방법: 제3자배정 유상증자 참여

⑤ 취득예정일자: 2022년 9월 30일

⑥ 자산양수의 주요사항보고서 제출대상 여부: 아니오

- 최근 사업연도 말 자산총액: 25조 7,584억 원, 취득가액/자산총액 5.82%

유형자산 취득결정 (LG이노텍, 2022.6.9.)

≫ (해석) 토지나 건물 등 유형자산을 매입하는 경우 「유형자산 취득결정」 공시를 낸다. LG이노텍이 2,834억 원을 들여 공장부지를 매입했다는 내용의 공시다.

① 취득물건 구분: 토지 및 건물

- 취득물건명: 엘지전자 구미 A3 공장 299 외 3필지

② 취득내역

- 취득가액(2,834억 원), 자산총액 대비 3.66%

③ 거래상대: 엘지전자(주)

④ 취득목적: 기판소재 및 광학솔루션 사업부 생산지 확보를 위한 공장매입

⑤ 기타 투자판단과 관련한 중요사항

• 2017년부터 취득건물의 일부(전체 연면적의 17%)를 임차하여 사용중

케이스 스터디 184 **합병 시너지**

합병 이후 실적개선 기대감

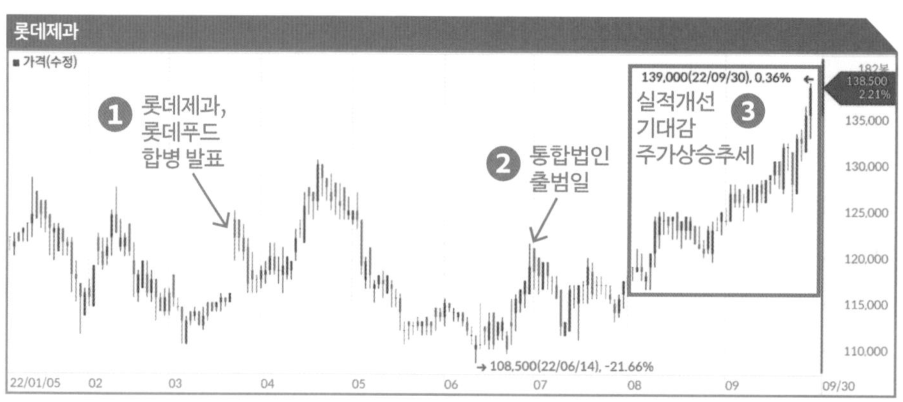

롯데제과와 롯데푸드 합병 주요사항

구분	롯데제과(존속법인)	롯데푸드(피합병법인)
합병비율	1	2.8
총자산	2조 6,666억 원	1조 2,715억 원
매출액	2조 1,454억 원	1조 6,078억 원
공장	7개(영등포, 평택 등)	10개(천안, 김천 등)
해외법인	8개국(카자흐스탄 등)	-
사업분야	건과, 빙과, 제빵, 건기식	유지, 빙과, HRM, 육가공, 유가공, 커피, 식자재, 급식

≫ ① 롯데그룹 식품계열사인 롯데제과와 롯데푸드가 합병 발표를 했다. 롯데제과가 롯데푸드를 흡수합병하는 형식이다. 합병 발표는 관심을 불러일으켜 롯데제과 주가가 상승을 했다. ② 통합법인이 주주총회 승인을 거쳐 합병출범했다. 통합법인 출범 이슈가 관심을 모으고 주가가 올랐다. ③ 합병에 따른 실적개선 효과다. 빙과사업은 국내 점유율 1위로 올라섰다. 공장통합, 인력 효율화 등으로 원가절감 효과도 있다. 롯데제과의 글로벌 네트워크를 활용한 해외시장 확대 기대감도 있다. 대신증권은 합병 직후 리포트를 통해 합병에 따른 실적개선 효과를 언급하기도 했다.

대신증권 리포트(2022. 3. 28. 합병 발표 직후)

영업실적 및 주요 투자지표 (단위: 십억원, 원 , 배, %)

	2019A	2020A	2021A	2022F	2023F
매출액	3,881	3,598	3,753	3,863	4,010
영업이익	147	157	147	181	223
세전순이익	102	153	62	157	198
총당기순이익	79	112	35	118	149
지배지분순이익	76	111	34	117	148
EPS	48,732	71,704	21,289	67,381	80,491
PER	18.9	9.3	35.1	9.8	7.7
BPS	1,080,938	1,098,694	1,114,595	1,083,570	1,083,648
PBR	0.7	0.5	0.6	0.5	0.5
ROE	3.9	5.7	1.7	5.6	6.8

주: EPS와 BPS, ROE는 지배지분 기준으로 산출
자료: 롯데푸드, 롯데제과 합산, 대신증권 Research Center

≫ 합병 직후 발표된 증권사 리포트를 보면 2023년에도 실적증가를 예상했다. 2022년 117억 원의 지배주주 순이익(지배지분순이익)이 2023년 148억 원으로 증가된다.

투자전략 | 합병 발표는 단기 이벤트다. 관련 공시가 관심을 모으고 단기 주가 급등락을 부른다. 다만 장기적인 실적개선이 주가상승의 열쇠다. 합병에 따른 실적개선 효과가 크다면 주가는 지속적인 우상향을 보인다.

합병 시너지에 따른 주가상승

≫ 종합상사인 포스코인터내셔널은 에너지 자원 개발사업도 하고 있다. ① 포스코인터내셔널이 포스코에너지를 흡수합병한다는 공시를 했다. 존속회사(합병법인)는 포스코인터내셔널, 소멸회사(피합병법인)는 포스코에너지다. 합병 후 존속회사 상호는 포스코인터내셔널이다. 그룹 내 에너지 사업을 일원화하겠다는 정책의 하나다.

그동안 천연가스 생산과 트레이딩은 포스코인터내셔널이, 저장과 발전은 포스코에너지가 맡아왔다. 합병비율은 포스코인터내셔널 1대 포스코에너지 1.16이다. 상장사인 포스코인터내셔널이 합병 신주를 발행해 포스코에너지(비상장사) 주주인 포스코홀딩스(지주회사)에게 주식을 교부한다. 합병 후 포스코인터내셔널 최대주주는 지분 70.7%를 보유하게 되는 포스코홀딩스가 된다. 합병 이후 2030년까지 천연가스 매장량을 2021년 대비 3배 가까이 늘리고 LNG 거래량도 9배까지 확대하기로 했다. 공시 당일 주가가 장중에 12% 넘게 상승했다.

② 미얀마 가스전 관련 사업을 하고 있어 천연가스 가격과 주가 움직임이 밀접하다. 천연가스 가격이 하락하자 주가도 같이 내렸다. ③ 임시 주주총회를 통해 합병이 최종승인 되었음이 공시되었다. 합병 이후 2025년까지 3조 8,000억 원을 들여 액화천연가스(LNG) 밸류체인을 육성한다는 소식까지 더해져 주가가 상승했다.

투자전략 | 합병 이벤트가 단기적인 관심을 모은다. 합병결정 공시, 합병승인 공시,

대규모 투자계획 등이 더해지면 거래량 쏠림이 생긴다. 단기적으로는 합병 관련 공시 등이, 장기적으로는 합병 이후 실적개선이 주가상승을 결정한다.

케이스 스터디 186 **타법인 주식취득**

타법인 주식취득에 따른 실적반영

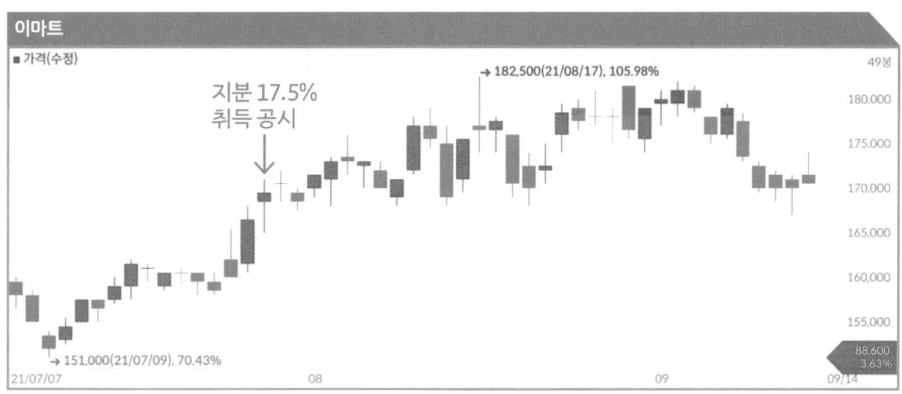

≫ 커피전문기업인 스타벅스코리아(에스씨케이컴퍼니)의 지분을 이마트와 스타벅스커피인터내셔널이 각각 50%씩 가지고 있었다. 2021년 7월 말 이마트가 「타법인 주식 및 출자증권 취득결정」 공시를 냈다. 스타벅스커피인터내셔널이 보유한 지분 17.5%를 추가로 사들인다는 내용이다. 이마트의 스타벅스코리아에 대한 지분율은 총 67.5%로 올라갔다. 스타벅스코리아가 이마트 종속회사로 편입되게 되었다. 이마트 연결재무제표에 스타벅스코리아의 실적이 반영된다. 그 기대감에 이마트 주가는 관련 공시 전후 상승세를 보였다. 참고로 스타벅스커피인터내셔널이 보유한 나머지 32.5% 지분은 싱가포르투자청(GIC)이 사들였다.

이마트 연결제무제표 지분비율

타법인 주식 및 출자증권 취득결정

1. 발행회사	회사명	(주)스타벅스커피코리아		
	국적	대한민국	대표자	송데이비드호섭
	자본금(원)	20,000,000,000	회사와 관계	계열회사
	발행주식총수(주)	4,000,000	주요사업	커피전문점 운영
2. 취득내역	취득주식수(주)	700,000		
	취득금액(원)	474,253,500,000		
	자기자본(원)	10,496,578,899,630		
	자기자본대비(%)	4.5		
	대규모법인여부	해당		
3. 취득후 소유 주식수 및 지분 비율	소유주식수(주)	2,700,000		
	지분비율(%)	67.5		

투자전략 | 「타법인 주식 및 출자증권 취득결정」 공시는 다른 회사의 주식을 매수한다는 공시다. 보유지분이 50%가 넘게 될 경우 종속회사의 실적이 지배회사의 연결재무제표에 반영된다. 종속회사의 실적이 좋아지면 덩달아 지배회사의 실적도 좋아지게 된다. 주식인수금액이 커질 경우 대출을 일으킬 수도 있다. 그 결과 부채비율이 올라간다. 금리인상시기 대출증가는 이자부담이 늘어나는 요인이다.

케이스 스터디 187 **공개매수**

연결재무제표 회계처리를 위한 공개매수

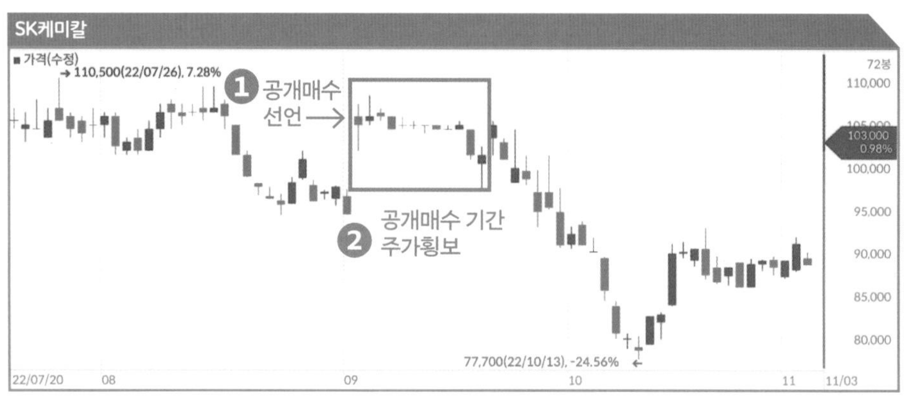

≫ SK디스커버리가 SK케미칼 공개매수를 공시했다. SK디스커버리는 SK케미칼 지분 36.56%를 보유한 최대주주다. 공개매수를 통해 지분을 41.77%까지 늘렸다. 공개매수 목적은 연결재무제표 작성을 위한 종속회사 편입이다. 그동안은 SK케미칼이 관계기업으로 분류되었다. 관계기업은 지분법을 적용한다. 가령 SK케미칼이 1,000억 원의 순이익을 내면 이 중 365.56억 원만큼만 지분법 적용 투자수익이다. 이를 SK디스커버리 재무제표에 반영한다.

반면 종속회사일 경우 SK케미칼과 SK디스커버리의 재무제표가 하나로 묶인다. 이를 연결재무제표라 하는데 SK케미칼의 매출액, 영업이익, 당기순이익 등이 모두 SK디스커버리에 더해진다. 공개매수 가격은 10만 8,800원, 공시 결정일 주가는 94,600원이다. 그 차액만큼이 무위험 수익이다. ① 주가는 공개매수 가격 근처까지 상승했다. ② 공개매수 기간 동안 주가는 10만 8,800원 부근에서 횡보를 보였다.

SK디스커버리 공개매수 관련 공시

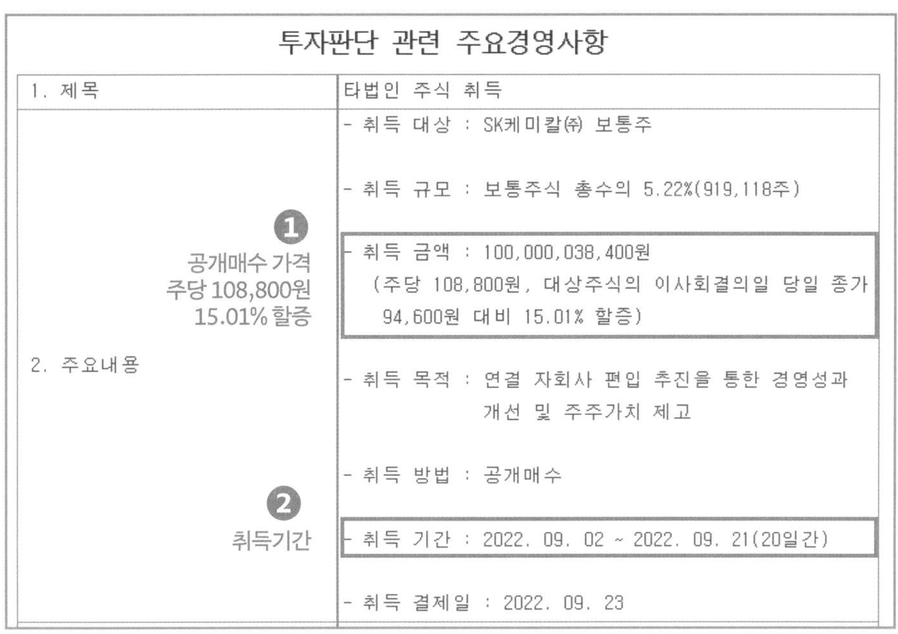

투자판단 관련 주요경영사항

1. 제목	타법인 주식 취득
2. 주요내용	- 취득 대상 : SK케미칼㈜ 보통주 - 취득 규모 : 보통주식 총수의 5.22%(919,118주) - 취득 금액 : 100,000,038,400원 (주당 108,800원, 대상주식의 이사회결의일 당일 종가 94,600원 대비 15.01% 할증) - 취득 목적 : 연결 자회사 편입 추진을 통한 경영성과 개선 및 주주가치 제고 - 취득 방법 : 공개매수 - 취득 기간 : 2022. 09. 02 ~ 2022. 09. 21(20일간) - 취득 결제일 : 2022. 09. 23

≫ ① 공개매수 가격을 현재 주가 대비 15.01% 할증했다. 15%만큼 주가가 상승할 원인이 되었다. ② 공개매수 취득기간에는 주가가 공개매수 가격 부근에서 움직이게 된다.

투자전략 | 공개매수 가격과 현재주가 간 차이를 고려해 매매 여부를 결정하면 된다. 공개매수 가격보다 주가가 싸다면 매수 기회다. 기존 보유자라면 공개매수 가격 부근 차익실현 여부를 고려해 보면 된다.

(예시) 타법인 지분매입에 따른 실적개선

LS가 관계사인 LSMnM(LS니꼬동제련) 지분을 사들였다. 기존에는 LS 50.1%, 일본 JKJS컨소시엄 49.9% 지분관계였다. 일본측 지분을 전부 사들여 100% 지분보유 완전자회사로 만들었다. 원자재 가격인상에 따라 LSMnM 수익성이 개선되었다. 100% 지분을 보유하게 됨에 따라 LSMnM의 실적개선이 LS 연결재무제표 실적에 오롯이 반영될 수 있다. 매년 1,200억 원 가량 배당을 해왔는데 이를 LS가 다 받을 수 있다. 덕분에 증권사 목표주가도 올라갔다.

케이스 스터디 188 **기업인수**

기업인수 뉴스에 주가급등락

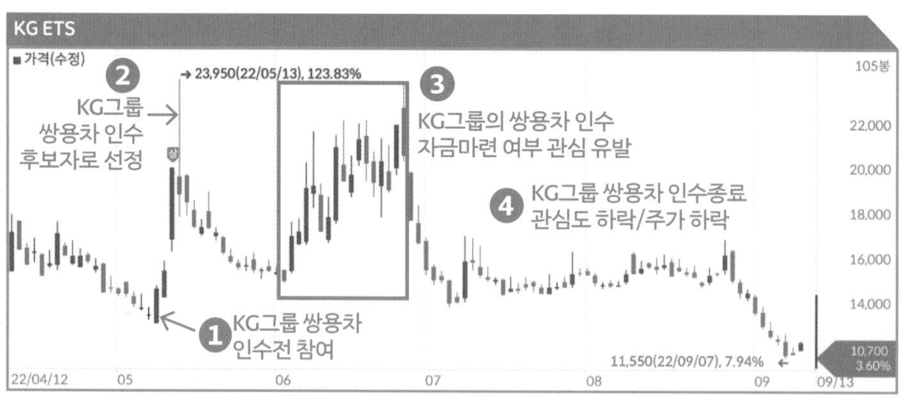

≫ ① KG그룹의 쌍용차 인수전 참여로 KG그룹주들이 동반 주가급등을 보였다. ② KG그룹이 쌍용차 최종인수 후보자로 선정되었다. '뉴스에 팔아라'라는 증시 격언처럼 대상자 선정일에 주

가는 급락하기 시작했다. 더 나올 뉴스가 없기에 하락세가 지속되었다. ③ 후보자 선정 이후 KG그룹의 실제 자금마련 여부가 관심을 유발했다. 덕분에 최종인수 종료 시까지 단기급등락을 반복했다. ④ KG그룹은 KG ETS 폐기물 처리 사업부를 매각했다. 이를 통해 확보한 자금으로 쌍용차 인수를 마무리했다. KG ETS는 폐기물 처리 사업부 매각으로 실적이 줄어들 요인만 발생했다. M&A 이슈도 끝나고 급등했던 주가는 기업가치 수준으로 내려갔다.

투자전략 | 기업인수 이슈는 테마성이 강하다. 인수전 참여로 주가가 급등하고 인수대상자 확정으로 테마는 소멸한다. 뉴스에 오르고 더 나올 뉴스가 없으면 끝난다. 기존 보유자라면 차익실현 기회를 잘 잡아야 한다. 기업인수 테마 바람이 끝나면 급등한 주가는 도로 원위치됨을 기억하자.

케이스 스터디 189 **기업인수**

PEF에 기업매각이 부른 주가급등

≫ 남양유업은 우유, 분유 등 유가공 제품을 생산하는 회사다. ① 최대주주 일가가 사모펀드(PEF) 운용사인 한앤컴퍼니에 회사를 매각한다는 소식에 주가가 급등했다. 주가는 매각 발표 1주일 전 대비 2배 가까이 올랐다. 갑질 횡포, 불가리스 사태 등으로 회사 평판이 좋지 않았고, 2020년부터 적자가 이어지고 있어서 주가도 내리막이었다. 하지만 식음료 분야 투자에 성공

경험이 있는 한앤컴퍼니가 새 주인이 된다는 소식이 주가급등을 불렀다. 한앤컴퍼니는 2013년 말 웅진식품을 1,150억 원에 인수해 기업가치를 키운 뒤 5년 후 2,600억 원에 매각한 바 있다. ② 다만 최대주주가 기업매각을 번복하면서 주가는 다시 내리막을 걸었다.

투자전략 | 사모펀드(PEF)에 기업이 매각되는 건 호재다. 적자가 지속되는 기업일 경우 PEF에 매각된 뒤 흑자전환 하는 경우도 많다. PEF는 기업가치를 끌어올린 뒤 되파는 게 목적이다. PEF가 보유하는 동안 투자금 회수를 위해 고배당도 한다. PEF가 운영을 잘해 실적개선이 되면 주가는 오른다. 추후 매각 이슈가 관심을 끌어 주가상승을 만든다.

케이스 스터디 190 **승자의 저주**

적자기업 인수 후 적자지속 우려감

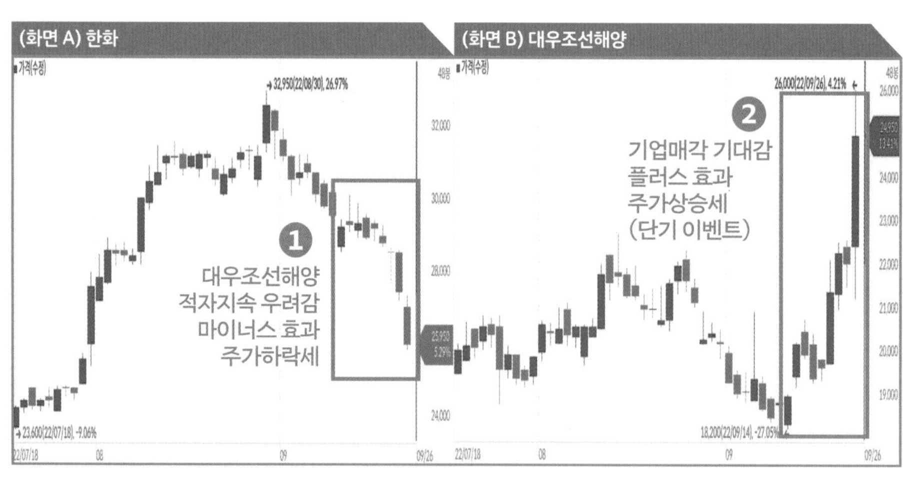

≫ (화면 A) ① 한화그룹이 조선회사인 대우조선해양을 인수한다는 소식에 한화는 주가하락, 대우조선해양은 주가상승을 보였다. 대우조선해양의 적자가 지속될 가능성이 높다는 측면에서 한화그룹 주가가 동반 약세를 보였다. 승자의 저주가 될 수 있는 셈이다. 지속 적자인 계열사 지원을 위해 유상증자 참여 등 돈 들어갈 일이 생길 수도 있어서다. (화면 B) ② 다른 조선주

들은 주가가 약세를 보였다만 대우조선해양은 기업인수 이슈가 주가를 끌어올렸다. 다만 더 나올 뉴스가 없으면 급등한 주가는 제자리 찾기를 한다.

투자전략 | 기업인수는 매각되는 피인수회사와 매수하는 인수회사 모두에게 호재다. 다만 너무 비싸게 매수하거나 적자가 지속될 회사를 인수하는 경우에는 인수회사 주가가 내리기도 한다.

케이스 스터디 191 **승자의 저주**

고가인수에 따른 부담감

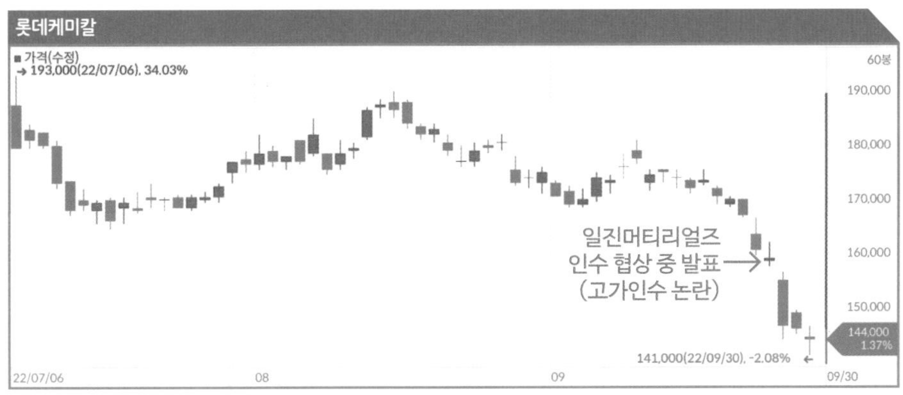

≫ ① 화학기업인 롯데케미칼이 2차전지 동박 생산기업인 일진머티리얼즈 경영권 인수를 검토하고 있다는 기사가 나왔다. 지분 53.3%를 2조 5,000~7,000억 원에 인수한다는 내용이었다. 다만 향후 실적기대치를 고려할 경우 인수금액이 높다는 증권사 분석이 나왔다. 고가인수로 인해 인수발표가 단기 이벤트가 되지 못했다. ② 반면 매각자인 일진홀딩스는 비싸게 잘 팔았다는 소식에 단기급등을 보였다.

투자전략 | 모든 인수합병이 호재가 되지는 않는다. 첫째, 기업가치 대비 고가에 인수하는 경우다. 쓴 돈보다 인수 효과가 적을 경우 손해여서다. 둘째, 인수자금에 대출을 많이 쓰는 경우다. 부채비율도 상승하고 금리상승기에는 이자비용도 증가

한다. 부채증가로 신용등급이 낮아질 수도 있다. 신용등급이 낮아질수록 조달금리는 올라간다. 셋째, 인수 이후 피인수 회사의 실적이 나빠지는 경우다. 피인수회사가 연결재무제표로 묶인다면 인수회사 실적도 덩달아 나빠진다. 인수합병은 이슈별로 호재 또는 악재 유무를 파악할 필요가 있다. 뉴스, 증권사 리포트 등에 관련 분석내용이 많이 나오니 이를 참고해서 판단해 보자.

케이스 스터디 192 **합병비율**

대주주에 유리한 합병비율 조정

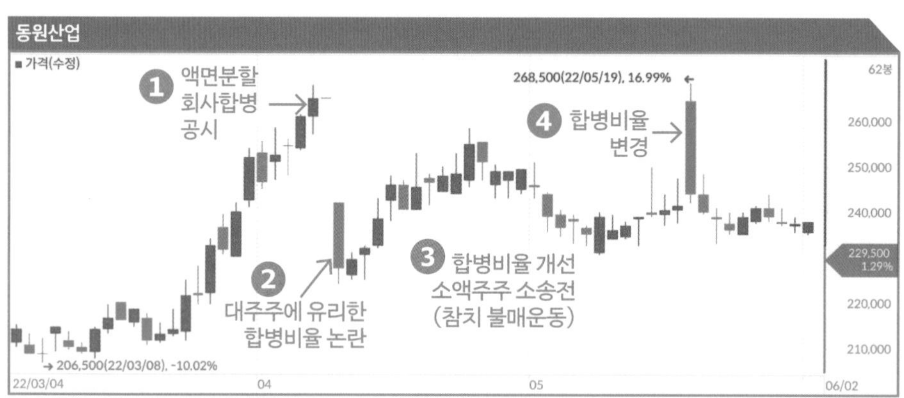

≫ 동원산업은 원양어선에서 조업한 참치를 판매한다. ① 동원산업이 비상장 지주회사인 동원엔터프라이즈와 합병하기로 공시했다. 액면가 5,000원을 1,000원으로 액면분할하는 공시도 함께 했다. 증권가에서는 합병은 부정적, 액면분할은 긍정적으로 판단했다. 동원산업은 그동안 거래량이 적다는 점이 문제가 되어 왔다. 액면분할로 유통주식수가 늘어나 거래량 증가, 주가상승을 기대했다. ② 반면 합병은 대주주에게 유리한 합병비율이 문제가 되었다. 상장사와 비상장사 합병가액 결정방법이 달랐다. 상장사인 동원산업의 가치는 주식의 현재주가를 따르지만 비상장사 동원엔터프라이즈 합병가액은 자산가치와 수익가치의 가중산술평균으로 구했다. 오너 일가 소유의 동원엔터프라이즈에게만 유리한 합병비율이라는 불만이 제기되었다. 합

병 공시 다음날 주가는 -14.15% 하락한 채 마감했다. ③ 소액주주의 합병반대 소송전 추진, 참치 불매운동 등이 시작되었다. 이후 주가는 합병 결정이 변경될 수 있다는 기대감에 상승을 보였다. ④ 결국 회사 측은 합병비율을 조정하기로 했다. 동원산업의 합병기준도 자산가치를 기준으로 정해졌다. 기존 1대 3.84인 동원산업과 동원엔터프라이즈 합병비율이 1대 2.7로 낮아졌다. 합병비율 변경 뉴스에 주가도 9% 급등으로 시작을 했다. 다만 기대했던 뉴스가 나왔고 더 나올 뉴스가 없기에 오후 들어 주가는 급등분을 전부 반납하고 끝났다.

투자전략 | 합병은 합병비율에 따라 기존 주주의 유불리가 나뉜다. 개인투자자가 합병비율의 유불리를 판단하기란 사실상 쉽지 않다. 전문가들의 의견이 뉴스 등을 통해 언급되니 이를 적극적으로 참고해 보자. 최근에는 소액주주의 주주행동이 거세다. 이들의 가열찬 행동이 관심을 모은다. 소액주주의 의견이 받아들여질 가능성이 높다면 단기 호재 이벤트가 될 수 있다.

케이스 스터디 193 **부채비율**

기업인수가 불러온 부채비율 증가

≫ DN오토모티브가 2조 원 넘는 돈을 들여 두산공작기계를 인수했다. 회삿돈도 있지만 상당 부분을 차입했기에 부채비율이 기업인수 후 증가했다. 반면 현금이 줄어드니 당좌비율은 줄어들었다. 기업인수 뒤 두산공작기계가 주는 실적개선 효과도 있다만 이면에는 부채비율 증가, 당좌비율 감소라는 리스크도 있다.

구분(%)	2021.6	2021.9	2021.12	2022.03	2022.06
부채비율	51.32	66.47	107.99	369.38	351.01
당좌비율	115.51	108.98	159.95	78.38	81.25

두산공작기계 인수 이전인 2021년 말 107%였던 부채비율이 인수 이후인 2022년 3월 말에는 369%까지 급등했다. 반대로 당좌비율은 159%에서 78%로 낮아졌다.

삼성 지분투자가 부른 주가상승

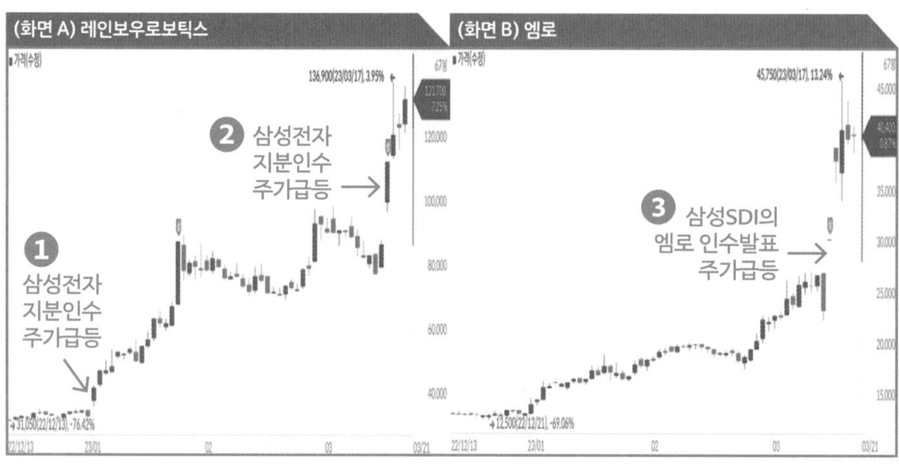

>> (화면 A) ① 삼성전자가 로봇개발업체인 레인보우로보틱스 지분을 10.2% 매입한 뒤 주가가 급등을 했다. ② 삼성전자는 추가로 4.8% 지분을 사들여 지분율은 15%까지 늘어났다. 추가 지분증가 공시 발표 다음날 레인보우로보틱스 주가는 상한가를 기록했다. 삼성전자가 신성장 동력으로 로봇사업 육성에 힘쓰자 여타 로봇 관련주들도 강한 상승세를 보였다. (화면 B) ③ 삼성SDS가 구매공급망관리 전문기업인 엠로 지분 33.4%를 인수해 최대주주가 되었다. 기업 클라우드 역량을 확대할 목적이다. 엠로는 2019년 인공지능(AI) 클라우드 서비스를 출시했다. 삼성SDS 인수 공시발표 이후 엠로는 이틀 연속 상한가를 기록했다.

>> 삼성전자가 용인 반도체 클러스터에 300조 원을 투자한다는 소식에 반도체 소재·부품·장비주(소부장주)들 주가가 오르기도 했다.

>> 이재용 삼성전자 회장이 삼성SDI 수원 사업장을 방문해 전고체 배터리 시험생산 라인을 점검하자 이수화학, 한농화성 등 관련 업체가 주목받았다.

투자전략 | 삼성전자의 지분투자로 피투자회사의 실적개선 기대감이다. 삼성전자 그룹 인프라가 가져올 매출증가를 고려해 볼 필요가 있다. 삼성전자 등 대기업의 지분투자를 동반한 실적개선은 매력적인 투자기회다. 관련 공시를 선점할수록 수익률은 높아진다.

포괄적 주식교환

포괄적 주식교환의 정의

A회사와 B회사 간 주식을 교환해 B회사를 A회사의 완전자회사로 만드는 방법이다. 완전자회사는 모회사가 지분 100%를 가지는 경우다. A회사가 B회사 주식을 모두 가져가 완전자회사로 만든다. 대신 B회사 주주에겐 A회사 주식(신주발행)이나 현금으로 보상한다. 주식교환은 주주총회 특별결의 사항이다. 반대하는 주주에게 주식매수청구권도 부여된다.

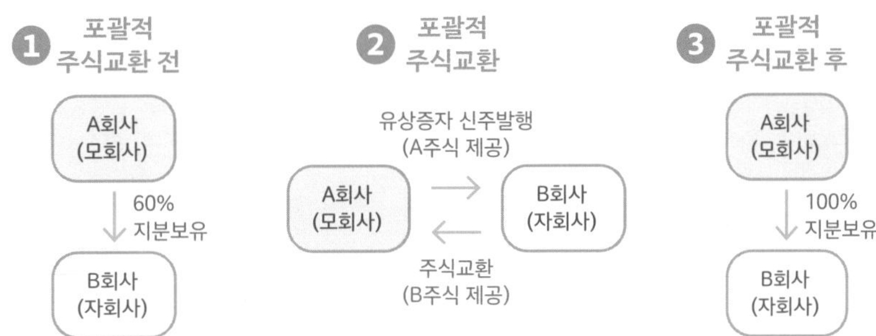

≫ ① 포괄적 주식교환 전 A회사가 B회사 지분을 60% 보유하고 있었다. ② A회사가 B회사 주식을 받는 대가로 A회사 신주(새로운 주식)를 발행해서 준다. ③ 포괄적 주식교환 후 A회사가 B회사 지분을 100% 보유하면서 완전자회사로 만들었다.

흡수합병과 차이

흡수합병은 A회사(흡수회사)와 B회사(피흡수회사)가 합쳐지고 A회사만 남는다. B회사 주주에겐 흡수합병이나 포괄적 주식교환이나 동일하게 A회사 주식을 받는다. 다만 포괄적 주식교환은 B회사가 완전자회사로 남지만, 흡수합병은 B회사가 없어진다.

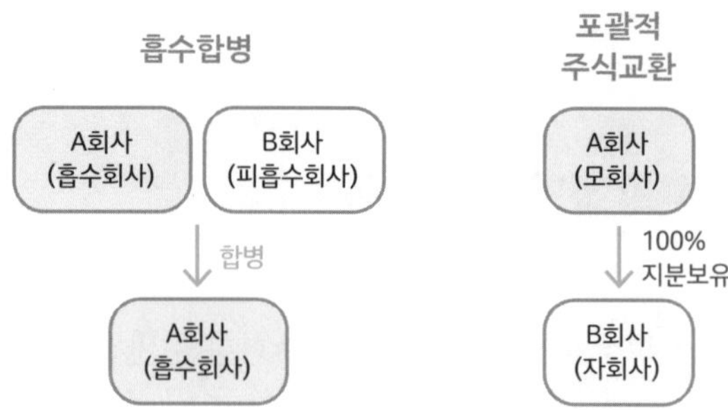

소규모 주식교환/간이 주식교환

소규모합병/간이합병처럼 ① 소규모 주식교환과 ② 간이 주식교환이 있다. 둘 다 모두 이사회 결의로 가능하다. ① 소규모 주식교환은 신주발행규모가 A회사 발행주식 총수의 10% 이내다. ② 간이 주식교환은 A회사가 B회사 주식을 90% 이상 보유하거나 B회사 주주 모두가 동의한 경우다.

주식교환·이전 결정 **(위메이드맥스, 2021.11.26.)**

① 교환 · 이전 대상법인

- 회사명: 위메이드넥스트
- 발행주식총수: 2.1백만 주

≫ (해석) 위메이드맥스(이하 맥스)와 위메이드넥스트(이하 넥스트)간 주식교환이다. 주식교환 이후 맥스가 넥스트 주식을 100% 소유하게 된다.

② 교환·이전 비율

- **위메이드맥스 : 위메이드넥스트 = 1 : 8.6383794**

≫ (해석) 넥스트 주주는 넥스트 1주당 맥스 주식 8.64주를 받게 된다.

③ 교환 · 이전의 중요영향 및 효과

- 위메이드넥스트 주주에게 17.5백만 주 신주를 교부

④ 교환 · 이전 후 완전 모회사명: 위메이드맥스

⑤ 교환 · 이전 일정

- 주주확정기준일: 2021년 12월 13일
- 반대의사 통지 접수기간: 2021년 12월 22일~2022년 1월 6일
- 주주총회 예정일자: 2022년 1월 6일
- 주식매수청구권 행사기간: 2022년 1월 6일~26일
- 신주의 상장예정일: 2022년 2월 22일
- 이사회결의일: 2021년 11월 26일

⑥ 주식매수청구권

- **매수예정가격: 32,639원**
- 청구기간

  반대의사 통지 접수기간: 2021년 12월 22일~2022년 1월 6일

  주주총회 예정일자: 2022년 1월 6일

  주식매수청구권 행사기간: 2022년 1월 6일~26일

- 계약에 미치는 효력: 위메이드맥스 약 170억 원, 위메이드넥스트 약 30억 원을 초과하는 경우 주식교환 계약 해제 가능

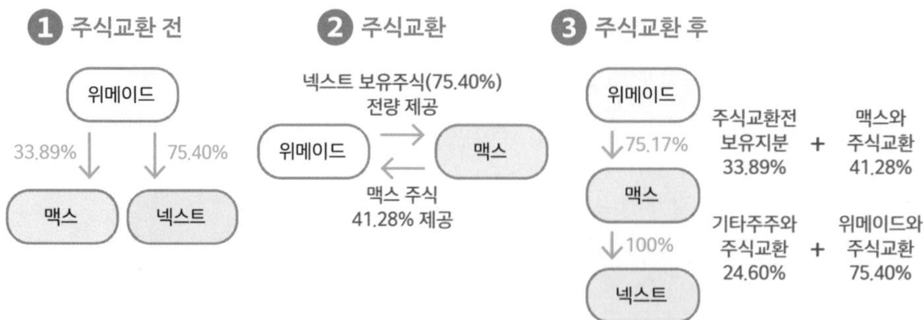

주식교환 결과 ① 주식교환 전에 위메이드가 맥스 지분 33.89%, 넥스트 지분 75.40%를 보유하고 있었다. ② 위메이드가 주식교환을 통해 넥스트 지분을 맥스에게 넘겨주고 맥스 주식을 받는다. 둘 간의 교환비율은 맥스 : 넥스트 = 1 : 8.64다. ③ 주식교환 결과 위메이드의 맥스 지분율이 75.17%(33.89%→75.17%)까지 올라가게 된다. 맥스는 주식교환을 통해 넥스트 지분을 위메이드로부터 75.40%, 기타주주로부터 24.60% 얻었다. 맥스는 넥스트 지분을 100% 소유해 완전자회사로 만들게 되었다.

케이스 스터디 195 **포괄적 주식교환**

포괄적 주식교환 주가상승

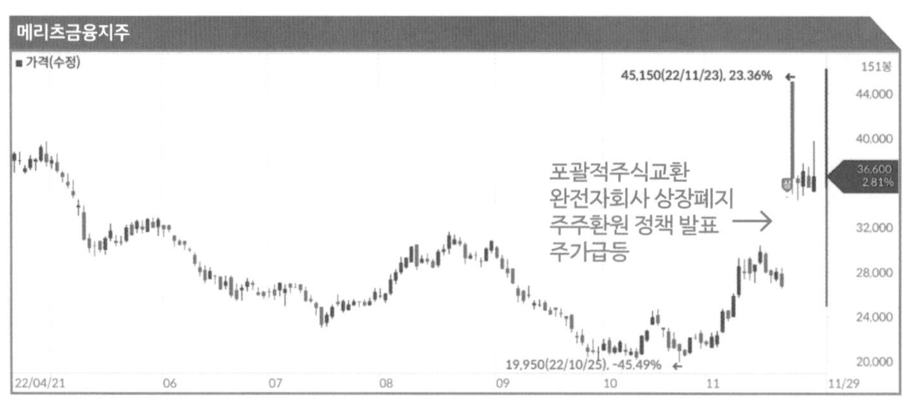

≫ 메리츠금융지주가 메리츠화재와 메리츠증권을 완전자회사로 편입하는 포괄적 주식교환을 발표했다. 완전자회사는 모회사가 100% 지분을 보유하는 경우다. 기존에는 메리츠금융지주가 메리츠화재 59.46%, 메리츠증권 53.39% 지분을 보유했었다.

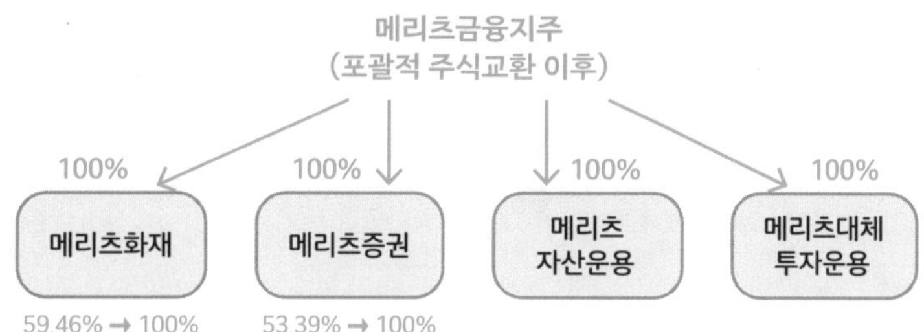

메리츠화재와 메리츠증권 주주들은 자신들의 주식을 넘겨주는 대신 메리츠금융지주 신주를 받는다. 메리츠금융지주 발행주식수는 기존 1억 3,000만 주에 신주 8,330만 주가 더해진다. 교환비율은 메리츠화재 1주당 메리츠금융지주 약 1.26주, 메리츠증권 1주당 약 0.16주다. 주식교환이 마무리되면 메리츠화재와 메리츠증권은 상장폐지된다. 자회사 자진 상장폐지를 위해선 95% 이상 지분이 필요하다. 이를 위해 포괄적 주식교환 방식을 활용했다.

통합 메리츠금융지주는 배당과 자기주식 매입 후 소각을 포함해 연결재무제표 기준 당기순이익의 50%를 주주환원하기로 했다. 2023년부터 3년 이상 지속할 예정이다. 기존 각사의 주주환원율 평균(지주 27.6%, 화재 39.7%, 증권 39.3%)를 넘어서는 수준이다. 메리츠금융지주는 2021년 배당을 당기순이익의 10% 수준으로 낮추는 대신 자기주식 매입 후 소각을 하겠다고 밝히기도 했다.

투자전략 | 자회사를 상장폐지해 지주회사만 남겨두는 건 호재다. 모회사와 자회사 더블 카운팅 이슈가 해소되기 때문이다. 배당과 자기주식 소각 등 주주환원 정책 확대도 주가상승 호재다. 그 규모가 클수록 주가상승에 미치는 영향도 크다.

포괄적 주식교환에 따른 수혜 기대감

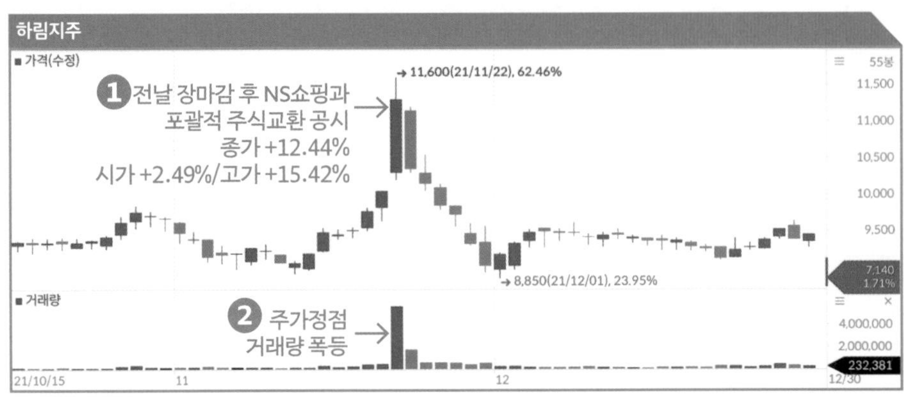

≫ 하림지주는 팬오션, 하림, 엔에스쇼핑 등을 소유하고 있는 순수지주회사다. ① 하림지주가 엔에스쇼핑과 포괄적 주식교환 방식의 합병을 공시했다. 하림지주와 엔에스쇼핑 간 1대 1.41 비율로 주식을 교환했다. 하림지주는 신주를 발행해 엔에스쇼핑 주주들(엔에스쇼핑 자기주식, 하림지주 소유 주식 제외)에게 교부했다. 이와 함께 엔에스쇼핑은 투자법인(엔에스지주)과 사업법인(홈쇼핑)을 나누는 물적분할도 결정했다. 하림지주는 투자법인을 흡수합병하고 사업법인은 별도로 운영한다. 합병의 주된 이유는 도시첨단물류단지(서울 양재동) 조성사업 때문이다. 하림지주는 엔에스쇼핑이 100% 지분을 보유한 하림산업을 자회사로 편입해서 이 사업을 추진하겠다는 입장이다. 하림산업은 2016년 양재동 옛 화물터미널 부지 9만여 제곱미터를 매입해 개발을 진행해 왔다. 용적률 문제로 서울시와 갈등을 빚던 사업이 급물살을 타면서 수익 기대감이 있던 상황이었다. 부동산 가치도 5년 전 매입 당시보다 2배 이상 상승했다. 주식교환 공시발표가 호재가 돼서 하림지주 주가는 급등했다. ② 주가정점 거래량이 폭등했다. 주가정점 거래량 폭등은 세력의 이탈 시그널이다.

투자전략 | 포괄적 주식교환, 합병 등의 공시 의미를 해석할 수 있어야 한다. 단정적으로 호재, 악재를 미리 짐작해선 안 된다. 케이스별로 호재가 되기도, 악재가 되기도 한다. 행간의 의미는 심층 취재를 통해 나온 뉴스 등을 통해 상세히 접할 수

있다. 뉴스 리뷰 등으로 세밀히 분석해 보고 투자에 임하자.

(예시 1) 전략적 파트너십을 위한 주식교환

현대차그룹과 KT가 전략적 파트너십 확대를 목적으로 7,500억 원 규모의 주식을 교환했다. 차세대 통신 인프라, 자율주행과 ICT 분야 협력을 위해서다. 현대차 자기주식 4,456억 원(지분 1.04%), 현대모비스 자기주식 3,003억 원(1.46%)과 KT 자기주식 7,500억 원(7.7%)이 서로 맞교환되었다.

(예시 2) 전략적 파트너십을 위한 주식교환

LG화학과 고려아연이 2,576억 원 규모의 자기주식을 맞교환했다. 교환대상은 LG화학 자기주식 36만여 주(발행주식 총수의 0.47%)와 고려아연 자기주식 39만여 주(1.97%)다. 교환목적은 2차전지 원재료 발굴 등에 포괄적으로 협력하기 위함이다. 고려아연의 미국 내 2차전지 리사이클링 업체에서 나온 리튬, 니켈 등을 LG화학 양극재 공장(건설 중)에 우선적으로 공급한다. 양사는 울산에 전구체 공장도 함께 짓고 있다.

(예시 3) 주식교환 대상주식 가치하락

주식교환을 통해 받은 주식의 주가가 내릴 경우 손해를 볼 수도 있다. 예스24는 네이버와 전략적 동맹 측면에서 주식교환을 했다. 주당 43만 8,000원에 1,360억 원 규모의 네이버 주식을 취득했다. 하지만 네이버 주가가 15만 원대로 하락해 손실률이 65%대까지 떨어지기도 했다.

13장

공시 사례와 투자전략 ⑦

인적분할/물적분할

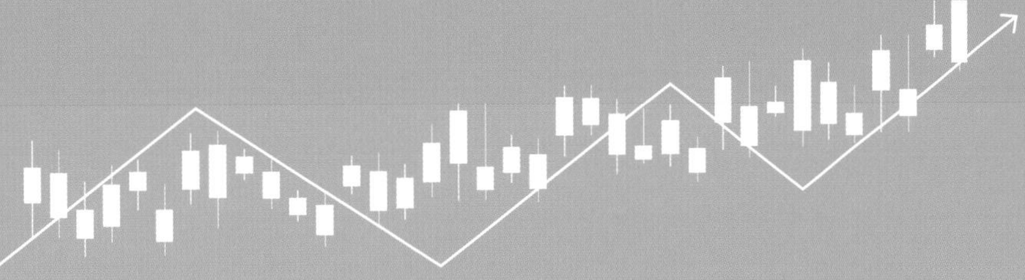

63

인적분할/물적분할 핵심 정보

기업분할의 정의

기업분할(회사분할)은 기업을 2개 이상으로 나누는 것이다. 액면가를 나누는 주식분할과는 다르다. 기업분할은 인적분할과 물적분할로 나뉜다. 인적분할은 이혼, 물적분할은 출산이라 생각하면 편하다. 이혼처럼 인적분할은 재산을 서로 나눠 갖고 헤어진다. 반면 물적분할은 출산처럼 보호자와 피보호자 관계가 된다. 서로 나눠지되 모회사와 완전자회사(모회사가 100% 지분을 보유)로 분리된다.

기업인수와 관련하여 공개매수 이슈가 발생할 수도 있다. 경영권을 차지하기 위해 지분매집 경쟁이 벌어질수록 공개매수 가격도 오른다. 공개매수는 주식시장 밖에서 공개적으로 주식을 매수하는 행위다. 보통은 경영권 지배 목적으로 하며, 시중 가격보다 높은 가격으로 매입한다.

≫ 에스엠 인수를 위해 하이브와 카카오간 지분 경쟁이 불붙었다(2023년 3월). 하이브가 공개매

수가격으로 1주당 12만 원을 제시하자 카카오는 15만 원을 제시했다. 주가는 공개매수 가격까지 급등했다.

인적분할: 존속회사와 신설회사 각각 별도의 독립적인 회사

물적분할: 모회사(존속회사)와 완전자회사(신설회사). 모회사가 완전자회사 지분을 100% 보유

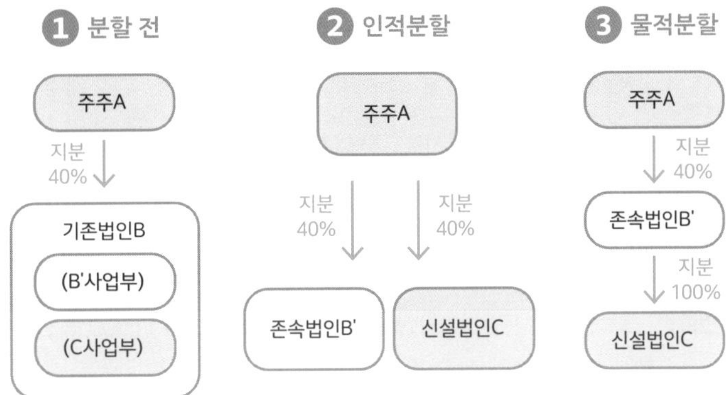

≫ ① 분할 전 주주A는 기존법인B의 지분을 40% 보유하고 있다. ② 인적분할을 할 경우 존속법인B'와 신설법인C로 나눠진다. 이 경우 주주A는 법인B'와 C에 대해 각각 40% 지분을 보유한다. ③ 물적분할을 할 경우 주주A는 존속법인B' 지분만 40% 보유한다. 신설법인C의 지분 100% 모두 존속법인B'가 가지게 된다. 주주A는 신설법인C에 대한 지분이 없게 된다.

기업분할을 하면 기존 회사는 존속회사, 새롭게 생긴 회사는 신설회사라고 한다. 기업을 분할하고 그 일부를 매각하거나 다른 회사와 합병할 수도 있다. 이를 분할매각, 분할합병이라고 한다. 기업분할은 합병(분할합병), 포괄적 주식교환, 영업양수도 등과 함께 회사의 중요한 의사결정사항이다. 중요한 의사결정사항은 주주총회 특별결의가 필요하다. 기업분할은 「주요사항보고서(회사분할결정)」으로 공시한다.

≫ 기업분할은 기업을 나누는 것으로 인적분할/물적분할이 있다. 반면 주식분할은 주식을 나눈다. 액면분할/액면병합으로 구분한다.

물적분할

앞서 물적분할은 출산과 같다 했다. 물적분할은 기존회사가 신설회사 지분을 100% 소유한다. 기존회사는 모회사, 신설회사는 모회사가 100% 지분을 보유한 완전자회사가 된다. 기존 주주들은 기존회사인 모회사 지분만 보유하게 된다. 모회사를 통해 간접 소유하는 형태다. 직접 소유하지 못하니 기존 주주에겐 주식가치 희석 위험에 노출되어 있다. ① 자회사가 자회사 지분을 팔거나 유상증자 등으로 투자금을 유치할 경우다. 자회사에 대한 모회사의 지분율이 낮아지는 만큼 보유한 주식가치도 낮아진다.

(예시) LG화학이 물적분할로 모회사 LG화학(석유화학 회사)과 자회사 LG에너지솔루션(2차전지 회사)으로 나눠졌다. LG화학이 LG에너지솔루션 지분을 팔수록 LG화학 주주에겐 마이너스다.

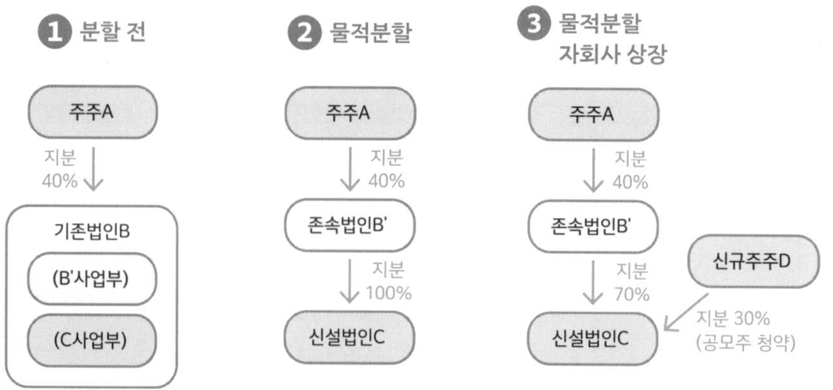

≫ ① 주주A는 물적분할 전 B회사 지분을 40% 보유하고 있다. ② 물적분할 이후 주주A는 존속법인B' 지분만 40% 보유할 뿐, 신설법인C에 대한 보유지분이 없다. 존속법인B'가 신설법인C 지분을 100% 보유(완전 자회사)하게 된다. ③ 신설법인C가 상장하면서 신규주주D가 공모주 청약 등을 통해 지분을 신규 취득한다. 신설법인C에 대한 존속법인B'의 지분율은 70%로 내려가게 된다.

② 모회사 디스카운트 문제다. 물적분할 이후 대부분의 자회사는 상장한다. 모

회사와 자회사로 상장사가 2개가 되다 보니 더블 카운팅 문제가 생긴다. 동일한 사업을 2개의 상장사에서 가치를 평가받는다. 그 결과 모회사가 보유한 자회사 지분가치의 50~60% 정도만 모회사 주가에 반영된다.

물적분할 목적

최대주주 지분유지(경영권 방어) + 성장산업 투자유치(유상증자)

성장산업은 지속적인 투자가 필수다. 연구개발, 설비투자 등에 막대한 자금이 들어간다. 최대주주에게 자금 여력이 있다면 별 문제가 없다. 주주배정 유상증자에 꼬박꼬박 참여하면 된다. 문제는 최대주주 자금여력이 쉽지 않은 경우다. 주주배정 대신 일반공모나 제3자 배정방식으로 유상증자를 할 수밖에 없다. 최대주주가 유상증자에 참여하지 않는 방식이니 당연히 최대주주 지분율이 감소한다. 경영권 유지가 힘들어질 수 있다.

반면 물적분할을 하면 최대주주가 돈을 들이지 않고도 투자금 유치가 가능하다. 먼저 물적분할로 성장산업을 100% 지분보유 완전자회사로 떼어낸다. 100% 지분이기에 50% 지분을 팔아도 경영권 유지에 문제가 없다. 현재 주식수만큼 유상증자(제3자배정, 일반공모 방식)를 해도 50% 지분율을 유지할 수 있다.

부실사업 부문을 떼어내는 데도 물적분할을 쓴다. 양질의 사업만을 분리해 놓는 것이다. 부실사업 부문을 분할매각하던지 사업정리를 하기도 한다. 그럴 경우 양질의 사업부문 가치가 부각될 수 있다.

인적분할

인적분할은 서로 남남이 되는 이혼과 같다고 했다. 인적분할은 자회사를 만들지 않는다. 존속회사와 신설회사 각각 별도의 회사다. 기존 주주는 존속회사와 신설회사 지분을 둘 다 받는다. 인적분할은 존속회사는 변경상장, 신설회사는 재상장 절차를 거친다. 인적분할은 존속회사의 자본금 감소에 따른 감자처리를 한다. 존속회사가 신설회사에 재산을 떼어주다 보니 자본금이 감소한다. 이혼 시 재산분할이 중요하듯 인적분할도 분할비율이 중요하다. 반면 물적분할은 신설회사를 100% 지분보유 완전자회사로 만들기에 별도의 자본금 감소가 없다. 감자처리나 분할비율도 없다.

인적분할 목적(지주회사 전환)

인적분할은 지주회사 전환을 위해 주로 활용된다. 인적분할 직후 지주회사가 될 회사(이하 지주회사) 입장에선 자회사가 될 회사(이하 자회사)의 지분이 부족하다. 지주회사는 상장사인 자회사 지분을 30% 이상(2021년 말까지는 20%) 보유해야 한다. 부족한 지분을 사들이기 위해 지주회사는 공개매수(현물출자 유상증자 방식)를 추가로 발표한다.

≫ 공개매수는 경영권 지배 목적으로 주식시장 외에서 공개적으로 매수하는 경우다. 보통은 시중가격보다 높은 가격으로 매입한다. 다만 공개매수는 장외거래이므로 거래차익이 250만원을 넘을 경우 22%의 양도소득세를 내야 한다. 공개매수 대가로는 현금뿐만 아니라 현물(금전 이외의 재산)인 유가증권(주식)으로 지급할 수 있다. 이를 현물출자(현물로 자금을 내는 일) 유상증자 방식이라고도 부른다.

(1단계) 인적분할로 2개 이상의 회사로 분리

(2단계) 지주회사가 자회사 주식을 공개매수하겠다고 발표

(3단계) 최대주주가 공개매수에 참여(자회사 주식을 지주회사에 매각)

(4단계) 지주회사는 자회사 주식 값을 지주회사 신주를 발행해 보상

인적분할 결과 최대주주-지주회사-자회사의 지배구조 체계를 공고히 하게 된다. 공개매수를 활용해 인적분할로도 물적분할과 같은 효과(모회사-자회사 체계구축)를 낼 수 있는 셈이다. 인적분할이 「지주회사 체계 구축 목적」일 경우 주주들의 거센 반발을 불러온다. 시장에선 악재로 여긴다. 최대주주와 지주회사에만 유리한 방식으로 인적분할이 진행되곤 해서 그렇다.

최대주주: 지주회사 지분율을 높임 (지주회사 지배권 강화)

지주회사: 자회사 지분율을 높임 (자회사 지배권 강화)

인적분할 시 자기주식 용도

인적분할에 자기주식이 유용하게 쓰인다. 자기주식은 인적분할 후 지주회사(존속회사)에 남겨진다. 자기주식도 주주이기에 자회사(신설회사) 주식이 부여된다. 자기주식에는 주주총회 의결권(투표권)이 없으나 인적분할에 따라 자기주식에게 부여된 자회사 주식에는 의결권이 있다. 지주회사가 되려면 자회사 지분을 30% 이상(상장사인 경우) 보유해야 한다. 자기주식으로 인해 신설회사 주식을 덜 매수해도 된다. 자기주식은 배당받을 권리가 없지만 인적분할 후에는 배당권리도 살아난다.

(예시) 자기주식을 15% 보유하고 있다면 신설회사(자회사) 신주를 15% 받는다. 자기주식 덕에 지주회사 체계를 위해 신규 매수할 주식이 15%로 줄어든다.

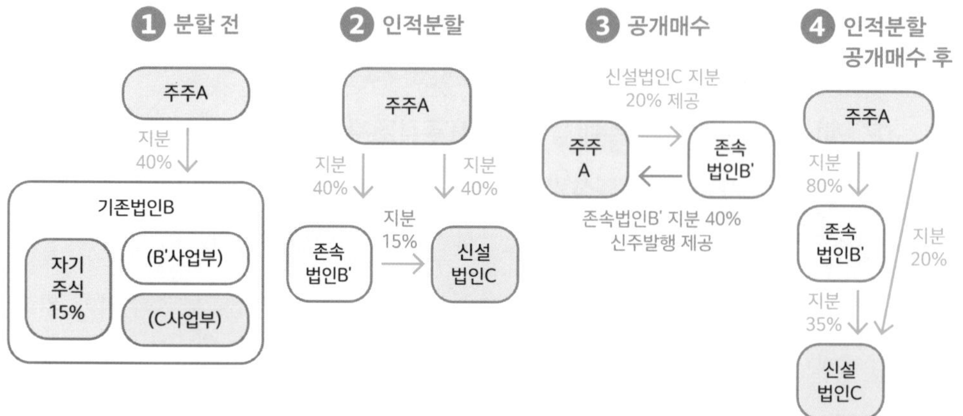

≫ ① 인적분할 전 주주A는 기존법인B의 지분을 40% 보유하고 있었다. 기존법인B는 자기주식을 15% 보유하고 있었다. ② 인적분할 후 주주A는 지분을 법인B' 40%, 법인C 40%씩 지분을 갖는다. 기존 B회사의 자기주식은 신설법인C의 지분 15%를 부여받는다. ③ 주주A는 법인B'가 요청한 법인C 주식 공개매수에 참여한다. 법인C 지분 20%를 내주고 법인B' 지분을 40% 받는다. 법인B'는 신주를 발행해 주주A에게 준다. ④ 주주A는 법인B' 지분 80%로 지배력을 강화할 수 있다. 법인B'은 법인C 지분을 30% 이상(기존 자기주식에 부여된 신설법인지분 15%+공개매수로 신규취득한 지분 20%) 보유해 지주회사 요건을 갖추게 된다.

인적분할 시 지주회사 가치를 낮추는 이유

최대주주 입장에선 자회사 가치가 높을수록 좋다. 지주회사 주식을 더 많이 받을 수 있어서다. 인적분할 시 지주회사 가치는 낮추고 자회사 가치는 높인다. 자회사에 대부분의 자산과 사업을 몰아준다. 인적분할 이후 재상장하면 지주회사는 주가하락, 자회사는 주가상승인 이유다.

≫ 비싼 것(자회사 주식)을 내어주고 싼 것(지주회사 주식)을 많이 받아내는 게 핵심이다.

≫ 다음 표는 인적분할 이후 주식교환을 할 경우 교환비중 비교 예시다. 주식교환은 물물교환과 비슷하다. 지주회사는 보유 중인 자회사 주식을 내어주고 자회사가 보유 중인 지주회사 주식을 가져온다. 주식교환의 목적이 「지주회사 체제를 공고히 하는데 있다면」, 최대주주 입장에

선 지주회사 주식을 최대한 많이 가져와야 한다. 주식교환은 상대방과의 기업가치 비교다. 지주회사 가치가 낮아질수록 지주회사 주식을 더 받게 된다. 위 예시에서도 지주회사 기업가치가 10억 원일 경우가 50억 원일 경우보다 지주회사 주식을 더 많이 받는다. 지주회사를 만들려는 의도일 경우 인적분할 과정에서 지주회사 기업가치를 최대한 낮추려는 시도가 많다.

기업가치에 따른 교환비중 비교 예시

지주회사 기업가치	자회사 기업가치	교환비중
10억 원	100억 원	자회사 주식 1주 : 지주회사 주식 10주
50억 원	100억 원	자회사 주식 1주 : 지주회사 주식 2주

* 지주회사와 자회사 주식수는 동일하다 가정할 경우

지주회사 디스카운트

지주회사(Holding Company)는 주식소유를 통해 다른 사업회사(자회사)를 지배하는 회사로 다수의 자회사들을 거느린 채 지배구조의 정점에 있다. 최대주주 등은 지주회사의 지분만 안정적으로 가지고 있으면 된다. 증여(상속) 시에도 지주회사 체계가 좋다. 지주회사 주가만 억누르고 있으면 증여(상속) 세금 절세가 가능하다. 지주회사 주가는 일반적으로 무겁다. 보유한 주식가치를 50~60% 정도밖에 주가에 반영하지 못한다. 지주회사 디스카운트라고도 한다. 사업회사(자회사) 주가가 급등한 다음 자회사 대비 저평가 이슈로 지주회사가 맨 마지막에 오른다. 무거운 주가 덕에 지주회사는 고배당주로 불린다. 약세장에선 그동안 덜 오른 지주회사가 상대적으로 선방한다.

(예시) SK케미칼은 SK바이오사이언스 지분 68.18%를 보유한 최대주주다. 지분가치만 7조 5,000억 원을 넘어섰다(SK바이오사이언스 시가총액 11억 원대 기준, 2022년 7월 13일자). 하지만 SK케미칼은 시가총액이 1조 8,000억 원대다. SK케미칼을 물적분할해 SK바이오사이언스를 만들었다. 그 결과 모회사 디스카운트를 받고 있다.

64

인적분할/물적분할 투자전략

물적분할은 악재다 (자회사 상장 희석효과)

물적분할 목적은 ① 성장사업 투자유치 ② 부실사업 분리다. ① 성장사업의 경우 대규모 투자금이 필요하다. 최대주주 등이 여유현금이 부족하면 주주배정 유상증자에 참여하기 어렵다. 지분율이 낮아질 경우 최대주주 지위를 잃는다. 투자유치를 받으면서 최대주주 지위를 유지할 최적의 선택은 물적분할이다. 물적분할은 특정 사업부를 모회사가 100% 지분을 가진 완전자회사로 분리시킨다. 지분율이 40% 수준만 되어도 최대주주 지위가 유지된다. 기존 지분을 매각하거나 유상증자로 투자금을 유치할 수 있다. ② 부실사업 분리는 훨씬 깔끔하다. 실적이 악화된 사업부만 분리해 낸다. 선택과 집중으로 버릴건 과감히 버리고 핵심에만 집중하자는 전략이다.

성장사업을 분리할 경우 물적분할 쟁점은 ① 자회사 지분 희석 ② 자회사 상장

여부다. 두 쟁점 때문에 물적분할은 악재로 여긴다. 자회사 보유 지분율이 줄어들고, 자회사 상장으로 보유가치가 디스카운트 된다. ① 기존 주주입장에선 성장사업을 보고 투자한 것이다. 성장사업이 자회사로 분리될 경우 불확실성이 크다. 모회사가 자회사 지분율을 계속 떨어트릴 경우(유상증자나 기존 주식매각) 보유가치가 낮아진다. 당연히 회사 주가도 성장사업 지분율 하락만큼 낮아질 수밖에 없다. ② 자회사를 상장할 경우 동일 사업이 시장에서 두 번 카운트된다. 당연히 모회사가 가진 지분가치는 더 평가절하될 수밖에 없다. 일반적으로 모회사가 보유한 지분가치는 실제가치의 50~60% 수준으로 평가받는다. 물적분할 발표가 있을 경우 주가는 급락하곤 한다.

≫ LG화학은 물적분할한 LG에너지솔루션 상장일에 주가가 8.13% 하락했다.

기업분할은 지주회사보단 자회사를 노려라

물적분할 이후라면 모회사 디스카운트를 고려하자. 성장사업의 실적개선을 노린다면 굳이 모회사를 살 필요가 없다. 성장사업을 보유한 자회사에 보다 집중할 필요가 있다. 모회사가 가진 자회사 지분은 불확실한 미래다. 더 매각하거나 유상증자로 지분율이 낮아질 수도 있다. 보유지분 디스카운트로 자회사 주가상승만큼 강한 모멘텀이 되지 않는다. 자회사가 많이 오른 뒤 상대적으로 덜 올랐다는 부분이 부각될 경우에 주가가 비로소 오른다. 인적분할도 지주회사(모회사)보다 자회사(사업회사)에 보다 집중해 보자. 지주회사는 빈 껍데기인 경우가 많다. 쓸만한 사업들은 죄다 자회사에 몰아준다. 인적분할 후 지주회사 주가는 내리고 자회사는 오른다.

65

인적분할/물적분할 공시의 핵심 사항

회사분할 결정 (LG화학 물적분할, 2020.9.17.)

≫ (해석) LG화학이 물적분할 방식으로 2차전지 사업을 자회사로 분리하겠다는 발표다. 분할존속회사(모회사)는 LG화학, 분할 신설회사(자회사)는 LG에너지솔루션이다.

① 분할방법

(1) 단순·물적분할 방식으로 분할. 분할회사는 상장법인으로 존속하고 분할신설회사는 비상장법인으로 설립

≫ (해석) 분할회사(모회사)는 상장법인, 분할신설회사(자회사)는 비상장법인으로 남겨둔다는 내용이다. 다만 비상장법인 유지 여부는 강제사항이 아니다. 실제로 LG에너지솔루션은 물적분할 이후 거래소에 상장했다.

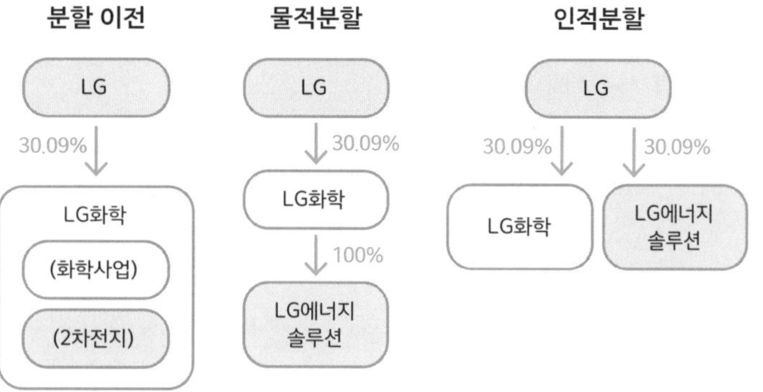

② 분할비율: 물적분할은 분할비율을 산정하지 않음

≫ (해석) 물적분할은 100% 지분보유 완전자회사 형태로 사업을 나누기에 별도의 기업분할 비율이 없다.

③ 분할 후 존속회사 회사명: 엘지화학

분할 후 재무내용

자산총계: 24.7조 원, 부채총계 : 7.9조 원, 자본총계 16.8조 원

자본금: 0.4조 원 (2020년 6월 30일 현재 기준)

최근사업연도 매출액: 15.6조 원

주요사업: 석유화학, 첨단소재, 바이오 사업

분할 후 상장유지 여부: 예

④ 분할설립회사 회사명: 엘지에너지솔루션

설립 시 재무내용

자산총계: 10.3조 원, 부채총계: 4.3조 원, 자본총계: 6.0조 원, 자본금: 0.1조 원

최근사업연도 매출액: 6.7조 원

주요사업: 전지 사업

≫ (해석) 분할 후 존속회사, 분할설립회사 주요 재무내용 체크는 필수다. LG화학은 석유화학, 첨단소재, 바이오 사업을 한다. LG에너지솔루션은 2차전지 사업에 집중한다. 최근사업연도 매출액은 LG화학 15.6조 원, LG에너지솔루션 6.7조 원 규모다.

재상장신청여부: 아니오

⑤ 감자에 관한 사항: 해당사항 없음

≫ (해석) 물적분할은 100% 지분보유 완전자회사를 만들기에 별도의 자본금 감소(감자절차)가 없다.

⑥ 주주총회 예정일: 2020년 10월 30일

≫ (해석) 기업분할은 주주총회 특별결의 사항이다. LG화학 물적분할은 소액주주 반발이 심했다. 당시에 국민연금이 10.51% 지분을 보유하고 있었다. 국민연금 찬반 여부가 관심을 받았다. 국민연금은 주주총회에서 찬성표를 던졌다.

⑦ 분할기일: 2020년 12월 1일

회사분할 결정 (F&F 인적분할, 2020.11.20.)

≫ (해석) F&F가 인적분할로 존속회사(지주회사)인 에프앤에프홀딩스, 신설회사(자회사, 사업회사)인 패션회사 에프앤에프로 나뉘었다.

① 분할방법

(1) 분할회사가 패션사업부문을 분할하여 분할신설회사를 설립, 분할회사가 존속하면서 분할회사 주주가 지분율에 비례해 분할신설회사 주식을 배정받는 **인적분할 방식으로 분할. 분할회사는 변경상장, 분할신설회사는 재상장 예정**

② 분할비율

분할존속회사 0.5025055, 분할신설회사 0.4974945

≫ (해석) 물적분할은 100% 지분보유 완전자회사를 만든다. 반면 인적분할은 2개 이상의 회사로 나누기에 분할비율이 중요하다. 분할비율에 맞게 각 회사 주식을 배정 받는다. F&F는 에프앤에프홀딩스(존속회사)와 에프앤이프(신설회사) 분할비율이 0.5025 : 0.4974다. 1주 미만의 단수주는 현금으로 지급한다.

③ 분할 후 존속회사 회사명: 에프앤에프홀딩스

분할 후 재무내용

자산총계 2,643억 원, 부채총계 15억 원, 자본총계 2,628억 원, 자본금 39억 원 (2020년 9월 30일 현재)

최근사업연도 매출액: 37억 원

주요사업: 자회사 및 피투자회사 지분의 관리 등을 목적으로 하는 투자사업부문

분할 후 상장유지 여부: 예

④ 분할설립회사 회사명: 에프앤에프

설립 시 재무내용:

자산총계 4,102억 원, 부채총계 1,457억 원, 자본총계 2,644억 원, 자본금 38억 원

최근사업연도 매출액: 8,814억 원

주요사업: 패션사업부문

재상장 신청여부: 예

≫ (해석) 지주회사를 만들기 위해선 자회사(사업회사) 가치를 높여놔야 한다. 자산, 매출의 대부분을 에프앤에프에 몰아줬다.

⑤ 감자에 관한 사항

감자비율: 49.7%

≫ (해석) 떨어져 나가는 자회사 에프앤에프의 비중인 0.4974만큼 감자(자본금 감소)가 진행된다.

매매거래정지 예정기간: 2021년 4월 29일~2021년 5월 20일

분할회사가 보유하고 있는 자기주식에 대해 분할 신주를 배정

단주는 분할신설회사 재상장 초일 종가로 환산해 현금지급

단주는 분할신설회사가 자기주식으로 취득

신주배정기준일: 2021년 4월 30일

신주의 상장예정일: 2021년 5월 21일

≫ (해석) 인적분할은 매매정지 기간을 갖는다. 매매정지 후 다시 거래가 될 경우 시초가는

08:30~9:00 사이 기준주가 대비 50~200% 사이에서 주문을 받는다. 기준주가는 거래정지 직전 종가다.

⑥ 주주총회 예정일: 2021년 3월 26일

⑦ 분할기일: 2021년 5월 1일

⑧ 기타 투자판단에 참고할 사항

(1) 자기주식: 분할되는 회사는 자기주식 0.52%를 보유

분할존속회사(에프앤에프홀딩스)는 분할전 자기주식을 승계

분할신설회사(에프앤에프) 주식 0.52%를 보유

≫ (해석) 지주회사를 만드는 데 있어 자기주식 비중이 중요하다. 자기주식 비중이 높을수록 지주회사를 위해 사야 할 자회사 주식수가 줄어든다.

(2) 공개매수: 에프앤에프홀딩스는 지주회사 행위제한 요건 충족을 위해 에프앤에프(분할 신설회사) 지분에 대해 공개매수 방식의 현물출자 유상증자 진행 예정

현물출자 유상증자는 에프앤에프 공개매수에 응한 주주로부터 에프앤에프 주식을 현물출자 받고, 이의 대가로 에프앤에프홀딩스 보통주식을 신주로 발행하여 부여

≫ (해석) 지주회사를 만들기 위해서는 부족한 자회사 지분을 사모아야 한다. 회사가 공개매수 방식으로 자회사 주식을 매수한다. 자회사 주식 매수의 대가로 지주회사 주식을 발행해서 준다. 공개매수 단가가 52만 6,957원이었다. 당시 에프앤에프 평균주가 62만 원에 한참 못 미치는 가격이다. 공개매수 단가를 낮춰 소액주주 참여 의지를 줄여놨다. 그 결과 최대주주 등만이 공개매수에 참여했다.

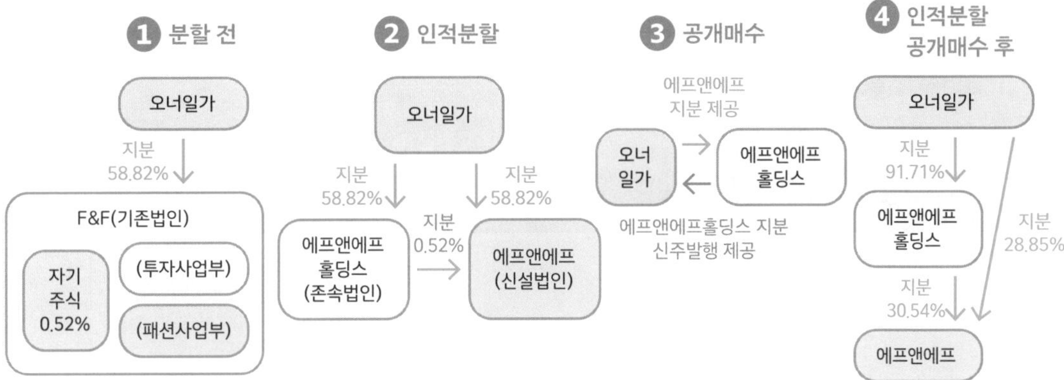

① 인적분할 이전 F&F에 대한 지분율이 오너 일가(최대주주 등) 58.82%, 자기주식 0.52%였다.

② 인적분할 이후 오너 일가는 존속법인인 에프앤에프홀딩스와 신설법인인 에프앤에프 지분을 각각 52.82% 보유하게 되었다.

③ 에프엔에프홀딩스(존속법인)은 지주회사가 되기 위해 에프앤에프(신설회사) 지분에 대한 공개매수를 발표했다. 공개매수 가격이 현재 주가보다 낮아 오너 일가만이 공개매수에 참여했다. 오너 일가는 에프앤에프(신설회사) 지분을 넘겨주는 대신 에프앤에프홀딩스(존속법인) 주식을 넘겨받았다. ④ 그 결과 오너 일가의 에프앤에프홀딩스(존석법인) 지분율은 91.71%까지 올라갔다. 에프앤에프홀딩스(존속회사)는 에프앤에프(신설회사)에 대한 지분율을 30.54%까지 올려 지주회사 요건을 갖추게 되었다.

물적분할 발표로 주가하락

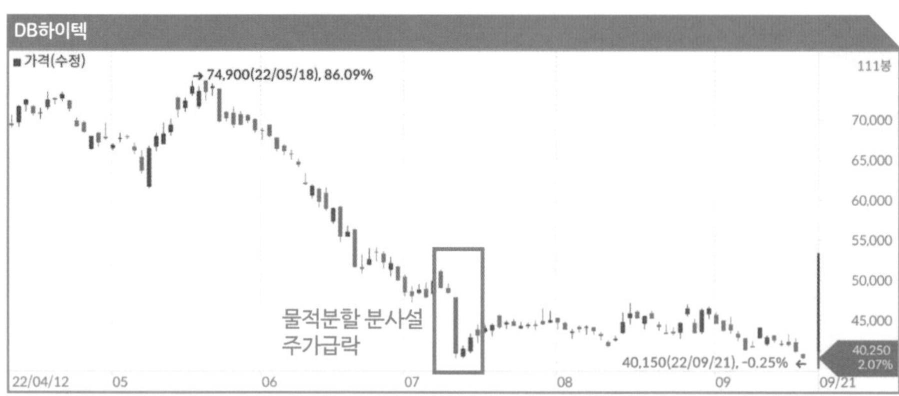

≫ DB하이텍은 파운드리(반도체 수탁생산)과 팹리스(반도체 설계)가 주된 사업이다. 팹리스 매출액은 전체매출의 20% 수준이다. 팹리스를 물적분할한 후 상장시킨다는 뉴스가 나오자 주가가 급락했다. 수년간 호조를 이어온 파운드리 사업 피크아웃 우려감, 팹리스 사업 경쟁력 강화가 물적분할의 이유다. 다만 최대주주 등의 지분이 17.84%여서 주주총회 특별결의 통과를 장담할 수 없었다. 소액주주들(67.59%)이 들고 일어나자 회사는 물적분할을 철회했다.

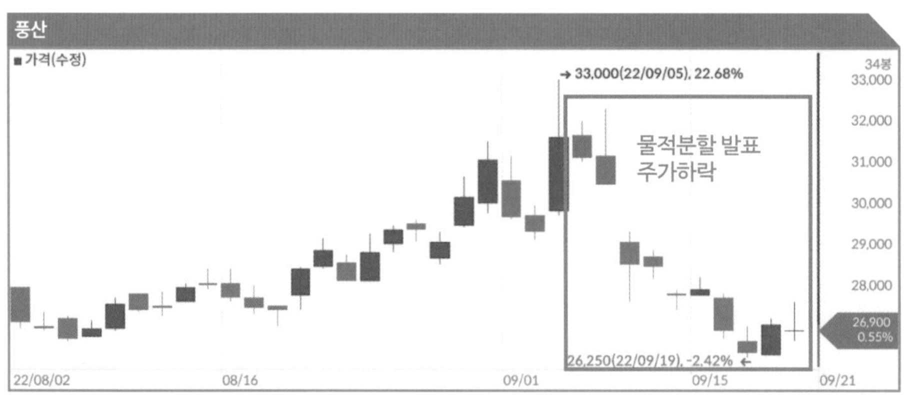

≫ 구리 관련 비즈니스와 방산사업을 하고 있는 풍산이 알짜 사업인 방산 부문을 물적분할 한다고 공시했다. 방산사업을 풍산디펜스(가칭)란 비상장 신설법인(자회사)으로 분할한다. 풍산은 존속법인(모회사)으로 상장을 유지한다. 존속법인인 풍산은 동 관련 사업을 영위한다. 풍산디펜

스는 화약 및 화약연료 제조판매업 등을 하게 된다. 풍산측은 일단 물적분할 이후에도 풍산디펜스의 비상장 상태를 유지할 계획이라고 밝혔다. 물적분할 우려감에 주가는 발표 이후 하락세다. 최대주주 등의 지분이 38.01%였으나 주주들의 거센 반대에 부딪혀 물적분할을 철회했다.

투자전략 | 물적분할 발표로 상당 기간 주가는 힘을 잃는다. 물적분할은 분할 이후 자회사의 상장 가능성이 높다. 자회사 상장으로 모회사의 가치는 훼손된다.

케이스 스터디 198 **물적분할**

물적분할 후 자회사 상장은 악재

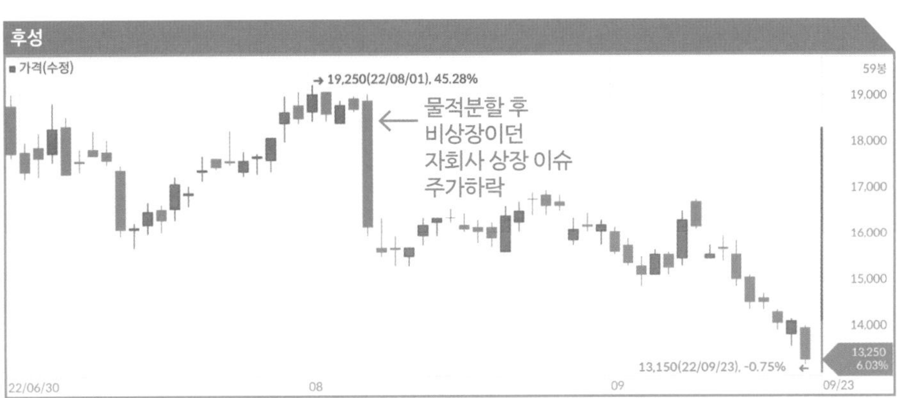

≫ 후성은 냉매가스, 반도체용 특수가스, 2차전지 전해질 소재 등을 제조·판매한다. 물적분할한 자회사 후성글로벌의 상장검토 소식에 주가가 하락세다. 자회사가 비상장일 경우 모회사가 오롯이 주식시장에서 가치를 인정받는다. 반면 자회사가 상장해 버리면 모회사 더블 카운팅 이슈가 생긴다. 자회사 상장으로 인해 모회사 주가가 내리게 되는 이유다.

투자전략 | 물적분할은 시장에서 악재로 받아들인다. 기존 주주 입장에선 불확실성이 많아져서다. 100% 지분보유 완전자회사의 유상증자나 지분매각, 자회사 상장 이슈 때문이다. 모회사의 기업가치를 낮추는 요인이기에 주가는 내린다.

케이스 스터디 199 **자회사 상장**

물적분할 후 자회사 상장과 기관 매도

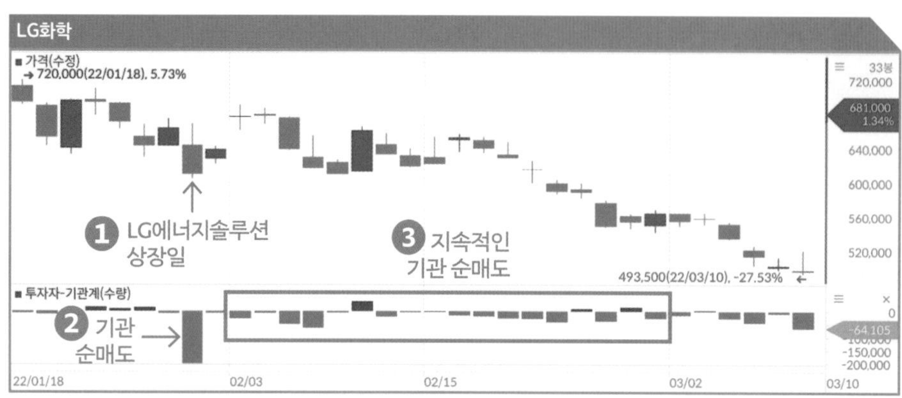

≫ LG화학이 물적분할을 통해 2차전지 사업을 하는 LG에너지솔루션을 떼어냈다. ① 물적분할 이후 LG에너지솔루션이 거래소에 상장(2022. 1. 27.)을 했다. ② 상장일 기관의 순매도 물량이 평소보다 많았고 주가도 하락했다. 2차전지 관련 기초지수를 추종하는 패시브 자금들의 종목 교체 때문이다. LG화학을 매도하고 LG에너지솔루션을 신규 편입해야 한다. ③ LG에너지솔루션 상장 이후 1개월간 기관의 지속적인 순매도가 이어졌다.

KODEX 2차전지산업 ETF가 LG에너지솔루션을 10영업일(2. 9~2. 22) 동안 나눠서 편입하겠다고 발표했다. 기초지수인 FnGuide 2차전지산업지수가 특별변경되어서다. ETF가 21%를 보유하고 있던 LG화학을 매도하고 그만큼 LG에너지솔루션을 신규 편입해야 한다. 대부분의 ETF들이 1~3일간 종목 교체를 한 것과 다른 행보다. 한꺼번에 종목 변경을 할 경우 LG화학 주가급락을 가져올 수 있어서다.

투자전략 | 성장사업을 물적분할로 떼어내고 그 자회사가 상장할 경우 기초지수 종목 교체(모회사 → 자회사)가 이뤄질 수 있다. 패시브 자금이 빠져나가고 한동안 모회사의 주가는 하락할 수 있다. 물적분할이 여러모로 피해를 준다. 첫째, 물적분할 결정을 공시할 때, 둘째, 분할되는 자회사 상장을 결정할 때, 셋째, 분할되는 자회사의 실제 상장 전후 등 세 번이나 모회사의 단기 주가하락 포인트가 된다.

≫ (화면 A) ① LG화학이 물적분할을 발표하자 개인들의 투매가 이어졌다. 공시발표 당일 장중 -9%까지 하락하기도 했다. (화면 B) ② LG에너지솔루션의 상장이 가시화되자 LG화학 주가가 약세를 보이기 시작했다. ③ 기관은 LG에너지솔루션 상장이 현실화되면서 지속적인 순매도를 이어갔다. ④ LG에너지솔루션 청약이 시작되면서부터 LG화학의 주가는 약세를 보이기 시작했다.

케이스 스터디 200 **물적분할**

종속회사 비상장 발표에 따른 주가추이

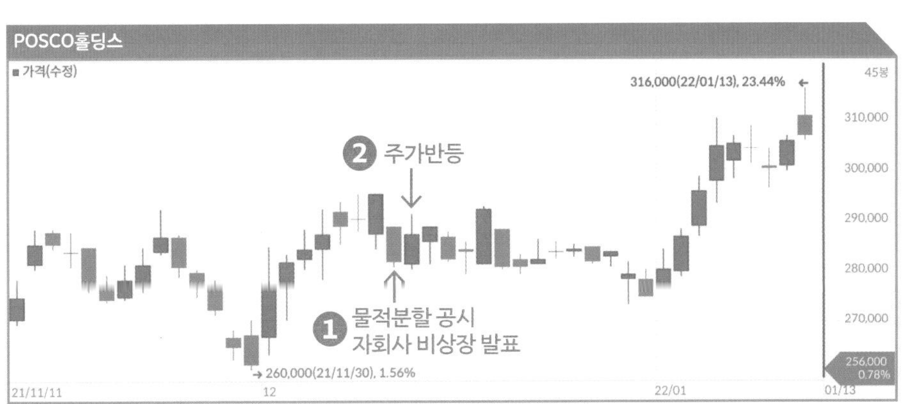

≫ ① POSCO가 물적분할을 공시했다. 지주회사 POSCO홀딩스(상장사)와 종속회사인 철강회사 POSCO로 나눠진다는 내용이다. POSCO 그룹은 철강회사 POSCO를 비상장사로 유지한다고 약속했다. 비상장 의지를 명확히 하기 위해 철강회사 정관에 제3자배정, 일반공모 등 상장에 필요한 규정을 포함하지 않기로 했다. 물적분할 후 사업 자회사 상장을 추진하는 다른 기업과 차별화하겠다는 취지였다. 향후 그룹 사업에 자금이 필요할 경우 자회사 상장보다 지주회사 유상증자 등을 하겠다는 방침도 밝혔다. ② 철강회사 비상장 발표 덕에 주가는 하락을 멈추고 반등했다.

투자전략 | 물적분할이 악재인 이유는 모회사와 자회사 더블 상장 이슈다. 동일 사업을 두 번 평가받기에 모회사가 보유한 자회사 지분가치를 제대로 반영받기 어렵다. 하지만 자회사를 비상장으로 유지한다면 물적분할의 충격이 조금은 덜할 수 있다. 여기에 더해 자회사 지분 100%를 그대로 유지할 경우 주가에 긍정적 영향을 준다.

케이스 스터디 201 **물적분할**

물적분할 후 자회사 비상장 이슈

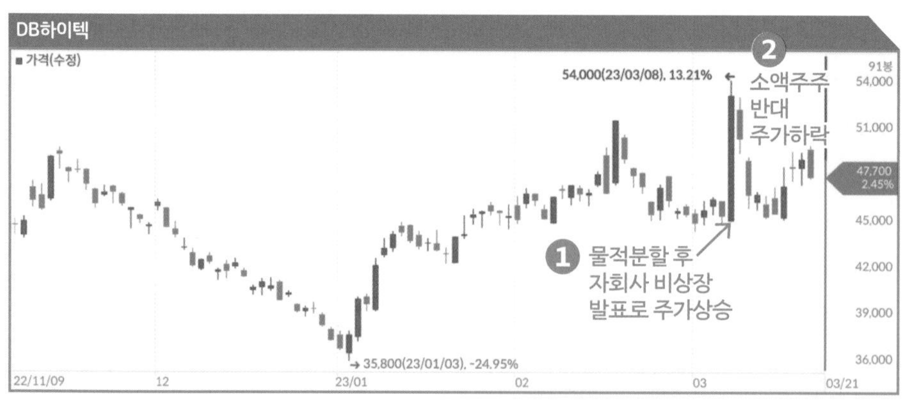

≫ DB하이텍은 파운드리(반도체 수탁생산)와 팹리스(반도체 설계)가 주된 사업이다. ① 팹리스를 완

전자회사로 하는 물적분할을 하되, 비상장을 유지하겠다는 계획을 밝혔다. 중복상장 리스크를 잠재우겠다는 복안에 주가는 급등했다. 향후 시장상황에 따라 불가피하게 상장을 추진할 경우 주주총회를 통해 주주 동의를 얻기로도 했다. 여기에 1,000억 원 규모 자기주식 매입계획도 더해졌다. DB하이텍은 9개월 전에도 물적분할을 추진했으나 소액주주 거센 반발로 계획을 철회한 바 있다. ② DB하이텍 소액주주연대가 물적분할에 문제를 제기했다. 불가피하게 상장을 추진할 경우 주주총회 동의를 얻기로 했는데 5년간이라는 조건이 붙었다는 이유에서다. 거래소 상장은 이사회 결의사항이기에 5년이 지나면 상장을 자유롭게 할 수 있기 때문이다. DB하이텍 전체 지분 중 75%를 가지고 있는 소액주주가 반대하면 물적분할은 어렵다.

투자전략 | 물적분할은 악재지만 완전자회사의 상장 여부가 주가 향방의 관건이다. 확실하게 비상장을 확정해 둔다면 주가는 하락추세를 멈춘다. 허나 대부분의 물적분할은 완전자회사를 비상장 상태로 두지 않는다. 물적분할 공시가 나오면 완전자회사 비상장 관련 이슈를 먼저 체크해 보자.

케이스 스터디 202 **기업분할**

물적분할과 인적분할에 따른 주가하락

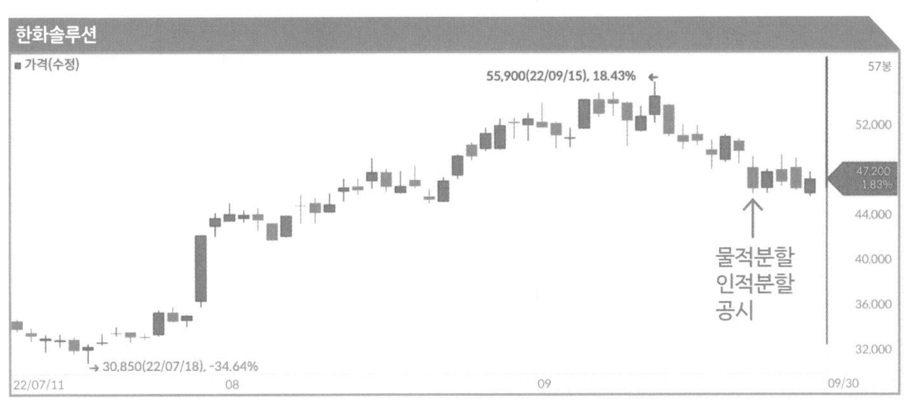

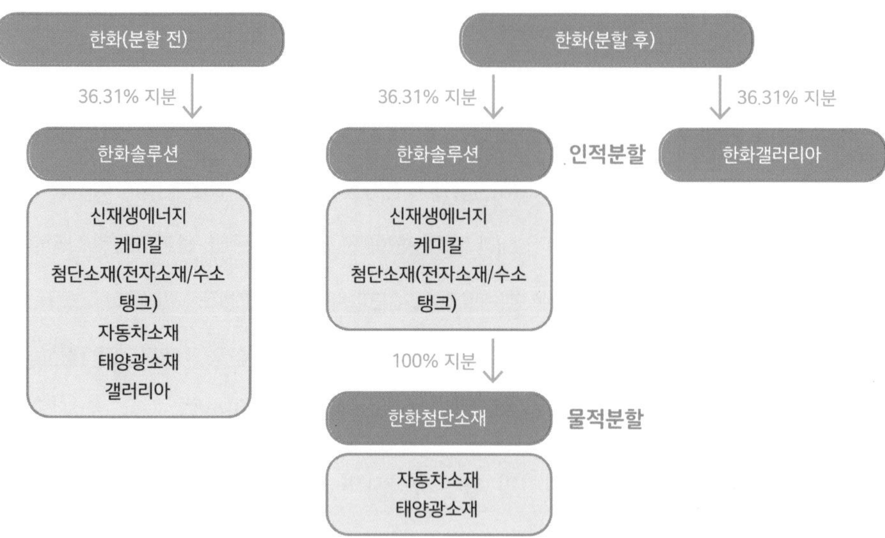

≫ 한화솔루션이 물적분할과 인적분할을 발표했다. ① 자동차와 태양광 소재사업을 물적분할해 한화첨단소재를 설립한다. 한화첨단소재는 2021년 말 기준 한화솔루션 자산의 5%, 영업이익의 4% 수준이다. 투자자금 확보를 위해 한화첨단소재 지분 일부를 매각할 계획이다. ② 리테일(갤러리아백화점) 사업을 인적분할해 한화갤러리아를 설립한다. 한화솔루션은 태양광에 보다 집중한다. 기업분할 공시 이후 주가는 장중 -7%대까지 하락했다.

투자전략 | 물적분할을 포함한 기업분할은 단기 악재로 인식한다. 지분가치 희석과 더블 카운팅(중복상장) 이슈 때문이다.

케이스 스터디 203 **인적분할**

인적분할에 엇갈린 시장평가

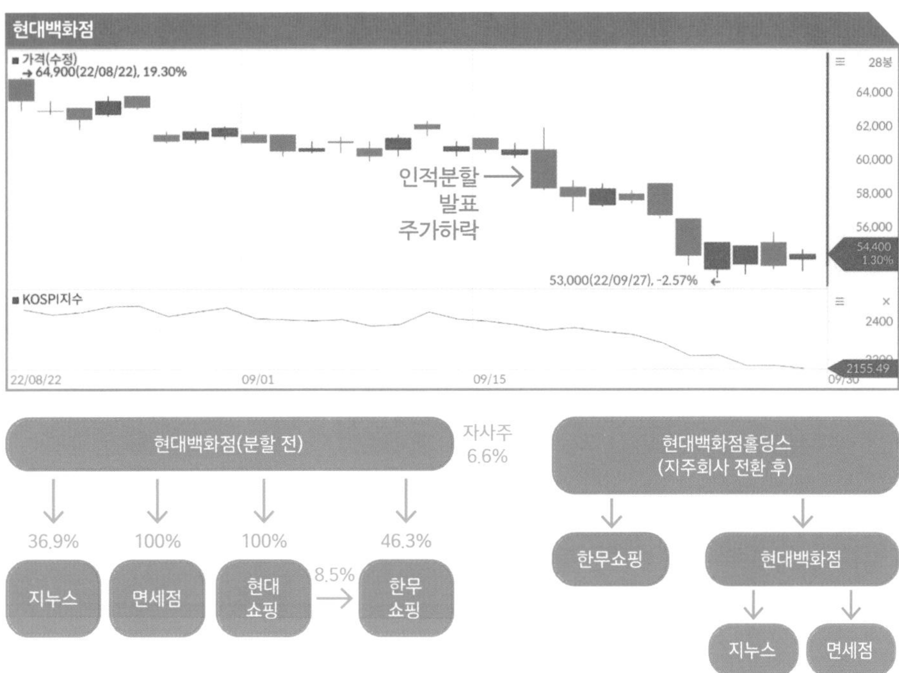

≫ 현대백화점 최대주주 등의 지분율은 36.08%(2022년 11월 말), 구성내용은 정지선(17.09%), 현대그린푸드(12.05%), 현대A&I(4.31%), 정몽근(2.63%)이다.

≫ 현대백화점은 신설법인 현대백화점홀딩스(23.24%), 존속법인 현대백화점(76.76%)으로 인적분할을 발표했다. 현대백화점홀딩스는 지주회사가 되며, 자회사로 현대백화점과 한무쇼핑을 두게 된다. 한무쇼핑은 현대백화점 무역점 등 우량점포를 보유하고 있다. 2021년 말 기준 영업활동 현금흐름은 2,100억 원, 이익잉여금은 1조 5,977억 원이나 된다. 현대백화점은 지누스와 면세점을 그대로 보유한다. 한무쇼핑을 지주회사가 가져가는 것에 대해 주주들이 반발하고 나섰다. 막대한 현금자산을 다른 사업에 사용하려는 의구심 때문이다. 또한 업계 4등으로 한동안 적자를 보일 면세점과 고가인수로 부채상환 부담을 가진 지누스를 현대백화점 아래에 둔다는 것도 반발을 가져왔다. 인적분할 발표 이후 주가는 하락세를 보였다.

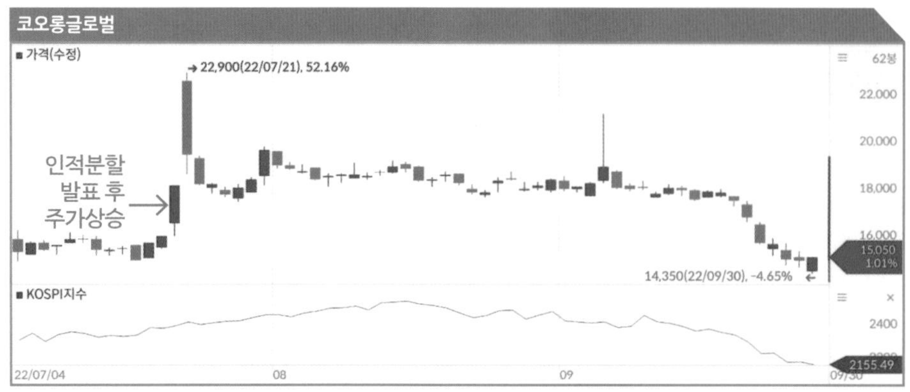

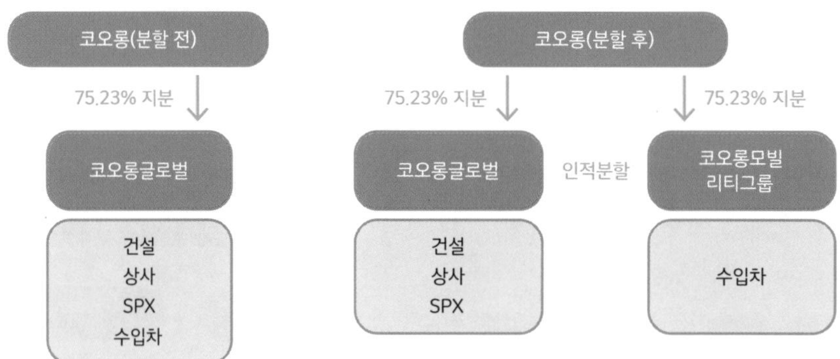

≫ 코오롱글로벌이 건설/상사 부문과 자동차 부문을 인적분할하기로 했다. 건설/상사부문의 존속회사 코오롱글로벌과 자동차부문 신설회사 코오롱모빌리티그룹으로 나뉜다. 분할비율은 존속법인 75% 신설법인 25%다. 인적분할로 자동차 부문이 재평가되리란 기대감에 주가가 강세를 보였다.

투자전략 | 물적분할은 시장에서 악재로 인식하지만 인적분할은 이슈마다 다르다. 코오롱글로벌처럼 사업 재편이 목적일 경우 호재가 될 수도 있다. 저평가된 사업이 재평가받을 수 있어서다. 반면 지주회사를 만들기 위한 목적일 경우 둘 중 하나는 껍데기 회사가 된다. 보통은 지주회사를 껍데기 회사로 만든다. 그래야 자회사(사업회사) 주식을 넘겨주고 지주회사 주식을 더 많이 받을 수 있어서다. 인적분할 이후 자회사가 재상장하게 되면 지주회사 주가하락, 자회사 주가상승으로 분할 전과 시가총액은 차이가 없을 수 있다. 지주회사 목적 인적분할은 악재로 여긴다. 최대주

주와 지주회사에게만 유리한 방식으로 인적분할이 진행되서다. 그럴 경우 거센 주주반발로 인적분할이 취소되기도 한다.

케이스 스터디 204 **인적분할**

인적분할 이후 지주회사와 자회사 주가

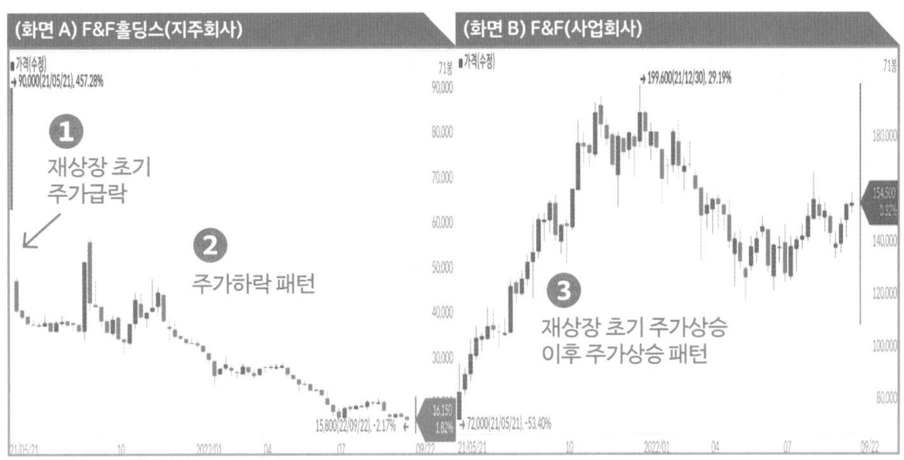

≫ F&F가 F&F홀딩스(지주회사)와 F&F(사업회사, 자회사)로 인적분할을 했다. F&F는 패션사업을 하고 있다. (화면 A) ①~② 주력사업과 재산을 자회사인 F&F에 넘겨준 지주회사 F&F홀딩스는 재상장 초기 주가가 급락한다. 기업가치 대비 주가가 높아서다. 상장 이후에도 지속적인 하락 패턴을 보였다. (화면 B) ③ 반면 대부분의 주력사업과 재산을 넘겨받은 자회사 주가는 한동안 꾸준한 상승세를 보여줬다.

투자전략 | 인적분할 후 지주회사 체제를 구축하기 위해 자회사에 모든 사업과 재산을 몰아줬다. 그 결과 자회사는 주가상승, 지주회사는 주가하락 패턴이 나온다. 상장초기 급등락 이후 주가는 기업가치에 근접해 움직이다. 주가가 하락한 지주회사는 배당 측면에서 투자판단을 해보자. 반면 대부분의 자산과 사업을 물려받은 자회사는 실적개선 측면에서 투자판단을 해보자.

분할합병설에 엇갈린 주가

① 현대차그룹 지배구조

현대차 그룹은 순환출자 구조다. 계열사간 출자구조가 A사 → B사 → C사 → A사와 같이 원모양으로 순환한다. 현대차 그룹도 현대차 → 기아 → 현대모비스 → 현대차 구조로 되어 있다. 지배구조 중심에 현대모비스가 있다.

≫ **현대차**(기아 33.88% 지분보유) → **기아**(현대모비스 17.42% 지분보유) → **현대모비스**(현대차 21.43% 지분보유) → **현대차**

하지만 정의선 회장의 보유지분은 현대글로비스 20.00%, 현대차 2.62%, 기아 1.74%, 현대모비스 0.32%다(2022년 11월 말). 현대글로비스 지분을 가장 많이 보유하고 있다. 현대차그룹 지배구조 개편이 현대글로비스 중심으로 이뤄져야만 한다.

② 2018년 지배구조 개편안: 현대모비스와 현대글로비스 분할합병

현대모비스의 알짜 사업을 오너 지분이 많은 현대글로비스에 넘겨준 뒤 두 회사간 합병을 시도했다. ① 현대모비스가 AS · 모듈 사업을 분할해 현대글로비스로 넘긴다. ② 이후 현대모비스와 현대글로비스간 주식교환(주식스왑)을 통해 순환출자 고리를 끊는 방식이다. 현대모비스 주식을 더 많이 확보하기 위해선 현대모비스 주가는 하락해야 하고, 현대글로비스 주가는 올라야 한다. 최대주주에게만 유리한 분할합병이라는 주주반발에 부딪혀 추진이 보류되었다. 분할합병 비율이 현대모비스에 불리하고 현대모비스의 주요 수익원인 AS 사업가치를 제대로 평가하지 않았다는 이유에서다.

③ 2022년 8월 지배구조 개편설

현대모비스가 모듈과 부품 부분을 분할해 자회사 2곳을 신설한다는 기사가 나왔다. 기사에 따르면 2018년과 달리 이번에는 AS와 전장(자동차 전기부품)을 존속법인에게 남긴다. 가치산정과 공정평가 부문에서 문제가 될만한 여지를 없앴다. 분할합병안이 다시 이슈가 되면서 지배구조 개편에 대한 우려감으로 현대모비스의 주가는 하락했다. 반면 현대글로비스의 주가는 지배구조 개편 수혜에 대한 기대감으로 상승했다. 거래소는 조회공시를 요구했고 현대모비스는 자회사 신설이 확정되지 않았다는 답변을 내놨다.

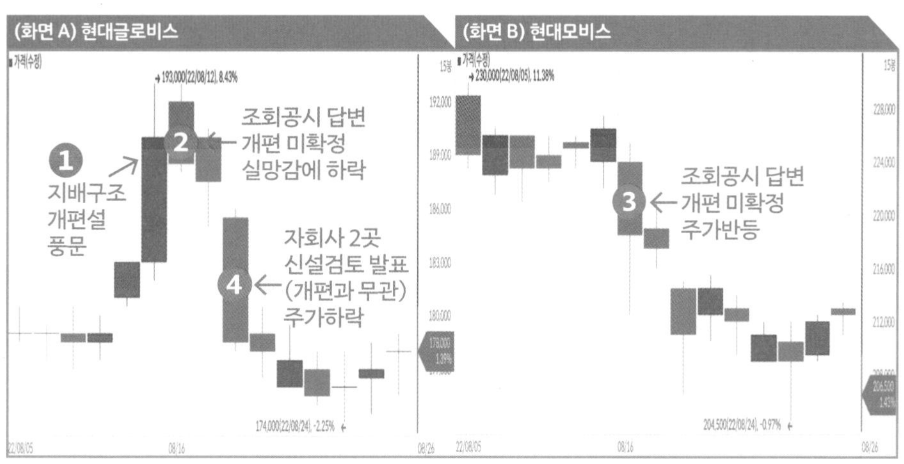

≫ (화면 A) ① 현대글로비스 지배구조 개편설 뉴스가 장마감 이후 나왔다. 미리 시장에 관련 정보가 돌았는지 주가는 장중에 상승했다. ② 뉴스 발표 다음날 주가는 상승으로 출발했다. 거래소가 오전에 조회공시를 요구했고 현대글로비스는 당일 아직 확정되지 않은 사항이란 조회공시 답변을 했다. 조회공시 답변 실망감에 현대글로비스 주가는 하락 마감했다.

(화면 B) ③ 지배구조 개편설 뉴스로 현대모비스는 장시작과 동시에 하락했다. 다만 사업구조 재편 등이 확정되지 않았다는 현대글로비스의 조회공시 답변에 낙폭을 줄이며 장을 마감했다.

(화면 A) ④ 조회공시 이틀 후 현대글로비스는 자회사 2곳 신설을 검토 중이라는 추가 답변을 내놨다. 지배구조 개편을 구체적으로 밝히진 않아서 현대글로비스 주가는 실망매물 출현으로 더 하락했다.

현대모비스 조회공시 답변

조회공시 요구(풍문 또는 보도)에 대한 답변(미확정)	
1. 제목	현대모비스(주), 사업 분할 및 모듈·부품 자회사 신설 보도에 대한 조회공시 답변
	- 당사는 미래 모빌리티 시장 경쟁력 강화를 위해 사업구조 재편 등 다양한 방안을 검토하고 있으나, 아직 결정된 바 없습니다. - 상기 내용과 관련하여 확정되는 시점 또는 1개월 이내에 재공시 하도록 하겠습니다.

투자전략 | 현대차그룹 지배구조는 해결해야 할 숙제다. 지배구조 개편이 현대모비스 주가에는 부담, 현대글로비스 주가에는 호재다. 오너 지분이 많은 현대글로비스에 좀 더 주목해 볼 필요가 있겠다.

삼성그룹 지배구조

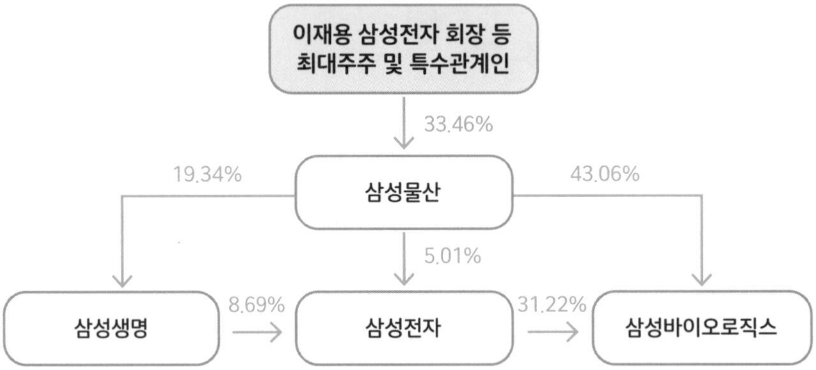

≫ 삼성그룹은 현대차그룹의 순환출자 구조와 달리 ① 이재용 회장 등 → ② 삼성물산 → ③ 삼성생명 → ④ 삼성전자의 지배구조로 되어 있다.

성장주를 담은 지주회사 주가추이

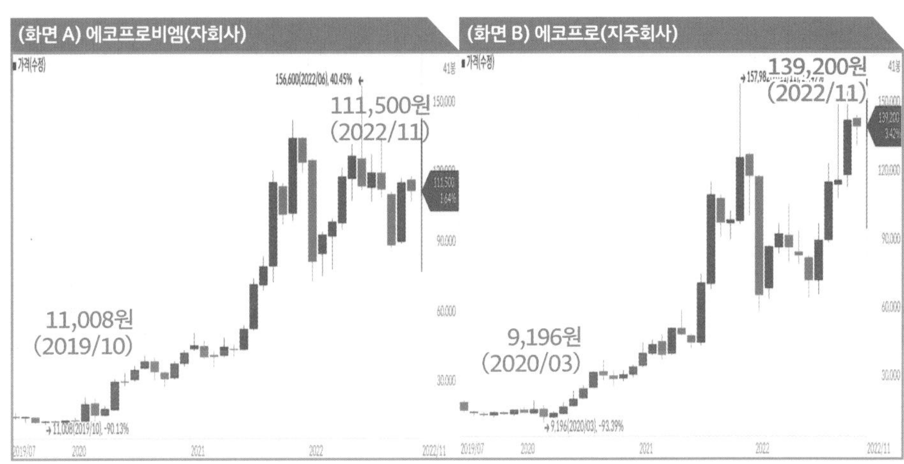

≫ 에코프로는 2016년 5월 양극소재 부문을 물적분할(에코프로비엠 설립)하고 2021년 5월 대기환경 부문을 인적분할(에코프로에이치엔 설립)함으로써 지주회사로 전환했다. (화면 A) 2차전지 양극재 기업인 에코프로비엠의 2022년 11월 주가는 2019년 10월 대비 10배 올랐다. (화면 B) 에코프로는 에코프로비엠의 지분을 45.6% 보유하고 있다. 종속회사인 에코프로비엠은 지배회사인 에코프로의 연결재무제표 대상이다. 에코프로비엠 실적개선만큼 에코프로 실적도 좋아진다. 실적개선을 반영해 에코프로 주가도 꾸준히 상승세를 보였다.

에코프로 실적예측치

구분(억 원)	2020년	2021년	2022년 예측치	2023년 예측치	2024년 예측치
매출액	8,508	15,041	54,124	81,736	142,510
영업이익	636	864	6,073	9,484	16,130

에코프로비엠의 시가총액이 11조 원 정도인데 에코프로의 시가총액은 3조 5,000억 원 규모다(2022년 11월 기준). 보유지분 가치(에코프로비엠 지분 45%)만 따져도 시가총액이 5조 원 정도는 되어야 한다. 지주회사 디스카운트가 있는 셈이다. 반면 성장주를 담은 지주회사는 다른 시각으로

볼 필요가 있다. 향후 실적기준 저평가 상태일 수 있어서다. 시가총액 3조 5000억 원과 2024년 에코프로 실적예측치(당기순이익 1조 1,180억 원)를 대입하면 미래 PER은 3배 수준이다. 매력적인 투자기회가 되는 셈이다. 2023년 들어 에코프로 주가는 3개월간 연초 대비 3배 이상 주가가 상승했다(에코프로비엠 1배 수준 상승).

투자전략 | 지주회사의 시가총액에 지주회사가 보유한 자회사 지분가치가 전액 반영되기 어려운 경우가 많다. 모회사와 자회사 동시상장에 따른 모회사 디스카운트다. 반면 성장주를 담은 지주회사는 다르게 볼 필요가 있다. 자회사 실적개선 추세가 뚜렷하다면 지주회사가 실적기반 강한 주가상승 모멘텀을 가질 수 있다. 오히려 저점매수 기회일 수도 있다. 성장주(자회사)가 본격 상승을 시작하면 그동안 저평가된 지주회사 주가가 강한 상승흐름을 보일 수 있어서다.

케이스 스터디 207 **자회사 효과**

자회사 주가급등에 모회사 주가도 동반상승

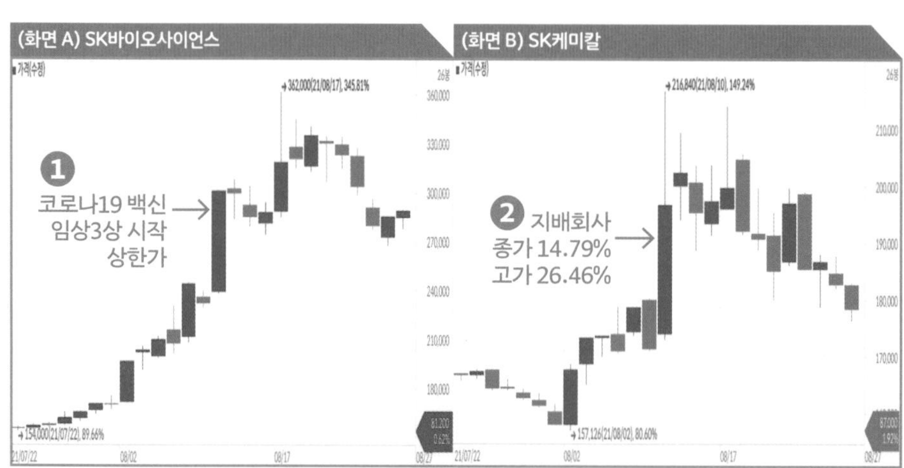

≫ SK바이오사이언스는 SK케미칼에서 물적분할해 설립되었다. 백신 등의 연구개발, 위탁생산 등이 주된 사업이다. (화면 A) ① SK바이오사이언스가 코로나19 백신 임상3상을 시작한다는

소식에 상한가(+30%)를 기록했다. (화면 B) ② SK바이오사이언스 지분을 68.18% 보유하고 있는 SK케미칼도 장중 26.46%까지 올랐다가 14.79%로 마감했다. SK케미칼의 최대주주(당시 지분율 33.45%)인 SK디스커버리도 4.79% 상승했다. 자회사 호재로 인해 모회사 주가도 동반해서 상승하는 패턴이다.

투자전략 | 자회사 호재는 모회사 주가상승을 동반한다. 급등의 정도에는 차이가 있다. 직접적인 수혜를 입는 자회사(사업회사) 상승폭이 가장 크다. 물적분할 이후 지배회사(모회사)보다 종속회사(자회사)에 매수세가 보다 몰리는 이유다. 지주회사(모회사) 주가도 자회사들의 주가급등 이후 시차를 두고 상승하는 경향을 보인다.

(이슈 1) 구주매출을 통한 재무구조 개선

SK케미칼은 물적분할한 SK바이오사이언스의 거래소 상장(IPO)시 구주 매출(기존 주식 판매)을 통한 현금 유입이 있었다. 덕분에 부채비율이 낮아졌다. 상장 전인 2020년 말 121.08%였던 부채비율은 상장 후인 2021년 말 기준 51.11%까지 줄었다.

(이슈 2) SK바이오사이언스와 연결된 실적추이(연결재무제표)

SK케미칼이 SK바이오사이언스 지분을 68.18% 보유함에 따라 연결재무제표로 묶인다. SK바이오사이언스의 실적개선 결과 SK케미칼 실적도 함께 좋아졌다.

영업이익 추이(단위: 억 원)	SK바이오사이언스	SK케미칼
2019년	228	412
2020년	377	1,554
2021년	4,742	5,552
2022년 예측	2,040	4,870

≫ 실적개선에 따라 SK케미칼의 배당도 늘었다.

주당 배당금 추이: 2019년(300원), 2020년(1,334원), 2021년(3,000원)

지주회사와 사업회사 실적에 따른 주가 차이

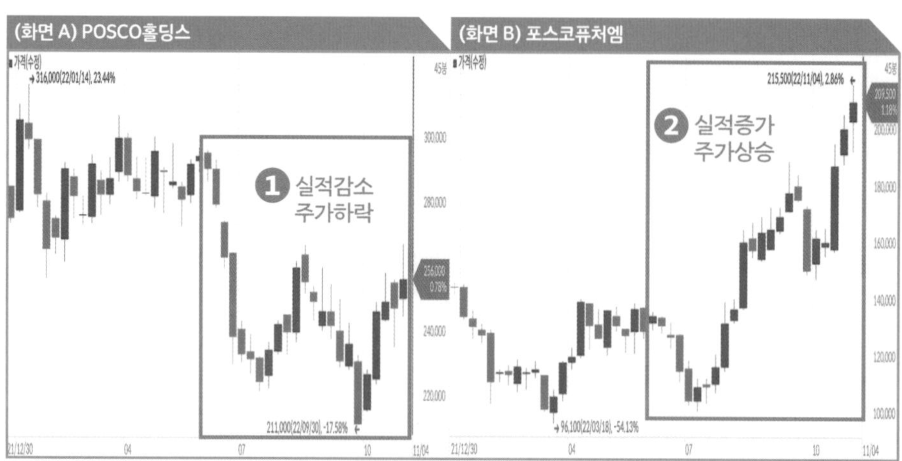

≫ (화면 A) ① 지주회사인 POSCO홀딩스는 부진한 철강 시황과 포항제철소 태풍 피해 영향으로 분기 당기순손실을 봤다. (화면 B) ② 반면 포스코케미칼은 2차전지 양극재 사업 호실적 덕에 실적이 개선되었다. ① 실적이 감소한 POSCO홀딩스는 주가하락 ② 실적이 증가한 포스코퓨처엠은 주가상승이다. 다만 POSCO홀딩스의 태풍 피해는 일회성 손실로 시간이 지나면 해결된다.

투자전략 | 주가는 실적이 가른다. 실적이 좋아질 일만 남은 기업에 집중하는 게 마음 편한 투자다. 실적개선이 되면 주가는 우상향한다. 굳이 실적이 지속적으로 하락하는 회사를 골라 투자할 필요는 없다. 다만 일회성 악재 여부를 파악할 필요는 있다. 일회성 악재는 시간이 지나면 해결된다.

공개매수에 따른 주가상승

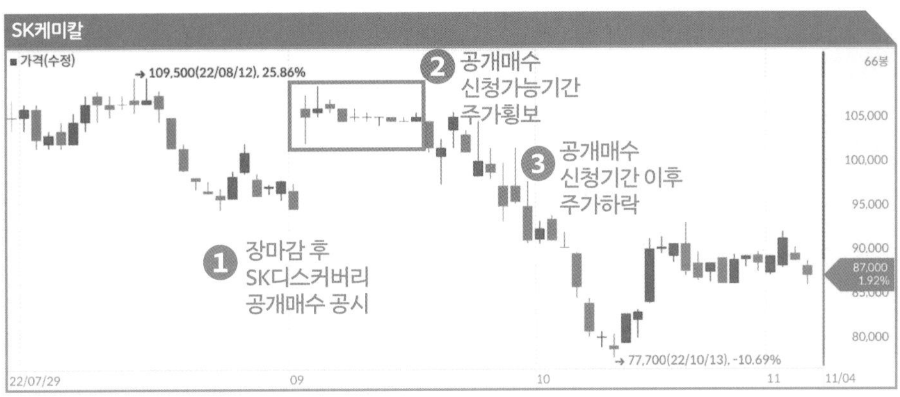

≫ ① 화학기업인 SK케미칼의 최대주주인 SK디스커버리(순수지주회사)가 장마감 후 SK케미칼에 대한 공개매수를 공시했다. 공개매수 가격은 108,000원으로 공시 당일 종가 94,600원 대비 15.01% 할증된 가격이다. ② 다음날부터 주가는 102,000~108,500원 사이에서 횡보를 보였다. 공개매수 가격과 이자 등을 고려한 가격이다. ③ 공개매수 신청 기간이 지난 이후 주가는 하락을 이어갔다.

투자전략 | 공개매수 가격을 확인해 봐야한다. 때로는 현재주가보다 공개매수 가격이 낮기도 하다. 인적분할 후 지주회사가 될 회사 지분을 저가에 사기 위한 꼼수이기도 하다. 반면 공개매수 가격이 현재 거래가격보다 높다면 주가는 공개매수 가격 부근으로 단숨에 올라간다.

14장

공시 사례와 투자전략 ⑧

자기주식(자사주)

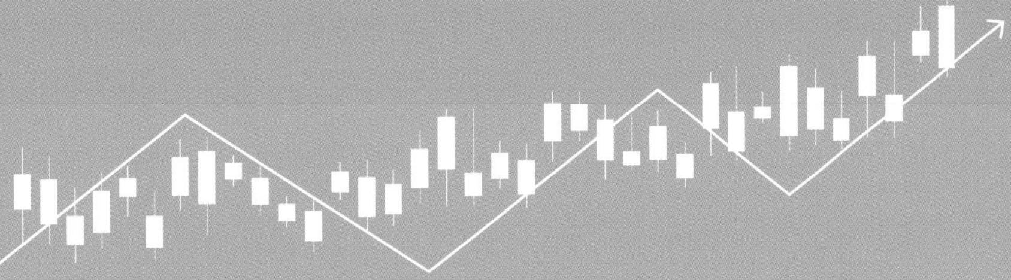

66

자기주식(자사주) 핵심 정보

자기주식 취득 목적

자사주 매수는 회사가 자기 돈으로 자기회사 주식을 사는 행위다. 공시용어로 자사주는 자기주식이다. DART 등 공시 사이트에서는 자기주식으로 검색해야 관련 정보가 나온다. 자기주식 매수는 호재이나 실적개선과 무관하다. 호재 이슈에 짧게 상승하고 내려간다. 자기주식 매수(취득) 목적은 ① 투자, ② 경영권 방어, ③ 지주회사 개편 등이다. ① 투자 목적일 경우 저가에 사서 고가에 판다. 기업가치 대비 저점이라 생각하기에 자기주식을 매수한다. 자기주식 매수로 유통물량이 줄어든다. 유통주식수 감소는 주가상승을 부른다. 사고 싶은 수요는 많은데 공급되는 물량이 적어서다. 주가가 급등하면 자기주식이 매물로 나올 수 있다. 자기주식 매도는 악재다. 최대주주, 회사 임직원, 자기주식은 회사 내부자로 통한다. 회사 내부정보를 잘 아는 이들의 매도는 기업가치 대비 주가가 높다는 인식을 심어준다. 자기주식 매도로 유통물량도 늘어난다. ② 최대주주 지분율이 낮을 경우 회삿돈으로 자기주식을 사둔다. 경영권 방어 목적이다. 자기주식은 주주총회 투표권(의결권)이 없다. 하지만 언제든 자기주식을 최대주주나 우호세력에게 팔면 의결권은 부활하게 된다. 자기주식은 유무상증자, 배당 대상에서도 제외된다. ③ 앞서 기업분할에서 언급했듯 인적분할 후 지주회사 개편시 자기주식이 유용하게 쓰인다.

(예시) 대신증권, 신영증권, 부국증권은 최대주주 지분이 많지 않다. 대신 자기주식 물량이 많다. 추후 인적분할 등을 할 경우 유용하게 활용될 수 있다.

④ 그 밖에도 자기주식 담보로 대출을 받을 수도 있다. 교환사채 발행, 스톡옵션 행사 시 제공하는 주식, 임직원 성과급 지급, 합병 대가지급 용도로도 쓰일 수 있다.

DART에서 자기주식 관련 공시 확인법

공시통합검색 ①

홈 > 공시서류검색 > 공시통합검색

※ [↓검색구분]을 조정하면 본문내용 등 다양한 조건으로 검색이 가능합니다.

도움말

회사명 | 회사명/종목코드 입력 | 검색 | 최근검색어 선택

회사명 | 제출인명 | 제출인명 입력

기간 | 20220319 - 20230319 | 1개월 | 6개월 | 1년 | 3년 | 5년 | 10년 | 기간더보기 | 최종보고서

공시유형 | 정기공시 | 주요사항보고 ② | 발행공시 | 지분공시 | 기타공시 ③ | 외부감사관련 | 펀드공시 | 자산유동화 | 거래소공시 | 공정위공시

업종 | 전체 | 법인유형 | 전체

결산유형 | 전체 | 보고서명 | 자기주식 ④

상세조건닫기 ▲

검색 | 초기화

≫ 금감원 공시 사이트 DART ① 공시통합검색 화면에서 ② 주요사항보고, ③ 기타공시를 체크한 뒤, ④ 보고서명에 「자기주식」을 입력하고 검색하면 자기주식 관련 공시를 확인할 수 있다.

주요사항보고	기타공시
주요사항보고서(자기주식취득결정) 주요사항보고서(자기주식취득신탁계약체결결정) 주요사항보고서(자기주식처분결정)	자기주식취득결과보고서 자기주식처분결과보고서

자기주식 취득 재원

자기주식은 상법상 배당가능 이익 범위 내에서 취득이 가능하다. 자기주식을 많이 살수록 배당이 줄어들 수 있다. 다만 합병, 영업양수, 단수주 처리, 주식매수청구권 행사 등은 예외로 배당가능이익이 없어도 자기주식 취득 가능하다. 주식매수청구권 행사에 따라 자기주식을 매입한 경우에는 5년 내에 매각(소각)해야 한다.

직접취득 vs. 신탁계약

자기주식 취득방법은 ① 직접취득과 ② 신탁계약이 있다.

자기주식 직접취득 vs. 신탁계약 차이

구분	직접취득	신탁계약
특징	회사가 직접 취득	금융사 위탁 취득
취득	3개월 내 반드시 취득 공시 수량만큼 반드시 취득	계약 기간(6~12개월) 내 취득 반드시 취득할 의무 없음 계약 연장이나 해지 가능
매매	취득 후 6개월간 처분금지 처분 후 3개월간 신규취득 금지	취득 후 1개월간 처분금지 처분 후 1개월간 신규취득 금지
공시명	주요사항보고서(자기주식 취득결정)	주요사항보고서(자기주식취득 신탁계약 체결결정)

① **직접취득**은 회사가 직접 자기주식을 사는 거다. 주요사항보고서(자기주식 취득결정)으로 공시가 나온다. 취득수량(예상금액) 등이 공시에 담긴다. 공시 후 3개월 내에 공시한 수량만큼 반드시 사야 한다. 취득 후에는 6개월간 매도할 수도 없다. 처분 후에는 3개월간 신규 취득도 금지된다. 취득(처분)할 경우 5일 내 취득(처분)결과 보고서 공시를 해야 한다.

② **신탁계약**은 회사가 증권사에게 자기주식 취득을 맡긴다. 주요사항보고서(자기주식 취득 신탁계약 체결결정)으로 공시가 나온다. 직접취득과 달리 목표물량을 정하지 않는다. 계약금액, 계약기간(보통 6개월~1년)만 정해둔다. 주가가 급등할 경우 자기주식 매입을 미룰 수 있다. 직접취득과 달리 꼭 매수해야 하는 건 아니다. 매입할 자기주식 물량이 많을 경우 신탁방식이 보다 편리하다. 직접취득은 3개월 기한 때문에 주가가 급등한 경우에도 비싼 가격에 매수해야만 해서다. 신탁계약은 계약 체결 후 3개월이 경과한 다음 취득사항보고서를 제출한다.

신탁계약은 취득 후 1개월간 매도할 수 없다. 처분 후 1개월간 신규 취득이 금지된다. 직접취득은 취득 후 6개월간 처분금지, 처분 후 3개월간 신규취득 금지다. 직접취득보다는 신탁계약이 운용면에서 자유롭다. 신탁계약은 계약기간 중 해지도 자유롭다. 신탁계약 기간 중에는 증권사가 매입한 자기주식을 보유한다. 계약 해지 시에는 증권사가 주식 또는 현금으로 회사에 돌려줘야 한다. 회사가 현금을 원할 경우 주식을 팔아야 한다. 신탁계약 해지 또는 만료 시점 종료 후 5일 내에 신탁계약 해지결과 보고서를 제출한다. 해지는 주요사항보고서(자기주식 취득 신탁계약 해지결정)로 공시한다. 신탁계약 기간이 만료될 경우도 해지결정 공시를 낸다.

≫ 신탁(믿을 신信, 부탁할 탁託)은 위탁자의 재산을 수탁자인 신탁회사에 맡기는 거다. 수탁자가 알아서 재산을 잘 관리하고 수익을 내달라는 거다. 재산을 맡긴 자가 위탁자(신탁자)이고 재산을 맡아서 관리 운영하는 자가 수탁자다.

자기주식 소각

소각(사라질 소消, 물리칠 각却)은 지워서 없애버린다는 뜻이다. 자기주식 소각으로 발행주식수가 줄어든다. 시가총액(주식수 × 주가)이 줄어드는 만큼 PER(시가총액 ÷ 당기순이익)도 낮아진다.

≫ 자기주식 소각으로 발행주식수가 줄어들면 최대주주 지분율이 올라간다. 가령 발행주식수 100주 중 최대주주가 40주를 보유한 경우 최대주주 지분율은 40%다. 하지만 20주인 자기주식을 소각하면 발행주식수는 80주가 된다. 최대주주 지분율은 50%(40주 ÷ 80주)로 늘어난다. 최대주주 지배력 강화 목적으로 자기주식 소각이 가능하다.

자기주식 소각은 소각 재원에 따라 ① 감자소각 ② 이익소각으로 나뉜다. 둘 다 주식수가 감소되는 것은 맞지만 ① 자본금을 감소시킬 경우가 감자소각 ② 이익잉여금을 감소시킬 경우가 이익소각이다.

자기주식 감자소각 vs. 이익소각 차이

구분	주요내용	공시명
① 감자소각	자본금 감소	감자결정
② 이익소각	이익잉여금 감소	주식소각

① 감자소각은 주식을 소각해 자본금을 줄인다. 공시도 「감자결정」으로 한다. ② 이익소각은 이익잉여금을 감소시킨다. 주식수가 줄어도 자본금 감소는 없다. 자본금 = 액면가 × 발행주식수 공식이 안 맞는다. 감사보고서 등에도 그 내용을 별도로 안내한다. 공시는 「주식소각」으로 한다.

≫ 감자소각은 주주총회 특별결의가 필요하다. 이익소각은 이사회 결의로 가능하다.

67

자기주식(자사주) 투자전략

자기주식 취득 규모를 파악하라

자기주식 취득(신탁계약 체결)은 호재다. 자기주식만큼 유통물량이 잠긴다. 유통물량이 줄어들면 과한 물량투매가 줄어들 수 있다. 혹여 호재 이슈가 발생하면 유통물량이 줄어들수록 상승폭도 커질 수 있다. 공시의 파급력은 핵심정보의 숫자 크기가 좌우한다. 자기주식 취득 규모를 확인해 보자. 취득 규모를 발행주식수(또는 시가총액)와 비교해 봐야 한다. 취득 규모가 클수록 단기 이벤트 호재다. 하루나 이틀 과한 급등을 보여줄 수 있다.

(예시) A회사와 B회사가 자기주식을 각각 100억 원씩 취득한다고 공시했다 치자. A회사 시가총액은 500억 원, B회사는 1조 원이라 하자. 공시에 따른 주가상승 효과는 A회사가 훨씬 높다. 자기주식 취득 규모가 A회사는 시가총액 대비 20%, B회사는 1%이기 때문이다.

자기주식 취득기간 동안 회사는 주가상승을 원하지 않는다

대규모 자기주식 취득공시(신탁계약 체결)로 주가가 하루 이틀 급등한다. 다만 공시만으로 장기간 주가를 끌어올리기는 힘들다. 실적개선과 무관한 단기 이벤트여서다. 회사는 취득기간 동안 길고 지루한 주가횡보를 원할지 모른다. 회사가 자기주식을 취득하는 이유는 주가수준이 기업가치 대비 낮기 때문이다. 싸게 사 모으는 셈이니 주가가 과하게 오르면 안 된다. 취득물량이 많을수록 안정적인 주가 유지가 필요하다. 자기주식 취득공시 이후 주가가 안정적으로 유지되는 경우가 많다. 반면 약세장에선 자기주식 취득이 주가하락을 방어해 주는 지지선 역할을 한다.

≫ 회사 입장에선 「신탁계약」보다 「직접취득」 기간 동안 안정적 주가 움직임이 보다 중요하다. 직접취득은 공시 이후 3개월 내 반드시 자기주식을 취득해야 해서다.

약세장 자기주식 취득 신규 공시를 주목하라

약세장 회사 내부자들의 주식매수는 긍정적 시그널이다. 기업가치보다 저평가되어 있다고 판단해 저가에 주식을 취득하는 투자전략이다. 재무지표가 나쁘지 않다면 그들을 따라할 필요가 있다. 내부자 매수로는 ① 자기주식 취득 ② 임원이나 최대주주 등의 주식 취득 ③ 최대주주 등의 주식 증여가 있다. 공시를 통해 친절하게 알려주니 약세장 관련 공시나 뉴스를 주목해 보자.

자기주식 소각은 호재, 매각은 악재다

자기주식 취득보다는 소각이 매력적이다. 자기주식 취득에는 회삿돈이 들어간다. 돈을 들인 후 자기주식을 없애니 회사 입장에선 손해다. 반면 주주에겐 주식수가 줄어드니 좋다. 시가총액도 작아지고 PER도 낮아진다. 주주 친화적 행동인 자기주식 소각에 주가는 오른다. 반면 주가급등 후 자기주식 매각은 악재다. 시장에선 회사가 내다 팔았으니 주가정점으로 판단한다. 단기간 주가가 조정을 받는다. 회사 내부자(자기주식, 최대주주 등)는 주가가 오르면 이를 차익실현할 개연성이 높다. 회사 내부자의 매도는 악재다.

네이버 증권에서 자기주식 비중 확인

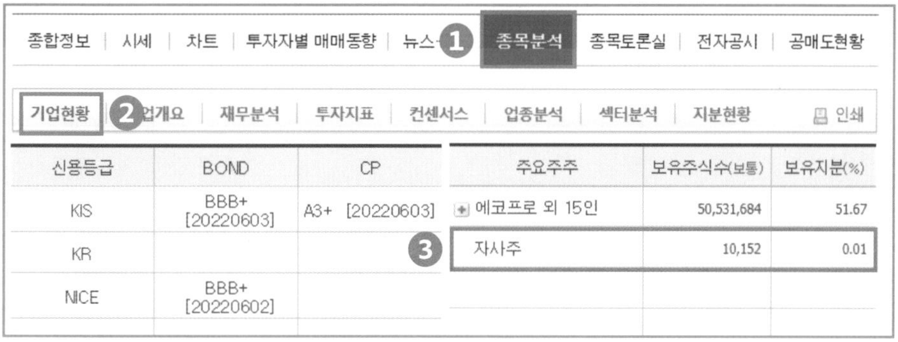

종합정보 | 시세 | 차트 | 투자자별 매매동향 | 뉴스· ❶ 종목분석 | 종목토론실 | 전자공시 | 공매도현황

기업현황 ❷ 업개요 | 재무분석 | 투자지표 | 컨센서스 | 업종분석 | 섹터분석 | 지분현황 인쇄

신용등급	BOND	CP
KIS	BBB+ [20220603]	A3+ [20220603]
KR		
NICE	BBB+ [20220602]	

주요주주	보유주식수(보통)	보유지분(%)
에코프로 외 15인	50,531,684	51.67
❸ 자사주	10,152	0.01

≫ 네이버 증권 에코프로비엠 화면에서 ① 종목분석 탭의 ② 기업현황 탭을 보면 ③ 자사주(자기주식) 비중을 확인할 수 있다.

68

자기주식(자사주) 공시의 핵심 사항

자기주식 취득결정 (대림제지, 2022.5.30.)

≫ (해석) 회사가 자기주식을 직접 취득하기에 「자기주식 취득결정」이란 공시제목이 붙는다.

① 취득예정주식(수): 보통주식 100,000, 종류주식 0

≫ (해석) 자기주식 취득규모를 파악해 보자. 취득예정 주식수가 클수록 단기 주가상승 모멘텀이 된다. 대림제지는 보통주식만 10만 주를 취득한다. 발행주식수 900만 주의 1.1% 수준으로 취득수량이 많지는 않다. 종류주식은 우선주를 의미한다.

② 취득예정금액(원): 9억 5,900만 원

≫ (해석) 취득예정금액은 예정가액이기에 주가변동에 따라 실제 매수금액은 다를 수 있다.

③ 취득예상기간: 2022년 5월 31일~8월 30일

≫ (해석) 자기주식 직접취득이기에 취득 기간은 3개월 동안이다.

④ 위탁투자중개업자: NH투자증권

⑤ 1일 매수주문수량 한도: 보통주식 10,000주

≫ 1일 매수주문수량 한도: (1)과 (2)중 높은 값과 (3) 중 낮은 값

(1) 취득신고 주식수의 10%: 1만 주

(2) 이사회결의전 30일간 일평균거래량의 25%: 7,945주

(3) 발행주식 총수의 1% 9만 주

자기주식 신탁계약 체결 결정 (오스템임플란트, 2022.4.27.)

① 계약금액(원): 300억 원

≫ (해석) 신탁계약이기에 매수예정 주식수는 나와있지 않다. 매수예정금액만 기재되어 있다.

② 계약기간 : 2022년 4월 27일 ~ 2022년 10월 26일

≫ (해석) 직접취득기간 3개월보다 많은 1년간 자기주식을 매수할 수 있다.

③ 계약체결기관 : 삼성증권, 미래에셋증권, SK증권

자기주식 취득 신탁계약 해지결정 (오스템임플란트, 2022.10.26.)

① 계약금액(원): 300억 원

② 해지 전 계약기간: 2022년 4월 27일 ~ 2022년 10월 26일

③ 해지목적: 계약기간 만료에 따른 해지

④ 해지 후 신탁재산의 반환방법: 실물(자사주) 및 현금반환

⑤ 기타 투자판단에 참고할 사항: 취득 주식수는 263,908주이며 계약 해지 후 당사 법인 증권계좌에 입고될 예정

≫ (해석) 주식으로 반환되는지 여부가 중요하다. 오스템임플란트의 경우 반환 주식수는

263,908주로 매수하고 남은 현금과 함께 자기주식 형태로 돌려받는다.

감자결정 (동원시스템즈, 2022.5.1.)

≫ (해석) 자본금을 감소시킬 경우 감자소각으로 「감자결정」이란 제목으로 공시가 나온다. 반면 이익잉여금을 감소시킬 경우 이익소각으로 「주식소각」이란 제목으로 공시가 나온다.

① 감자주식의 종류와 수: 보통주식 197,129주, 기타주식 1,247주

② 감자 전후 자본금: 감자 전 약 1,473억 원, 감자 후 약 1,463억 원

③ 감자 전후 발행주식수: 보통주식 감자 전 29.2백만 주, 감자 후 29.0백만 주/기타주식 감자 전 0.265백만 주, 감자 후 0.264백만 주

④ 감자비율: 보통주식 0.65%, 기타주식 0.47%

≫ (해석) 감자비율을 보면 발행주식수에서 줄어드는 주식 비중을 확인할 수 있다. 자기주식 소각 규모가 클수록 호재다.

⑤ 감자기준일: 2022년 8월 2일

⑥ 감자방법: 자기주식 소각

≫ (해석) 공시제목이 감자결정이기에 유무상감자를 생각할 수 있는데, 감자방법에 자기주식 소각으로 되어 있다. 자기주식 소각은 호재이기에 「감자결정」 공시 제목만 보고 악재라 판단하지 말자.

⑦ 신주상장예정일: 2022년 8월 22일

주식소각 (모트렉스, 2022.5.3.)

≫ (해석) 이익잉여금을 감소시키는 이익소각으로 「주식소각」이란 제목으로 공시가 나왔다.

① 소각할 주식의 종류와 수: 보통주식 44,423주

② 발행주식총수: 보통주식 8.2백만 주

≫ (해석) 발행주식총수와 소각할 주식수를 비교하면 소각주식의 비중을 알 수 있다. 모트렉스는 발행주식총수 대비 0.54% 소각이다.

③ 소각예정금액: 약 15억 원

④ 소각할주식의 취득방법: 기취득 자기주식

⑤ 소각예정일: 2022년 5월 9일

자기주식 처분결정

(엘앤에프, 2022.5.24.)

① 처분예정주식: 보통주식 1백만 주

≫ (해석) 총발행주식과 비교해 처분예정주식의 비중을 확인해 보자. 엘앤에프의 자기주식 처분규모는 총발행주식수(3,600만 주)의 2.8% 수준이다.

② 처분대상 주식가격: 276,600원

③ 처분예정금액: 보통주식 2,766억 원

④ 처분예정기간: 2022년 5월 24일~8월 23일

⑤ 처분목적: 해외투자자금 및 시설/운영자금 조달

⑥ 처분방법: 시간외대량매매 1백만 주

≫ (해석) 장중 주가변동성을 줄이기 위해 시간외대량매매(블록딜) 방식으로 거래했다.

≫ 자기주식 처분방법: 시장을 통한 장중 매도, 시간외대량매매, 장외처분 등

⑦ 기타 투자판단에 참고할 사항: 처분대상자별 회사 등

처분대상자: Brookdale 외 2개 기관(자금력 및 중장기 투자고려)

≫ (해석) 처분대상자의 단기 차익실현 가능성을 파악해 볼 필요가 있다. 이번 공시에는 매수자가 기관투자자 2곳으로 중장기 투자를 고려하고 있다고 나와 있다.

처분대상 주식가격(처분예정금액)은 이사회 결의일 전일 종가기준으로 실제 처분가격은 처분일 기준으로 변동될 수 있음

케이스 스터디 210 **자기주식**

자기주식 취득 공시는 단기 이벤트

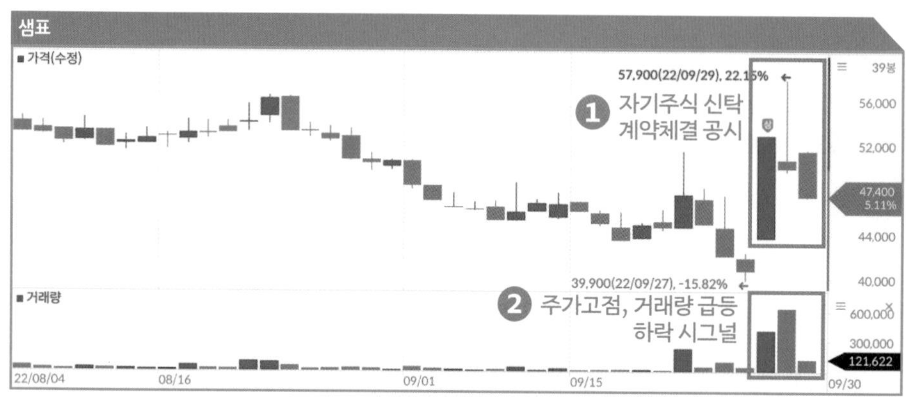

≫ 샘표의 주 수입원은 종속회사인 샘표식품 등으로부터 받는 배당수익, 브랜드 수익, 임대수익 등이다. ① 샘표는 100억 원어치의 자기주식 취득 신탁계약(계약기간 1년) 체결을 공시했다. 시가총액 대비 10% 규모인 자기주식 취득은 단기급등을 불렀다. 다만 실적개선과 무관한 이벤트다. 자기주식 취득기간도 1년이고 신탁계약이기에 주가가 급등하면 매수를 미룬다. 단기급등한 주가도 제자리를 찾아간다. ② 주가급등에 거래량이 크게 터졌다. 주가고점 거래량 증가는 세력이탈 시그널이다. 자기주식 매수 공시에 들어온 단타 투자자들이 다음날 거래량을 일으키며 빠져나갔다.

투자전략 | 자기주식 취득 신탁계약체결은 유통주식수를 줄이는 효과를 준다. 허나 실적개선과 무관한 단기 이슈다. 급등한 주가는 추가 호재가 없다면 하락 반전한다. 기존 보유자라면 공시로 주가가 상승할 때 단기 차익실현 관점으로 접근해야 한다.

대규모 자기주식 매수공시에 상한가

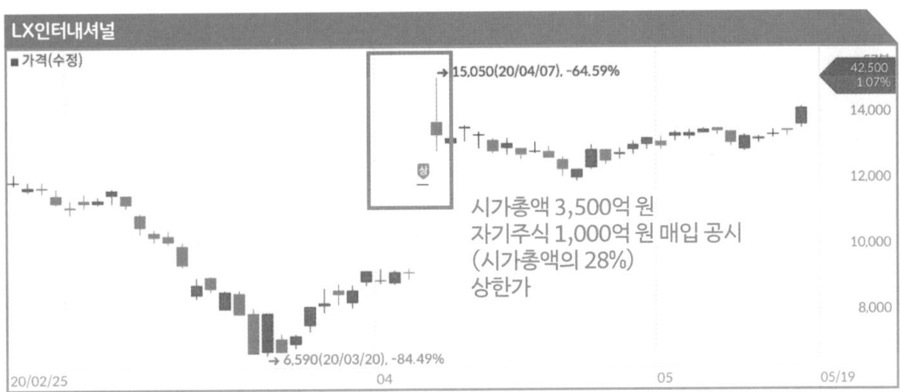

≫ 종합상사인 LX인터내셔널은 시가총액 대비 28% 규모의 자기주식 매입(자사주취득 신탁계약 체결) 공시를 했다. 시가총액 3,500원인 기업이 1,000억 원 규모의 자기주식 매입이다. 공시발표로 주가가 이틀간 급등을 보였다.

투자전략 | 회사 입장에서는 자기주식 매입기간 동안 주가가 오르지 않길 원한다. 그럼에도 대규모 자기주식 매입공시를 했다는 건 주가부양 의지가 있는 셈이다. 공시 제목과 연관된 중요 숫자의 규모를 파악할 필요가 있다. 그 규모가 클수록 주가에 미치는 파급효과가 크다. 자기주식 매입도 그 매입규모가 클수록 주가상승폭도 크다. 다만 자기주식 매입만으로 장기간 지속적인 주가상승을 이끌긴 어렵다. 기존 보유자라면 관련 공시로 주가가 급등할 때(특별한 추가 호재 이슈가 없다면)를 차익실현 기회로 판단하자.

자기주식 소각은 단기 이벤트

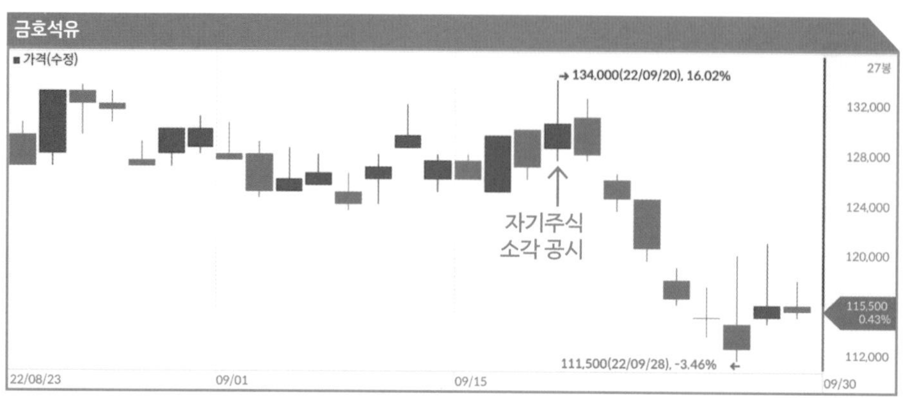

≫ 합성고무 등을 생산하는 금호석유는 발행주식의 3.2%인 1,500억 원 규모의 자기주식을 소각하기로 발표했다. 자기주식 소각 발표는 호재다. 공시 당일 주가는 장중 상승 모드였다. 다만 실적 하향세로 인해 소각 효과가 오래 지속되지는 못했다.

투자전략 | 자기주식 소각 공시는 실적개선과 무관하다. 단기적인 주가상승 모멘텀은 되나 지속적인 주가상승 요인으론 어렵다. 그래도 약세장 주가하락을 조금 완화시키는 역할을 한다. 자기주식 소각이 없었다면 주가는 더 하락했을 거다.

고배당 대신 자기주식 소각

≫ 메리츠금융지주 주가가 자기주식 소각 발표 이후 지속적으로 상승했다. ① 개별 재무제표 기준 3년 평균 배당성향이 66%였는데 이를 10%로 대폭 줄인다. 대신 자기주식 매입 후 소각을 늘린다는 발표를 했다. 시장에선 배당축소를 악재로 받아들여 단기간 주가가 하락했다. 자기주식 매입과 소각 이행에 대한 불확실성도 남아 있었다. ② 회사측이 자기주식 매입에 나서면서부터 주가가 다시 상승하기 시작했다. 자기주식 소각도 실제로 이루어졌고 주가는 상당기간 우상향했다. ③ 다만 금리인상과 경기침체 등에 따른 실적 피크아웃 우려감에 이후 주가는 조정을 보였다.

투자전략 | 배당을 늘리는 것보다 자기주식 소각이 더 환영받는다. 주식수를 줄여 시가총액을 작게 만들면 PER도 낮아진다. 관건은 자기주식 소각 규모다. 소각 규모가 클수록 주가상승에 미치는 영향이 크다. 자기주식을 소각하지 않으면 주가급등에 투매 우려가 있다. 자기주식 매수가 매력적이려면 자기주식을 소각해야 한다.

자기주식 직접취득기간 중 주가추이

≫ 폐기물 처리 관련 기업인 인선이엔티는 자기주식 88만 5,000주(발행주식의 1.9%, 예상금액 100억원)에 대한 직접취득을 공시했다. 취득기간은 공시 후 3개월간으로 그 기간 인선이엔티 주가는 횡보를 보였다.

투자전략 | 회사가 직접 취득하기에 공시한 물량을 3개월 내에 전부 취득해야 한다. 회사 입장에선 3개월 동안 주가를 상승시킬 필요성이 적다. 주가가 올라봐야 자기주식 매수금액만 커진다. 특별한 호재 이슈가 없다면 자기주식 직접취득 기간 동안 주가는 횡보 또는 하락 패턴을 보여주곤 한다.

자기주식 처분 후 주가하락

≫ 양극재 생산기업인 엘앤에프가 자기주식을 주가고점에서 매도했다. 매도규모는 2,766억 원(100만 주)으로 시간외 대량매매(블록딜) 방식으로 처분했다. 보유 중인 자기주식 370만 주 중 약 1/3 규모다. 자기주식을 팔아 양극재 설비증설과 운영자금에 쓸 목적이다. 유상증자보다 합리적이라는 의견도 있었으나 관련 공시 이후 주가는 하락했다.

투자전략 | 자기주식 매도는 단기 주가정점 시그널을 준다. 기업가치 대비 주가가 높을 경우에 많이 선택해서다. 자기주식 매도 이후 주가가 내리는 경우가 많다. 자기주식을 소각하지 않고 시장에 내다 팔면 유통주식수가 늘어난다. 유통주식수 증가도 주가에는 악재다.

15장

공시 사례와 투자전략 ⑨

지분율 변동

69

지분율 변동 핵심 정보

지분율 공시 종류/확인법

지분율은 주식회사의 총발행주식에 대해 특정주주가 소유한 주식의 비율을 말한다. 5% 이상 주식을 보유한 자, 10% 이상 주식을 보유한 자, 회사 임원, 최대주주 등이 지분공시 보고 대상자다. 지분율 관련 공시로는 ① 주식등의 대량보유상황보고서 ② 임원 · 주요주주특정증권등 소유상황보고서 ③ 최대주주등 소유주식변동신고서가 있다. 「최대주주등 소유주식변동신고서」는 발행회사가 공시한다. 그 외의 공시는 지분을 취득한 자가 공시하므로 제출인이 다수가 될 수 있다. 금감원 공시 사이트(DART)와 거래소 공시 사이트(KIND) 모두 지분율 공시를 안내한다. 지분율 공시는 자주 발생되지만 발생빈도에 비해 중요도가 약하다. 네이버 증권도 해당 종목별로 다수의 공시를 알려주지만 중요도가 낮은 지분율 공시는 빠져 있다.

금감원 DART 지분공시 확인법

≫ 금감원 공시 사이트 DART 「공시통합검색」에서 ① 지분공시를 체크하면 「주식등의 대량보유상황보고서」, 「임원·주요주주특정증권등 소유상황보고서」를 ② 거래소공시를 체크하면 「최대주주등 소유주식변동신고서」를 확인할 수 있다.

거래소 KIND 지분공시 확인법

≫ 거래소 공시 사이트 KIND에서도 주요 지분공시를 모두 확인할 수 있다. KIND 홈페이지 메인 화면에서 삼성전자를 치면 위 화면이 보인다. 상단 항목 중 지분공시를 클릭하면 지분변동 관련 공시내역을 확인할 수 있다.

주식등의 대량보유상황보고서(5% 룰)

특정 종목에 대해 5% 이상 지분(주식, 주식관련사채)을 보유하면 공시의무가 생긴다. 공시 제목은 「주식등의 대량보유상황보고서」다. 보통은 간편하게 5% 룰이라고 부른다. 5% 지분이 넘어서면서 보고의무가 생긴다. 가령 기존 지분율이 4.99%인 상황에서 0.2% 지분율이 추가로 늘어나면 5% 룰 의무공시를 해야 한다. 본인과 특수관계인(친인척 등) 주식을 포함하여 5%를 판단한다. 5% 공시에는 보유목적을 쓰도록 되어 있다. ① 단순투자 목적 ② 경영권 참여 등으로 기재한다. ① 단순투자 목적은 투자수익이 나면 매도 가능성이 높아진다. ② 반면 경영권 참여는 경영권 분쟁 이슈를 야기한다. 5% 지분 공시 이후 지분율을 빠르게 높여갈 수도 있다. 경영권 분쟁은 주가상승 호재다. 서로 지분을 매입하려 경쟁하게 되면 매수세가 몰린다.

5% 룰 지분변동 공시

5% 공시를 최초 한 이후 1% 이상 지분변동이 생길 때마다 변동 공시를 해야 한다. 5% 미만으로 지분율이 줄어들 경우에도 공시를 한다. 그 공시 이후 5% 미만인 상황에서는 공시의무가 사라진다. 보유목적이 변경될 경우에도 변동 공시를 한다. 보유목적이 변경되는 경우는 ① 단순 투자목적에서 경영권 참여(또는 그 반대로) ② 최대주주나 특수관계인이 주식담보대출을 맺거나 담보대출 조건변경(연장)을 하는 경우다. 담보대출이 많으면 잠재적 리스크다. 주가가 급락할 경우 담보가치 하락으로 반대매매가 나올 수 있어서다. 반대매매로 인해 최대주주가 경영권을 잃을 수 있다.

≫ 반대매매는 미수나 신용거래 후 과도한 하락이 발생한 경우 증권사가 고객 동의 없이 임의로 처분하는 것을 말한다.

임원·주요주주특정증권등 소유상황보고서

회사의 임원과 주요주주의 지분변동 공시다. 주요주주는 지분 10% 이상 주주 또는 주요 의사결정이나 업무집행에 사실상 영향력을 끼치는 주주다. 임원, 주요주주는 5% 룰보다 공시 규제가 강하다. 5% 룰은 1% 이상 변동 시에만 공시의무가 있다. 반면 임원, 주요주주는 단 한주만 변동되도 공시해야 한다. 5% 룰은 본인과 특수관계인 지분을 포함하지만 임원, 주요주주는 본인에 해당하는 내용만 보고한다.

≫ 최대주주등: 의결권 있는 주식수가 가장 많은 본인과 특수관계인

주요주주: 10% 이상 의결권이 있는 주식을 소유한 자 또는 임원의 임면 등 중요 경영사항에 대해 사실상 영향력을 행사하는 주주

최대주주등 소유주식 변동신고서

최대주주와 특수관계인을 줄여서 최대주주 등으로 표현한다. 최대주주 등의 소유주식이 변동되는 경우 회사(상장사)가 이를 공시한다. 반면 5%룰 공시나 임원 · 주요주주 공시는 회사가 아니라 해당되는 주주가 공시한다.

최대주주 변경공시

최대주주 변경이 잦은 회사는 주의해야 한다. 주인 없는 부실회사일 가능성이 높아서다. 횡령(배임), 재무부실과 함께 분식회계 등이 발생할 가능성이 높다. 적자기업으로 최대주주 변경 공시가 있는 기업은 투자에 주의하자. 최대주주가 변경되는 경우 「최대주주 변경」이란 제목으로 공시가 나온다. 주식양수도계약, 제3자배정 유상증자, 장내주식매매 방식 등으로 최대주주가 변경된다.

70

지분율 변동 투자전략

최대주주/임원/자기주식 매수는 호재, 매도는 악재다

회사 내부자는 최대주주와 그 특수관계인(친인척 등), 회사 대표이사 등 임원, 자기주식 등이다. 이들은 회사 내부를 잘 알기에 그들의 매수는 호재, 매도는 악재다. 특히, 약세장 이들의 매수는 주가저점을 나타낸다. 반대로 주가고점 이들의 매도는 주가고점 시그널이다. 최대주주, 임원, 자기주식 매도 공시나 뉴스는 단기급등 끝물임을 의미한다.

최대주주의 증여, 자기주식 매수 시그널을 주목하라

최대주주의 증여, 자기주식 매수는 주가가 싸다는 증거다. 약세장일 경우 주로 나타난다. 약세장 매수 시그널로 이들 공시를 주목해 보자. 강세장에서 굳이 비싸게 주식을 살 이유가 없다. 회사가 인정한 저점이기에 그들과 동행하면 된다. 상속(증여)세금은 상속(증여)일 앞뒤 2개월간 평균주가다. 상속(증여) 전후 총 4개월간 주가가 급등하면 세금이 늘어난다. 그 기간 회사가 주가를 자극할 만한 특별한 호재를 내지 않는다. 관심 끌 일이 없으니 거래량은 줄고 주가는 오르지 않는다. 저점매수 기회일 수도 있다. 다만 예외적으로 한진칼 사례처럼 자손들 간 불협화음이 나면 주가가 급등하기도 한다.

기관·외국인 지분율을 체크하라

기관·외국인 지분율도 중요하다. 그들은 개미투자자보다 한발 앞선 투자를 한다. 급등 전 먼저 매수하고 하락에 한발 앞서 매도한다. 분석력과 정보력에서 앞서기에 빠른 선행매매가 가능하다. 그들의 지분율 증가는 대부분 실적개선과 연결되어 있다. 3~6개월 뒤 실적개선을 예상하고 먼저 움직인다. 기관이나 외국인 순매수 증가를 주목해야 한다. 특히 둘 다 순매수를 이어간다는 건 호재가 강하단 의미다. 기관과 외국인은 장기투자자다. 한 번 매수하면 오랜 기간 동행하기에 안정적인 주가흐름에도 도움이 된다.

네이버에서 투자자별 매매동향 확인법

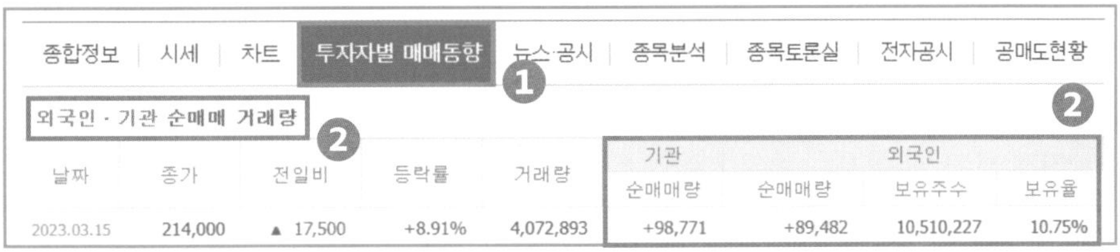

종합정보 | 시세 | 차트 | 투자자별 매매동향 ① | 뉴스·공시 | 종목분석 | 종목토론실 | 전자공시 | 공매도현황

외국인 · 기관 순매매 거래량 ②

날짜	종가	전일비	등락률	거래량	기관 ②	외국인		
					순매매량	순매매량	보유주수	보유율
2023.03.15	214,000	▲ 17,500	+8.91%	4,072,893	+98,771	+89,482	10,510,227	10.75%

≫ 네이버에서 ① 투자자별 매매동향 탭에서 ② 외국인·기관 순매매 거래량을 확인하면 기관과 외국인 순매매량 등을 확인할 수 있다.

71

지분율 변동 공시의 핵심 사항

주식등의 대량보유상황보고서 **(한라홀딩스/브이아이피자산운용, 2022.2.9.)**

≫ (해석) 브이아이피자산운용이 한라홀딩스 주식을 5% 이상 신규 취득함에 따라 5%룰 공시를 했다.

① 발행회사명: 한라홀딩스

② 발행회사와의 관계: 주주

③ 보고구분: 신규

④ 보유주식등의 수 및 보유비율

직전 보고서: 없음

이번 보고서: 53만 주, 5.09%

≫ (해석) 공시 비중을 체크해 보자. 지분공시에서는 지분변동 내역을 체크하는 게 중요하다. 직전 브이아이피자산운용의 경우에는 5% 미만이라 공시대상이 아니었다. 이번에는 5.09%로

5%가 넘어 공시를 했다.

⑤ 보고사유: 5% 이상 신규 취득

⑥ 보유목적: 일반투자

≫ (해석) 보유목적에 경영참여로 기재하면 경영권 분쟁 이슈가 발생할 수 있다. 반면 일반투자로 기재하면 단순 투자목적이다.

공시내용 중 세부 변동내역

2. 세부변동내역 ❶ 변동일 ❷ 변동내역 ❸ 단가

성명 (명칭)	생년월일 또는 사업자등록번호 등	변동일*	취득/처분 방법	주식등의 종류	변동 내역			취득/처분 단가**	비 고
					변동전	증감	변동후		
(주)브이아이피자산운용	120-81-90902	2022.01.27	장내매수(+)	의결권있는 주식	516,171	2,636	518,807	40,149	보유비율(4.95)
(주)브이아이피자산운용	120-81-90902	2022.01.28	장내매수(+)	의결권있는 주식	518,807	5,575	524,382	40,099	공시의무발생/보유비율(5.01)

≫ 5% 공시에서 첨부된 내용 중에 「세부변동내역」이 있다. ① 변동일별 ② 지분 변동내역 ③ 취득(처분)단가 등이 나와 있다. 변동일별로 취득(처분) 단가가 다르다.

주식등의 대량보유상황보고서

(한진칼/조원태, 2020.8.7.)

① 발행회사명: 한진칼

② 발행회사와의 관계: 사실상지배주주

③ 보유주식 등의 수 및 보유비율

직전 보고서 13.3백만 주 22.44%

이번 보고서 13.3백만 주 22.44%

≫ (해석) 신규 지분매입이 아닌 담보대출 관련 공시라 지분에는 변동이 없다. 5%룰은 본인과 특수관계인(친인척 등) 지분을 합쳐 보고를 한다. 22.4% 지분율에는 조원태(6.52%) 외 특수관계인 지분(15.88%)이 포함되어 있다. 보고자와 특수관계인 상세지분도 공시에 들어있다.

≫ 조원태 외 특수관계인(8인): 친인척 5명, 정석인하학원, 정석물류학술재단, 일우재단

④ 주요계약체결 주식등의 수 및 비율

직전 보고서 5.9백만 주 9.99%

이번 보고서 6.7백만 주 11.35%

⑤ 보고사유: 보고자의 주식담보 계약 체결

≫ (해석) 한진칼 지배주주인 조원태 회장이 주식담보대출 계약을 했다는 공시다. 직전에 보유 지분 9.99%에서 이번에 11.35%로 주식 담보대출 규모가 늘었다.

≫ 「주식담보 계약체결」 대신 「주식 근질권 설정계약 체결」로도 기재될 수 있다. 질권(바탕 질質, 저울추 권權)이란 빌려준 돈에 대해 담보를 잡는다는 의미다.

임원·주요주주특정증권등 소유상황보고서 (한국정보인증/다우기술, 2022.7.15.)

① 발행회사에 관한 사항: 한국정보인증

② 보고자에 관한 사항: ㈜다우기술

≫ (해석) 한국정보인증의 주요주주이자 최대주주인 다우기술의 지분변동사항 공시다.

③ 발행회사와의 관계: 10% 이상 주요주주

④ 특정증권등의 소유상황

- **직전보고서 2022년 7월 8일 16.1백만 주 38.46%**
- **이번보고서 2022년 7월 15일 16.2백만 주 38.84%**

≫ (해석) 다우기술은 직전 38.46%에서 38.84%로 지분이 늘어났다.

최대주주등 소유주식변동신고서 (LX홀딩스, 2021.12.27.)

≫ (해석) LX홀딩스 최대주주인 구본준 회장이 2명의 자녀에게 주식을 증여를 했다. 그 변동사

항을 LX홀딩스가 거래소에 공시보고 했다.

① 발행회사 정보: LX홀딩스

② 보고의 개요

직전 보고서 제출일: 보통주식 35백만 주, 45.88%

이번 보고서 제출일: 보통주식 35백만 주, 45.88%

증감 : 없음

≫ (해석) 최대주주등 소유주식변동보고서는 최대주주와 그 특수관계인(친인척 등)의 지분증감을 보고한다. 이번 경우는 가족 간 증여로 최대주주와 그 특수관계인 지분합계에는 변동이 없다.

③ 개인별 세부변동사항

(1) 구본준 변경원인(증여), **변경전**(31.5백만 주), **증감**(-15백만 주), **변경후**(15.5백만 주)

(2) 구형모 변경원인(수증), **변경전**(0.5백만 주), **증감**(8.5백만 주), **변경후**(8.96백만 주)

(3) 구연제 변경원인(수증), **변경전**(0.2백만 주), **증감**(6.5백만 주), **변경후**(6.70백만 주)

≫ (해석) 개인별 세부 변동사항을 변경 전후로 구분해 공시한다. 가족간 증여 결과 구본준 회장은 1,500만 주가 줄었지만 아들 구형모 상무는 850만 주, 딸 구연제씨는 650만 주가 늘었다.

관련자별 공시보고 해당사항 내용

공시보고자	공시보고 제목
구본준 회장	5% 공시 + 임원·주요주주 공시
구형모 상무	5% 공시 + 임원·주요주주 공시
구연제씨	5% 공시
LX홀딩스	최대주주 등 소유주식변동신고

≫ 구연제씨는 지분이 10%가 안되고 회사 임원이 아니어서 임원·주요주주 공시 대상자가 아니다.

≫ 5% 공시(주식등의 대량보유상황보고서), 임원·주요주주 공시(임원·주요주주특정증권 등 소유상황보고서)

케이스 스터디 216 **경영권 참여**

5% 지분공시상 경영권 참여 선언

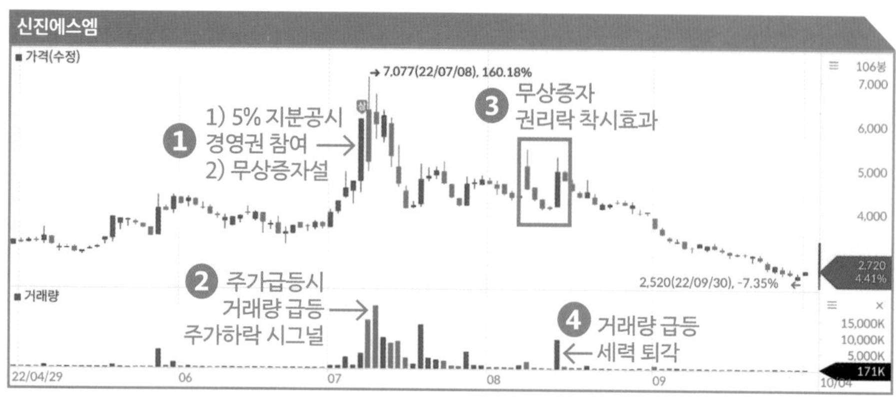

≫ 신진에스엠은 기계산업의 기초부품인 표준 플레이트를 생산 공급하고 있다. ① 5% 지분공시에는 투자목적을 적는다. 경영권 참여를 기재하면 경영권 분쟁 이슈가 발생한다. 경영권 분쟁은 주가상승 호재다. 회사가 무상증자를 검토하고 있다는 소식도 더해져 주가는 급등을 했다. ② 경영권 분쟁 등으로 관심이 쏠리니 거래량도 늘어났다. 주가정점에 거래량이 크게 터진 뒤 주가는 하락을 보였다. 경영권 참여를 선언한 5% 룰 공시 신고자는 주가급등을 활용해 차익실현을 했다. ③ 신진에스엠은 무상증자를 발표했다. 이후 무상증자 권리락 착시효과로 주가가 급등락을 했다. ④ 세력은 단기 주가급등을 시킨 뒤 거래량을 일으키며 빠져나갔다.

투자전략 | 5%룰 지분공시 기재사항 중 투자목적에 경영권 참여를 기재해 경영권분쟁을 이슈화하는 경우가 있다. 경영권 분쟁은 실적과 무관하기에 분쟁 이슈가 사라지면 급등한 주가는 도로 원위치된다.

경영권 분쟁 이슈가 부른 주가급등락

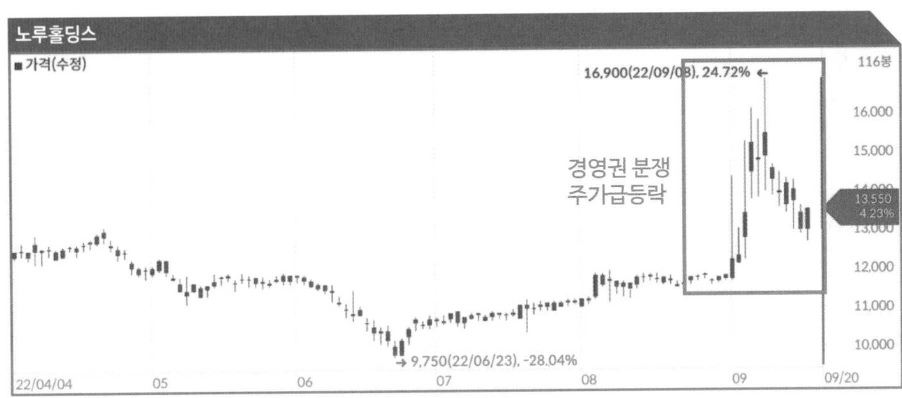

≫ 노루홀딩스는 노루페인트 등을 자회사로 두고 있는 지주회사다. 최대주주는 2명의 자녀 남매를 두고 있다. 장녀 소유의 회사가 최대주주의 지분 4.51%를 매수했다. 추가로 장녀가 노루홀딩스 지분을 1% 이상 장내매수했다. 남매간 경영권 분쟁 기대감으로 주가는 급등했다. 다만 회사 측에서 주가하락에 따른 저가매수 차원이란 해명을 한 뒤 주가는 하락했다.

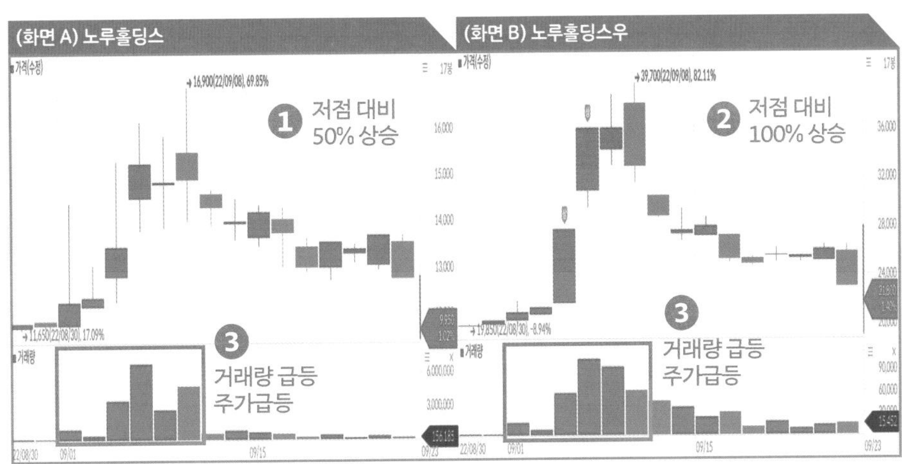

≫ 테마 이슈에는 보통주 대비 우선주 급등폭이 더 크다. (화면 A) ① 노루홀딩스가 저점 대비 50% 오르는 동안 (화면 B) ② 우선주인 노루홀딩스우는 100% 올랐다. ③ 경영권 분쟁 이슈로 관심받는 동안 거래량이 급등하고 주가상승을 이끌었다.

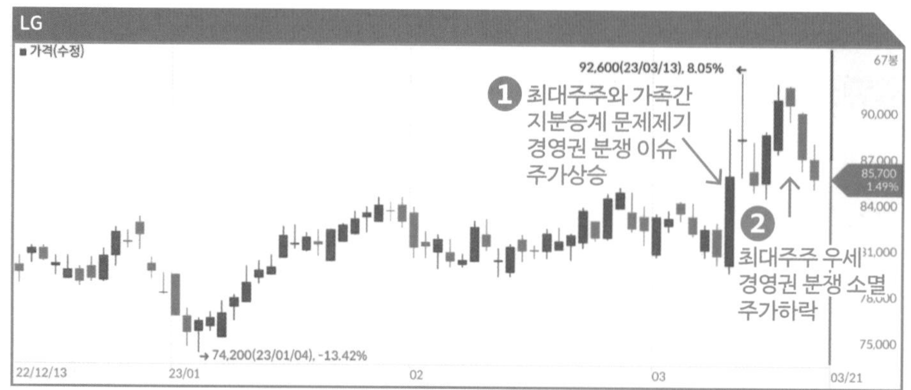

≫ ① LG(LG그룹 지주회사) 최대주주(구광모 회장)를 상대로 어머니 등이 재산분할 요구를 했다. 가족 간 경영권 싸움으로 인한 주가상승이다. ② 다만 최대주주가 승리할거란 예상에 급등한 주가는 도로 원위치 되었다. 경영권 분쟁 이슈는 한쪽이 승기를 잡으면 생각보다 빨리 끝날 수 있다.

투자전략 | 경영권 분쟁은 테마주 성격을 갖는다. 단기급등 이슈가 있다만 실적과 무관하기에 주의가 필요하다. 경영권 분쟁 이슈가 끝나면 거래량은 줄어들고 주가는 도로 원위치된다.

케이스 스터디 218 **경영권 분쟁**

경영권 분쟁은 주주총회가 디데이

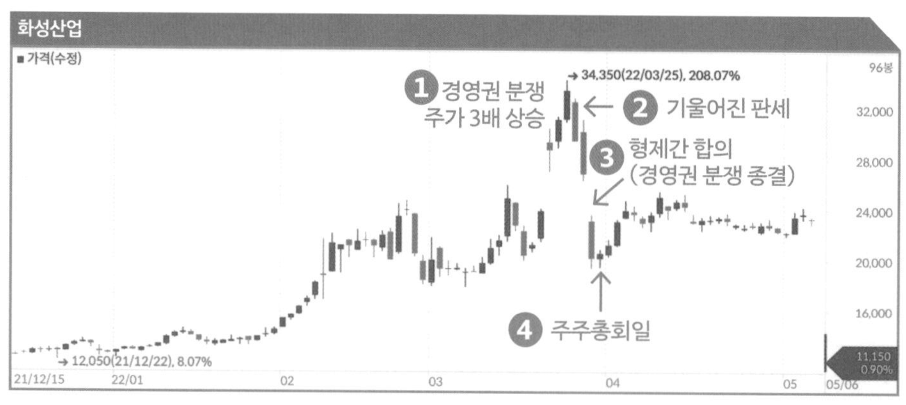

≫ ① 대구 토종 중견건설사인 화성산업이 형제 간의 경영권 분쟁으로 주가가 3배나 급등했

다. 한쪽은 21.41%, 다른 쪽은 19.92%로 형제간 지분 차이가 크지 않았다. 싸우는 양측의 지분이 엇비슷할 경우 주식매입 경쟁으로 주가가 가파르게 오른다. ② 경영권 분쟁은 한쪽의 우세가 확실시될 경우 끝난다. 더 이상 싸울 이슈가 사라지기에 주가는 급격히 내린다. ③ 주주총회 2일 전 밤 형제간 합의를 함으로써 경영권 분쟁은 종결되었다. 관심받을 경영권 분쟁이 끝났으니 주가는 더 하락하게 된다. ④ 일반적으로 경영권 분쟁의 디데이는 주주총회다. 주주총회에서 최종 승자가 결정되기에 경영권 분쟁도 끝난다. 주주총회일이 다가올수록 급등한 주가는 조정을 보인다. 더 이상 나올 뉴스가 없어지기에 미리 매도세다.

투자전략 | 경영권 분쟁이 주주총회까지 가는 경우라면 주주총회일이 디데이다. 주주총회에 앞서 판세가 확정되면 더 일찍 경영권 분쟁이 종결된다. 실적과 무관한 테마이기에 뒷북 투자에 주의해야 한다. 언제 경영권 분쟁이 끝나 버릴지 몰라서다.

≫ 화성산업은 경영권 분쟁 중 대규모 자기주식 매입 후 소각을 발표했다. 경영권 분쟁 중에서는 자기주식 소각도 지분을 많이 보유한 측에 유리한 전략이다. 주식수가 줄어들수록 기존 보유자들의 지분율이 더 올라간다. 지분율 차이가 더 벌어질 수 있다. 여기에 더해 주주친화적인 행동이기에 소액주주의 환심도 얻는다.

케이스 스터디 219 **경영권 분쟁**

낮은 최대주주 지분율과 경영권 분쟁

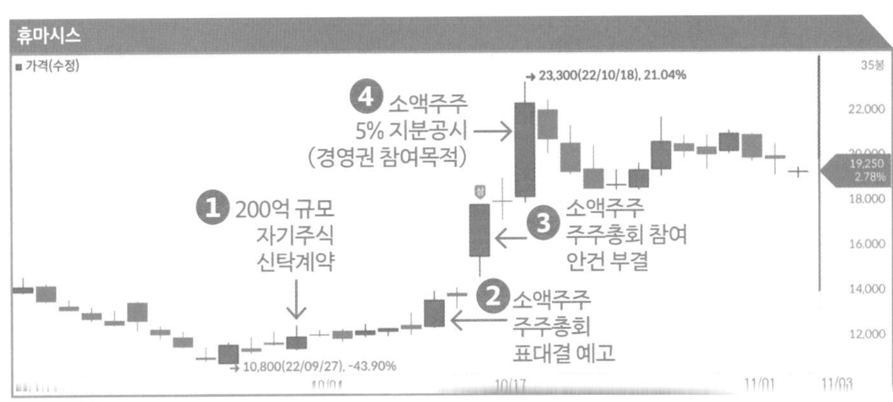

>> 휴마시스는 체외진단 의료기기 생산기업이다. 최대주주 등의 지분율이 8.56%, 자기주식은 6.47%(2022. 11. 2.) 수준이다. 최대주주 등의 지분율이 낮다 보니 경영권 위협에서 자유롭지 않다. ① 최대주주가 보유 현금이 많지 않을 경우 자기주식 매수가 대응방법이 된다. 회사는 200억 원 규모의 자기주식 신탁계약을 체결한다. 자기주식 매수는 단기 호재다. 자기주식을 우호세력이나 최대주주에게 넘기거나, 자기주식을 소각해 최대주주 지분율을 올릴 수 있다. 공시 당일 주가는 장중 9%대의 변동폭을 보였다. ② 소액주주 모임이 주주총회 표 대결을 예고했다. 경영권 분쟁이 이슈화되며 주가가 상승하기 시작했다. ③ 주주총회에서 소액주주 반대표로 회사측의 모든 안건이 부결처리 되었다. 주주총회 이후에도 경영권분쟁이 지속되리란 기대감에 주가는 올랐다. ④ 소액주주 모임이 5.45% 지분을 모아 5% 지분공시를 했다. 투자목적을 경영권 참여로 기재해 주가는 한 차례 추가 상승을 했다.

>> **영업이익 추이**(단위 : 억 원) 2019년(-9), 2020년(254), 2021년(1,936), 2022년 상반기(2,732)

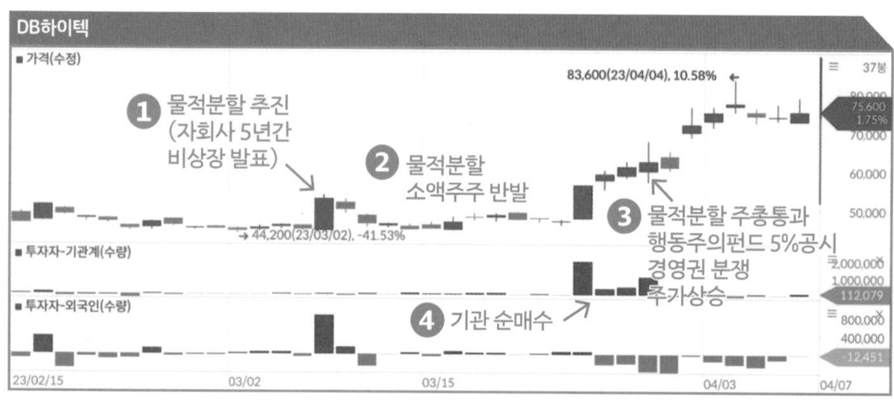

>> DB하이텍이 ① 팹리스(반도체 설계) 사업을 물적분할한 후 비상장하겠다고 발표해 주가가 급등했다. ② 다만 자회사 비상장 확약이 5년 한정이라는 소액주주 문제 제기에 주가는 횡보세를 보였다. ③ 최대주주 등의 지분이 17.8%임에도 물적분할이 주주총회 특별결의를 통과했다. 그런데 같은 날 행동주의펀드가 5% 지분공시(7.05% 지분율)를 했다. 경영권 분쟁 기대감에 주가는 상승추세를 보였다. ④ 5% 지분공시 직전부터 기관 순매수가 이어졌다. 행동주의펀드의 지분매집이 집중된 셈이다.

투자전략 | 최대주주 지분율이 낮을 경우 경영권 위협에 노출되어 있다. 흑자기

업이라면 낮은 지분율을 투자기회로 삼을 필요가 있다. 경영권 분쟁 이슈가 생길 수 있어서다.

케이스 스터디 220 **주식증여**

주식증여 전후 4개월간 주가추이

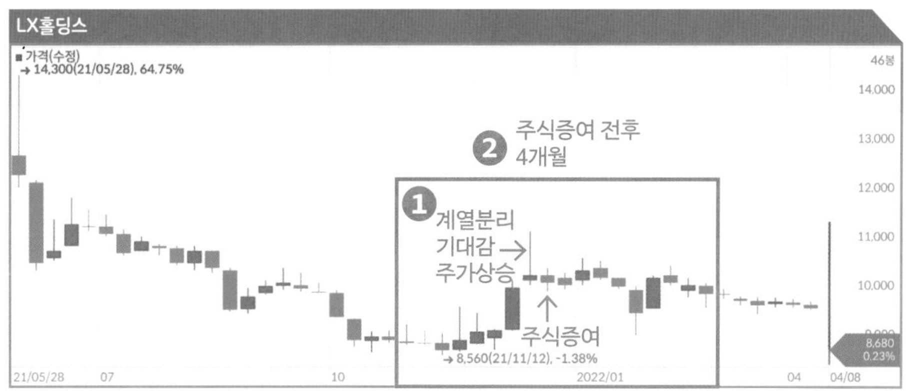

≫ LX는 LX인터내셔널(상품중개), LX하우시스(건축용 플라스틱), LX세미콘(시스템 반도체), LX MMA(기초 유기화합물)까지 4개의 회사를 거느린 순수 지주회사다. ① LG로부터 계열분리된다는 기대감에 주가가 상승했다. ② 최대주주가 본인이 보유한 LX홀딩스 지분의 절반(20%, 1,500억 원대)을 자녀에게 증여했다. 30억 원을 초과하는 증여금액은 최고세율인 50%를 적용한다. 주가가 오를수록 증여세는 더 늘어날 수 있다.

투자전략 | 최대주주가 증여를 하는 이유는 주가가 저렴하다 판단해서다. 증여(상속) 세금은 증여일(상속일) 전후 2개월(총 4개월)간의 평균주가다. 증여 이후 2개월간은 최대주주 입장에선 주가가 오르길 원하지 않는다. 주가상승에 도움될 만한 이슈를 만들지 않는다.

자기주식과 최대주주 매도 악재

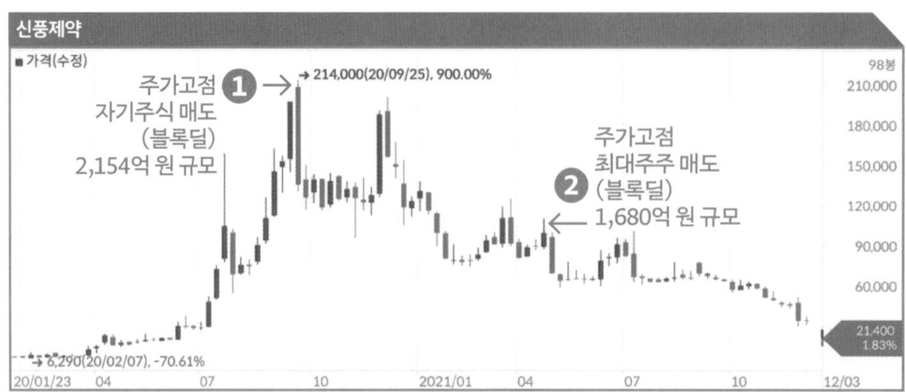

≫ ① 제약회사인 신풍제약은 코로나19 치료제 개발 테마로 엮여 주가가 급등했다. 급등 최정점에 자기주식을 2,154억 원이나 블록딜(시간외대량매매) 방식으로 매도했다. 공시발표로 장중 하한가까지 근접하게 하락하는 등 6영업일 연속 하락했다. ② 1년 후에는 최대주주가 단기 고점에 1,680억 원어치 주식을 블록딜 방식으로 매도했다. 최대주주 고점매도 공시 당일 주가는 15% 하락한 채 마감했다.

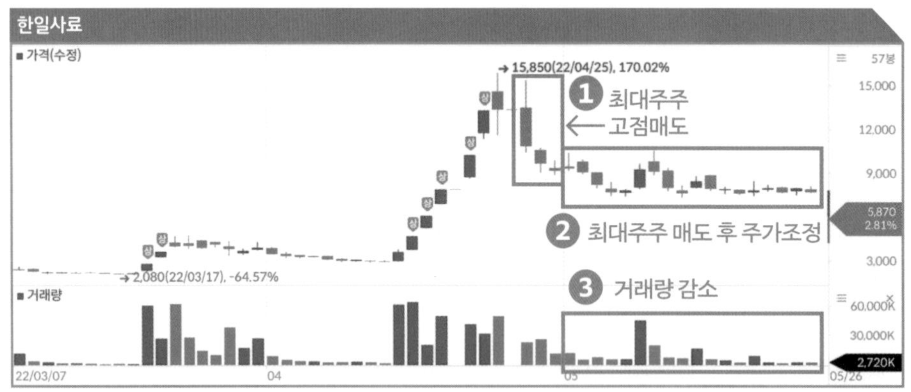

≫ 우크라이나-러시아 전쟁으로 국제곡물 가격이 오르자 사료주가 크게 올랐다. 배합사료를 생산하는 한일사료 주가도 급등을 했다. 2,000원 안팎에서 거래되던 주가는 15,850원까지 상승했다. ① 주가 정점에 최대주주 일가가 총 140만 주 넘게(총발행주식의 3% 이상) 매도를 했다. ②

~③ 최대주주 대량매도 이후 거래량 감소와 주가하락을 이어갔다.

투자전략 | 주가고점 최대주주, 회사 임원, 자기주식의 매도는 악재다. 회사를 가장 잘 아는 내부자의 매도는 기업가치 대비 주가고점이란 인식을 심어줘서다. 회사 내부자의 고점 매도 이후 거래량은 줄고 주가는 하락을 이어간다.

케이스 스터디 222 **오너 일가 매수**

그룹 후계자의 저가매수는 바닥

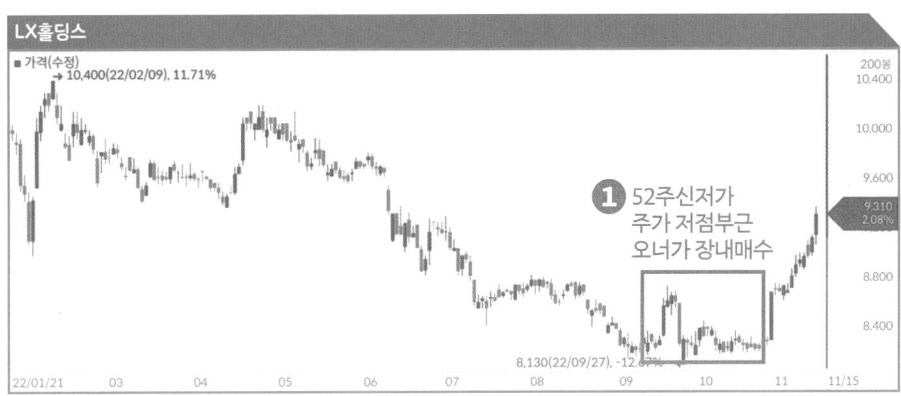

≫ LX그룹 최대주주의 아들(구형모)이 장내에서 LX홀딩스 지분을 사들였다. 주가가 52주 신저가 부근까지 내려가자 저점 매수에 나선 셈이다. PER은 2.67배, PBR은 0.41배 수준까지 떨어졌었다. 오너 일가의 장내매수 이후 주가는 상승곡선을 그렸다.

투자전략 | 최대주주 오너 일가의 주식매입은 주가가 바닥이란 시그널을 준다. 약세장을 활용해 최대주주 등의 주식매입이 증가한다. 자녀들에 대한 증여도 활발해진다. 회사 내부자의 주식매수는 기업가치 대비 저평가란 이미지를 심어준다. 그들의 저가매수에 동참할 필요가 있다.

회사 임직원의 내부정보 이용 주식투자

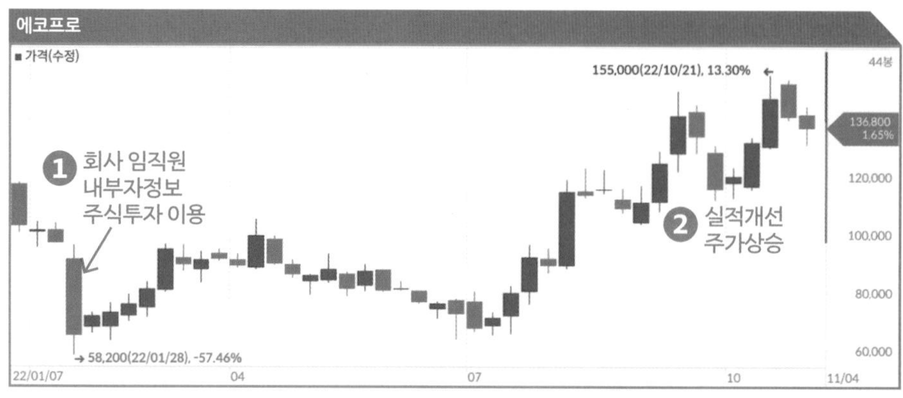

≫ 에코프로는 에코프로비엠과 에코프로에이치엔을 종속회사로 보유하고 있는 지주회사다. ① 에코프로비엠 임직원의 내부정보 이용 주식투자와 공장화재로 주가가 1주간 -40%까지 하락했다. 다만 두 사건 모두 시간이 지나면 잊혀질 뉴스다. ② 하반기 들어 실적개선 결과 주가는 상승세로 접어들었다.

투자전략 | 공장화재, 최대주주 모럴해저드 등의 일회성 악재는 시간이 지나면 잊힌다. 사람은 망각의 동물이다. 실적개선이 기대된다면 일회성 악재로 인한 주가 급락을 저점매수 기회로 삼아보는 역발상이 필요하다.

≫ **영업이익 추이(단위: 억 원)** 2022년 예측(6,073), 2023년 예측(9,484), 2024년 예측(16,130)

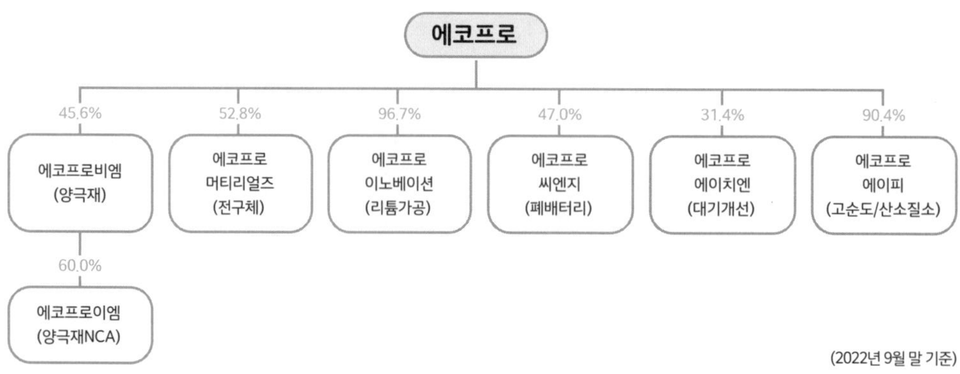

(2022년 9월 말 기준)

최대주주 일감 몰아주기 해소

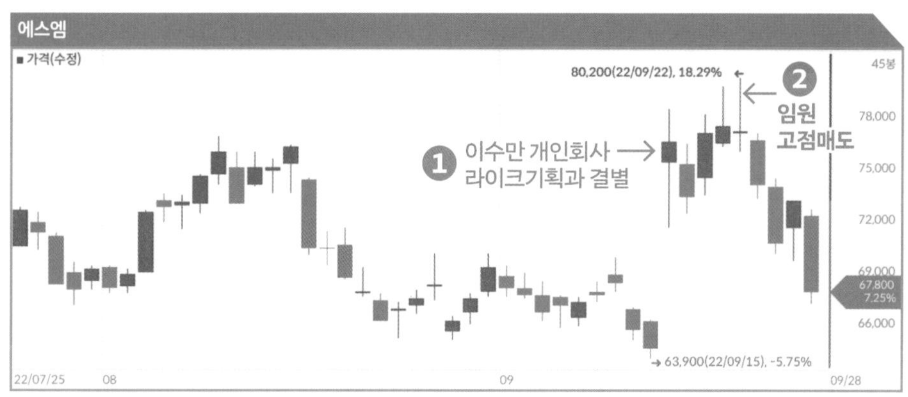

≫ ① 최대주주(이수만 총괄 프로듀서) 개인회사인 라이크기획과 엔터회사인 에스엠이 결별한다는 소식에 에스엠 주가가 급등을 보였다. 라이크기획은 에스엠과 프로듀싱 계약을 맺고 매출의 일정비율(2021년 240억 원)을 인세로 받아왔다. 에스엠 지분 1.1%를 보유한 행동주의 펀드가 주주서한을 보내 문제제기를 해왔다. 에스엠은 이에 대해 프로듀싱 계약 조기종료 의사를 밝혔다. ② 주가가 급등하자 비등기이사(가수 강타)가 단기 주가고점에 보유주식을 매도했다.

투자전략 | 일감 몰아주기 해소는 실적개선을 부르는 호재다. 소액주주 모임, 행동주의 펀드 등의 주주행동이 이슈화될수록 회사는 부담을 갖는다. 관심이 쏠릴수록 주가상승 이벤트가 될 수 있다. 특히 공정거래위원회 등의 조사가 진행될 경우 일감 몰아주기는 해소될 개연성이 높다. 오너 일가에 과도하게 이익을 챙겨주는 관행이 개선되고 그만큼 실적증가를 가져온다.

최대주주 잦은 변경 + 담보대출 반대매매

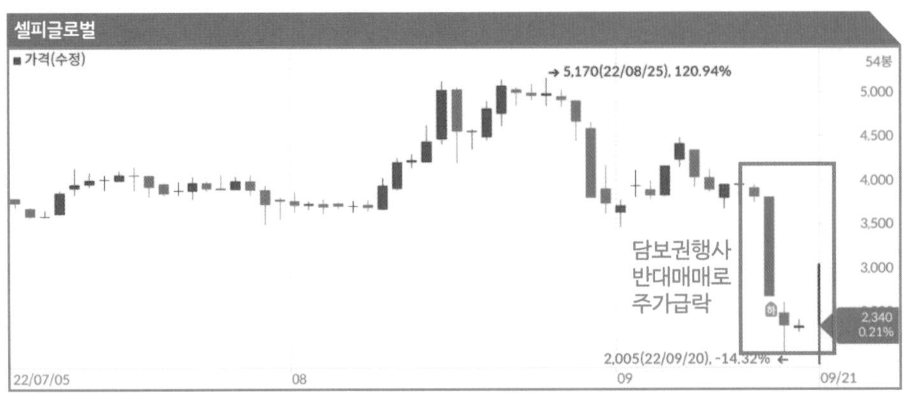

≫ 전자화폐 신용카드 제조사인 셀피글로벌은 2022년 8월과 9월 최대주주가 2번 변경되었고 상호도 바뀌었다. 새로운 최대주주가 회사를 인수하기 위해 돈을 빌렸다. 차입금에 대한 담보로 주식이 제공되었다. 주가가 일정규모 이하로 하락할 경우 반대매매가 이뤄질 수 있다는 조건이 붙었다. 최대주주가 회사를 인수한 뒤 주가가 하락했다. 채권자측은 담보로 잡혀있던 주식을 장내에 팔아서 대출금을 회수해 버렸다. 최대주주의 지분율이 15.72%에서 하루 만에 3.48%로 급감했다. 한 달 만에 주가도 50% 이상 급락했다.

투자전략 | 잦은 최대주주 변경과 상호 변경은 투자위험 신호다. 대부분 실적이 악화된 기업에서 부실해지기 직전 이런 현상이 많다. 최대주주 지분에 대해 담보가 많이 잡힌 경우도 투자 리스크가 크다. 최대주주 지분율이 낮은 적자기업도 주의해야 한다.

최대주주 지분 담보대출 반대매매

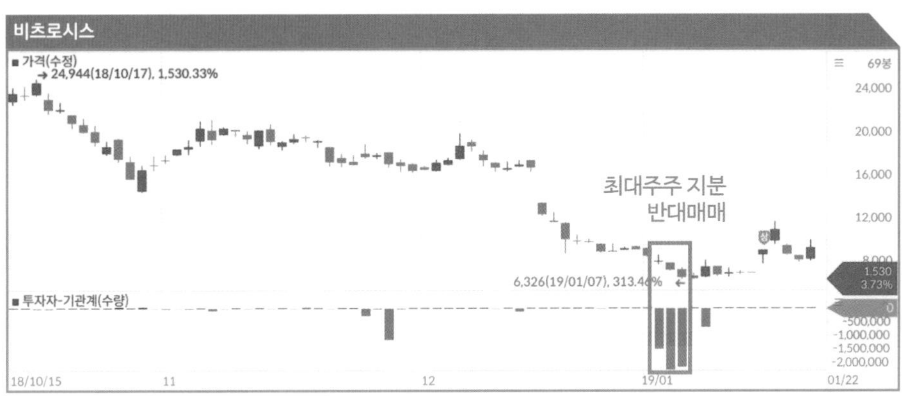

≫ 자동제어시스템 제조기업인 비츠로시스는 남북경협, 누리호 등 관련 테마주로 엮인다. 「최대주주 변경을 수반하는 주식담보제공 계약」 공시가 나왔다. 최대주주가 보유한 주식(13.64%)을 담보로 150억 원을 빌렸다. 주가가 하락할 경우 담보로 잡힌 주식이 매도(반대매매)될 수 있다. 주식이 매도되면 최대주주의 지위도 잃는다. 비츠로시스 주가가 하락하자 채권자는 담보로 잡은 주식을 장내매도해 버렸다.

최대주주 변경을 수반하는 주식 담보제공 계약 체결

1. 담보제공자(최대주주) 관련 사항		
- 명칭(성명, 법인명, 조합명, 단체명)		장태수
- 공시일 현재	소유 주식 수(주)	5,882,662
	지분율(%)	12.18
- 담보권 전부 실행시	소유 주식 수(주)	-
	지분율(%)	-
2. 채무(차입)금액 총액(원)		14,999,995,000
3. 담보설정금액 총액(원)		14,999,995,000

≫ 비츠로시스의 「최대주주 변경을 수반하는 주식 담보제공 계약 체결」 공시다. 담보권이 전부 실행될 경우 최대주주 보유지분은 남아 있지 않게 된다.

투자전략 | 최대주주가 보유주식을 담보로 대출을 받는 경우가 많다. ① 최대주

주나 회사가 보유 자금이 많지 않을 경우, ② 증여(상속)세 재원 마련을 위한 경우에는 주식 담보대출을 받는다. 주가가 하락할 경우 담보가치가 하락하는데, 담보가치 하락분을 채워넣지 못할 경우 임의로 반대매매될 수 있다. 오너리스크에 노출된 기업의 경우 보수적 관점에서 바라봐야 한다. 잘못하면 최대주주가 바뀌는 우여곡절을 겪을 수 있다. 「최대주주 변경을 수반하는 주식 담보제공 계약 체결」 공시가 있는 기업은 투자에 주의하자.

케이스 스터디 227 **최대주주 변경**

적자기업의 잦은 최대주주 변경

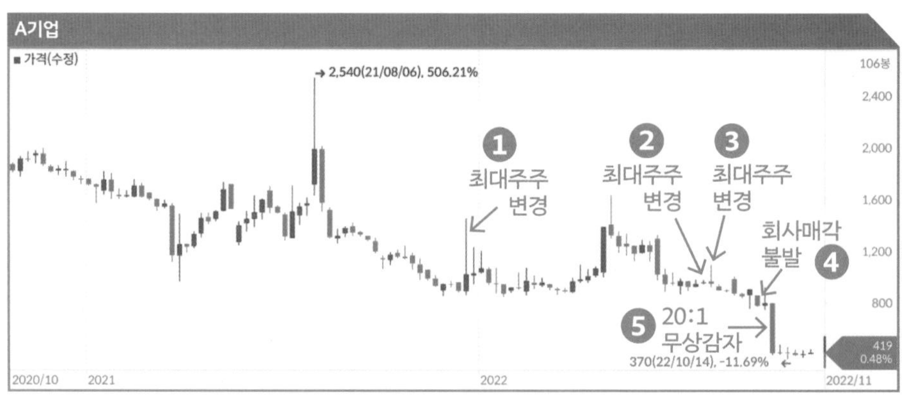

≫ 지속적인 영업적자를 기록 중인 A기업은 1년 사이 최대주주 변경 이슈만 4번이다. 그동안 지속적인 적자에 제3자배정 유상증자 등을 남발한 결과 최대주주 지분은 13.99%까지 내려왔다. 하지만 그 적은 지분도 최대주주가 자주 바뀌는 상황이었다. ①~② A기업의 최대주주가 B가 된지 7개월 만에 C기업으로 최대주주가 바뀌었다. 자본총계가 5,400만 원뿐인 C기업이 270억 원을 대출(연이자 10%)받아 A기업을 인수했다. 인수대금 전액을 대출받은 무자본 인수다. ③ 최대주주 변경 10일 만에 D로 최대주주가 바뀌었다. C기업에게 대출을 해준 D측에서 기한이익 상실을 이유로 대출금을 주식으로 회수했다. 기한이익 상실은 채무자의 신용위험이 클 경우

만기 전 채무를 일시에 회수하는 경우다. ④ 이후 D측은 회사를 매각하려 했으나 불발되었다. 신규 매수자인 F가 의무이행을 제대로 하지 않아서다. ⑤ A기업은 20 : 1 무상감자를 단행했다. 매각이든 유상증자를 받든 그 전에 시가총액 규모를 가볍게 하려는 취지다. 적자기업 자본잠식 해소 이슈도 있다.

≫ **영업적자 추이(단위 : 억 원)** 2019(-520), 2020(-123), 2021(-173)

투자전략 | 적자 부실기업의 잦은 최대주주 변경은 악재다. 최대주주가 주인의식을 가지고 회사를 운영할 리 만무하다. 무자본 인수를 하는 경우는 인수자가 회사를 더 부실하게 만드는 경우도 많다. 소위 한탕 해먹고 나가는 기업 사냥꾼들이다. 적자 부실기업의 망하기 직전 모습일 수 있다.

케이스 스터디 228 **오너리스크**

실적무관 오너리스크는 투자기회

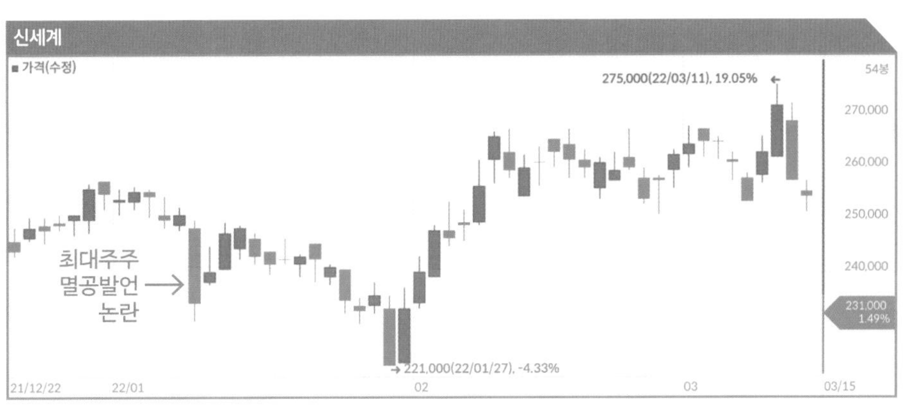

≫ 오너 일가의 '멸공' 발언으로 신세계 주가가 단기급락했다. 스타벅스 불매운동 등이 이어지기도 했다. 이후 오너 일가 본인이 발언을 자제하겠다고 하면서 해프닝으로 끝났다.

투자전략 | 실적과 무관한 최대주주 리스크는 투자기회다. 단기간 급락할 수 있다만 장기실적에는 큰 영향을 주지 않는다. 저점매수 관점에서 급락을 투자기회로 삼아보자.

16장

공시 사례와 투자전략 ⑩

시장조치

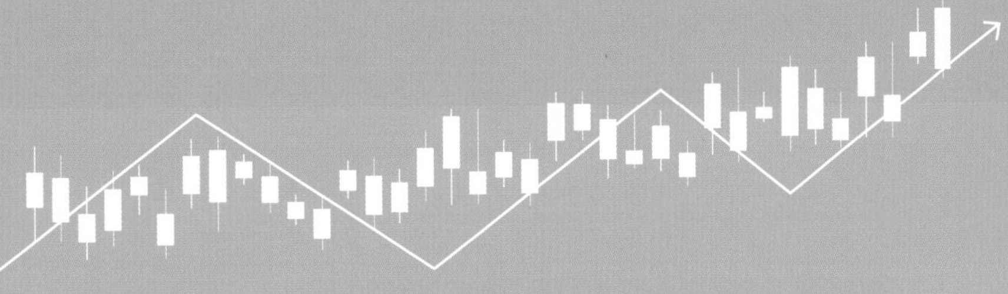

72

시장조치 핵심 정보

투자경고종목 지정

주가가 급등하면 투자주의, 투자경고, 투자위험 단계별로 거래소가 주가 버블을 안내한다. 단계가 올라갈수록 버블 정도는 강하다. 반대로 주가급등이 멈추면 역순으로 완화된다. 투자주의는 시장경보 초기단계로 그 정도가 상대적으로 약하다. 1일만 지정되고 다음날 해제된다. 투자경고와 투자위험은 지정예고와 지정의 2단계를 거친다.

① 투자경고종목 지정예고 → ② 투자경고종목 지정 (신용융자, 대용증권 불가능)
↓
③ 투자위험종목 지정예고 → ④ 투자위험종목 지정

≫ ② 「투자경고종목 지정」 단계부터 신용융자 불가능(위탁증거금률 100% 적용), 대용증권 불가능 (반면 「투자경고종목 지정예고」 단계는 신용융자, 대용증권 모두 가능)

투자경고종목이나 투자위험종목으로 지정되면 위탁증거금률을 100% 적용한다. 신용융자 등 빚투자가 어렵기에 거래량이 줄어든다. 대용증권으로도 사용할 수 없다.

≫ 대용증권의 대용(대신할 代, 쓸 용用)은 대신해 다른 것을 쓴다는 의미다. 현금 대신 사용할 수 있도록 별도로 지정한 증권이다. 보유 중인 주식을 주식매매를 위한 위탁증거금이나 신용거래를 위한 보증금 등으로 사용할 수 있다.

투자경고종목 지정예고 시점부터 세력들이 빠져나간다. 과한 거래량을 일으키면서 마지막 주가급등을 만든 뒤 매도하고 나간다.

≫ 투자경고종목 지정예고 사유는 ① 당일 종가가 3일 전 대비 100% 상승 ② 5일 전 대비 60% 상승 ③ 15일 전 대비 100% 상승일 경우 등이다.

투자주의종목-투자경고종목-투자위험종목 지정 순서도

1 투자주의종목
투자주의종목
3일간 100% 상승
5일간 60% 상승
5일간 45%상승 & 불건전요건
15일간 100% 상승
15일간 75%상승 & 불건전요건
15일간 투자주의 5회 &75%상승
2일간 40%상승(재지정)
지정 해제시
2 투자경고종목
투자경고종목
· 위탁증거금100%
· 신용거래제한
· 대용증권제한
2일간 40% 상승
매매거래정지 (1일)
3일간 45% 상승
5일간 60% 상승
5일간 45% 상승 & 불건전요건
15일간 100% 상승
15일간 75% 상승 & 불건전요건
지정 해제시
3 투자위험종목 매매거래정지 (1일)
투자위험종목
· 위탁증거금100%
· 신용거래제한
· 대용증권제한
3일간 연속 상승
매매거래정지 (1일)
매매거래정지 해제시 투자위험종목 재지정

① 소수계좌 거래집중
② 종가급변
③ 상한가잔량 상위
④ 단일계좌 거래량상위
⑤ 소수계좌 매수관여과다
⑥ 특정계좌군 매매관여 과다
⑦ 풍문관여 과다
⑧ 스팸관여 과다
⑨ 투자경고 지정예고
⑩ 투자경고 지정해제

출처: 한국거래소

단기과열종목 지정

단기간 주가가 이상급등하는 경우 단기과열종목으로 지정된다. 주가상승률, 평균회전율, 일중 변동성 등을 고려해 선정된다. 지정예고와 지정 2단계를 거친다. 지정예고 후 10영업일 내에 추가급등할 경우 지정된다. 단기과열종목으로 지정되면 3영업일간 30분 단위 단일가매매 방식(투자자의 주문을 30분 동안 모아 일시에 하나의 가격으로 체결)이 적용된다. 지정일 전일 대비 20% 이상 주가가 상승할 경우 지정기간이 연장된다.

변동성 완화장치(VI)

VI(Volatility Interruption, 변동성 완화장치)는 단기 주가급등 시 2분간 단일가매매를 적용한다. 발동 횟수제한은 없다. 단일가매매 중 발동할 경우에는 단일가를 2분간 연장한다. 다만 30분 단위로 매매되는 정리매매종목(상장폐지 대상종목)과 단기과열종목은 적용 예외다. 정적VI와 동적VI가 있다. 정적VI는 직전 단일가 대비 ±10% 변동 시에 발동한다. 동적VI는 순간적인 수급 불균형, 주문착오 등에 따라 발동한다.

소수계좌 투자주의종목 지정

소수의 세력이 작전을 하고 있는 종목을 거래소가 투자주의종목으로 지정한다. 주요 사유로는 소수계좌 거래집중, 15일간 상승종목의 당일 소수계좌 매수관여 과다, 단일계좌 거래량 상위, 특정계좌(군) 매매관여 과다 등이 있다.

스팸관여과다종목 지정

주가급등+스팸문자가 많은 종목이 스팸관여과다종목이다. 거래소는 해당 사유로 투자주의 종목으로 지정한다.

불성실공시법인 지정

공시의무를 제대로 이행하지 않으면 불성실공시법인으로 지정된다. 믿지 못할 양치기소년 취급을 받는다. 벌점, 벌금, 매매정지 등 불이익이 따른다. 벌점은 경중에 따라 최대 14점(코스닥 12점)까지 부과받을 수 있다. 벌점 10점(코스닥 8점)이상이면 하루 동안 매매가 정지된다. 벌점이 과하면 상장 적격성 실질심사를 거쳐 상장폐지될 수도 있다. 상장 적격성 실질심사는 상장폐지 유무를 거래소가 세밀하게 들여다보는 과정이다. 불성실공시 지정전 지정예고 공시가 먼저 나온다.

≫ 불성실공시법인으로 지정예고되면 해당 법인은 이의신청을 할 수 있다. 이의신청 기간이 종료된 이후 거래소는 최종 심의를 거쳐 불성실공시법인 지정여부를 결정한다.

불성실공시로는 ① 공시불이행 ② 공시번복 ③ 공시변경이 있다. ① 공시불이행은 기한 내 미신고, 거짓 공시 ② 공시번복은 기공시내용 전면취소나 부인 ③ 공시변경은 기공시 내용 중 중요한 부분의 변경을 말한다.

불성실공시법인 관리종목 지정 또는 상장폐지 사유

시장	관리종목 지정 사유	상장폐지 사유
코스피	1년간 공시위반 관련 벌점 합계 15점 이상	관리종목 지정 중 벌점 추가 15점 또는 관리종목 지정 중 고의, 중과실로 공시의무 위반
코스닥	-	1년간 공시위반 관련 벌점 합계 15점 이상

≫ 코스피 종목은 1년간 벌점이 15점이면 관리종목에 지정된다. 관리종목에 지정된 후에도 추가 벌점 15점 또는 고의, 중과실로 공시의무를 위반할 경우 상장 적격성 실질심사 대상이 된다. 코스닥 종목은 보다 강화된 규정을 적용한다. 1년간 벌점 15점이면 바로 상장 적격성 실질심사 대상이 된다.

공매도과열종목 지정

공매도(빌 공空: 비어 있다는 의미)는 주가하락을 예상할 경우 주식을 빌려서 미리 파는 행위다. 공매도가 과하게 많은 종목은 공매도과열종목으로 지정되고 1일간 공매도가 금지된다. 공매도과열종목 지정은 악재다. 공매도가 과하게 일어난다는 건 주가하락 심리가 크다는 거다. 단기간 주가는 하락할 가능성이 높다. 공매도는 주로 외국인과 기관투자자가 한다. 공매도에 앞서 그들이 주식을 빌리는 행위를 대차라고 한다. 대차잔고가 많으면 공매도가 늘어날 가능성이 높다. 공매도는 주식으로 되갚아야 한다. 빌린 주식을 갚기 위해 주식을 되사는 행위를 숏커버(Short Cover), 숏커버링(Short Covering)이라고 한다. 숏(Short)은 매도를 의미한다.

≫ 개인이 주식을 빌리는 행위는 대주라고 한다.

≫ 숏스퀴즈(Short Squeeze)는 공매도한 주식을 다시 사서 갚는 과정에서 주가가 폭등하는 현상을 말한다.

네이버 증권 공매도현황 화면

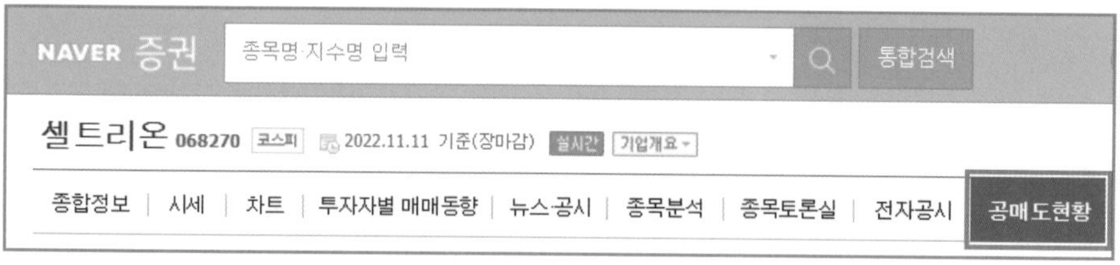

NAVER 증권 | 종목명·지수명 입력 | 통합검색

셀트리온 068270 코스피 2022.11.11 기준(장마감) 실시간 기업개요

종합정보 | 시세 | 차트 | 투자자별 매매동향 | 뉴스·공시 | 종목분석 | 종목토론실 | 전자공시 | 공매도현황

≫ 네이버 증권에서 종목명을 검색하면 공매도현황을 확인해 볼 수 있다.

투자주의환기종목 지정

코스닥 상장종목 중 관리종목 지정 또는 상장폐지 결정이 우려되는 기업에 대해 거래소가 지정한다. 정기지정은 매년 5월 최초 매매일에, 수시지정은 사유발생 시에 한다. 해당종목들은 부실위험이 높기에 투자에 주의해야 한다.

거래소 공시 사이트 KIND 투자주의환기종목 화면

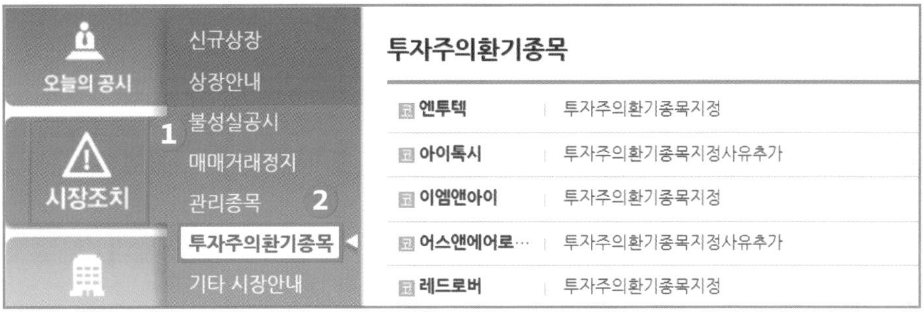

오늘의 공시
시장조치
신규상장
상장안내
불성실공시
매매거래정지
관리종목
투자주의환기종목
기타 시장안내

투자주의환기종목

엔투텍	투자주의환기종목지정
아이톡시	투자주의환기종목지정사유추가
이엠앤아이	투자주의환기종목지정
어스앤에어로…	투자주의환기종목지정사유추가
레드로버	투자주의환기종목지정

≫ 거래소 공시 사이트 KIND 메인화면에서 ①시장조치 탭의 ②투자주의환기종목을 클릭하면 해당 종목들을 확인할 수 있다.

관리종목 지정

상장폐지 가능성이 높으면 관리종목에 지정된다. 상황이 더 악화되거나 또는 6개월(1년) 후에도 나아지지 않으면 상장폐지된다. 관리종목 투자는 리스크가 크다. 유일한 호재는 관리종목 탈피이다. 관리종목은 위탁증거금률 100%, 신용거래 제한, 대용증권 불가 등 제한이 많다. 관리종목은 종목명 옆에 관리 또는 관리종목으로 표시가 되어 있다. 네이버에 관리종목이라 치면 관리종목 리스트가 보인다.

네이버 관리종목 검색 화면

종목명	현재가	전일대비	등락률	시가총액	거래량
비케이탑스	904	- 0	0.00%	192억	-주

≫ 네이버에 '관리종목'이라고 검색하면 관리종목 리스트가 나온다.

MTS에서 관리종목 주문화면

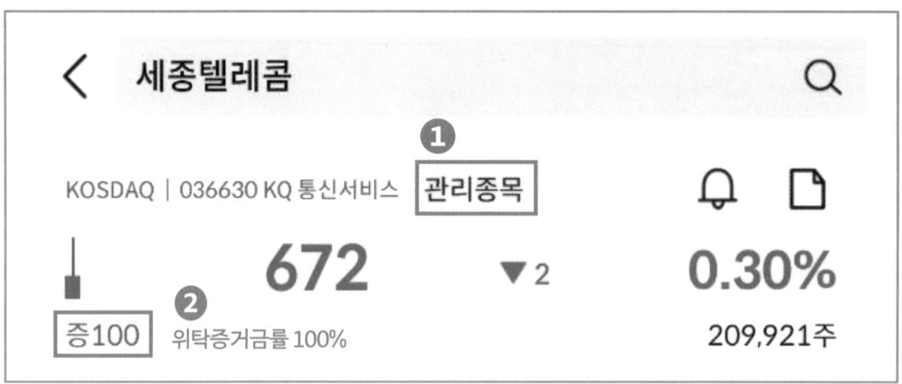

≫ ① 관리종목은 종목명에 관리종목으로 별도 표기가 된다. ② 「증100」은 위탁증거금률 100%란 의미다. 관리종목은 위탁증거금률 100%를 적용한다. 보유 현금으로만 투자해야 하므로 빚투자가 안된다.

상장폐지

상장폐지 주된 사유는 대규모 영업적자, 감사의견 거절 등이다. 실적악화로 인해 계속기업으로 유지가 어려운 경우가 대부분이다. 감사보고서 부적정, 의견거절, 범위제한 한정 등도 상장폐지 사유다 외부 회계법인 감사의견은 ① 적정 ② 한정 ③ 부적정 ④ 의견거절이 있다. ① 적정은 기업회계기준에 따라 적정하게 작성된 경우다. 적정의견을 받았다고 해서 우량기업이라고 판단하는 건 아니다. 단지 회계작성이 절차상 하자가 없다는 의미다. ② 한정은 감사범위 부분적 제한, 회계기준 위반이 미미한 경우다. ③ 부적정은 회계기준 위반이 중대한 경우다. ④ 의견거절은 증거 불충분, 회사 존립 불가능, 회계사 독립 감사가 불가능한 경우다.

감사의견에 따른 관리종목 지정 또는 상장폐지 사유

시장	관리종목 지정 사유	상장폐지 사유
코스피	반기보고서 부적정, 의견거절 감사보고서 범위제한 한정	감사보고서 부적정, 의견거절 감사보고서 범위제한 한정 2년 연속
코스닥	반기보고서 부적정, 의견거절, 범위제한 한정	감사보고서 부적정, 의견거절, 범위제한 한정

≫ 반기보고서(6개월), 감사보고서(1년)

코스닥 상장사는 4년 연속 영업손실이면 관리종목에 지정된다. 5년 연속 영업손실일 경우 상장적격성 실질심사 대상으로 상장폐지될 수 있다. 상장적격성 실질심사는 상장폐지 유무를 거래소가 세밀하게 들여다보는 과정이다. 심사결과 거래재개, 개선기간 부여, 상장폐지 등을 결정한다. 최종부도 등이면 상장적격성 실질심사 없이 즉시 상장폐지 되기도 한다.

≫ 적자지만 기술가치가 뛰어날 경우 전문평가기관의 기술평가를 받아 상장이 가능하다. 이를 「기술성장기업 상장특례」라 한다. 이들 기업은 5년 연속 영업손실에 따른 상장폐지 예외 적용을 받는다.

정리매매

상장폐지 결정 후 7영업일간 거래소에서 마지막으로 매매를 할 수 있다. 30분단위 단일가매매 방법이며 가격제한폭(±30%)은 없다.

73

시장조치 투자전략

매출계약 번복으로 불성실공시법인에 지정된 기업을 피하라

불성실공시법인 지정 사유 중 대형 악재는 매출계약 번복(취소)다. 대규모 매출계약을 맺었다는 공시로 주가는 한차례 급등했다. 실적개선을 기대하기에 주가는 미리 오른 것이다. 하지만 매출계약이 취소되거나 줄어든다는 건 대형 악재다. 매출계약이 종료되는 시점에서 계약이행이 되지 않는 경우도 있다. 이 역시 사업이 잘되지 않는 경우이니 좋은 기업은 아니다. 과거 그런 경우가 있는 적자 부실회사나 중소형 회사, 최대주주가 자주 바뀌는 회사라면 대규모 수주계약 체결(매출계약) 공시를 일단 의심의 눈으로 바라보자.

실적을 믿을 수 없는 기업은 투자하지 말자. 실적이 꾸준하게 나와야하고 이왕이면 실적이 개선되어야 한다. 실적은 예측한 대로 가줘야 한다. 사이클 산업도 반도체처럼 정기적인 사이클이 돌아와야 한다. 사이클 저점에 사두고 고점에 매도할 수 있는 기회를 줘야 한다. 그런 안정적인 기업만이 최고의 투자처다.

공매도 금지에 바이오 종목이 웃는다

공매도 세력이 좋아하는 투자대상은 ① 실적이 악화되는 종목 ② 주가가 단기간 과하게 급등한 종목 ③ 기업가치 대비 주가버블이 심한 종목이다. 이 세 가지 조건을 만족하는 대표적인 업종이 바이오다. 바이오는 장기간 임상실험을 거쳐야 한다. 우리나라 바이오 기업은 미국 등과 달리 파이프라인(신약개발 프로젝트)도 풍부하지 못하다. 임상실험 실패가 회사 존립에 영향을 주기도 한다. 투자비용이 지속적으로 필요해 유상증자 등을 끊임없이 하게 된다. 주식수가 과하게 많아지고 시가총액도 늘어난다. 임상실험이 성공해 시판되기 전까진 매출이 미미하다. 미래신약 기대감에 기업가치 대비 주가버블이 심하다. 공매도가 끊임없이 공격을 하게 된다.

글로벌 경기불황으로 주식시장이 급락하면 정부가 공매도 금지를 대책으로 내놓는다. 과한 매도를 잠재워 주식시장을 안정시키는 거다. 공매도 금지 발표에 공매도가 많은 업종이 숏커버(숏커버링) 수혜를 본다. 공매도 금지 정책 효과로 바이오기업 주가가 상승흐름을 보인다.

≫ 원래 주가지수(코스피200, 코스닥150 등)에 편입되는 건 큰 호재다. 주가지수를 추종하는 각종 패시브 자금(시장지수추종 투자자금)들이 포트폴리오를 구성하려 매수해서다. 안정적 주가흐름을 위해 지수에 편입되는 게 좋다. 코로나19로 인해 한동안 공매도를 금지시켰다. 공매도가 재개되었지만 2023년 3월 말 기준 코스피200, 코스닥150 종목에 한해 공매도를 허용하고 있다. 이 때문에 코스피200, 코스닥150 종목에 신규 편입되면 공매도에 시달리는 기현상이 벌어지고 있다.

공매도과열종목, 단기간 주가가 오르기 어렵다

공매도 투자자는 외국인과 기관투자자다. 막강한 자금을 보유한 이들이 매도하기에 그들을 이기긴 어렵다. 공매도과열종목으로 지정된 경우 단기간 주가가 오르기 어렵다. 공매도는 주가가 내려갈수록 수익이 난다. 숏커버를 기대한다만 생각보다 주가는 더 내려갈 수 있다. 약세장일수록 투매물량을 받쳐줄 매수세도 없다. 공매도 과열종목으로 공시된 종목을 저점매수 관점으로 접근하는 건 조심하자. 실적악화 등 합리적 이유가 있기에 공매도가 과열된 거다.

주식투자의 기본원칙은 외국인과 기관 따라하기다. 그들이 매도하는데 그 주식을 살 이유가 없다. 그들과 방향성을 같이해서 가야 한다. 그들이 적극적으로 매수하는 종목 위주로 접근해서 투자해 보자.

투자경고종목 지정예고는 매도 시그널이다

투자경고종목 지정예고부터는 매도 경고등이 켜진다. 지정예고에도 불구하고 주가가 더 오르면 투자경고종목으로 지정된다. 투자경고종목으로 지정되면 위탁증거금률 100%다. 위탁증거금률은 매수할 때 보유해야 하는 현금 비중이다. 보통은 40%정도이므로 현금 40만 원이면 100만 원어치 주식을 살 수 있다. 헌데 위탁증거금률이 100%가 되면 40만 원 밖에 못산다. 거래량이 대폭 줄어들 수밖에 없다. 정확히 표현하면 매수물량이 줄어든다. 매수세가 못 받쳐주기에 차익실현 매물이 쏟아지면서 단기에 주가가 급락할 수 있다.

세력들은 투자경고종목 지정예고부터 빠져나가기 시작한다. 자기들의 매물을 소화시켜야 하기에 거래량을 최대한 끌어올린다. 거래량 증가는 주가상승으로 이어지고, 단타투자자들도 몰려든다. 덕분에 쉽게 매물을 정리할 수 있다. 문제는 뒤늦게 뛰어든 초보 투자자들이 크게 손해 볼 수 있다는 점이다.

≫ 급등종목은 신용융자, 미수거래 등 빚투자가 많다. 급등을 이용해 단기간 수익을 내겠다고 달려든다. 급등이 꺼질 경우 빚투자는 반대매매 매물이 쏟아질 수도 있다.

≫ 급등주일수록 주가추이와 함께 거래량을 체크해 봐야 한다. 주가고점 거래량 급등은 세력 이탈 시그널이다. 주로 투자경고종목 지정예고와 지정 사이에 거래량 급등이 발생한다. 세력이 빠져나가면서 거래량을 크게 일으키게 된다.

실적과 무관한 횡령사건을 저점매수 관점에서 주목하라

회사내 횡령사건은 대형 악재다. 횡령액 회수가 잘 안 되면 회사가 휘청거린다. 하지만 횡령사건은 실적과 무관하다. 실적이 좋은 우량기업이라면 일회성 악재다. 최대주주나 내부직원의 미공개정보 이용, 최대주주 갑질 같은 모럴해저드 등도 실적과 무관하다. 실적이 좋은 기업이라면 일회성 단기악재가 저점매수 기회가 될 수 있다.

공장화재 급락을 저점매수 기회로 삼아보자

공장화재는 실적악화를 가져오는 요인이다. 관련 뉴스로 주가는 단기간 하락한다. 하지만 공장 재가동까지 시간이 1~2년 이내라면 저점매수 기회일 수 있다. 공장이 원래대로 돌아간다면 묻어두고 투자할 만하다. 실적이 회복될 수 있어서다. 공장화재로 인해 반사이익을 얻을 상대(경쟁자)를 단기간 주목해 보는 것도 좋다.

중국 경쟁기업 공장화재 단기급등

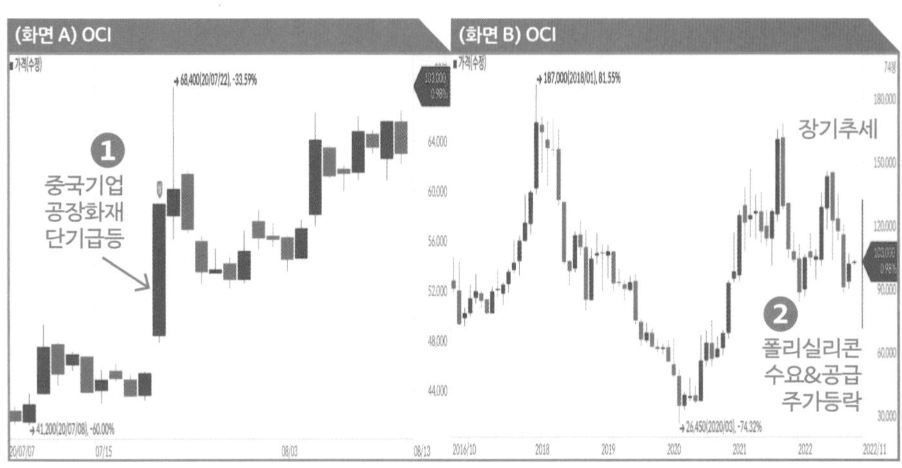

≫ OCI는 태양광 폴리실리콘을 생산하는 업체다. 폴리실리콘은 반도체 웨이퍼와 태양광 패널에 쓰이는 원재료다. ① 세계 1위 폴리실리콘 업체인 중국 보리협흠에너지(GCL) 공장에서 화재가 발생했다는 소식에 주가가 단기급등했다. 중국기업의 공장 가동이 3~6개월간 중단할 거란 예상에 공급부족을 기대하는 눈치다. 다만 경쟁상대의 3~6개월간의 가동중단은 단기 이벤트다. ② 주가를 좌우하는 건 장기적인 폴리실리콘 가격이다. 폴리실리콘은 중국업체의 공급과잉 이슈로 가격이 하락하기도 했다. 공급과잉은 가격하락으로 이어지고 OCI 실적도 악화된다. 반대로 공급부족은 OCI 실적상승으로 이어진다. 탄소중립 정책은 태양광 발전 패널수요 증가를 가져오기에 OCI에게는 호재다.

투자전략 | 화재, 자연재해 등 경쟁기업 악재는 단기 주가상승 호재다. 다만 장기적인 실적개선과는 거리가 있다. 반사이익에 따른 단기급등이 차익실현 기회일 수 있다.

74

시장조치 공시의 핵심 사항

불성실공시법인 지정 (남양유업, 2021.10.6.)

① 회사명: 남양유업

② 불성실공시 유형: 공시불이행, 공시번복

③ 불성실공시 내용: 주요경영사항(최대주주 보유주식 매매계약 체결) 공시의 철회, 주요경영사항(최대주주 보유주식 매매계약 관련 주식양도소송 제기 사실)의 지연공시

≫ (해석) 불성실공시 사유를 체크해 보자. 회사의 존립이나 실적에 영향을 주는 요인인지 확인해 보자.

④ 부과벌점 현황: 부과벌점 11, 기 부과벌점 0, 누계벌점 11

≫ (해석) 벌점을 체크해 보자. 벌점이 과하면 매매거래 정지, 관리종목 지정 또는 상장폐지 대상이 될 수 있어서다. 남양유업(코스피 상장사)은 부과벌점이 11점으로 지정일 당일 1일간 매매거래가 정지되었다.

e) 공시위반제재금: 2억 2,000만 원

공매도과열종목 지정

(메지온, 2022.7.15.)

≫ (해석) 메지온은 먹는 코로나19 치료제 개발업체와 공급계약을 체결했다. 정부가 해당 약에 대한 도입을 추진하겠다고 밝히면서 주가가 급등했다. 다만 주가급등에 따라 공매도가 증가해 공매도과열종목으로 지정되었다. 공매도가 몰린 종목이란 시그널이 주가하락을 유도한다.

① 대상종목: 메지온

② 지정일: 2022년 7월 18일

③ 시장조치 내용

• 지정일 1일간 정규시장 및 시간외시장에서 동 종목의 공매도 거래가 금지 (지정일 익일부터는 공매도 거래가 가능)

≫ (해석) 공매도과열종목에 지정되면 지정일 1일간 공매도가 금지된다.

투자경고종목 지정예고

(공구우먼, 2022.6.14.)

① 대상종목: 공구우먼 보통주

② 지정예고일: 2022년 6월 15일

③ 지정예고사유

2022년 6월 14일의 종가가 5일 전일의 종가보다 60% 이상 상승

2022년 6월 14일의 종가가 15일 전일의 종가보다 100% 이상 상승

④ 투자경고종목 지정 여부: 지정예고일부터 10일째 되는 날 이내의 날로서 다음 (1) 또는 (2) 중 하나에 해당하면 그 다음날 투자경고종목으로 지정됨

(1) 단기급등 (다음 사항에 모두 해당)

- **판단일(T)의 종가가 5일 전날(T-5)의 종가보다 60% 이상 상승**
- 판단일(T)의 종가가 당일을 포함한 최근 15일 종가 중 가장 높은 가격
- 5일 전날(T-5)을 기준으로 한 해당종목의 주가상승률이 같은 기간 종합주가지수 상승률의 5배 이상

(2) 중장기급등 (다음 사항에 모두 해당)

- **판단일(T)의 종가가 15일 전날(T-15)의 종가보다 100% 이상 상승**
- 판단일(T)의 종가가 당일을 포함한 최근 15일 종가중 가장 높은 가격
- 15일 전날(T-15)을 기준으로 한 해당종목의 주가상승률이 같은 기간 종합주가지수 상승률의 3배 이상

투자경고종목 지정여부 최초 판단일은 6월 15일이며 2022년 6월 28일까지 판단함

≫ (해석) 투자경고종목 지정은 지정예고와 지정 2단계로 이루어진다. 지정예고 이후 10영업일 안에 주가가 더 급등하면 지정된다. 지정예고 공시에 지정사유와 지정금액을 미리 체크해 보자. 투자경고종목 지정금액 부근에서 주가는 향후 방향성을 정한다. ① 주가가 급등해 지정되거나. ② 또는 지정금액 부근에서 하락하는 경우다. 보수적인 투자자라면 지정예고 이후 주가급등에 차익실현하는 것도 방법일 수 있다.

(예시) 위의 공구우먼 공시예시에서 보면, 「판단일(T)의 종가가 5일 전날(T-5일)의 종가보다 60% 이상 상승」하면 투자경고종목으로 지정된다. 가령 T-5일의 종가가 1만 원이라면 T일의 주가가 16,000원 이상일 경우 투자경고종목에 지정된다. 보수적 투자자라면 투자경고종목 지정금액 16,000원 주가 부근을 적정한 차익실현 가격으로 잡고 투자에 임하는 거다. 투자경고종목으로 지정되면 신용융자 등 빚투자가 어려워 거래량이 줄어들고, 주가는 하락추세를 보인다.

단기과열종목(3거래일 단일가매매) 지정예고 (광림, 2022.9.5.)

① 지정예고일: 2022년 9월 6일

② 지정요건: 1) **예고일부터 10거래일 이내** 어느 특정일에 아래 3가지 요건에 모두 해당하고, 2) 해당일의 종가가 직전 거래일 종가 및 3) 지정예고일 전일 종가 대비 상승하는 경우 그 다음 매매거래일부터 단기과열종목으로 지정

(1) (주가상승률) 당일 종가가 직전 40거래일 종가 평균의 130% 이상

(2) (거래회전율) 최근 2거래일(당일 포함) 일별 거래회전율 평균이 직전 40거래일 평균의 600% 이상

(3) (주가변동성) 최근 2거래일(당일 포함) 일별 주가변동성 평균이 직전 40거래일 평균의 150% 이상

③ 투자유의사항: 단기과열종목으로 지정되는 경우 3거래일간 30분 단위 단일가매매방식 적용

≫ (해석) 지정예고 이후 10거래일 이내에 주가가 더 급등할 경우 단기과열종목에 지정된다. 지정되면 3거래일간 30분 단위로 단일가매매방식이 적용된다.

조회공시 요구(풍문 또는 보도) (DB하이텍, 2022.7.12.08:41)

DB하이텍, 반도체 설계사업 분사 보도에 대한 조회공시 요구

① 조회공시요구내용: 반도체 설계사업 분사 보도

≫ (해석) DB하이텍의 물적분할 기사로 인해 주가가 급락했다. 거래소는 DB하이텍에게 신문기사 내용에 대한 답변을 조회공시 요구했다.

② 공시시한: 2022-7-12

조회공시 요구(풍문 또는 보도)에 대한 답변(미확정) (DB하이텍, 2022.7.12.11:51)

반도체 설계사업 분사 보도에 대한 조회공시 답변

① 내용: 파운드리 사업부와 설계(팹리스) 사업부 전문성을 강화하는 방향으로 **분사 검토를 포함하여 다양한 전략 방안을 고려중이나, 구체적인 방법 및 시기 등은 결정된 바 없음. 추후 구체적인 내용이 확정되는 시점 또는 1개월 이내에 재공시 하겠음**

② 재공시 예정일: 2022년 8월 11일

≫ (해석) DB하이텍은 분사검토를 고려 중이나 구체적인 내용은 결정되지 않았다고 답변했다. 구체적인 내용 등은 1개월 이내 재공시하겠다고 밝혔다. 1개월 후에도 확정이 안될 경우 추가로 후속 답변일정을 알려준다.

케이스 스터디 230 **투자경고종목**

투자경고종목 지정과 주가추이

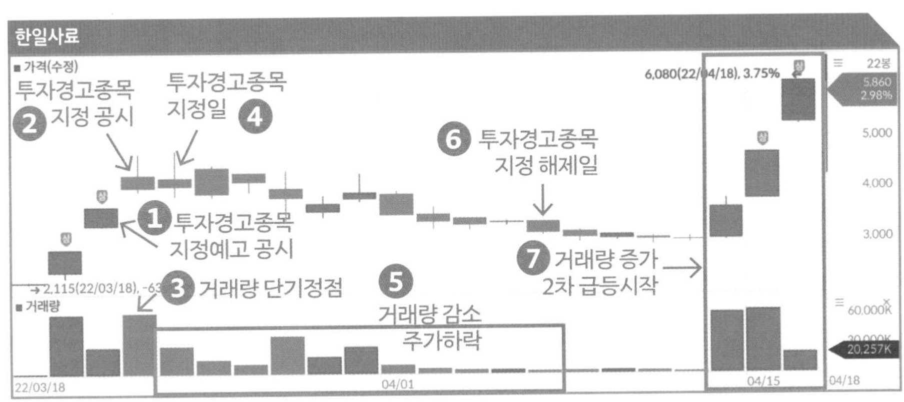

≫ 배합사료를 생산하는 한일사료 주가가 우크라이나 전쟁 이슈로 급등을 했다. ① 투자경고종목 지정예고 공시에도 주가는 더 상승을 했고 ② 투자경고종목 지정 공시가 나왔다. ③ 투

자경고종목 지정 공시가 나온 날 거래량이 단기정점을 보였다. 세력들이 거래량을 일으키며 빠져나간 상황이다. ④ 투자경고종목 지정일 이후부터 주가는 하락 추세다. ⑤ 위탁증거금률 100%를 적용하니 거래량도 줄어들었다. ⑥ 투자경고종목 지정이 해제되는 날부터 위탁증거금률 100%를 바로 원위치시키지 않는다. 증권사별로 몇 일간 시차를 두고 되돌려 놓는다. ⑦ 투자경고종목 지정에서 해제된 다음 2차 재상승하는 경우가 많지는 않다. 예외적으로 한일사료는 우크라이나 전쟁이 과열양상을 보이며 2차 재상승이 가능했다.

투자전략 | 투자경고종목 지정예고와 지정 공시는 단기급등종목 매도 시그널이다. 더 욕심을 내다가 차익실현 기회를 놓칠 수 있다. 더 이상의 주가급등은 강심장들에게 남겨두고 안전하게 빠져나오는 게 좋다.

케이스 스터디 231 **지정예고**

주가급등 지정예고에 주된세력 이탈

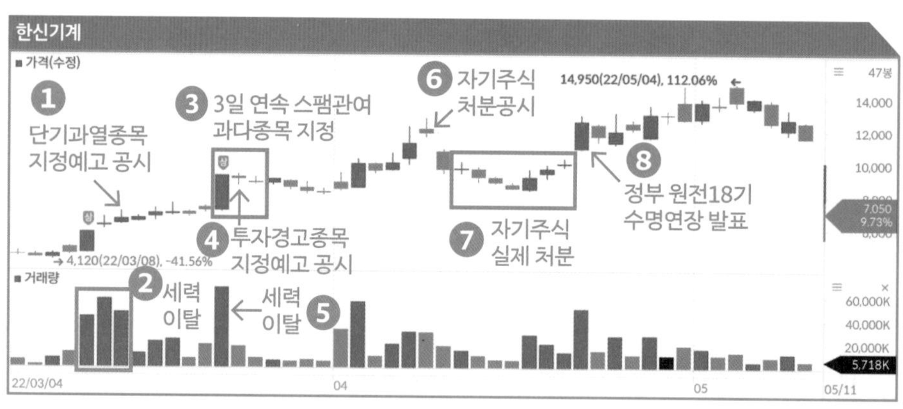

≫ 한신기계는 원자력 발전소용 공기압축기를 국내 원전에 공급해온 덕분에 원전 테마로 엮인다. ① 새 정부 인수위원회에서 원전 정책을 강조하면서 주가가 강세를 보였다. 단기과열종목 지정예고 공시가 나온 뒤 주가는 더 오르지 않고 조정을 보였다. ② 주도세력이 단기과열종목 지정 전 이탈해버렸고 거래량이 급감했다. ③ 3일 연속 스팸관여과다종목에 지정되면서 주가

가 강세를 보였다. ④ 투자경고종목 지정예고 공시도 나왔다. ⑤ 이번에도 주도세력은 투자경고종목 지정이 되기전 거래량을 크게 일으키고 이탈했다.

⑥ 주가가 재차 상승하자 회사는 166만 주(발행주식의 5.1%)의 자기주식 처분공시를 발표했다. ⑦ 처분기간은 3개월 동안인데 실제 처분은 7영업일간 이뤄졌다. 매도물량으로 인해 주가는 조정을 보였다. ⑧ 정부의 친원전 정책 발표에 주가는 상승하기 시작했다.

투자전략 | 단기과열종목 지정예고, 투자경고종목 지정예고 이후 치열한 눈치싸움이 시작된다. 투자경고종목 지정예고 이후 10영업일간 주가가 급등하면 투자경고종목에 지정된다. 지정예고 이후 주가 패턴은 1) 주가가 더 급등해 투자경고종목에 지정되거나 2) 주가가 횡보 또는 하락하는 경우다. 지정예고와 지정 사이 단기매도 타이밍 결정이 중요하다.

1) 투자경고종목 지정: 지정예고 이후 주가가 급등해 투자경고종목에 지정되는 경우다. 빠른 주가급등 끝맺음을 하는 케이스다. 투자경고종목으로 지정되기 직전 세력은 거래량을 크게 일으키며 주가를 급등시킨다. 주가급등에 차익실현 후 세력은 사라진다. 세력들이 빠져나갔기에 막상 투자경고종목에 지정되고 나선 대부분 거래량 감소, 주가하락을 겪는다. 예외적으로 주가가 더 급등하기도 하는데 그 경우는 흔하지 않다.

2) 횡보 후 조정/하락: 반면 지정예고 이후 주가가 횡보하거나 하락하는 경우도 많다. 세력이 지정을 피하기 위해 한 템포 쉬는 경우일 수도 있고 또는 일찍 주가급등이 마무리되는 경우일 수도 있다. 만약, 지정예고에 거래량이 크게 터졌다면 이른 세력이탈 시그널일 수 있다. 급등주일수록 거래량 추이를 체크하며 세력이탈 여부를 파악해야 한다.

케이스 스터디 232 **조회공시**

조회공시 : 주요 공시대상 없음 답변

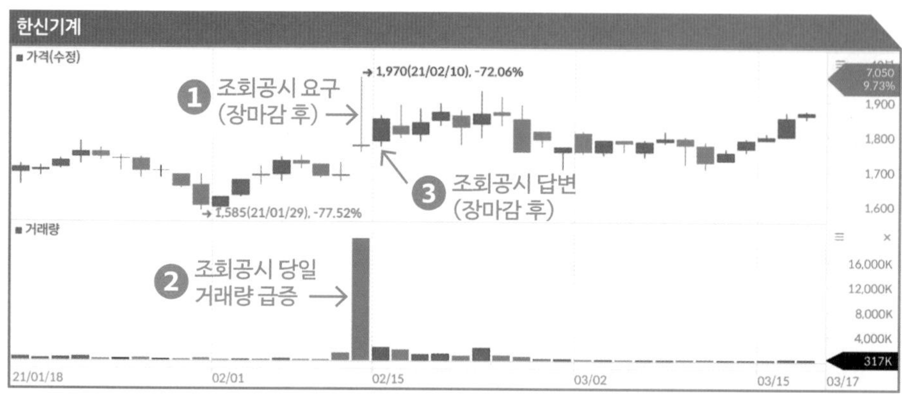

≫ ① 거래소가 장마감 후 현저한 시황변동을 이유로 원전테마인 한신기계에 조회공시를 요구했다. 조회공시 답변시한은 다음날 오후 6시까지다. ② 조회공시 당일 하루 주가변동폭이 12% 이상(고가 16.91% 상승, 저가 4.15% 상승) 발생하고 거래량도 급증했다. ③ 다음날 17시 55분 회사측은 「주요 공시대상 없음」으로 답변을 했다. 일반적으로 회사가 특별한 급등락 요인이 없다고 발표를 하면 주가는 하락한다. 풍문 등에 따른 묻지마 작전일 수 있어서다. 한신기계도 회사측 조회공시 답변 이후 주가가 더 급등하지는 못했다.

투자전략 | 현저한 주가 급변동으로 인해 거래소는 조회공시를 요구한다. 회사측에서 「주요 공시대상 없음」이란 답변을 하는 경우 급등했던 주가는 도로 원위치되는 경우가 많다. 실망매물이 한꺼번에 나와 주가가 급락하기도 한다. 풍문만 믿고 따라 샀다가 손해 볼 수 있다.

조회공시 미확정에 주가급등 주춤

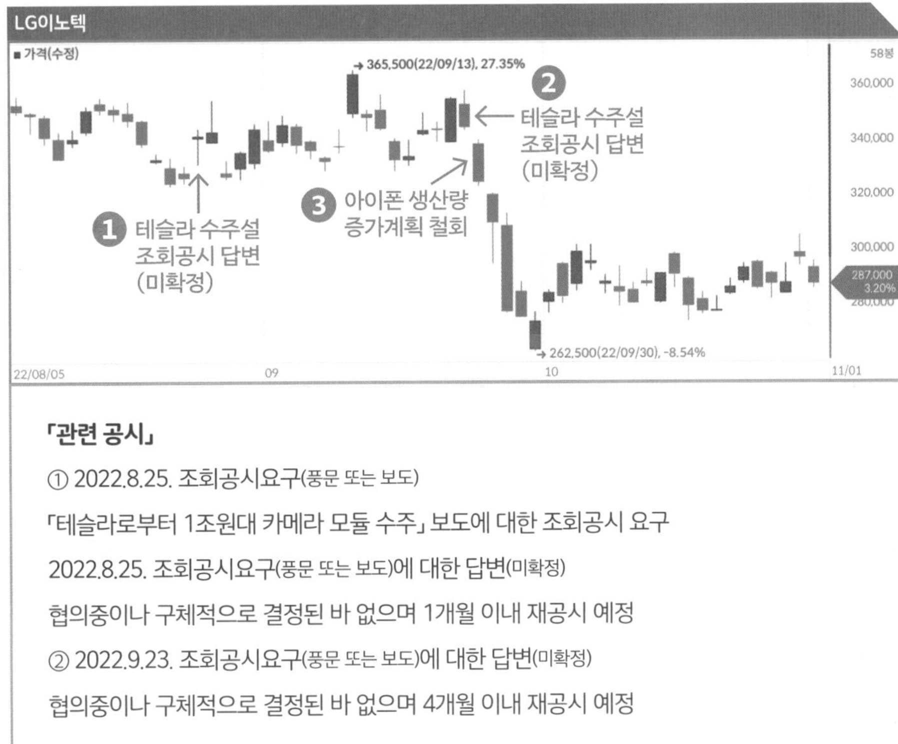

「관련 공시」

① 2022.8.25. 조회공시요구(풍문 또는 보도)

「테슬라로부터 1조원대 카메라 모듈 수주」 보도에 대한 조회공시 요구

2022.8.25. 조회공시요구(풍문 또는 보도)에 대한 답변(미확정)

협의중이나 구체적으로 결정된 바 없으며 1개월 이내 재공시 예정

② 2022.9.23. 조회공시요구(풍문 또는 보도)에 대한 답변(미확정)

협의중이나 구체적으로 결정된 바 없으며 4개월 이내 재공시 예정

≫ 카메라 모듈 등을 생산하는 LG이노텍은 애플의 핵심 부품 공급업체다. ① 테슬라로부터 1조원대 카메라 모듈을 수주했다는 언론 보도에 대해 거래소가 조회공시를 요구했다. 회사 측은 협의 중이나 구체적인 사항은 미확정인 상태로 1개월 후 재공시를 하겠다고 언급했다. 수주 기대감에 오른 주가는 수주 불확실성에 조정을 보였다. ② 1개월 뒤, 재공시에 앞서 주가는 수주 기대감으로 상승세를 보였다. 다만 여전히 구체적 결정사항이 없다고 함에 따라 실망매물이 나왔다. ③ 애플향 매출 비중이 높다 보니 애플 실적에 주가가 좌우된다. 애플이 아이폰 생산량 증가계획을 철회했다고 발표함에 따라 LG이노텍 주가가 4영업일간 20% 넘게 빠졌다.

투자전략 | 조회공시 내용만 보면 희망적인 이슈들이 많다. 조회공시 내용에 대한 기대감이 있다면 일부 매수해 둘 순 있겠다. 그 경우에도 매수물량에 대한 욕심은 줄일 필요가 있다. 다만 매번 희망적인 결과로 이어지진 않는다. 조회공시 이슈만으로 인생을 걸기에는 리스크가 크다. 특히 적자 부실기업이라면 일단 보수적인 관점에서 조회공시 내용을 바라보자.

케이스 스터디 234 **불성실공시법인 지정**

불성실공시법인 지정 주가하락

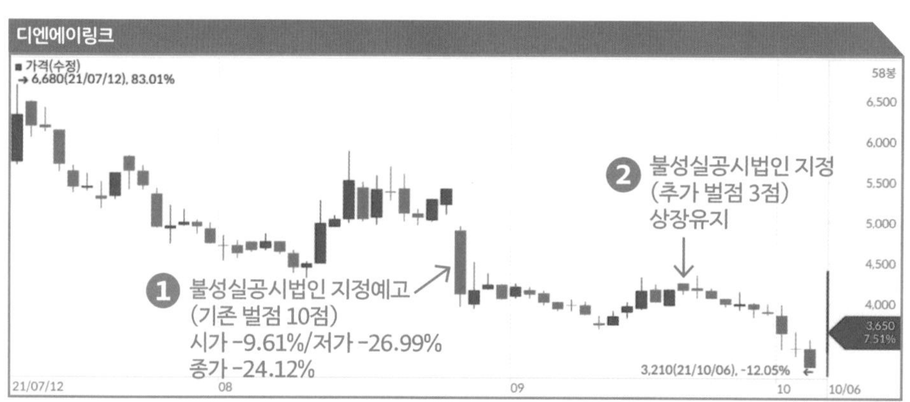

≫ 유전체 분석 등 관련 바이오 사업을 하는 디엔에이링크는 2회 연속 불성실공시법인으로 지정되었다. ① 기존 벌점이 10점인 상황에서 불성실공시법인 지정예고 공시가 추가로 나왔다. 코스닥 상장법인의 경우 1년간 누계벌점이 15점 이상이면 상장적격성 실질심사 대상이 된다. 상장폐지가 될 수 있단 우려감에 주가는 급락했다. ② 불성실공시법인으로 지정되었다만 추가 벌점이 3점이었다. 상장폐지 대상인 누적 15점을 피해갔다. 덕분에 추가 주가급락은 없었다.

영업이익 추이(단위 : 억 원) 2019년(-58), 2020년(-81), 2021년(-52)

- 2021.5 단일판매·공급계약 해지 3건 벌점 10점
- 2021.9 매출액 또는 손익구조 30% 이상 변동 미공시 벌점 3점

투자전략 | 적자이면서 불성실공시법인으로 지정되는 기업은 투자에 주의하자. 공시에 대한 신뢰감이 많이 떨어져서다. 보다 강심장인 투자자에게 리스크가 있는 종목을 남겨두자. 불성실공시 리스크가 적은 기업에 집중하는 게 마음 편한 투자다.

케이스 스터디 235 **공매도 지속**

공매도에 따른 주가하락추세

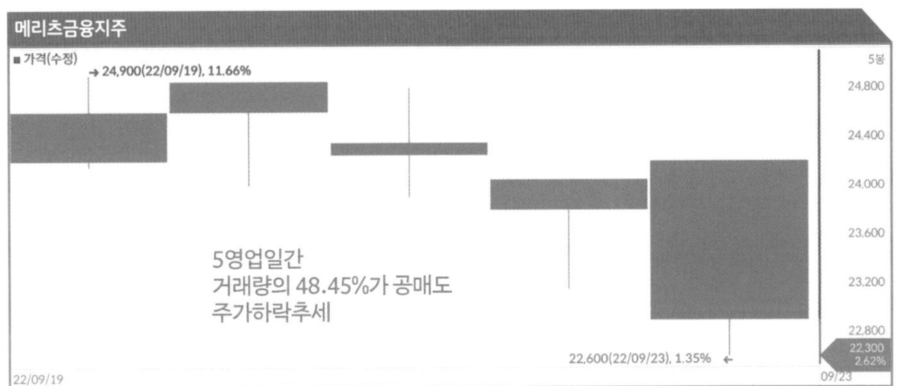

≫ 메리츠금융지주는 메리츠화재해상보험에서 인적분할을 통해 설립된 보험지주회사다. 순수지주회사로 종속회사로는 메리츠화재해상보험, 메리츠증권 등이 있다. 공매도는 주가하락에 베팅하는 투자기법이다. 주식을 빌려서 판 뒤 주가가 내려가면 차익을 얻는다. 이후 저렴해진 가격에 다시 주식을 사들여 주식으로 되갚는다. 메리츠금융지주 5영업일간 전체 거래량의 48.45%가 공매도였다. 2021년 주가가 348.5%나 급등했지만, 2022년 9월 실적둔화 가능성과 차익실현 매물증가로 공매도가 집중되었다.

투자전략 | 공매도가 과한 종목은 주가가 더 내릴 가능성이 높다. 주가버블, 실적악화 등 주가하락의 합리적 이유가 있다면 단기간 주가상승이 더욱 어렵다. 공매도가 과한 종목을 보수적으로 바라볼 필요가 있다.

지수편입 전후 주가 추이

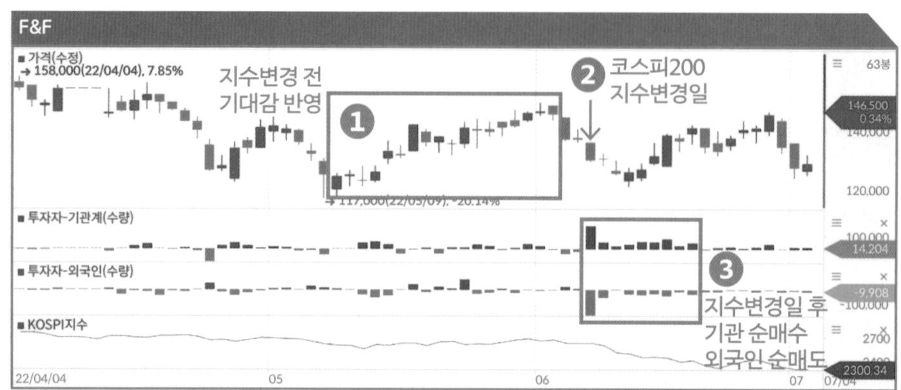

≫ 패션기업인 F&F는 코스피200지수에 새롭게 편입되었다. 코스피200 지수 변경을 2022년 5월 말 발표하고 6월 9일 리밸런싱(자산편입비중 재조정)을 진행했다. ① 편입 발표 전인 5월 지수편입과 중국 상해 봉쇄완화 기대감에 주가가 상승추세였다. ②~③ 코스피지수 변경일 기관의 패시브 자금(코스피200 추종)이 들어왔다. 반면 외국인은 공매도 전략으로 순매도를 이어갔다.

투자전략 | 일반적으로 코스피200, 코스닥150, MSCI지수 등의 지수편입은 호재다. 지수편입에 따른 지수추종 패시브 자금 유입을 기대해서다. 편입 발표 전 특별한 악재가 없다면 주가는 상승흐름을 보인다. 다만 코로나19로 인해 공매도는 코스피200, 코스닥150 종목만 한시적으로 허용하고 있다(2023년 3월 말 기준). 코스피200 지수편입 이후 외국인 공매도가 이어진다. 코스피200 지수편입이 가까이 올수록 공매도를 우려한 차익실현 매물이 나오기도 한다.

≫ MSCI지수: MorganStanley Capital International Index. 글로벌 투자은행 모건스탠리의 자회사인 캐피털인터내셔널이 발표하는 지수

FTSE지수: Financial Times Stock Exchange Index. 영국 파이낸셜타임즈와 런던증권거래소가 공동으로 만든 지수

연말 배당부 앞두고 숏커버링

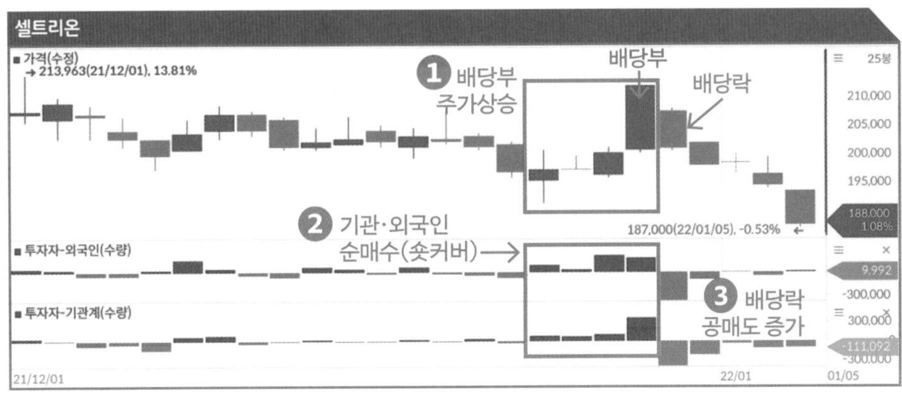

≫ ① 바이오시밀러 사업을 하는 셀트리온은 평소 공매도가 많은 종목 중 하나다. 배당부에 앞서 주가가 상승패턴을 보였다. ② 공매도를 한 기관·외국인의 숏커버링 목적 순매수가 이어져서다. 연말 배당부가 다가오면서 배당을 피하려는 목적이다. ③ 배당 이벤트가 끝난 배당락일에는 기관·외국인 순매도(공매도)가 다시 이어지며 주가는 하락했다.

투자전략 | 공매도는 배당이 발생할 경우 빌려온 주식에 대해 배당까지 같이 물어줘야 한다. 공매도는 주식을 이미 매도했기에 배당을 받지 못한다. 연말 배당부에 앞서 숏커버링이 발생할 수 있다. 숏커버링은 공매도한 주식 반환을 위해 주식을 매수하는 걸 말한다. 공매도 또는 대차잔고가 큰 종목으로서 큰 폭의 배당증가가 예상되는 경우 연말 배당부 즈음 숏커버링 기대감이 있다.

공매도 금지에 바이오주 급등

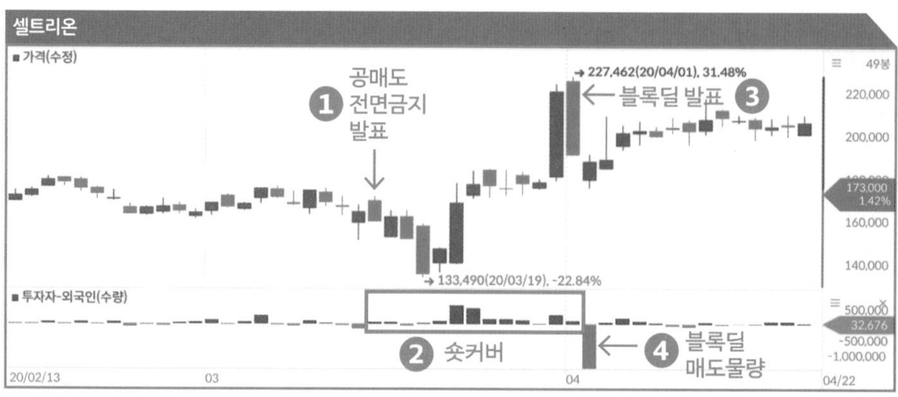

≫ ① 공매도를 전면금지(2020. 3. 16. ~ 2021. 5. 2.)함에 따라 바이오주가 수혜를 입었다. 공매도가 많은 업종이 바이오다. 실적대비 주가버블이 커서다. ② 바이오주인 셀트리온은 공매도 금지 이후 외국인 순매수 숏커버가 이어졌다. ③~④ 주가가 급등하자 테마섹(싱가포르 국영투자회사)이 시간외매매 방식(블록딜)으로 지분 일부를 매도했다. 블록딜 매도는 단기 악재다.

≫ ① 공매도 전면금지 기간 동안 셀트리온 주가가 상승흐름을 보였다. ② 반면 공매도 재개 이후 주가는 하락추세를 보였다.

투자전략 | 공매도 전면금지를 시행하면 그동안 공매도가 심한 바이오주를 눈여겨볼 필요가 있다. 단기적으로 숏커버링을 위한 매수도 이어질 수 있다.

공매도의 투자 실패 숏스퀴즈

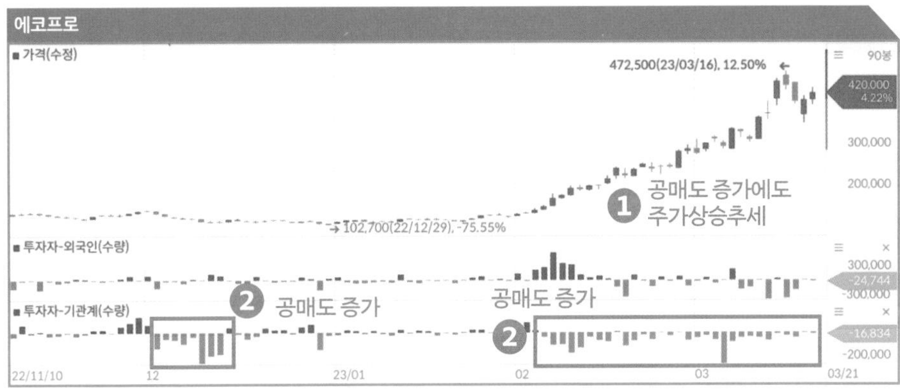

≫ ① 2차전지 양극재 기업인 에코프로비엠 등을 보유한 지주회사인 에코프로는 2023년들어 주가가 단기간 3배 이상 상승했다. 미국과 유럽의 2차전지산업 진흥 정책과 함께 실적개선 기대감 이슈가 부각되면서부터다. ② 단기간 주가급등으로 인해 공매도도 증가 추세였다. 공매도는 주가가 하락할수록 투자수익을 얻는다. 주로 외국인과 기관투자자가 투자하는 기법 중 하나다. 허나 주가는 공매도에도 불구하고 실적개선 기대감에 꾸준하게 우상향하는 추세를 보였다. 그로 인해 공매도를 한 외국인들의 숏스퀴즈가 빈발했다. 숏스퀴즈가 더해지며 주가는 보다 더 상승을 했다.

투자전략 | 실적개선 기대감이 있는 주식의 경우 공매도 세력들이 실패하기도 한다. 단기간 주가급등 버블을 감안해 투자했지만 실적개선 호재가 이를 누르는 거다. 개인투자자라면 실적개선주에 함부로 공매도 투자전략을 취하는 건 조심하자. 생각과 달리 실적개선 호재가 시장을 더 지배할 수 있다. 숏스퀴즈까지 더해지면 주가는 생각보다 더 상승할 수도 있다.

관리종목 지정 또는 지정해제와 주가

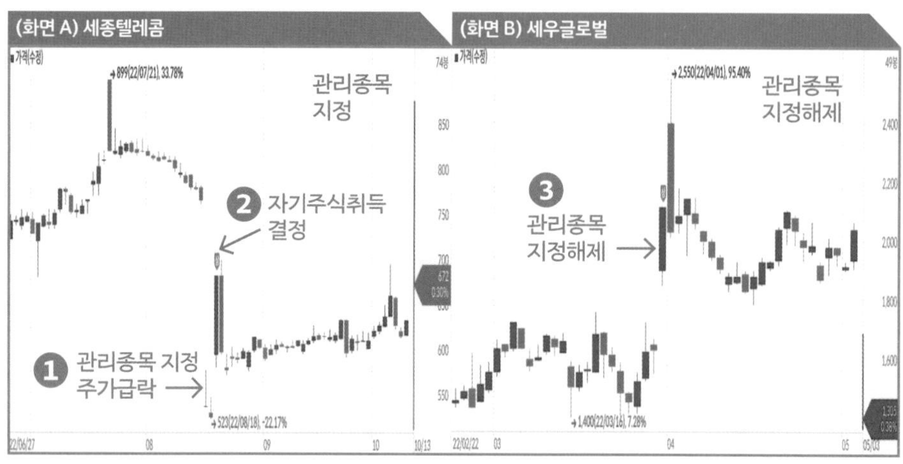

≫ (화면 A) ① 종합통신서비스 회사인 세종텔레콤(코스닥 상장사)은 관리종목에 지정되고 주가가 급락했다. 자회사인 비브릭이 가상화폐 운용으로 대규모 손실을 입었고, 임원의 횡령, 배임 이슈도 더해졌다. 그 여파로 반기검토보고서 의견거절을 받았고 관리종목에 지정되었다. ② 다만 회사는 주가부양을 위해 150억 원 규모의 자기주식 취득 결정을 공시했다. 급락했던 주가는 단기급등락을 보였다.

(화면 B) ③ 플라스틱 전문제조업체인 세우글로벌은 관리종목에서 지정해제되며 주가가 단기 급등했다. 2021년 감사보고서에 대해 감사의견 한정을 받았으나 감사범위제한에 의한 한정(관리종목 지정사유)이 아니어서 관리종목 지정이 해제되었다.

투자전략 | 관리종목으로 지정된 종목은 투자에 주의해야 한다. 관리종목 지정 사유를 해소하지 못하면 상장폐지 될 수 있어서다. 관리종목 지정해제가 단기 호재가 된다만 실적악화 등 잠재적인 리스크는 남아 있을 수 있다. 보수적 관점에서 해제사유를 잘 읽어보고 투자 판단해 보자. 관리종목에서 지정해제되었다 해도 적자기업이거나 감사의견 비적정 등의 잠재적 리스크가 있다면 투자에 주의하자.

상장폐지 실질심사 후 거래재개

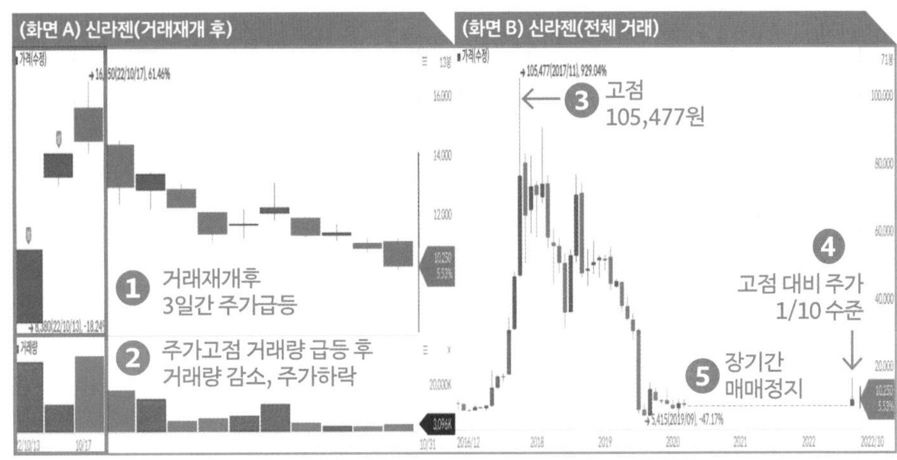

≫ 신라젠은 면역항암 치료제 개발 기업이다. (화면 A) ① 상장폐지 실질심사 결과 거래가 재개되었다. 3일 연속 주가가 급등한 이후 주가는 하락했다. ② 거래재개가 단기 이벤트가 되어 거래량 쏠림현상이 발생했다. 거래재개 첫날 코스닥 전체 거래대금 1위였다. 첫날 들어온 거래량만큼 셋째날 거래량이 터졌다. 주가고점 세력의 이탈 시그널이다. 주가고점 거래량 급등 이후 거래량 감소, 주가하락을 보인다. (화면 B) ③~④ 거래재개 이후 단기급등했지만 주가는 과거 고점 대비 1/10 수준이다. ⑤ 신라젠은 2년 5개월 동안이나 매매가 정지상태였다.

≫ **영업이익 추이**(단위 : 억 원) 2019년(-585), 2020년(-342), 2021년(-204)

투자전략 | 상장폐지 실질심사 결과 거래재개 결정은 단기 호재다. 상장폐지 공포감에 이미 주가는 과한 급락을 한 상태다. 거래재개 결정으로 원래 상태로의 주가 되돌림 현상이 일어난다. 상장폐지를 피했다는 관심 덕에 단기 거래량 쏠림, 주가상승이 이어진다. 다만 실적개선과 무관한 단기 이벤트다. 관심에 들어온 거래량은 관심의 정점에 빠져나간다. 보유자라면 거래량 추이를 보며 차익실현 기회를 봐야 한다.

상장폐지 정리매매 주가추이

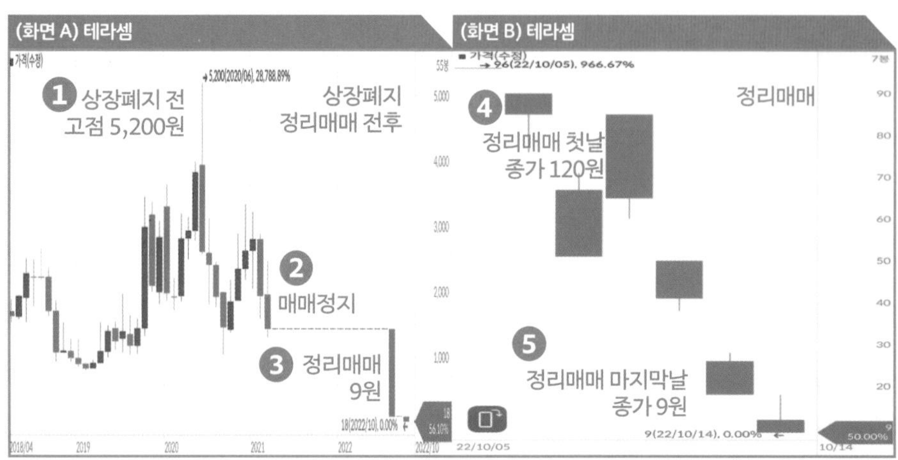

≫ 테라셈은 감사의견 거절로 상장폐지 사유가 발생해 거래가 중단되었다. 경영난과 대규모 횡령, 배임 등이 겹치며 결국 상장폐지되었다. (화면 A) ① 상장폐지 전 주가고점은 주당 5,200원이었다. ② 매매정지 이후 상장폐지가 결정되고 ③ 정리매매 후 주식시장에서 퇴출되었다. (화면 B) ④ 상장폐지 사유 발생으로 매매정지될 당시 주당 1,440원이던 주가는 정리매매 첫날 120원에 끝났다. ⑤ 정리매매 마지막 날에는 9원으로 최종 마감했다.

투자전략 | 정리매매 기간에 단기투자를 하는 건 위험하다. 거래량도 많지 않을 뿐더러 주가는 계속 내릴 가능성이 높다. 잠깐의 주가 급등락이 있지만 그때 팔지 못하면 계속 내린다. 굳이 그 위험을 무릅쓰고 투자하기엔 남아 있는 시간도 많지 않다. 정리매매에 인생을 걸지 말자.

상장폐지 기업들의 특징은 첫째, 영업적자가 꾸준히 지속된다. 둘째, 잦은 유상증자와 주식관련사채 발행 남발이다. 유상증자도 주주배정방식(최대주주 참여가능)보다 제3자배정(최대주주 참여 불가능)을 많이 한다. 회사가 더 어려우면 무상감자를 하기도 한다. 셋째, 최대주주 지분율이 낮아지며 최대주주가 바뀐다. 영업적자 + 잦은 유상증자(주식관련사채 발행) + 낮은 최대주주 지분 + 최대주주 잦은 교체다. 이런 시나리오면 상장폐지로 가는 중이다.

자진 상장폐지가 부르는 주가급등

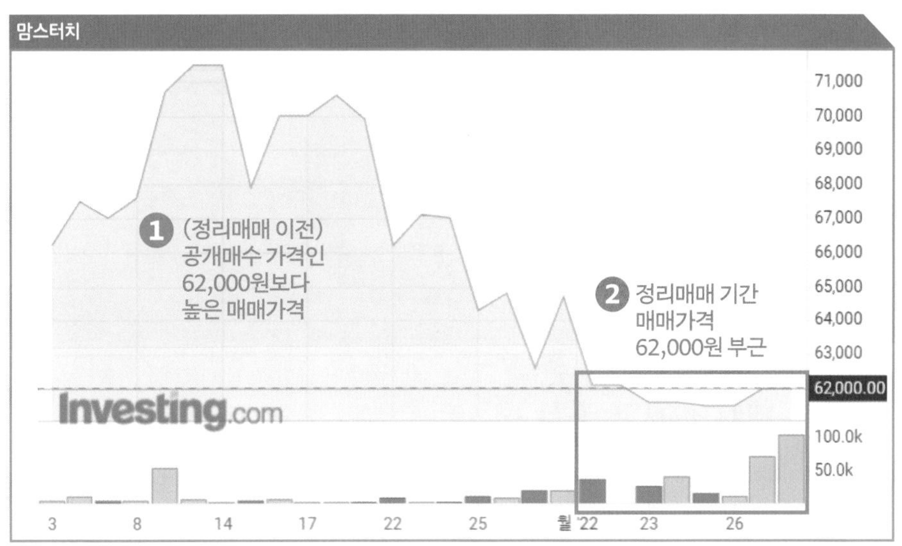

≫ 맘스터치가 자진 상장폐지를 했다. 최대주주가 공개매수를 통해 지분을 95% 이상으로 늘려 자진상장폐지 요건을 갖췄다. 상장기업이 자진상장폐지를 결정하고 최대주주가 공개매수를 진행하면 주가가 오른다. 공개매수 가격이 현재 주가보다 높은 수준이다 보니, 공개매수 가격(62,000원) 부근까지 오른다. ① 회사 공개매수 이후 상장폐지 전까지 묻지마 급등이 나오기도 한다. 유통주식수가 극도로 적어지면서 품절주 테마가 된다. 맘스터치는 공개매수 이후 유통가능 주식수가 2% 수준이었다. 회사가 공개매수 가격 이상으로 추가매입해 줄 것이라는 풍문도 돌았다. 정리매매일 직전까지도 공개매수 가격보다 높은 가격에 주가가 움직였다. ② 허나 결국은 상장폐지일 공개매수 가격에 수렴한다. 맘스터치는 정리매매 마지막 날 공개매수 가격인 62,000원에 끝났다. 그 보다 비싼 가격에 산 사람은 손해보고 끝났다.

투자전략 | 자진 상장폐지 이후 회사가 공개매수 가격보다 높은 가격에 되사주는 경우는 희박하다. 굳이 모험을 걸 이유가 없다. 공개매수 가격보다 높은 가격이라면 차익실현 관점에서 접근해야 한다.

아들아, 주식 공부해야 한다
: 제2권 재무제표 및 공시 편

초판 1쇄 발행 2023년 5월 10일
초판 2쇄 발행 2023년 11월 22일

지은이 박민수(샌드타이거샤크)

펴낸이 김선준
책임편집 최한솔
편집팀 최한솔, 최구영, 오시정
마케팅팀 권두리, 이진규, 신동빈
홍보팀 한보라, 이은정, 유채원, 유준상, 권희, 박지훈
디자인 김혜림 **조판** 이세영
경영관리팀 송현주, 권송이

펴낸곳 페이지2북스 **출판등록** 2019년 4월 25일 제 2019-000129호
주소 서울시 영등포구 여의대로 108 파크원타워1. 28층
전화 070) 4203-7755 **팩스** 070) 4170-4865
이메일 page2books@naver.com
종이 ㈜월드페이퍼 **인쇄·제본** 한영문화사

ISBN 979-11-6985-024-7 (03320)